AF570279

David Roas (dir.)

Historia de lo fantástico en la cultura española contemporánea (1900-2015)

David Roas (dir.)

Historia de lo fantástico en la cultura española contemporánea (1900-2015)

Iberoamericana-Vervuert - 2017

Este libro ha sido publicado gracias a la ayuda del Ministerio de Economía y Competitividad a través del Proyecto de Investigación *Lo fantástico en la literatura, el cine y la TV españoles. Teoría e historia (1955-2013)*, enmarcado en el Plan Nacional de I+D+i con referencia FFI2013-44152-P.

Amor de Dios, 1 – E-28014 Madrid
Tel.: +34 91 429 35 22 - Fax: +34 91 429 53 97

Elisabethenstr. 3-9 – D-60594 Frankfurt am Main
Tel.: +49 69 597 46 17 - Fax: +49 69 597 87 43

info@iberoamericanalibros.com
www.iberoamericana-vervuert.es

ISBN 978-84-1692-201-7 (Iberoamericana)
ISBN 978-3-95487-550-4 (Vervuert)
ISBN 978-3-95487-615-0 (e-Book)

Depósito Legal: M-15200-2017

Imagen de la cubierta: Nené.
Diseño de la cubierta: Juan Carlos García Cabrera

Impreso en España
Este libro está impreso íntegramente en papel ecológico sin cloro.

PRÓLOGO

En la última década ha aparecido un buen número de trabajos sobre la presencia y sentido de lo fantástico en la cultura española de los siglos XX y XXI. Ello ha permitido revalorizar una categoría hasta no hace mucho desdeñada por la crítica y el mundo académico, a la vez que ha contribuido decisivamente a conocer mejor una tradición que se remonta al periodo romántico y que no ha dejado de cultivarse, primero en literatura y luego en cine, televisión y cómic. Aunque también es cierto —sin que ello reste valor a los trabajos mencionados— que en su mayoría se trata de análisis con una orientación fundamentalmente crítica (estudios parciales sobre autores, obras, temas y motivos) o bien circunscritos a breves periodos cronológicos, por lo que componen una imagen fragmentaria de la historia y evolución de lo fantástico español.[1]

De ahí que en la elaboración del presente volumen haya primado una doble voluntad: el estudio panorámico (sin descuidar la reflexión teórica) y la dimensión comparada e interartística. La misma voluntad que orientó cuatro trabajos precedentes realizados en el marco del Grupo de Estudios sobre lo Fantástico (GEF), artífice de este libro, en los que se ofrecen diversos acercamientos parciales al tema: *Lo fantástico en España (1980-2010)*, monográfico de la revista *Ínsula* (Roas y Casas, 2010a); *Lo fantástico en la cultura española del siglo XXI*, monográfico de *Brumal. Revista de Investigación sobre lo Fantástico/Brumal. Research Journal on the Fantastic* (Álvarez, 2013); y los volúmenes *Visiones de lo fantástico en la cultura española (1900-1970)* (Roas y Casas, 2014) y *Visiones de lo fantástico en la cultura española (1970-2012)* (Roas y López-Pellisa, 2014), en los que se recoge una selección de las aportaciones más interesantes y originales presentadas en el *I Congreso Internacional sobre lo fantástico en narrativa, teatro, cine, televisión, cómic y videojuegos «Visiones de lo fantástico en la cultura española contemporánea»* (Universidad Autónoma de Barcelona, 2012).

Lo que ahora ofrecemos al lector a través de los catorce capítulos que componen el libro es un recorrido por lo fantástico español desde los primeros años

[1] A diferencia de lo que ocurre con la narrativa fantástica española del siglo XIX, cuya historia es bien conocida gracias a diversos estudios entre los que cabe destacar Trancón (2000), Roas (2001c, 2002a, 2006a y 2011b) y Molina Porras (2001).

del modernismo hasta el presente a través de sus diversas manifestaciones ficcionales —narrativa, teatro, cine, televisión y cómic—, mostrando, además, las interrelaciones y mutuas influencias entre ellas. Nuestro objetivo es, pues, trazar las líneas que definen la historia y evolución de lo fantástico en la cultura española contemporánea.

Pero antes de continuar, conviene dejar claro qué idea de lo fantástico manejamos en los diversos trabajos que componen este libro y que sostiene las reflexiones tanto teóricas como histórico-críticas que se desarrollan en los mismos.[2]

Lo fantástico se caracteriza por proponer un conflicto entre lo imposible y (nuestra idea de) lo real. Y lo esencial para que dicho conflicto genere un efecto fantástico no es la vacilación o la incertidumbre sobre las que muchos teóricos (desde el ya clásico ensayo de Todorov) siguen insistiendo, sino la inexplicabilidad del fenómeno. Una inexplicabilidad que no se determina exclusivamente en el ámbito intratextual sino que involucra al propio lector; lo fantástico —conviene insistir en ello— mantiene desde sus orígenes un constante debate con lo real extratextual: su objetivo primordial ha sido y es reflexionar sobre la realidad y sus límites, sobre nuestro conocimiento de esta y sobre la validez de las herramientas que hemos desarrollado para comprenderla y representarla. Ello determina que el mundo construido en los relatos fantásticos es siempre un reflejo de la (idea de) realidad en la que habita el lector. La irrupción de lo imposible en ese marco familiar supone una transgresión del paradigma de lo real vigente en el mundo extratextual y, derivado de ello, un inevitable efecto de inquietud ante la incapacidad de concebir la coexistencia de lo posible y lo imposible.

Esta definición de lo fantástico no implica una concepción estática de dicha categoría, pues esta evoluciona al ritmo en que se modifica la relación entre el ser humano y la realidad. Ello explica que mientras los escritores del siglo XIX (y también algunos del XX, como Machen o Lovecraft) escribían relatos fantásticos para proponer excepciones a las leyes físicas del mundo, que se consideraban fijas y rigurosas, los autores surgidos a partir de las décadas de los 40 y 50, una vez sustituida la idea de un nivel absoluto de realidad por una visión de esta como construcción sociocultural, escriben relatos fantásticos para desmentir los esquemas de interpretación de la realidad y el yo.

Lo fantástico está, por tanto, en estrecha relación con las teorías sobre el conocimiento y con las creencias de una época. Y no solo eso, sino que el «coeficiente de irrealidad» de una obra —utilizo el término propuesto por Rachel Bouvet (1998)—, y su correspondiente efecto fantástico, están también en función del contexto de recepción, y no solo de la intención del autor. De ese modo, la *experiencia colectiva de la realidad* mediatiza la respuesta del receptor:

---

[2] Una exposición más detallada de esta concepción de lo fantástico puede verse en Roas (2011a).

percibimos la presencia de lo imposible como una transgresión de nuestro horizonte de expectativas respecto a lo real, en el que no solo están implicados los presupuestos científicos y filosóficos, sino también las «certidumbres preconstruidas» (Sánchez, 2002: 306) que establecemos en nuestro trato diario con lo real y mediante las cuales codificamos lo posible y lo imposible. De ese modo, lo fantástico descansa sobre la necesaria *problematización* de nuestra visión convencional, arbitraria y compartida de lo real. La poética de la ficción fantástica exige, además de la *coexistencia* de lo posible y lo imposible dentro del mundo ficcional, el *cuestionamiento* de dicha coexistencia, tanto dentro como fuera del texto (Reisz, 2001: 195-196). De ello se deduce que la tematización del conflicto resulta esencial: la problematización del fenómeno es lo que provoca, en suma, su fantasticidad.

Esta idea de lo fantástico ha determinado la selección de obras y autores, así como de temas y formas analizados, lo que implica, además, dejar fuera de nuestra investigación otras manifestaciones no miméticas que pese a su cercanía a lo fantástico, funcionan de un modo diferente (sobre todo en lo que se refiere a sus efectos sobre el receptor y al uso que hacen de lo imposible o sobrenatural): la ciencia ficción, lo maravilloso o el realismo mágico. Aunque ello no impide que en ciertas ocasiones, sobre todo cuando un autor combina más de una de estas categorías en su obra, estas sean mencionadas como ejemplo de las diversas formas de trascender el realismo mimético en el periodo estudiado.

Si examinamos la bibliografía precedente, el género fantástico mejor estudiado ha sido sin duda la narrativa, aunque no son muchos los trabajos panorámicos existentes. Pueden destacarse aquí algunas primeras tentativas, como, por ejemplo, el ensayo de Francisco González Castro, *Las relaciones insólitas: literatura fantástica española del siglo XX* (1996), donde, pese a lo que anuncia su título, no se ofrece un visión panorámica de lo que ocurre a lo largo de la centuria sino un análisis de tres novelas cuya dimensión fantástica resulta cuestionable y, sobre todo, escasamente representativa: *Alfanhuí*, *Un hombre que se parecía mucho a Orestes* y *El cuarto de atrás*. Por su parte, Antonio Risco, uno de los mayores especialistas españoles en lo fantástico, dedica algunos capítulos de sus ensayos *Literatura y fantasía* (1982) y *Literatura fantástica de lengua española* (1987) a analizar diversas obras representativas del género en el siglo XX (además de ofrecer una definición razonada del concepto de lo fantástico). Si bien ambos ensayos resultan muy útiles para un acercamiento teórico y crítico a ciertas manifestaciones de lo fantástico en narrativa, no ofrecen una reflexión histórica detallada ni abordan el estudio de la recepción.

Por último, cabe mencionar el prólogo a la antología *La realidad oculta. Cuentos fantásticos españoles del siglo XX* (Roas y Casas, 2008), un breve estudio que trata de sintetizar las principales vías de cultivo y evolución del género en la narrativa de la pasada centuria (ejemplificadas en los cuentos antologados).

Junto a dicho prólogo merecen destacarse otros estudios sobre narrativa fantástica también con voluntad panorámica, aunque centrados en periodos cronológicos más reducidos (modernismo, década de los 50, años 80 y 90, primera década del siglo XXI): Cruz Casado (1994), Martín-Maestro (1991), Martín Nogales (1997), Carrillo (2002), Benson (2004b), Casas (2006, 2008b y 2009c), Muñoz Rengel (2010), Roas (2010c y 2011c) y Roas y Casas (2010). Como se ve, una producción escasa, sobre todo si se compara con la ya abundante cantidad de trabajos críticos sobre obras y autores que no se consigna aquí por falta de espacio (el lector tiene un amplio muestrario en la bibliografía recogida al final del libro).

En lo que se refiere al teatro fantástico español, la bibliografía es mucho más reducida. Ello explica que solo puedan aducirse dos trabajos de carácter panorámico en los que también se propone un rápido recorrido por algunos autores y obras esenciales: el primero de ellos es el artículo de Julio Checa, «Lo fantástico y el teatro español del siglo XX» (2009), al que siguió el revelador ensayo del investigador italiano Matteo de Beni *Lo fantástico en escena. Formas de lo imposible en el teatro español contemporáneo* (2012), que se inicia en el siglo XIX y llega hasta el presente. El resto de los trabajos publicados se centra, como es habitual, en estudios críticos sobre obras y autores (Valle-Inclán, Enrique Rambal, Alfonso Sastre, Francisco Nieva, Domingo Miras, José Sanchis Sinisterra, Juan Mayorga, Laila Ripoll, Itziar Pascual, etc.).

En el caso específico del cine sí contamos con varios estudios de carácter panorámico, pero en su mayoría se trata de trabajos realizados desde una óptica no académica, en los que a veces se confunde bajo un mismo término, sea este el de «fantástico» o bien el de «terror», películas de muy diversa temática que no siempre se corresponden con el concepto de lo fantástico acuñado por la teoría literaria (y que nosotros manejamos). Entre esos ensayos cabe citar Sainz (1989), Aguilar (1999), De Cuenca y Naschy (2000), Sala (2010), Pulido (2012), López y Pizarro (2013) e Higueras (2015) y (2016). Mención aparte merece el ensayo de Antonio Lázaro-Reboll, *Spanish Horror Film* (2012), un ambicioso trabajo académico que, como indica su título, se centra en el cine de terror (tanto natural como fantástico) realizado en España desde los años 60 hasta los títulos más recientes, con especial atención a la franquicia *Rec*. Otros trabajos de corte académico son los de Martínez Rodríguez (2004), sobre el cine de los 90, y De Felipe y Gómez (2010) y Gómez y De Felipe (2014), en los que se proponen dos útiles recorridos por el cine fantástico español de los últimos cuarenta años, a los que hay que añadir algunos de los artículos recogidos en los volúmenes *Spanish Popular Cinema* (Willis y Lázaro-Reboll, 2004) y *Contemporary Spanish Cinema and Genre* (Beck y Rodríguez Ortega, 2008). Asimismo, hay que destacar la tesis doctoral de Rubén Sánchez Trigos, *Una aproximación al zombi en el cine: rasgos característicos en la producción española* (2013), una sólida investigación sobre un motivo fundamental en el cine fantástico y terrorífico contemporáneo que también ofrece un interesante recorrido por la historia del cine español.

De nuevo, como ocurre con los géneros hasta ahora comentados, la mayor parte de la bibliografía existente está dedicada a trabajos críticos sobre obras y autores, desde creadores clásicos (o de culto) como Narciso Ibáñez Serrador, Jesús Franco, Paul Naschy o Amando de Ossorio, a directores y guionistas actuales como Álex de la Iglesia, Jaume Balagueró, Alejandro Amenábar o Juan Antonio Bayona.

En cuanto a la televisión, a diferencia de lo que ocurre, por ejemplo, en el mundo anglosajón, no se han publicado estudios que ofrezcan una reflexión general sobre la presencia y uso de lo fantástico en dicho medio en España. No obstante, diversos trabajos sobre la televisión española en general dedican algunas páginas al tema, como ocurre, por ejemplo, en García de Castro (2002), Ansón (2010), Palacio (2012) y Puebla, Carrillo Pascual e Íñigo Jurado (2012). Asimismo, en fechas recientes han empezado a publicarse trabajos parciales sobre algunas series: desde la pionera *Historias para no dormir* hasta producciones actuales como *El internado*, *Hay alguien ahí* o *El Ministerio del Tiempo*. También conviene destacar aquí la tesis doctoral de Ada Cruz Tienda *Los inicios de lo fantástico en la televisión española:* Historias para no dormir *y su herencia audiovisual (1966-1976)* (2015).

Por último, los estudios sobre el cómic fantástico español son también muy escasos y se centran en el análisis de la obra de algunos creadores esenciales como Carlos Giménez, Josep Maria Beà, José María Beroy, Miquelanxo Prado o Paco Roca. Aun así pueden destacarse un par de trabajos parciales de clara intención panorámica: Barrero (2002), centrado en el tebeo de terror de la década de los 70, y Rom Rodríguez (2010), que examina lo ocurrido en el periodo 1980-2010. Junto a ello, pueden encontrarse datos de interés en trabajos sobre el cómic español en general, como los de Alary (2002), Altarriba (2001 y 2008), Lladó (2001), Martín (1972 y 1978) y Pérez del Solar (2013).

Este mínimo repaso por la bibliografía demuestra la oportunidad de un libro como el que aquí ofrecemos y justifica la necesaria combinación de una voluntad panorámica con una obligada perspectiva teórica y comparatista: nuestro objetivo no es solo historiar lo fantástico español entre 1900 y 2015 a través del examen comparado de lo ocurrido en narrativa, teatro, cine, televisión y cómic, sino también determinar la poética fantástica dominante en cada uno de los periodos en los que podemos dividir la historia cultural española contemporánea. En otras palabras, analizar y sistematizar los diversos caminos temáticos y formales por los que ha discurrido la ficción fantástica, sus principales líneas de fuerza, los elementos recurrentes y las vías de renovación, sin perder de vista su relación con lo que ocurre en el panorama cultural internacional.

Ello justifica también la estructura del libro: en lugar de compartimentarlo en secciones autónomas dedicadas a cada uno de los géneros artísticos estudiados (narrativa, teatro, cine, televisión y cómic), los capítulos se ordenan siguiendo una perspectiva cronológica en función de las principales etapas en las que —en cada uno de los géneros— puede dividirse el periodo 1900-2015. Ello permitirá al lector comprender el desarrollo y evolución de lo fantástico en sus diversas expresiones ficcionales, así como su evidente interrelación, sus mutuas influencias, trasvases e intertextualidades.

Tratar de condensar lo ocurrido en más de un siglo y en cinco formas de expresión artística conlleva un evidente riesgo: privilegiar la especificidad por encima de la exhaustividad. No espere, pues, el lector un registro minucioso de todas las obras fantásticas publicadas y estrenadas entre 1900 y 2015. Tampoco era esa nuestra intención: ello hubiera dado lugar a un tipo muy diferente de obra en la que los datos se habrían impuesto a la reflexión. Como dije antes, la necesaria orientación teórica (combinada con la inevitable dimensión crítica e historiográfica) de los trabajos aquí reunidos busca (re)construir la poética de lo fantástico español a través de sus diferentes manifestaciones ficcionales, de ahí que hayamos apostado por seleccionar las obras y autores más representativos de las diversas formas de comprender y cultivar lo fantástico en la cultura española contemporánea.

Por último, señalar que el libro se enmarca en las investigaciones y publicaciones realizadas por el Grupo de Estudios sobre lo Fantástico (GEF) de la Universidad Autónoma de Barcelona a través de dos proyectos de investigación subvencionados: «Lo fantástico en la literatura y el cine españoles (1888-1955). Teoría e historia» [FFI2010-15537] y «Lo fantástico en la literatura, el cine y la televisión españoles (1955-2013). Teoría e historia» [FFI2013-44152-P]. Junto a los nueve miembros del GEF que participan en este volumen, hemos contado con la colaboración de otros siete investigadores de diversas universidades españolas y extranjeras de reconocida experiencia en el estudio de lo fantástico.

Esta es una obra que no se cierra aquí: todavía queda mucho por hacer en el estudio de lo fantástico español. Esperamos que este libro abra las puertas a nuevas investigaciones —teóricas, críticas, historiográficas, comparadas— que ayuden a completar un dibujo que solamente hemos esbozado.

David Roas
Director del Grupo de Estudios sobre lo Fantástico (GEF)
Universidad Autónoma de Barcelona

1.

EL CUENTO MODERNISTA[1]

Ana Casas
Universidad de Alcalá

Introducción

A diferencia de lo que sucede en otros lugares, donde lo fantástico nace a finales del siglo xviii con la novela gótica sobrenatural, en España hay que esperar hasta la llegada del romanticismo para asistir a la eclosión del género, aunque, como en el nuestro, en casi todos los países lo fantástico se desarrolla verdaderamente con el cuento romántico. Ello explica la intensa relación que se establece entre fantástico y relato breve: como ocurrió con el cuento, en un primer momento el principal canal de difusión de estas formas fue la prensa periódica y, luego, desde la segunda mitad del siglo xix —con los avances de la industria editorial—, las antologías y los volúmenes de relatos, además de las revistas y los periódicos. Así, tal y como han demostrado los esclarecedores trabajos de David Roas (2001c, 2006a) y Juan Molina Porras (2001), puede decirse que a partir de 1870 son muchas las publicaciones que incluyen en sus páginas narraciones de corte fantástico (*El Museo Universal*, *El Contemporáneo*, *El Periódico para todos*, *La Ilustración de Madrid*, *Revista de España*, *La Ilustración Española y Americana*, etc.), al tiempo que se aprecia un aumento progresivo en el número de libros que contienen cuentos de esta naturaleza, aunque se trata de volúmenes que tienen un carácter misceláneo y carecen de unidad genérica o temática, por lo que combinan relatos de distintas tipologías.

En cuanto a sus rasgos caracterizadores, el cuento fantástico, que, al principio, se encuentra bajo el dominio de lo legendario, poco a poco va alejándose de la concepción romántica del género, escogiendo ambientes cotidianos para el desarrollo de la acción, asumiendo un mayor realismo, extremando los elementos

[1] Este trabajo es una versión ampliada de mi artículo «El cuento español modernista y lo fantástico» (2009).

verosimilizadores, acercándose, en definitiva, cada vez más al mundo del lector. En este sentido, resulta capital la influencia, primero, de E. T. A. Hoffmann y, más tarde, de Edgar Allan Poe, cuyo ejemplo contribuye a delimitar lo que Roas (2006a: 176) denomina «lo fantástico interior», pues el acontecimiento imposible que irrumpe en el relato no suele materializarse (aunque ello también sea posible) en una amenaza exterior (fantasmas, monstruos, vampiros), sino «que afecta fundamentalmente a la personalidad de sus protagonistas, y [...] se manifiesta a través del sueño, el delirio, la locura, la obsesión maníaca, el doble, el magnetismo y otras formas de control de la voluntad». Lejos de desaparecer, lo fantástico —desde esta nueva concepción— sigue cultivándose durante los años del realismo/naturalismo, profundizando en lo cotidiano tras adoptar los postulados estéticos y verbales de la literatura mimética. Así, la principal consecuencia de dicho auge de lo fantástico en el periodo realista va a ser la asunción de un lenguaje aproximado, metafórico, para designar el acontecimiento imposible: frente a la afirmación romántica que, en el texto, da por naturales los sucesos fantásticos y que, por ello, utiliza «términos poco miméticos de la realidad, [...] como *espíritu*, *fantasma* o *diablo*», ahora se prefieren «términos como *visión*, *aparición* o *experiencia imposible de contar*», cuya inconcreción contribuye a instalar «la duda sobre la posibilidad de representación de la lengua y la parábasis» (Molina Porras, 2001: 57).

Al llegar el Fin de Siglo el terreno para el cultivo de lo fantástico está, pues, abonado; a ello, además, hay que añadir la concurrencia de una serie de factores culturales y literarios —sobre todo el empeño renovador del modernismo— que van a impulsar la práctica de este género (llama la atención, por ejemplo, que una revista de gran difusión como *Blanco y Negro* organizara en 1903 un concurso de relatos fantásticos). Ante una sociedad cada vez más uniformada y mecanizada, el apogeo del subjetivismo y del individualismo ampara la reivindicación modernista del mundo interior y de los sentimientos. La realidad objetiva deja de ser tal, ya que el artista la percibe como insuficiente y constreñidora, y a ella opone la literatura configurada como un espacio de libertad (formal y temática), desde el que poder proclamar la superioridad de la imaginación sobre lo real. Entendida así, la obra de arte se hace más autónoma, más autorreferencial, fomentando, junto a las formas realistas, el desarrollo de lo fantástico, pues este género tiene la virtud de poner en entredicho no solo la concepción positivista del mundo, sino los instrumentos cognoscitivos que hemos diseñado para enfrentarnos a él e intentar comprenderlo.

La influencia de Poe en el Fin de Siglo

Del mismo modo que, en décadas anteriores, la narrativa fantástica española se ve influida por E. T. A. Hoffmann (Roas, 2002a), durante el periodo finisecular y el modernismo esta lleva la impronta de Edgar Allan Poe. Su obra había empezado a ser traducida al español en 1858 y no tardó en alcanzar un éxito sin precedentes, en lo que se refiere, claro está, a un autor dedicado a lo fantástico y terrorífico.[2] Su influencia se manifiesta en tres aspectos esenciales: la intensificación de la cotidianidad, la presencia de lo macabro y el recurso al cientificismo o, dicho de otro modo, la incorporación de ciertas prácticas científicas (en especial el magnetismo y la hipnosis) para justificar la irrupción de lo sobrenatural. Aunque ello no debe entenderse como una racionalización de los fenómenos insólitos —pues supondría la eliminación del efecto fantástico—, sino como un recurso más para intensificar la verosimilitud, para hacer creíble la historia a un lector que cada vez conoce mejor el género y, por tanto, al que cada vez resulta más difícil impresionar.[3] Así sucede en algunas narraciones de José Fernández Bremón, Rafael Comenge, Nilo María Fabra, Justo Sanjurjo, o, ya más cerca de la sensibilidad modernista, de Ángeles Vicente y Salvador Rueda.

La experimentación científica, de la que en ciertos relatos se desprende lo fantástico, conforma el argumento de «Los buitres» y «Cuento absurdo» (*Los buitres*, 1908), de Ángeles Vicente, una autora poco conocida que Ena Bordonada ha tratado de rescatar.[4] Pero hay que decir que ambos relatos incluyen ciertos componentes utópicos que hacen que lo fantástico derive hacia lo alegórico. El primero narra la historia de un médico que, a través de la hipnosis, es capaz de operar a sus pacientes sin anestesia y de extraerles el cerebro que, luego, trasplanta a un buitre, poniendo de este modo en evidencia que del cerebro humano «han salido todas las miserias de la tierra, todas las maldades, todas las tiranías, todas las iniquidades humanas» (Vicente, 2006: 51). El asunto del

---

[2] Sus cuentos fantásticos se tradujeron en Madrid 1858 con el título *Historias extraordinarias* a partir de la traducción francesa de Charles Baudelaire, aunque, en realidad, el primer texto de Poe que se tradujo al castellano fue «La semana de los tres domingos», cuento humorístico de 1841 que apareció el 15 de febrero de 1857 en la revista *El Museo Universal* (Roas, 2006a: 146-147). Sobre la recepción y la influencia de Poe en la narrativa fantástica española del siglo xix, véase Roas (2011b).

[3] Este interés por la ciencia —no hay que olvidar que estamos en plena efervescencia del pensamiento positivista— justifica la aparición en esos años de un nuevo género literario que también juega con los límites de lo posible, aunque su efecto nada tenga que ver con lo fantástico: la ciencia ficción. Acerca de los inicios del género en España véase Nil Santiáñez (1995) y, con relación a la historia del género en nuestro país a lo largo del siglo xx, VV. AA. (2002).

[4] Ha editado los libros de cuentos *Los buitres* (1908) y *Sombras. Cuentos psíquicos* (1911?), en 2005 y 2006, respectivamente, así como, en 2005, la novela *Zezé* (1909).

segundo gira en torno al experimento de Guillermo Arides, científico también, que aniquila a casi toda la humanidad, menos a un grupo de elegidos a los que confía la refundación de un mundo más justo, y lo hace utilizando «ignorados fluidos interplanetarios, acumulados y dirigidos con precisión admirable, mediante un complicado aparato de su invención» (Vicente, 2006: 133); como es de esperar, los privilegiados supervivientes repiten los mismos errores del pasado, pues sus conductas se rigen por el egoísmo, la envidia, la explotación del hombre por el hombre, etc., razón por la que Arides acaba tomando la terrible decisión de destruir la Tierra, y esta vez sin excepciones.

En Rueda, lo científico y lo paracientífico también dan origen a lo fantástico (Casas, 2008a): así, en «El doctor Centurias», el protagonista es un investigador que trata de encontrar una fórmula que le permita insuflar vida a la materia inerte; y, cuando cree que está a punto de lograrlo, utiliza el espiritismo para conjurar a los espectros de sus antecesores, con el objeto de que estos le ayuden en su delicada empresa. La deuda con Edgar Allan Poe es aquí muy evidente, ya que al inicio el narrador advierte que «El doctor de mi cuento es un ser extraño y original. Viéndolo, acuden a la memoria involuntariamente los maravillosos personajes de Edgard Poe; creyérase que flota en torno de él algo del aire de sapiencia que envuelve a los iniciados en los avatares» (Rueda, 1887: 205). Tampoco hay dudas acerca del parentesco entre «En la mesa de disección» (1895), del mismo autor, y «Conversación con una momia» (1845), de Poe, pues en él se narra la historia de un cadáver que resucita cuando van a diseccionarlo para impedir que abran su corazón y, con ello, descubran la historia de amor que este encierra.

Sin embargo, a medida que nos aproximamos al cambio de siglo, la influencia de Poe se manifiesta, más que en la presencia de lo científico, en la intensificación del realismo, en una mayor introspección en el tratamiento de lo fantástico (el cual se propone, además de generar un efecto ominoso, explorar la psiquis) y, de manera muy particular, en el empleo de los elementos góticos típicamente poetianos, como la experiencia directa del acontecimiento imposible, la presencia de lo macabro y el terror, rasgos que estaban ya presentes en algunos textos del último tercio del siglo XIX (por ejemplo, en cuentos de Pedro Antonio de Alarcón, José Selgas o Pedro Escamilla). Uno de los autores que mejor representa dicha modalidad de lo fantástico es Antonio de Hoyos y Vinent, cuyos relatos, de los que me ocuparé con más detalle un poco más abajo, hacen patente el gusto por lo escabroso, además de multiplicar las alusiones al escritor de Baltimore: en «El señor cadáver y la señorita vampiro» (*Del huerto del pecado*, 1910), el narrador, al describir a los protagonistas, asegura que «Jamás en mi vida de raras aventuras encontré pareja más extraña, más inquietante, que diese más pronto la escalofriante sensación de tragedia, pero no de una tragedia vulgar, sino de una de esas misteriosas tragedias macabras y obsesionantes que adivinamos a través de las prosas de Poe y Hoffman» (Hoyos y Vinent, 1910: 86); al principio de «El hombre de la muñeca extraña» (*La noche y el pecado*, 1913; reed. 1995), uno de los personajes pregunta al narrador intradiegético, Gustavo Mondragón, si la historia que este se dispone a contar pertenece a Poe dada su macabra naturaleza;[5] y en «Una aventura de amor» (*Los cascabeles de Madama Locura*, 1916 o 1917),[6] dos personajes comentan un suceso tan tétrico como inexplicable (el cadáver de una mujer aparece apuñalado sin que nadie haya podido entrar en el depósito), lo que les hace pensar en los asuntos predilectos del americano.

A veces la relación es más velada, como sucede en «Médium» (1899), relato de Pío Baroja incluido en *Vidas sombrías* (1900), cuyas primeras frases recuerdan a las de «El corazón delator» (1843): «¡Es cierto! Siempre he sido nervioso, muy nervioso, terriblemente nervioso. ¿Pero por qué afirman ustedes que estoy loco?», leemos en Poe (1992: I, 191), y en Baroja: «Soy un hombre intranquilo, nervioso, muy nervioso; pero no estoy loco, como dicen los médicos que me han reconocido» (Baroja, 1966a: 18). García de Juan (1997: 91-92), que había apreciado la relación entre ambos relatos, señala otras similitudes, especialmente el hecho de que los protagonistas pongan todo su empeño en demostrarse a sí mismos que no están locos. Habría otros cuentos de Baroja en la órbita de lo fantástico en los que también se observaría la huella de Poe. Así, destaca «El reloj» (*Vidas sombrías*), en el que apenas sucede nada, pues solo se cuenta cómo un hombre decide retirarse del mundo y se instala en un castillo abandonado, donde únicamente se escucha el ruido del reloj que mide las horas, hasta el día en que este deja de oírse, anunciando la muerte del protagonista. La ambientación del relato recuerda inevitablemente a la de «El retrato oval» (1842), cuya historia también se desarrolla en un castillo abandonado, e incluso a la de la ruinosa mansión de «La caída de la casa Usher» (1839). De igual modo, parece haberse inspirado, al menos en parte, en «La máscara de la muerte roja» (1842), donde también aparece un reloj, cuyo siniestro tañido solo cesa después de haber tenido lugar la muerte de los personajes, aunque en Baroja por encima de todo llama la atención «el interés de reconvertir algunos motivos propios del cuento

[5] A modo de *captatio benevolentiae*, Mondragón compara su relato con «La fábula de Prometeo creando la estatura [sic] e infundiéndole vida. Pero esta vez animándola no con el fuego del cielo, sino con llamas robadas qué sé yo dónde, creo que al mismísimo infierno, a Satanás en persona; un fuego maldito de locura, de pecado, de horror; en fin, algo escalofriante, terrible, ultramoderno...», por lo que uno de los participantes en la reunión pregunta: «¿Poe?» (Hoyos y Vinent, 1995: 49).

[6] Para la historia editorial del volumen, véase Martín (2015: 30-31, n. 7). En este mismo trabajo, se examinan los principales rasgos que caracterizan los relatos del volumen; resultan especialmente relevantes las páginas 21-23, dedicadas de manera específica a los cuentos fantásticos insertos en *Los cascabeles de Madama Locura*.

gótico (el aislamiento del héroe, el castillo tenebroso, la inquietante noche) en una reflexión simbolista sobre el paso del tiempo y la llegada de la muerte» (Molina Porras, 2001: 602). Por último, en «De la fiebre» (*Vidas sombrías*), a pesar de que se trata más bien de un cuento pseudofantástico (ya que la visión del personaje es racionalizada en el desenlace),[7] también podría detectarse la huella poetiana: narrado en primera persona, describe la serie de visiones terroríficas que padece el personaje, hasta que descubrimos que estas han sido producto de la fiebre. El paisaje fantástico (imagen de la desolación), así como el encuentro con las figuras abominables de los muertos que el protagonista había visto antes en el depósito de cadáveres o diseccionados en clase de anatomía, recuerdan a los que aparecen en la parte sombría y espectral de «La isla del hada» (1841) o en «Silencio» (1837), relato en el que se describe la lúgubre región donde vive el Diablo (García de Juan, 1997: 92-93).

Lo fantástico y los mundos interiores

El cambio de siglo es también el momento en que el género fantástico presenta con mayor intensidad la fusión de lo sobrenatural y lo inconsciente. Es cierto que Hoffmann y, más tarde, Poe ya habían explorado con maestría la dimensión subjetiva de lo fantástico, entendida como manifestación o proyección de los miedos y deseos ocultos del ser humano, siempre contemplados, y de ahí su efecto ominoso, como una amenaza para este. Así, a diferencia de los textos que articulan el efecto fantástico a partir de la agresión de un elemento exterior —fantasma, vampiro, monstruo—, en este tipo de historias el peligro proviene del interior del propio individuo. Eso llevó a la proliferación de relatos que desarrollan el tema de la alteración de personalidad en todas sus manifestaciones: sueños, delirios, locura, desdoblamiento, influencia magnética (aquí la amenaza interior se combinaría con la exterior, con la posibilidad de que nuestra voluntad pueda ser controlada por otro ser). Quizás el autor que mejor cultivó a finales de siglo esta vía de lo fantástico fue Maupassant, muy leído y traducido en España en esos años. Basta leer «¿Quién sabe?», «Él» o, sobre todo, «El Horla», para comprobar su habilidad en la fusión de lo fantástico y la neurosis.

Esa preocupación por la combinación de ambos elementos hay que entenderla también como producto del interés por los grandes avances que se producen en psiquiatría en la segunda mitad del siglo XIX, como la definición de

[7] Entiendo por pseudofantásticos aquellos relatos en los que, a pesar de presentar un suceso sobrenatural, no se produce efecto fantástico alguno, ya que acaban racionalizando el acontecimiento imposible (por ejemplo, cuando al final se dice que todo ha sido un sueño o una alucinación) o —esta es otra posibilidad— porque utilizan lo aparentemente fantástico para crear otros efectos, como el humor, la alegoría o la sátira de costumbres (Roas, 2006a: 159).

inconsciente de Carus, los estudios sobre personalidad múltiple, sonambulismo o histeria, que desembocan en las tesis de Freud y Jung. De esta manera, los autores fantásticos del periodo ven cómo la psiquiatría —tal y como después harán los surrealistas, aunque con objetivos diferentes— abre nuevas posibilidades para ir más allá del mundo racional, para sumergirse en el lado oscuro de la mente (desde lo onírico y fantástico a lo monstruoso y morboso, el mal y la abyección) y sacar a la luz los miedos, los deseos reprimidos, las frustraciones, con una intención, además, claramente subversiva con relación al plácido y ordenado mundo burgués. La explicación la encontraríamos en el hecho de que, como señala Phillips-López (2003: 41), «aunque nacida bajo los auspicios del positivismo, la nueva ciencia psicológica traía consigo posibilidades que a la vez cuarteaban las nociones racionales más enraizadas, al abrirse sobre el mundo desconocido del inconsciente, y, por tanto, sobre aspectos aún carentes de explicación científica». En consecuencia, «sobre esta ambigüedad, peculiarmente moderna, se edificarían numerosas creaciones fantásticas del fin de siglo que cuestionaban las fronteras de la normalidad, identificando lo morboso, lo monstruoso, la aberración, los nuevos territorios donde expresar la disconformidad».

Por eso, los cuentos fantásticos del cambio de siglo se interesan especialmente por las zonas oscuras de la psique, que a menudo reprime la norma social: así, lo fantástico sirve muchas veces para descargar la responsabilidad de un acto «censurable» en un ente sobrenatural, como ocurre en los relatos de Eduardo Zamacois «La hija del sol» y «Agonía», incluidos en el volumen *De carne y hueso* (1900): en el primero, la hija de Carmen, que es una niña, mata a Antonio —respectivamente, amante y padre de ambas— bajo el influjo del sol y cumpliendo sus designios; en el segundo, las muestras de amor fingido de la protagonista son inexplicablemente la causa de la agonía del marido odiado, así como de su muerte próxima. Los personajes de *Historias de locos* (1910),[8] de Miguel Sawa, también se ven abocados al asesinato, como en «Judas», donde el narrador cree salvar a la humanidad del apóstol traidor reencarnado en un vulgar sujeto; en «Un desnudo de Rubens», en el que el marido mata a su mujer al descubrir que el célebre pintor había adivinado su belleza y la había retratado en un lienzo varios siglos antes de nacer ella;[9] o en «La muerte de María Antonieta», donde el asesino perpetra su crimen porque está convencido de ser la reencarnación de Danton y de que su víctima lo es de la reina de Francia.

Como en los cuentos de Sawa, abunda el tipo de personaje que se encuentra al borde de la locura, que padece visiones o desvaría, que no sabe si sueña o está despierto: llama la atención, por ejemplo, la perspectiva alucinada de «El reloj»

[8] Hay una edición moderna en la editorial Renacimiento (2010).

[9] El argumento de este relato presenta múltiples similitudes con el de «La madona de Pablo Rubens», de José de Zorrilla, publicado en *El Porvenir*, núm. 26, 26 de mayo de 1837.

o la que es fruto del delirio, en «De la fiebre», y que causa visiones terroríficas, fantásticas, al protagonista del relato (ambas narraciones son de Baroja). Algunos títulos de libros son ya de por sí significativos, como *Historias de locos*, de Miguel Sawa, *Sombras. Cuentos psíquicos*, de Ángeles Vicente, o *Los cascabeles de Madama Locura*, de Antonio de Hoyos y Vinent.[10] Aunque hay que decir que, en muchos casos, no es posible discernir el grado de perturbación mental del personaje protagonista que, a su vez, suele ser el narrador del relato (ya sea extradiegético o intradiegético), de modo que el lector difícilmente puede estar seguro de la veracidad de lo contado. En «Médium», por ejemplo, sabemos que el narrador es declarado loco y, aunque este insiste en repetidas ocasiones en defender su cordura, su discurso resulta a ratos incoherente y contradictorio; lo que el lector desconoce es si el trastorno del personaje es consecuencia del episodio fantástico que lo ha traumatizado o si, al contrario, su narración es fruto del delirio. Algo parecido sucede en «El que se enterró» (1908), de Miguel de Unamuno, donde el narrador extradiegético inicia el cuento observando un cambio de personalidad en su amigo, que, en poco tiempo, ha pasado de «dicharachero y descuidado» a «taciturno y escrupuloso» (Unamuno, 2008: 69). El relato de este acerca de cómo se produjo el encuentro con su doble y de cómo experimentó la muerte, para resucitar siendo su otro yo, queda, pues, bajo sospecha. Igualmente, en «La esfera prodigiosa» (*Visto y soñado*, 1903), de Luis Valera, Van Stralen, que dice haber sido testigo de los poderes de la esfera, se vuelve poco sociable, y hay quien lo ha visto «pasearse solo, gesticulando y musitando palabras incomprensibles» (Valera, 1903b: 125).

Con frecuencia la relación entre locura y fantástico permite reflexionar sobre determinados aspectos de la mente humana: los meandros de la personalidad, la pulsión de violencia y también sobre el deseo sexual. De este modo, la mayor parte de las muertes que tienen lugar en los cuentos de Sawa son (o podrían ser, dependiendo de la lectura, racional o sobrenatural, que hagamos del relato) causa de la pasión amorosa, como sucede en «El gato de Baudelaire», «Mi otro yo» y «La muerte»; otros relatos plantean distintos aspectos del erotismo, como la búsqueda de la mujer ideal («La mujer de nieve», «La sirena») o la trasgresión erótica, como en el sacrílego «La tentación», en el que un fraile reza a Dios y a la Virgen con gran fervor para que permitan que la Tentación (encarnada en una bella mujer), que ya se le había aparecido una vez y con la que había gozado, vuelva a él para hacerle pecar de nuevo.

[10] Puede consultarse al respecto el trabajo de Ezama (1994).

Espiritismo, ciencias ocultas y fantástico

La influencia de Poe, el cientificismo y la psiquiatría coinciden cronológicamente con otros fenómenos que sirven de inspiración a muchos autores fantásticos modernistas: el esoterismo y el ocultismo. Son los años de la popularización en España de las ideas de Eliphas Lévi, Madame Blavatski o Allan Kardec, conocido autor de *Le libre des sprits* (1857); por todo el país se fundan centros encargados de propagar el espiritismo, aparecen revistas dedicadas al tema y en 1888 se celebra en Barcelona el I Congreso Internacional Espiritista (Gullón, 1990). Destacar la fundación en 1893 de la revista madrileña *Sophia*, constituida por F. de Montoliú —el primer presidente español de la Sociedad Teosófica—, que informaba de los diferentes movimientos teosóficos en los distintos países y trataba temas como el hipnotismo, los estados después de la muerte, reencarnación, simbología teosófica, etc. (Suárez Miramón, 2006: 162).

Dicho interés, aunque puede resultar incongruente en una época de pleno apogeo del positivismo científico, debe su éxito, sin embargo, a que (en apariencia) estas «disciplinas» ofrecían respuestas a la inquietud que producían la muerte y el más allá, sobre los cuales la ciencia proporcionaba escaso consuelo.[11] Como advierte Dolores Phillips-López (2003: 33),

> La racionalización y el progreso científico se hallan en la base del fenómeno de secularización que consistió, como lo formuló Max Weber, precisamente en la 'desmiraculización del mundo'. Sentido como vacío espiritual, vivido como desgajamiento, este fenómeno se verá signado en la vaga, amplia y renovada religiosidad que caracterizó el fin de siglo. Al acudir al misticismo, al esoterismo y a las supersticiones, al sumar la magia, lo legendario, el milagro, el misterio, el sueño y al describir los estados morbosos o las patologías del alma humana, la ficción fantástica modernista condensa interrogantes y respuestas literarias significativas, busca colmar los vacíos, explorar las nuevas (y replantear las antiguas) fronteras, desbordando límites, instalándose en la muerte misma, complaciéndose en lo excesivo.

En este contexto de escepticismo frente a la religión «convencional» y quebrada la confianza absoluta en la ciencia, el espiritismo trataba de ofrecer, como señala David Roas (2003: 25), una respuesta de síntesis «a esa crisis de fe probando científica y empíricamente la inmortalidad del alma, demostrando de ese modo que la existencia continuaba tras la muerte, aunque en un plano diferente

[11] Uno de los cuentos fantásticos de Miguel Sawa, titulado significativamente «La muerte», ilustra bien dicho desasosiego: «¡La única verdad está en mí —le dice la Muerte al protagonista—; la única verdad que jamás sabrá el hombre! Yo soy lo desconocido, lo ignorado, lo eternamente misterioso. ¿Qué hay después de mí? ¿La Nada? ¿El Infinito? ¡Que lo averigüen, si pueden, esos bestias de sabios!» (Sawa, 1910b: 92).

que podía [...] entrar en contacto con el mundo material».[12] Así, algunos modernistas exploran el ocultismo, el esoterismo o las religiones antiguas como reacción al colapso del sistema de creencias que había sido el dominante hasta finales del siglo XIX (resulta muy conocida, por ejemplo, la afición de Valle-Inclán por el espiritismo, pues dio conferencias sobre el asunto, escribió varios artículos y participó en las experiencias de clarividencia del espiritista gallego Manuel Otero Acevedo).[13]

Un ejemplo de ese interés por el ocultismo —compartido con algunos autores hispanoamericanos muy leídos en la España del momento, como Rubén Darío y Leopoldo Lugones— lo tenemos en diversos relatos de Luis Valera recogidos en los volúmenes *Visto y soñado* (1903) y *Del antaño quimérico* (1905), textos de carácter fundamentalmente maravilloso aunque incorporan ciertos elementos fantásticos. Quizás el más representativo sea «La esfera prodigiosa» (recogido en el primero de los libros citados),[14] donde el misterioso objeto sirve al narrador para explicar las bases del esoterismo budista: el relato, que se ambienta en Pekín entre 1900 y 1901, narra el encuentro casual entre dos personajes (un extranjero, del que se desconoce su identidad u origen, y Van Stralen, que es amigo del narrador y que, más tarde, cuenta a este el increíble suceso), así como el hallazgo de una esfera de poderes inconmensurables dentro de un buda de bronce. Dotada de una increíble energía psíquica, se nos dice que fue fabricada por un maestro budista para que los iniciados al esoterismo llevaran a cabo determinadas experiencias místicas gracias a ejercitar su voluntad. Se generan así varios episodios fantásticos, pues el extranjero, en presencia de Van Stralen, ensaya algunas facultades de la esfera (la invisibilidad o la trasmigración del alma) y, finalmente, acaba yéndose a la Región de las Ideas Puras, desapareciendo de esta dimensión y llevándose con él la prodigiosa esfera.

Por su parte, la fascinación por el esoterismo de Ángeles Vicente —la cual debió de gestarse en los años que esta escritora vivió en Argentina—[15] la llevó a trasladar algunos de los principios de las ciencias ocultas a varios de los cuentos reunidos en *Los Buitres* (1908) y *Sombras. Cuentos psíquicos* (1911?). Basados en la independencia del alma con respecto de la materia, en ciertos casos, dichos fundamentos del espiritismo originan, como en la narración de Valera, el efecto fantástico: así, la percepción sensorial de los espíritus («La trenza», «Algunos fenómenos psíquicos

[12] Anota Litvak (1994: 83) que «el espiritismo llegaba a ser una especie de pensamiento religioso, basado justamente en la terminología y las armas de combate del enemigo de las religiones establecidas: la ciencia».

[13] Véase a propósito el trabajo de Milner Garlitz (1990).

[14] Debemos a Juan Molina Porras (2006: 121-164) la única reedición de este relato.

[15] Ángeles Vicente nació en Murcia en 1878 y en edad muy temprana marchó a Argentina, donde residió hasta 1906, año de su regreso a España. Véase la nota biográfica elaborada por Ángela Ena Bordonada (2006: 7-14, 2007: XIII-XXXI).

de mi vida»), la reencarnación («Maruja»), los desposorios tras la muerte («Spiro y Caro», escrito en colaboración con Rafael López de Haro) o el magnetismo como medio de comunicación con el más allá («Alma loca») se sienten en varias de las narraciones de esta escritora como imposibles de la historia.[16]

Hay más ejemplos: en algunos de los textos recogidos en *Los cascabeles de Madama Locura*, de Hoyos y Vinent, la acción tiene lugar durante una sesión de espiritismo, donde, pese a la incredulidad del narrador, suceden acontecimientos asombrosos («La mano de la muerta», «La mueca del misterio»). Otros cuentos de este mismo volumen desarrollan motivos relacionados con las ciencias ocultas, como «El hombre de plata» (la telepatía) o «La mirada de la muerta» (la metempsicosis), en el que su protagonista, Facundo Huerto, descubre en un perro, que encuentra por la calle, los ojos de su mujer ya fallecida: como ella, el animal lo atormentará con su mirada hasta que, en una fatal pelea, acabe con la vida del infeliz marido.

Un indicio de que, en la época, la atracción por las ciencias ocultas debió ser muy importante es que incluso un racionalista como Baroja llegó a asistir a algunas reuniones espiritistas y, aunque siempre se mantuvo escéptico, se hizo eco a través de sus primeros cuentos del gusto modernista por los aparecidos y las conexiones con el otro mundo. Destaca su magistral relato «Médium», en el que el narrador-protagonista cuenta, muchos años después de haber tenido lugar el suceso, la fuerte impresión que le causó conocer a la hermana de un compañero de escuela, de nombre Ángeles, cuya sola sonrisa infundía terror a quien la mirara, pero que, además, era capaz de romper un cristal con los dedos, mover objetos a su antojo o hacer que sonara el timbre de la puerta aun habiendo quitado la campanilla. Pero sobre todo espanta al narrador la conexión de Ángeles con el más allá, tal como descubre al revelar una serie de fotografías en las que, junto a la joven, se ve una «sombra blanca de mujer de facciones parecidas a las suyas», en la primera, y, en la segunda, «la misma sombra, pero en distinta actitud: inclinándose sobre Ángeles, como hablándole al oído» (Baroja, 1966a: 21-22).

Cuento fantástico de base legendaria y folklórica

En el cambio de siglo abundan también los relatos fantásticos de temática más tradicional, basados en lo legendario, como ocurre en los cuentos que Ramón del Valle-Inclán[17] incluye en las diversas ediciones de *Jardín umbrío*[18] o en

[16] Menos «La trenza», que pertenece al libro *Los buitres*, todos los demás relatos aparecen en *Sombras. Cuentos psíquicos*.

[17] Las reflexiones que siguen a propósito de la narrativa fantástica de Valle merecen conectarse con lo expuesto por Matteo de Beni y Mariano Martín, en el capítulo 5 de este libro.

[18] Me refiero a las tres ediciones de *Jardín umbrío* (1903, 1914 y 1920) y a las dos de *Jardín novelesco* (1905 y 1908). Sigo la edición de Miguel R. Díez (2007), la cual, a su vez,

algunos de Pío Baroja y que, de un modo u otro, entroncan con el folklore (el gallego, para el primer autor, y el vasco, para el segundo). No obstante, estos textos presentan divergencias notables con respecto al cuento legendario romántico, con el que entroncan: mientras este suele desarrollarse en un espacio rural y en un tiempo alejado del presente (especialmente la Edad Media), en general los relatos modernistas se ambientan en el mundo contemporáneo y, en consecuencia, ciertos elementos góticos, de presencia obligada en los textos de épocas anteriores, tienden ahora a ser menos habituales (los castillos, las criptas, las mazmorras, las noches de tormenta, los cementerios, la trama sentimental). Sí permanecen determinados motivos sobrenaturales de carácter tradicional, como la aparición de fantasmas, la brujería o el pacto con el diablo, elementos que, por otra parte, armonizan con el deseo de trasgresión típicamente modernista. En este sentido, la elección de lo fantástico permite *épater le bourgeois* gracias a plantear, utilizando asuntos derivados del acervo popular, las perversidades sexuales en el ámbito familiar, la necrofilia, el satanismo, la enfermedad como estética, el catolicismo sacrílego o el erotismo religioso, es decir, todas aquellas cuestiones que se encuentran en los márgenes de las formas convencionalmente codificadas y que constituyen la base de la mentalidad comunitaria. De este modo, a través de la estetización del mal y la exploración de lo monstruoso, los escritores del cambio de siglo problematizan las fronteras sociales, psicológicas y morales, un deseo que no podría mostrarse más solidario con lo fantástico, si tenemos en cuenta que, como apunta Todorov (1970), la motivación de este género precisamente está en abordar los temas tabúes y escapar así a la censura colectiva e individual.

En el caso concreto del cuento legendario, las formas escogidas a veces muestran su dependencia respecto de las estructuras típicas del relato tradicional. Así, dentro de esta modalidad, los textos de la primera mitad del siglo XIX solían presentar un esquema basado en la presencia de distintos niveles de ficción. Habitualmente un narrador extradiégetico hacía partícipe al lector de una leyenda que había escuchado (o leído) durante una visita a una población rural (Roas, 2006a: 160). En cuanto a los relatos legendarios del modernismo, a veces estos respetan dicho esquema y, por ello, emplean estrategias de oralidad, como la presencia de cuentos enmarcados y de diversos planos narrativos (recurso por el cual se transcriben historias referidas, contadas indirectamente por terceros), junto a las maniobras de dilación u ocultamiento de sucesos relevantes con el

---

reproduce la que se considera la última y definitiva edición de *Jardín umbrío. Historias de santos, de almas en pena, de duendes y ladrones* (1920). Son muy útiles las páginas que Juan Serrano Alonso (1996) dedica a la cronología de los distintos cuentos que componen «la serie de los Jardines», así como a sus distintas variantes y los cambios experimentados a lo largo del tiempo.

objeto de crear suspense y tener en vilo al receptor. Por ejemplo, al inicio de la novela corta *La dama de Urtubi* (1916), de Pío Baroja, el narrador homodiegético explica cómo el médico de Yanci le contó que, muchos años antes, había conocido al cura Duhalde d'Harismendy, el cual le mostró el castillo de Urtubi y, además de narrarle parte de la historia de la dama de dicho castillo, le facilitó el manuscrito de un tal Dornaldeguy donde se contaba lo que le había sucedido a esta mujer. En consecuencia, lo que el narrador-primero ofrece al lector es, en gran medida, la 'transcripción' del relato de Dornaldeguy. En «El trasgo» (*Vidas sombrías*), del mismo autor, la estructura elegida también es convencional, pues la narración que incluye elementos inverosímiles tiene como marco una tertulia, de cuyo desarrollo nos informa un narrador testigo, así como de la intervención del viajero que cuenta su encuentro con un trasgo.

Pero otras veces, en cambio, los niveles de ficción no aparecen desdoblados. Así, aunque en el breve prólogo a *Jardín umbrío*, Valle-Inclán asegure que las historias que componen el libro, en su día se las contó a él una vieja criada de su abuela, de nombre Micaela la Galana, ninguno de los relatos, aun estando plagados de elementos folklóricos, presentan narraciones enmarcadas ni estructuras conversacionales. De los cinco cuentos que pueden considerarse fantásticos, dos tienen un narrador heterodiegético que relata la historia en tercera persona («Rosarito» y «Beatriz»), mientras que en los otros tres el narrador homodiegético rememora sucesos que tuvieron lugar durante su infancia («Del misterio», «Milón de la Arnoya» y «Mi hermana Antonia»).

A pesar de las diferencias formales, unos y otros plantean la existencia de dos versiones distintas para un mismo hecho, sin llegar casi nunca a deshacer la ambigüedad a favor de una explicación u otra de lo acontecido. Habría alguna excepción, como *La dama de Urtubi*, novela en la que el médico-relator deja entrever su escepticismo, pues critica duramente las creencias supersticiosas (que tanto desagradaban al propio Baroja) y las conductas racionales obtienen una 'justa' recompensa frente a las que no lo son. Por esta razón, en la narración enmarcada que se ambienta en el siglo XVII, uno de los protagonistas, Miguel Machain, rescata a Leonor de un aquelarre al que había acudido engañada y, gracias a su acción, consigue que el tío de ella les de su consentimiento para poder casarse. Además, el narrador, ofrece una visión antropológica acerca del poder de las sordiñas (brujas, en vasco), despojándolas de esta manera de toda dimensión mágica.

En «El trasgo», por el contrario, el narrador extradiegético se limita a transcribir las actitudes contrapuestas del doctor (que detenta la posición racionalista) y el viajero (la posición sobrenatural), ambos integrantes de la tertulia en la venta de Aristono. El primero —médico, como Baroja— reproduce la opinión del autor con relación a la brujería y el fanatismo supersticioso: al ser preguntado por uno de los contertulios acerca de las hijas de Aspigalla, responde lo siguiente: «¿Cómo han de estar? Mal [...], locas de remate. La menor, que es una histérica tipo, tuvo anteanoche un ataque, la vieron las otras dos hermanas reír y llorar sin motivo, y empezaron a hacer lo mismo. Un caso de contagio nervioso. Nada más» (Baroja, 1966b: 52). Y al inquirir otro de los ahí presentes si ya habían llamado a la curandera de Elisabide, contesta el doctor que esta es «otra loca», y concluye: «¡Sea usted médico con semejantes imbéciles» (Baroja, 1966b: 53). Pero en la conversación también interviene un buhonero, cuyo relato sobre su encuentro con un trasgo ocupa los dos últimos tercios del cuento, de modo que el desenlace de la narración enmarcada coincide con el final del relato, por lo que ningún personaje desmiente o matiza algunos de los aspectos de la increíble narración del desconocido.

Tampoco en los relatos de Valle-Inclán que antes se han mencionado, así como en otros de Baroja —«La sima», por ejemplo—, el lector tiene elementos para decantarse por una explicación u otra. Rara vez la presencia de lo fantástico es irrefutable, ya que no suele ser confirmada por un narrador heterodiegético que refrende o sancione lo que dicen o piensan los protagonistas. Generalmente solo tenemos la versión que estos ofrecen de los hechos, bien porque el relato es una narración en primera persona, bien porque el narrador es focal y asume la perspectiva de los personajes.

Habría otras estrategias generadoras de ambigüedad, como la caracterización del espacio en «La sima» (*Vidas sombrías*): mientras parece obvio que la identificación del macho cabrío, propiedad de la tía Remedios (que tiene fama de bruja), con el Demonio resulta infundada, la descripción del paisaje posee connotaciones fantásticas, pues aparece animado y repleto de comparaciones que sugieren desgracia e inquietud:

> Comenzaba a anochecer —leemos al principio—, corría ligera brisa; el sol iba ocultándose tras de las crestas de la montaña; sierpes y dragones rojizos nadaban por los mares de azul nacarado del cielo, y, al retirarse el sol, las nubes blanqueaban y perdían sus colores, y las sierpes y los dragones se convertían en inmensos cocodrilos y gigantescos cetáceos. Los montes se arrugaban ante la vista, y los valles y las hondonadas parecían ensancharse y agrandarse a la luz del crepúsculo (Baroja, 1966c: 111).

Esta ambigüedad afecta a muchos textos de la época, no solo a los cuentos legendarios; de hecho, los más abundantes son los relatos cuya fantasticidad resulta irresoluble.

De ellos se desprenden al menos dos conclusiones. En primer lugar, la importancia de la dialéctica fe/escepticismo como eje estructurador del relato, la cual se manifiesta a través de dos actitudes antagónicas: la que acepta la presencia del misterio y la que trata de racionalizar el fenómeno fantástico. Es significativo que, a menudo, ambas posturas se revelen insatisfactorias para penetrar en una realidad que ya no puede ser explicada desde la superstición o la fe religiosa, pero que, al mismo tiempo, es mucho más vasta e incomprensible de lo que la razón permite alcanzar. «¡Ten valor, racionalista!», es lo que le dice el hombre que asegura haberse encontrado con su doble al narrador de «El que se enterró»: «los que os tenéis por cuerdos —continúa diciendo—, no disponéis de más instrumentos que la lógica, y así vivís a oscuras...» (Unamuno, 2008: 76). En «La sirena», de Sawa (1910c: 79-80), el narrador llega a afirmar que:

> El hombre es un ser inferior. Para cada uno que mira a lo alto, hay ciento que, con los párpados caídos, andando torpemente como los topos, solo se preocupan de ver —sin talento para observar— las cosas bajas y feas de la tierra. Hay muy pocos que aspiren a volar, que quieran perderse, en busca de mundos nuevos por las inmensidades del infinito. ¡Andar a dos patas es tan cómodo, y tan fácil, y... tan natural!

De esta manera, aunque por vías distintas, el cuento fantástico del cambio de siglo manifiesta una insatisfacción con respecto al realismo y al positivismo, o lo que es lo mismo, manifiesta una insatisfacción con respecto a los principios de verosimilitud operantes en la segunda mitad del siglo XIX a través de las poéticas realistas. Dicha actitud enlaza con la desilusión romántica frente a las limitaciones de la razón y, como a principios de siglo, no rechaza las conquistas de la ciencia, pero sí niega que esta sea el único instrumento para captar la realidad.

En segundo lugar, es evidente que el lenguaje utilizado para generar el efecto fantástico difiere considerablemente del empleado durante las décadas precedentes, incluso en los cuentos de clara raigambre romántica, como son los legendarios y góticos (estos últimos heredados en buena medida de los relatos de Poe). Si bien tales materiales perduran, las formas y los recursos han cambiado: los medios expresivos del realismo y del naturalismo son abandonados en gran medida a favor de la sugerencia, el impresionismo o el simbolismo, más aptos para llevar a cabo la reivindicación del mundo interior, de los sentimientos, que la literatura modernista se propone frente a la realidad objetiva.

El lenguaje de lo fantástico y la mímesis

Un somero análisis de «La boda de espectros», de Salvador Rueda, servirá para entresacar algunos de los rasgos más característicos del lenguaje de lo fantástico. Este relato, de base legendaria, empieza con una descripción del mar embravecido y el selvático paisaje, a la que sigue la de los amantes (Fernando en su barca acercándose a la falda del monte y la mujer esperando en la peña). A continuación, la analepsis pone al lector en antecedentes; así, sabremos que el joven tuvo que partir hacia un largo viaje, no sin antes decirle a su amada: «Dentro de un año me esperarás en la roca del diablo, donde muerto o vivo habré de acudir a la cita» (Rueda, 1891: 47).[19] Recreada la atmósfera fantasmagórica que anticipa el suceso imposible, a la vez que le sirve de marco, el narrador emplea una adjetivación fuertemente connotada, que, tal y como advierte Campra (2001), es uno de los elementos retóricos recurrentes en la configuración de dicho discurso. Aquí, concretamente, tiene por objeto dotar al paisaje de un aspecto inquietante: los picachos y las crestas de las montañas son «salvajes», los sones del canto del gallo «agoreros», los arrecifes «negros»; hasta llegar a decir el narrador que todo resulta «extraño e imponente» (Rueda, 1891: 46, 49-50). En este contexto aparecen las criaturas de la noche (enanos, brujas, duendes, endriagos), calificadas de «ronda fantástica», «marea diabólica» y «estrepitoso aquelarre» (Rueda, 1891: 49-50).

Otra de las estrategias empleadas es la presencia recurrente de la metáfora, como en la descripción del espacio que refleja el alma atormentada de los protagonistas:

> El terreno, compuesto de grandes montañas y negros arrecifes, estaba sumido en completa obscuridad. Los peñones recibían los golpes del agua y se cubrían de ondas marinas, las cuales, una vez que se hundían por los resquicios y los huecos, permitían asomar de nuevo la cabeza a las rocas, que entonces dejaban ir los chorros por sus grietas, como el nadador por los revueltos rizos de su pelo.
>
> Algún lienzo de piedra, de esos que en los cortes atrevidos de los montes parecen representar batallas y guerreros, hacía frente a las negras llanuras del mar, y en los picachos y crestas salvajes se acurrucaban las aves de la noche (Rueda, 1891: 46).

En otros momentos, la metáfora se literaliza, aunque el significado 'verdadero' de las palabras no se desvela sino muy avanzada la lectura. Así, cuando el narrador se refiere por primera vez a Fernando, dice de él que «no parecía ni hombre ni visión», al confundirse su imagen entre las sombras de la barca, aunque luego sabremos que, en efecto, no es ni una cosa ni la otra, sino un espectro que regresa de la muerte para cumplir su promesa. A la mujer, por su parte, la compara con «un muñeco», sugiriendo la imagen de un ser que, si bien recuerda a una persona, carece de vida. En la descripción que sigue se multiplican, por otro lado, las alusiones funerarias en torno al personaje, identificando su cuerpo con el de un cadáver y presentando una visión del tiempo ligada a la eternidad de la muerte:

> Su cabeza se arropaba en un ampuloso velo, cuya inmovilidad tenía la fijeza de la roca; su cintura parecía, vista a alguna distancia, una estalagmita surgida de la piedra,

[19] «La boda de espectros» se publica en *El Álbum Ibero-Americano*, núm. 23 (21 de junio de 1891), y se recoge en *Tanda de valses* (Rueda, 1891: 43-54), que es la edición por la que cito.

a cuyos lados caían los brazos, también arrebujados en el manto. El aire de elegancia que la rodeaba, desdecía de un modo poderoso con el ángulo saliente de sus rodillas, ángulo rígido y extraño, como el que se sorprende en las viejas momias sentadas.

Al haberse guiado por los engaños que finge la imaginación, diríase que sostenía en las manos un libro, y que, a semejanza del tiempo, oía con profunda calma el sigiloso paso de los siglos (Rueda, 1891: 48).

De modo parecido, el narrador aborda la descripción de Fernando: «El rumor de sus pasos más bien era chasquido de esqueleto que eco de planta humana; el hábito que le envolvía no dejaba traslucir forma alguna, y solamente señalaba ciertos ángulos cuando el cuerpo se inclinaba a causa de los escollos del camino», para acabar insinuando de forma no demasiado sutil que «Acaso era un espectro el que acudía a la cita, el cual apartó el sauce de su tumba y salió removiendo las acumuladas pavesas del sepulcro» (Rueda, 1891: 51). Todos estos recursos (adjetivación fuertemente connotada, metáfora y lectura literal de la metáfora) contribuyen a configurar un lenguaje que, si bien resulta muy sugerente, también se caracteriza por su imprecisión.

Los autores aquejados de una sensibilidad modernista mayor que la de Rueda —pues los textos fantásticos de este manifiestan una gran dependencia de las formas y los contenidos románticos— explotarán esta dificultad de la mímesis inherente al género. Dicho de otro modo, profundizarán en el problema que supone tener que designar algo que no existe según los parámetros de realidad del lector. Así, el impulso renovador que recorre los años del cambio de siglo afecta muy particularmente a los modos de expresión de lo fantástico, en la medida en que muchos de sus textos ahondan en la ausencia de referente (llegando a tematizar este asunto). En este sentido, hay que decir que, en un buen número, los cuentos fantásticos de esta época extreman el sentimiento de duda con relación al acontecimiento imposible, pero no solo con respecto al hecho en sí, sino también con respecto a la manera de narrarlo. Así ocurre, por ejemplo, en «La esfera prodigiosa», de Luis Valera, o en «El que se enterró», de Unamuno.

Dicha dificultad (así como el desasosiego que conlleva para el que habla y que acaba trasladándose al lector) confluye, en muchos casos, en la modulación de un lenguaje voluntariamente ambiguo, hecho de silencios, hasta el punto de que, en el modernismo, lo fantástico muy pocas veces permite ser reducido a una sola explicación. Al contrario, casi siempre se mantiene la vacilación lectora que impide decantarse por una solución bien racional, bien sobrenatural del conflicto. La presencia irresoluble del misterio tiene una importante consecuencia estructural: el final abierto, que, como ya se ha visto, es uno de los rasgos fundamentales del cuento moderno, además de resultar altamente sugestivo. Así ocurre en muchos de los relatos que hasta ahora han sido mencionados, en especial los de Baroja, Sawa, Unamuno y Valle-Inclán.

Las estrategias que potencian todos estos vacíos de información y que contribuyen a incrementar la ambigüedad del relato pueden ser de diversos tipos. Fundamentalmente atañen a la configuración de las voces y las perspectivas narrativas, así como a determinados recursos estilísticos, en particular el símbolo y la caracterización indirecta de los personajes.

a) El narrador no fidedigno

Páginas atrás se han visto algunos textos en los que la 'fragilidad' mental de los personajes lleva al lector a desconfiar de su versión de los hechos. Que el narrador de «Médium», de Baroja, o muchos de los narradores de los cuentos de Alejandro Sawa nieguen el hecho de padecer algún tipo de alteración nerviosa, los hace todavía más sospechosos a nuestros ojos. En cambio, tendemos a sentirnos próximos de aquellos que se muestran tranquilos y equilibrados frente al 'extravagante' comportamiento de los otros, como ocurre en «El que se enterró» o en «La esfera prodigiosa», ambos narrados por personajes que desconfían de sus interlocutores (que son los que asumen la narración del acontecimiento fantástico). Sin embargo, en estos relatos, la falta de pruebas en un sentido u otro no permite corroborar o desmentir la versión de la historia ofrecida por estas mentes 'en apariencia' perturbadas.

Hay otras clases de narradores no fidedignos de gran efectividad, como los que protagonizan algunos de los cuentos fantásticos de Valle, que se distinguen de los mencionados anteriormente por relatar sucesos que tuvieron lugar mucho tiempo atrás respecto al momento de la enunciación. En ellos, la voz del relato tiene la 'garantía' de poder certificar que 'cuenta lo que vio'—; pero, en contrapartida, se aleja de los hechos por su escasa implicación en estos cuando se trata de un narrador-testigo (como ocurre en «Mi hermana Antonia» y sobre todo en «Milón de la Arnoya») y también a causa de la distancia cronológica en relación con lo acontecido y a la dificultad que entraña toda rememoración.

El narrador homodiegético, caracterizado de este modo, introduce la duda en el lector, una duda que crece en aquellos momentos en los que difiere la percepción que de un mismo suceso tienen distintos personajes. Así sucede en «Del Misterio», donde el narrador se muestra rotundo en su descripción de lo sobrenatural, pero su testimonio pronto queda puesto en entredicho, al admitir que él fue el único en ver la imagen del fantasma:

> Todos sentimos que alguien entraba en la sala. Mis cabellos se erizaron. Un aliento frío me rozó la frente, y los brazos invisibles de un fantasma quisieron arrebatarme del regazo de mi madre. Me incorporé asustado, sin poder gritar, y en el fondo nebuloso de un espejo vi los ojos de la muerte y surgir poco a poco la mate lividez del rostro, y la figura con sudario y un puñal en la garganta sangrienta. Mi madre,

asustada viéndome temblar, me estrechaba contra su pecho. Yo le mostré el espejo, pero ella no vio nada (Valle-Inclán, 2007: 134).

La estrategia seguida en «Milón de la Arnoya» resulta algo más compleja que en los dos relatos anteriores, ya que, como analiza Ramos (1991: 108-117), el narrador (diluido en un genérico 'nosotros', identificable con el grupo de los niños que fueron testigos de la escena) reúne diversos y contradictorios puntos de vista en torno a la supuesta posesión demoníaca de Milón de la Arnoya y el influjo que este ejerce sobre la mujer que llega al pazo en busca de ayuda.

b) Alteraciones de la perspectiva narrativa

Como en «Milón de la Arnoya», muchos textos logran la ambigüedad fantástica gracias a la concurrencia de perspectivas antagónicas. En los cuentos narrados en tercera persona, las estrategias de focalización (y las alteraciones que puedan producirse con respecto a esta) devienen un recurso eficaz para evitar resolver el misterio. En «La sima», de Baroja, los cabreros (caracterizados a través de los diálogos por su ignorancia) identifican el macho cabrío con el diablo, influidos por el fanatismo religioso del sacristán y las habladurías de la gente: «Así lo *ha dicho* el sacristán la otra vegada que estuve en el lugar —dice uno de ellos—. *Añaden* que [la tía Remedios] aoja a las presonas y a las bestias y que da bebedizos. *Diz* que la veyeron por los aires entre bandas de culebros» (Baroja, 1966c: 112).[20] Dicha perspectiva va a resultar determinante para el desarrollo del relato, ya que será la que asuman los personajes («Vide al diablo, todo bermeyo, todo bermeyo», asegura uno de ellos refiriéndose al animal) y también, en gran medida, el narrador heterodiegético, cuando dice del macho cabrío que «a veces se volvía a mirar para atrás, alto, erguido, con sus lanas negras y su gran perilla diabólica» (Baroja, 1966c: 113), o cuando afirma que el ruido que sale de la caverna en la que ha caído el nieto del cabrero es «un murmullo vago y lejano, como la voz de un ser sobrenatural» (Baroja, 1966c: 116). Aunque también deja abierta la puerta a la explicación racional si entendemos que la metáfora («gran perilla diabólica») y el símil («como la voz de un ser sobrenatural») son recursos retóricos que tienen por función connotar realidades y no tanto representarlas miméticamente. En ese caso, el cuento podría leerse de un modo muy distinto: el macho cabrío no es una encarnación del diablo y el «murmullo vago y lejano» es el quejido del joven que ha caído en la caverna (al tratar de recuperar al animal) y al que nadie va a rescatar por culpa de una absurda superstición.

En «Una hora de amor», de Hoyos y Vinent, el narrador heterodiegético alterna su perspectiva (irónica y distanciada) con la de Estrella, la prostituta que

[20] Las cursivas son mías.

sufre la agresión de un hombre, el cual podría tratarse de un perturbado mental (así parece insinuarlo el narrador) o de un vampiro (como cree la mujer). Aunque el asaltante sea designado por el primero como «sátiro», «monstruo» o «vampiro», el hecho de que se refiera a Estrella como «sacerdotisa de Venus» pone en suspenso la dimensión fantástica del relato, sostenida exclusivamente por el punto de vista de la prostituta, que es el que domina en determinados pasajes del cuento, como este en el que se describe al hombre:

> Los escasos cabellos, erizados sobre el cráneo color pergamino, partíanse, formando dos cuernecillos diabólicos; entreabríase la boca, negra y cavernosa; los ojos, hundidos en grandes círculos de arrugas, fosforecían con los extraños reflejos de las llamas de azufre, y en el centro del rostro consumido, la nariz inmensa, larguísima, penduliforme, aparecía lívida, teñida solamente en la punta de tenue pincelada de carmín (Hoyos y Vinent, 1995a: 94).

En este fragmento aparecen enumerados varios de los tópicos del vampiro, aunque, claro, siempre bajo la mirada de Estrella. Compete al lector decidir (o permanecer en la duda) acerca de la naturaleza fantástica o no del personaje y, por tanto, del relato.

c) Sugerencia y símbolo

En los textos fantásticos, más que lo que se dice, importa lo que se calla. Como advierte Irène Bessière (1974: 35), lo fantástico se construye sobre el vacío, en la medida en que prefiere sugerir antes que relatar de manera objetiva el desarrollo de los acontecimientos:

> Chargée de nouveauté et de possibles explications, elle [la literatura fantástica] présente tout comme insuffisant. Elle fait de la richesse de son spectacle et de ses sous-entendus une figure de manque. Elle multiplie les questions afin d'unir ces contraires. Usant de la tentation du nouveau et du refus de l'anormal, à la fois trop riche et trop pauvre, elle laisse le lecteur littéralement sous sa faim. Elle suggère abondamment afin d'embarrasser. L'incertitude naît de ce mélange de trop et de rien.

Los relatos del cambio de siglo aprovechan dicha cualidad de lo fantástico de una manera muy particular. En ellos, se favorece la caracterización indirecta de los personajes, cuyo estado de ánimo más que materializarse en acciones o pensamientos, tiende a proyectarse en la descripción del ambiente y de la atmósfera, cargada de alusiones y presagios, tal y como se ha visto en «La sima» de Baroja.

En algunos cuentos, este tipo de proceder se traduce en la ausencia (o casi ausencia) de introspección psicológica. En Valle, por ejemplo, rara vez accedemos a la conciencia de los personajes y, cuando ello se da, no suele ser concluyente, como ocurre en «Rosarito». Así, sabremos que Montenegro era consciente de que «ejercía sobre ellos [sus deudos y allegados] el poder sugestivo de lo tenebroso» (Valle-Inclán, 2007: 153); por su parte, a Rosarito «Don Miguel la infundía miedo, pero un miedo sugestivo y fascinador. Quisiera no haberle conocido, y el pensar en que pudiera irse la entristecía» (Valle-Inclán, 2007: 157). No obstante, como decía, el narrador, más que transmitir los pensamientos de los personajes, prefiere sugerirlos, de modo que, cuando Montenegro advierte la presencia de la joven, leemos: «¡Acaso había sentido el peso magnético de aquella mirada que tenía la curiosidad de la virgen y la pasión de la mujer!» (Valle-Inclán, 2007: 153), y más tarde, mientras este contempla a Rosarito, el narrador se pregunta: «¿Adivinó el viejo libertino lo que pasaba en aquella alma tan pura? ¿Tenía él, como todos los grandes seductores, esa intuición misteriosa que lee en lo íntimo de los corazones y conoce las horas propicias al amor?» (Valle-Inclán, 2007: 154).

La no introspección responde a que «hay un esfuerzo constante por desrealizar y quitarle estabilidad a la realidad para volverla alucinatoria, fluida y misteriosa» (Risley, 1979: 56). Ese es el motivo de que abunden los símbolos y las imágenes de resonancias sobrenaturales, desde el título *Jardín umbrío*, que para Miguel Díez (2007: 17) «sugiere, estéticamente, algo secreto, sombrío, lejano y fantástico», pasando por los nombres duales o paradójicos de los personajes: el de Rosario combina la sensualidad de la rosa y la pureza de la Virgen; el apellido Montenegro, con sus siniestras connotaciones, aparece junto al nombre Miguel, el mismo que el del arcángel; Beatriz deriva de beatitud y se opone al equívoco fray Ángel, pues, a pesar de su nombre, el rasgo más sobresaliente del personaje es el satanismo, etc. Un planteamiento que remite a otra de las estrategias mayormente empleadas en lo fantástico moderno, como es la que se basa en «la yuxtaposición de campos semánticos, si no incompatibles, totalmente desvinculados», y cuyo objeto es «configurar una realidad distinta de la convencional a través de una conjunción semántica no codificada y, por ello, insólita» (Erdal Jordan, 1998: 115). Con idéntica motivación, los protagonistas de estas narraciones aparecen asociados a determinadas figuras artísticas y literarias (a Montenegro se le relaciona con Espronceda y Lord Byron, a Rosarito y Beatriz con una madona prerrafaelita y con María Magdalena), y también a ciertos animales de evocaciones funestas, como el gato (Máximo Bretal), la araña (Montenegro) o el lobo (Milón de la Arnoya).

Otra constante de estos cuentos es la animación del espacio, el cual aparece como algo extrañamente vivo, así como la identificación de este con los personajes. Sirva de ejemplo el comentadísimo pasaje de «Rosarito», donde la sensual descripción del jardín anticipa la unión sexual entre la joven y Miguel de Montenegro (cap. VI) gracias a que, como apunta Risley (1979: 57), precedentemente el jardín ha quedado asociado a la conciencia de la joven y al escondite del seductor:

> Del fondo oscuro del jardín, donde los grillos daban serenata, llegaban murmullos y aromas. El vientecillo gentil que los traía *estremecía* los arbustos, sin *despertar* los pájaros que dormían en ellos. A veces, el follaje se *abría susurrando* y *penetraba* el blanco rayo de la luna, que *se quebraba* en algún asiento de piedra, oculto hasta entonces en sombra clandestina. El jardín cargado de aromas, y aquellas notas de la noche, impregnadas de voluptuosidad y de pereza, y aquel rayo de luna, y aquella soledad, y aquel misterio, traían como una evocación romántica de citas de amor, en siglos de trovadores (Valle-Inclán, 2007: 159).[21]

Otra de las estrategias recurrentes en la configuración del discurso fantástico tiene que ver con la capacidad simbólica de las palabras, con la posibilidad de que un término posea distintas acepciones. Como anota Campra (2001: 186), el sentido oculto de algunos vocablos no puede ser descifrado de inmediato, sino que «deriva de la temporalidad de la lectura». «Cada significante —sigue diciendo— es, al menos potencialmente, oscuro portador de significados inquietantes. El texto se vuelve difusamente significativo en diferentes grados, tendiendo un velo sobre la presunta trasparencia comunicativa de la lengua» (Campra, 2001: 187). Así, como ya se ha visto en el análisis de «La boda de espectros», resulta habitual que el valor metafórico de una palabra o una expresión se vea sustituido por el literal. En el cuento de Rueda el recurso tenía por objeto amplificar los rasgos góticos del relato. Algo parecido encontramos en las narraciones de Hoyos y Vinent, en los que, muy a menudo, el lector descubre que las morbosas metáforas y comparaciones empleadas para describir a los personajes, en realidad poseen un significado diferente del que se interpretó en un primer momento. En «Fantasmagórica (de las memorias de un neurasténico)» (*Del huerto del pecado*), el narrador relata cómo, algunos años después de haber tenido amores con una mujer casada, se encontró por casualidad con el marido de esta. Al darle la mano, tuvo una desagradable impresión: «La sensación fría y viscosa de aquellos rígidos dedos —dedos de cadáver— me hizo estremecer»; más adelante leemos que «su voz era opaca, grave, lejana, y de sus labios, al hablar, surgía un leve olor a podredumbre», y, más tarde, que «en el rostro, de cadavérica palidez, los ojos brillaban hundidos en negras simas, y cuando yo buscaba la pupila, se alejaban en un insondable abismo de negrura; la nariz larga y gruesa, se deformaba en extravagantes claroscuros que, a veces, simulaban el vacío, y solo la boca, crispada en una sonrisa, mostraba los dientes superiores grandes y amarillentos» (Hoyos y Vinent, 1910: 67). Al llegar a su casa, encuentra encima de la mesa una esquela donde se le hace partícipe de la muerte del marido deshonrado. El recurso llega a hacerse monótono de tanto aparecer en los textos del autor.

---

[21] Las cursivas son mías. Los verbos subrayados evocan el acto sexual.

Nada que ver con la maestría estilística de Valle-Inclán: la seducción de «Rosarito» es descrita en términos de «sortilegio» antes de que alcancemos a vislumbrar la posible dimensión fantástica del relato (Valle-Inclán, 2007: 160); en «Beatriz», los ojos de la saludadora de Céltigos son «del verde maléfico que tienen las fuentes abandonadas, donde se reúnen las brujas», y los de la Condesa, una vez decidida a recurrir a la magia negra, poseen «el venenoso color de las turquesas» (Valle-Inclán, 2007: 98 y 99); por su parte, en «Del Misterio», el narrador recuerda de doña Soledad «el maleficio de aquellas pupilas» que de nuevo tienen «el venenoso color de las turquesas» (Valle-Inclán, 2007: 131-132). La mirada como reveladora del mal o de la relación que los personajes establecen con seres que no son de este mundo, lleva implícita la idea de que hay otras maneras de ver, más allá de la puramente racional. Por eso, las criaturas de *Jardín umbrío* tienen a menudo una actitud ensoñadora, como si a través del sueño o del ensimismamiento encontraran una puerta de entrada a otro orden de realidad, como si ellos mismos fueran el umbral de lo fantástico.

Experimentan estos personajes una llamativa lejanía respecto al mundo tangible, inmersos en una atmósfera fantasmal, cargada de imágenes mortuorias con las que se identifican. Así, en «Mi hermana Antonia», Máximo Bretal tenía «cara de muerto» y «Para que fuese mayor su semejanza con los muertos, al andar le crujían los huesos de la rodilla»; sus manos eran «de esqueleto», «de fantasma», «de cera» (Valle-Inclán, 2007: 115, 116, 118).[22] A su contacto, Antonia empieza igualmente «a tener un aire de otro mundo», ensimismándose cada vez más, tanto que el narrador llora «aquella noche en la oscuridad, como si mi hermana se hubiera escapado de nuestra casa» (Valle-Inclán, 2007: 118). La madre —presa de la histeria o víctima del Diablo; no sabemos— también acaba convertida en una presencia ultraterrena, desvaneciéndose como una sombra por los rincones de la casa. En resumen, todos estos personajes poseen actitudes desvaídas porque, como sugiere Campanella (1966: 379), actúan movidos por impulsos exteriores, más poderosos que su voluntad: el narrador de «Mi hermana Antonia» recuerda a la joven «toda desvanecida, con sus movimientos lentos que parecían responder al ritmo de otra vida, y la voz apagada, y la sonrisa lejana de nosotros», y también evoca la figura de la madre entrando en la sala donde estudiaba «como una sombra y se desvanecía en el estrado» (Valle-Inclán, 2007: 117-119); en «Del Misterio», por otra parte, leemos que «Doña Soledad se levantó del sofá y andando sin ruido la vimos alejarse hacia el fondo de la sala, donde su sombra casi se desvaneció» (Valle-Inclán, 2007: 133). De este modo, Valle hace entrar las fuerzas ocultas y misteriosas en lo

[22] Recuerdan a las manos «de momia» de doña Soledad, en «Del Misterio» (Valle-Inclán, 2007: 132).

cotidiano, haciendo convivir dos mundos que en apariencia se excluyen, pero cuyas fronteras no están del todo delimitadas.

Lo fantástico en el Fin de Siglo extrema de este modo las posibilidades del lenguaje. A menudo la realidad representada —con toda su fantasticidad— acapara sentidos diversos y contradictorios y no permite ser reducida a una única acepción: los relatos del modernismo nos proporcionan el modo de descodificar los indicios y de interpretar los símbolos, al mismo tiempo nos sustraen su significado.

2.

NARRATIVA 1930-1950[1]

Alfons Gregori
Universidad Adam Mickiewicz de Poznan

Durante las primeras décadas del siglo xx se perpetró una revolución artística en el mundo occidental que hoy denominamos las vanguardias. Siendo la culminación de un conglomerado de elementos que se forjaron o consolidaron con los romanticismos europeos, nada fue lo mismo que era tras el tsunami vanguardista. Pero, ¿de qué manera afectó este a la literatura castellana, tan reacia tradicionalmente a las perspectivas literarias no miméticas? Y, centrándonos en el tema del presente volumen, ¿cómo se reflejó todo ello en el desarrollo de la literatura fantástica española en la península ibérica? Como señala acertadamente Martín Rodríguez (2012: 238), cuatro corrientes o concepciones narrativas se apartan de la tradición hegemónica realista y naturalista en la literatura española de la Edad de Plata, concepciones que aquí iremos apuntando en paralelo al grueso de textos fantásticos analizados: la novela lírica de Azorín o Gabriel Miró, la novela deshumanizada y vanguardista promovida por Ortega y Gasset, la novela humorística y las ficciones intelectuales de autores como Pérez de Ayala o Benjamín Jarnés. La modalidad narrativa de lo fantástico no aparece entre ellas, básicamente porque en su mayoría estas conformaban una vertiente más bien culta o elitista, mientras que la literatura fantástica se identificaba con versiones de fácil comercialización destinadas al gran público, editadas en revistas populares como *La Novela de Hoy*. Además, lo no mimético recibió un impacto tal de las concepciones narrativas mencionadas que se diluyó en relatos fronterizos

[1] El presente capítulo se enmarca en el proyecto de investigación «El componente ideológico en la literatura fantástica», financiado por el Narodowe Centrum Nauki (Centro Nacional de la Ciencia) de Polonia con base en la decisión DEC-2011/01/B/HS2/03615. Igualmente, el estudio no hubiera podido ser elaborado sin las investigaciones previas de David Roas y Ana Casas en relación con textos aparecidos en dicho periodo, por lo cual les agradezco la gentileza de haberme permitido su consulta.

entre lo maravilloso onírico (o surrealista), lo mágico-lírico y lo lúdico *épatant*.[2] Al mismo tiempo, debe hacerse mención de un tipo de literatura que cada vez va a tener más obras y más lectores: la especulativa o de anticipación científica, muy en boga. Eso no significa que lo fantástico hubiera desaparecido durante las décadas de los años 30 y 40, sino que, mientras continuaba a través de manifestaciones basadas en modelos tradicionales de la modalidad, padeció un proceso de recomposición en la mescolanza de propuestas e ingenios que desde la originalidad perentoria se exigía a los autores que pretendían hacerse un hueco en la esfera literaria.[3]

A fin de emprender el panorama de la literatura fantástica en este periodo, en primer lugar vale la pena presentar el marco contextual, donde tenían un papel determinante las traducciones extranjeras en forma de novelas, novelas cortas y colecciones de relatos populares, conformando una constelación de narraciones no miméticas, también fantásticas, textos asequibles y atractivos que contribuyeron a la formación de muchos jóvenes escritores y de generaciones enteras de lectores. Ahora bien, aquí solo se expondrán algunas muestras para poder hacerse una idea de la situación del mercado editorial español en relación con dicha modalidad narrativa y sus adyacentes en la denominada «narrativa de género». Así, por ejemplo, al lado de novelas de aventuras, de ciencia ficción o de carácter maravilloso, en la colección *Novelas y cuentos* aparecieron reediciones y traducciones de textos fantásticos, muchos de ellos clásicos del mismo, especialmente en la primera mitad de los 30, aunque continuaron en menor medida en la década posterior: *El extraño caso del Dr. Jekyll y Mr. Hyde* o *El diablo embotellado*, de Stevenson (1930), *Aventuras de Arturo Gordon Pym* (1930), de Edgar Allan Poe, *La novela de una momia* (1930) o *Esperita* (1944), de Théophile Gautier, *La señorita de Scuderi* (1932), de E. T. A. Hoffmann, *Brujas, la muerta* (1933), de Georges Rodenbach, *Historias de aparecidos* (1933), de Washington Irving, *Sancho Gil* (1934), de Núñez de Arce, *El hotel encantado* (1946) de

[2] Una buena muestra de ello es que en la antología de cuentos fantásticos españoles del siglo XX elaborada por Roas y Casas (2008), solo aparece un texto publicado originalmente entre 1931 y 1951, a saber, «La gabardina» de Aub, un texto del exilio que comentaremos más adelante en este trabajo, aunque de hecho en la antología la primera edición del mismo aparece datada erróneamente en 1955.

[3] En relación con toda esta problemática debe tenerse en cuenta que el adjetivo «fantástico» se empleaba (y se emplea) de un modo tan laxo que muchas obras que recibían esta calificación, incluso en el título, pertenecían de hecho a aquello que hoy en día consideramos académicamente como otras modalidades literarias. En efecto, y por poner algún ejemplo, María Héctor publicaba unos *Cuentos fantásticos* (1943) en la Barcelona de posguerra que, en realidad, constituían relatos de carácter maravilloso dirigidos al público infantil y juvenil; o M. Laguna escribía a principios de esa misma década *Un mundo monstruoso: una novela fantástica completa*, en que encontramos más bien una distopía regresiva en la que el ser humano del futuro se enfrenta a bichos gigantescos.

Wilkie Collins, o *Ella* (1948), de Rider Haggard. En *La Novela de Aventura* se lanzaba una traducción del *Drácula* de Bram Stoker (1935). Otra colección de narrativa de quiosco como *La Novela Fantástica* —a pesar de su nombre— se dedicó en 1932 más bien a la traducción de novelas de aventuras, la ciencia ficción o de recreaciones míticas de un pasado primitivo, todo ello muy típico de las publicaciones *pulp*. Otro ejemplo remarcable de esta tendencia, siendo de todos modos casos aislados, es la revista que salió en Barcelona entre 1944 y 1945 bajo el título de *Fantástica: magazine de historias, leyendas y relatos impresionantes*. También la colección homónima (*Fantástica*) de la editorial Febo siguió en plena posguerra esa misma línea, lanzando la traducción de una novela fantástica, *El hombre de la oreja rota* (1945), de Edmond About.

Ahora bien, de entre todas las editoriales de los años 40 cabe destacar la tarea de Josep Janés y su empresa editorial homónima con sede en la capital catalana, a la hora de poner a disposición de los lectores —con una buena distribución— éxitos internacionales de la literatura no mimética, destacando la colección *Manantial que No Cesa*, donde se publicaron obras de C. S. Lewis, Dino Buzzati y un largo etcétera. En ella apareció también *¡Miedo!*, la colección de cuentos de Clarasó que analizaremos en el apartado correspondiente. Por otra parte, también vale la pena aludir a algunas otras publicaciones, aunque sea a modo de ejemplo. Así, en 1942 salía en Barcelona una nueva traducción al castellano de las *Narraciones extraordinarias* de Poe, con prólogo de Josep Farran i Mayoral. De hecho, en la década de los años 40 llegaron al público que podía y quería permitírselo diversas traducciones de Poe, desde *Guillermo Wilson*, en la colección *La Novela Maestra*, hasta recopilaciones muy variadas, como *Cuentos de lo grotesco y lo arabesco* (1946), en la colección madrileña *El Carro de Estrellas*. En la serie *Novelas Extrañas* de la editorial de *Revista de Occidente* aparecía *La metamorfosis* (1945) de Kafka, una traducción cuya autoría —atribuida a Borges— ha sido rebatida y cuyo título ha comportado una polémica bien viva hasta nuestros días; en esos años, sin embargo, la gran referencia de lo fantástico moderno pasó entre el público lector español sin pena ni gloria.

1. De una siniestra dictadura a una contienda barbárica: la narrativa fantástica en el contexto de los años 30

En relación con la creación literaria de autores en lengua castellana, la década de los años 30 se abría con diversas obras que representaban dos maneras distintas de enfocar y plantear la presencia de lo sobrenatural en el texto literario. De este modo, en 1930, veía la luz la novela *El amante invisible*, de Alberto Insúa, en la que lo sobrenatural se confabula a través de personajes clásicos como el diablo en forma de poderes extraordinarios —en este caso, la invisibilidad— para mantener un diálogo con la realidad convencionalizada literariamente, creando de este modo interesantes muestras del denominado efecto fantástico, así como muecas confesadas de la situación política de la época y críticas acerca de la naturaleza humana.[4] También en 1930 llegaban a las librerías dos colecciones de narrativa breve muy representativas y loables del *ghost story* hispánico coetáneo. Así, por un lado, Wenceslao Fernández Flórez publicaba *Fantasmas*, en que la mayoría de textos eran inéditos, mientras que Eduardo Zamacois reunía piezas de la narrativa breve que habían ido apareciendo en publicaciones diversas en un volumen titulado *La risa, la carne y la muerte*, entre las páginas del cual asomaba el elemento sobrenatural, principalmente en forma de historias de fantasmas. En él destaca el antologizado «El hombre de la barba negra», que presenta el motivo de la premonición cumplida. Por otra parte, ese mismo año aparecía la novela de Benjamín Jarnés *Viviana y Merlín*, donde reformulaba diversos elementos de la materia artúrica —que más adelante aprovecharía de forma tan feliz Álvaro Cunqueiro— de acuerdo con los principios que han marcado tradicionalmente la modalidad narrativa de lo maravilloso, pero con objetivos propios, tratándose pues de «[...] una adaptación de carácter lírico e intelectual [...], utilizando el mito, dándole la vuelta, y hasta parodiándolo, a la sensibilidad literaria y cultural de su tiempo» (Conte, 1994: 81). En ese mismo ámbito continuó fluyendo lo maravilloso cristiano, aunque fuera a veces de modo heterodoxo, como en el caso de la novela corta *Jesús de Nazareth*, del filósofo y literato Edmundo González-Blanco, que apareció en una publicación sin fechar, aunque se ha apuntado que probablemente habría visto sido reeditada en 1935 (v. Botti, 2012: 212).[5]

En la concepción narrativa de tipo humorístico a que se ha aludido anteriormente, destaca un grupo de artistas con bastantes concomitancias con las vanguardias, denominada «La otra generación del 27»: «todos ellos asumen el magisterio de Ramón Gómez de la Serna y en sus obras emplean un humor antirrealista, absurdo, disparatado, grotesco y, al mismo tiempo, bañado de una ingenuidad que intensifica esa visión distorsionada del mundo» (Roas y Casas, 2008: 23). Entre estos talentosos autores figura un escritor que durante años fue emblemático de un determinado casticismo, en diversas vertientes, desde

---

[4] El mismo autor había publicado el año anterior una novela con participación notable de lo sobrenatural, con el título *El barco embrujado*. Para un estudio de esta, donde se trata, en general, acerca de la narrativa con elementos fantásticos de Insúa, véase Martín Rodríguez (2012).

[5] De hecho, seguramente ya había aparecido integrada en la colección de narrativa breve *Cuentos fantásticos*, que la Biblioteca Nacional española señala como publicada en los años 20. Cabe añadir que, en las primeras décadas del siglo xx, González-Blanco se había distinguido como ensayista y polemista acerca de lo religioso, en general, y el papel de la Iglesia en la España coetánea, en concreto, traduciendo los evangelios apócrifos a mediados de los años 30.

la prosa al teatro. Se trata, claro está, de Miguel Mihura, quien, firmando con su segundo apellido Santos, publicó ya desde antes de la década de los 30, y durante la misma, relatos con elementos maravillosos y fantásticos. No obstante, estas narraciones están construidas sobre la base de un espíritu paródico que traslada temas y motivos de lo irreal al espacio pragmático y socializado de la cotidianeidad con un tono eminentemente jovial y jocoso, en todo caso bastante menos lesivo que los textos que publicó con sus colegas falangistas en las páginas de *La Ametralladora* (1937-1939), la revista propagandística oficial del bando de los alzados contra la República que él llegó a dirigir. Vistos hoy en día, relatos publicados en *Gutiérrez* —como «Verdaderamente, con una madre así, tan buena, no se puede ser Lucifer, ni se puede ser demonio, ni se puede ser nada...» (1930), «Aquel señor que puso una tienda de ocasos» (1930) o «El vampiro» (1932)— parecen dirigidos exclusivamente al público que se inicia en el revulsivo periodo de la pubertad.

Ahora bien, el escritor que sin duda se llevó la palma del humorismo trufado de fenómenos imposibles fue Enrique Jardiel Poncela, en especial gracias a *La «tournée» de Dios* (1932), que es considerada como una de sus novelas más logradas, y que ha sido recientemente reeditada. Valls y Roas (2001: 27) sintetizan como sigue su elemento inexplicable: «el Ser Supremo aparece corporeizado, humanizado, más judío que cristiano, se muestra cruel, indiferente y autoritario, más interesado por el deporte que por la cultura. [...] Esta sorprendente aventura, la aparición de lo sobrenatural en la vida cotidiana, acaba degenerando en la mayor de las catástrofes». Sin embargo, el desarrollo argumental de la obra resulta insuficiente a la hora de justificar su inclusión en una u otra categoría estética de lo no mimético, puesto que el elemento fundamental que le aporta cohesión y una significación global es el quebrantamiento y la dislocación de los convencionalismos pragmáticos como novela o texto narrativo en general, así como de determinados principios de la narratividad. Tales rasgos resultan clave en su vigencia como obra literaria que, tras haber pasado casi un siglo desde su publicación, todavía resulta fresca y brillante, novedosa. Si tras su lectura se produce una reflexión por parte de los lectores acerca del concepto de realidad y de la validez de las creencias, estará marcada indeleblemente por la perspectiva estética y filosófica que ilumina el volumen, una perspectiva básicamente lúdica en que todo —formatos, personajes, motivos e ideologías— adquiere una increíble plasticidad, volviéndose voluble hasta los límites de lo absurdo y de la ficcionalidad literaria misma.[6] En este sindiós, si se me permite la paradójica

[6] Esta es la diferencia fundamental con otra obra, algo posterior, que presenta un argumento con ciertas similitudes. Nos referimos a *Gaeli i l'home Déu*, de Pere Calders, elaborada durante la Guerra Civil e inédita hasta 1986. Así, en el relato del escritor catalán, un personaje dotado de la capacidad de realizar milagros se convierte en el compinche del narrador,

expresión, no encajaría la idea básica de lo fantástico, es decir, el conflicto entre un constructo de realidad y un suceso que es visto como imposible.

Por su lado, no hay que olvidar a Edgar Neville, que posteriormente pasaría al recuerdo de los amantes de lo fantástico gracias a su trabajo como director del desconcertante y particularísimo filme *La torre de los siete jorobados* (1944), adaptación de la novela de Emilio Carrere y Jesús de Aragón.[7] En 1936 aparecía su colección de narrativa breve *Música de fondo*, en la cual encontramos diversos textos en que se usa lo sobrenatural. Así, si «Los Smiths» presenta notas de fenómenos mitológicos propios de la trascendencia cristiana incrustados en los quehaceres de una familia negra norteamericana, «Su único amigo» emplea el recurso del Dios encarnado en la Tierra para construir un cuento de tipo maravilloso cristiano rebosante de humor blanco, aunque una segunda lectura podría desacreditar planteamientos fundamentales del cristianismo. En «Stella matutina», no obstante, disfrutamos de un fantástico salpimentado de comicidad, pero manteniendo la focalización en el suceso imposible que da juego al desarrollo del relato: ante el sobrecogimiento inicial de sus padres, a una chica que interpreta el papel de cabeza parlante en un circo le desaparece el cuerpo, quedándose igual que su personaje y enamorándose de su complemento ideal, es decir, la cabeza de cartón a que un ventrílocuo auténtico daba voz. De este modo, un recurso habitual en las vanguardias literarias, como era la literalización de metáforas o fraseologismos —en el cual poetas como el francés Jacques Prévert se recreaban continuamente—, se aplica en este caso a un truco circense, dando lugar a episodios absurdos a partir de los cuales y de otros aspectos del relato de carácter hiperbólico puede abrirse camino una reflexión sobre la corporeidad. Igualmente, cabe mencionar el cuento «El fin», un texto fantástico de rasgos apocalípticos bastante influenciado por la poética moderna de la conjunción sinestésica, la objetivación de elementos abstractos o la personificación de los objetos. La muerte se hace progresivamente dueña del mundo, sobreviviendo simbólicamente solo una prostituta y un historiador que llegan al espacio mesopotámico en que nació la civilización: la mujer con el primer oficio del mundo y la memoria viviente de la historia se encuentran como los nuevos Adán y Eva. Este motivo, harto evidente, permite que al final se recurra a una salida paródica de lo maravilloso cristiano.

Gaeli, quien lo presenta como un dios proletario, queriendo aprovechar en pro del progreso el sentimiento religioso humano, el cual pasaría a ser gestionado por la Administración pública. No obstante, el momento revolucionario que se vive en Cataluña —ficcional e históricamente— provoca que nadie se crea la veracidad de los fenómenos sobrenaturales. La novela, sensacionalmente paródica pero anclada en una realidad coetánea plenamente reconocible, no se aparta de las convenciones básicas de la narrativa y busca constantemente el contraste entre lo creencial e irreal, por un lado, y la realidad circundante, por el otro.

[7] Al respecto de la autoría de la obra, véase Palacios (2015).

2. Ni penalidades tremendistas, ni redención espiritual: la narrativa fantástica en el contexto de los años 40

En la literatura española de los años 40 y 50 el cuento fantástico moderno ocupa un lugar reducido, pero como asegura Herrero Cecilia (2000: 101), los pocos escritores que cultivaron este género lo hicieron con acierto y sensibilidad. Por su parte, González Castro (1996: 60-61) recoge la tesis de Martínez Cachero, según la cual no hubo una desligazón total entre las corrientes literarias de antes y después de la Guerra Civil, mencionando *Industrias y andanzas de Alfanhuí*, así como obras de Azorín, Baroja y Wenceslao Fernández Flores:

> Esta continuidad se refleja en la convivencia de dos tradiciones que nos interesa deslindar por cuestiones metodológicas: una tradición realista, en diálogo con las circunstancias sociales de un periodo determinado, y una tradición de ruptura y novedad, en diálogo polémico con el modelo propuesto por la tradición realista (González Castro, 1996: 61).

En todo caso, a nuestro parecer, la ruptura y la novedad no impiden un diálogo entre las obras fantásticas y las circunstancias sociales de la posguerra, al contrario, son el prisma que permite ampliar aspectos encauzados limitadamente en los textos realistas. Sea como fuere, un ejemplo de aquella fórmula de tradición vanguardista a que se referían los críticos citados sería la obra de Pío Baroja *El hotel del cisne* (1946), una singularísima pieza literaria del escritor vasco que contiene abundantes fragmentos de experiencias oníricas ficcionalizadas, así como otros elementos de corte vanguardista, enlazando pues con las generaciones de preguerra y aportando más bien poco a las modalidades narrativas no miméticas. Otro autor que, como Baroja, ya estaba en pleno crepúsculo de su periodo creativo era Carrere, que en 1941 publicó el relato «La momia de Rebeque» en el suplemento literario de *Vértice*, la revista reivindicativa de la ideología fascista de la Falange. Se trataba de un relato a medio camino entre lo fantástico y la especulación científica que, al tratar sobre el tema de la inmortalidad, tenía algo de irónico viniendo de un artista del modernismo decadentista que buscaba su salvación en las filas de los vencedores.

Del escritor bilingüe Álvaro Cunqueiro, que tanto daría que hablar a partir de los años 50 y 60, cabe mencionar «La historia del caballero Rafael», que apareció en esa misma revista falangista en 1939. A pesar de no contener trazas de lo fantástico, sino que simplemente se emplea una convergencia de dos planos históricos —una época contemporánea algo anglofóbica y la guerra de Troya, aunque esta mediante referencias vagas, y una misteriosa Ciudad Muerta en que domina el anticristianismo en forma de tiranía inquisitorial—, lo interesante de esta obra de aprendizaje de Cunqueiro radica en el hecho de que Joan Perucho, amigo y colega del gallego, empleará diversos aspectos de la misma para elaborar una de sus primeras novelas fantásticas, *Llibre de cavalleries* (1959), en concreto un combate en los lindes de la cristiandad, donde se cruzan el plano coetáneo con un pasado borroso e inserto de anacronismos e invenciones. En 1945 se editaban otras dos obras del gallego: *San Gonzalo*, novela corta de tipo maravilloso cristiano firmada bajo el pseudónimo de Álvaro Labrada —a pesar de la explícita proyección autorial en el relato—, la más netamente identificada con la ideología nacional-católica del régimen, y *Balada de las damas del tiempo pasado*, donde se diluye lo mágico, lo mitológico, lo supersticioso, lo feérico y lo histórico con un tono y un marco conceptual propios de las leyendas evangelizadoras.

Por su parte, «El caballero, la muerte y el diablo» constituye otra de las narraciones que Cunqueiro elaboró originalmente en español. La también escritora gallega y amiga personal del autor, Elena Quiroga (1984: 72), en su discurso de ingreso a la Real Academia Española, afirmó que, a pesar de ser publicada por vez primera en 1956, su autor empezó a escribirla bastante antes, en 1939, acercándola pues al tiempo de escritura de *San Gonzalo* y *Balada de las damas del tiempo pasado*. El texto presenta diversas singularidades: la primera, el hecho de ser designada como tercera parte del «ciclo bretón» de Cunqueiro —tras las novelas en gallego *Merlín e familia e outras historias* (1955) y *As crónicas do sochantre* (1956)—, pese a estar escrita en español y acabar integrada posteriormente en el volumen de relatos *Flores del año mil y pico de ave* (1968) (González Somovilla, 2011: xxxv, xlix); la segunda, y principal, la naturaleza misma de esta composición, construida según lo habitual en el escritor a partir de historias diversas, encadenadas en un ir y venir de personajes y motivos, desarrollándose en suculentos meandros narrativos, aunque dos elementos irruptores desestabilizan el marco ficcional del relato en cuanto escenario maravilloso o legendario: el erotismo y lo fantástico, incorporando aspectos que producen terror y que penetran en el terreno de lo ominoso.

Cunqueiro forma parte de una pléyade de escritores e intelectuales gallegos que convergen en la década de los 40 haciendo de su patriotismo local una reformulación en clave narrativa de la literatura oral y medieval, de las tradiciones legendarias (particularmente la celta), así como de la memoria personal, donde sobresalían los elementos vinculados con lo irreal, aunque las más de las veces derivando hacia lo maravilloso. Un caso bastante paradigmático de ello es el volumen *Los paisajes iluminados* (1945), de José María Castroviejo, en que se halla, por ejemplo, el relato «Nochebuena en Cíes», el cual narra la aparición de un barco fantasma que impresiona vivamente al narrador, siempre identificado —implícita o explícitamente— con una proyección de la figura autorial de Castroviejo.[8] En cualquier caso, en este grupo destacan con luz propia dos obras

[8] Debe tenerse en cuenta un hecho importante: existe otra edición del volumen de 1963, con el mismo título, aunque conteniendo solo una parte de los textos de la publicación original

de dos escritores distintos: *El bosque animado* (1943), de Fernández Flórez, cuyo traslado a la gran pantalla en 1987, de la mano del director José Luis Cuerda, consolidó su popularidad entre un público que no necesariamente lo había conocido en los años del franquismo; e *Historias e invenciones de Félix Muriel* (1943), de Rafael Dieste, autor comprometido con los valores de la República que tuvo que exiliarse, publicando la mencionada colección de cuentos en Buenos Aires. Ahora bien, tanto en un caso como en otro, los relatos se mueven entre lo extraño y lo maravilloso, haciendo uso de elementos procedentes de lo fantástico dentro de los márgenes de esas otras dos modalidades narrativas. Así, por ejemplo, el alma en pena de Fiz de Cotovelo que aparece en *El bosque animado*, junto con la macabra Santa Compaña, más que aterrorizar y crear hesitaciones epistemológicas, se corresponde con aquello que Villanueva (2006: XXX) consigna como un elemento del canon de la literatura producida en Galicia, es decir, la presencia viva de los difuntos, algo asumido como consustancial de la identidad gallega mitificada, pudiéndose establecer por ello un paralelismo con el realismo mágico hispanoamericano.

Sin embargo, al parecer del investigador Herrero Cecilia (2000: 101), en los cuentos de Dieste «Acerca de la muerte de Bieito», «La luz en silencio» o «El niño suicida»[9] se percibe una ambientación de misterio y de terror cercana al realismo mágico, afirmación que vale la pena aclarar:[10] en el primer relato, no se produce ningún suceso sobrenatural, ya que se trata solo de un supuesto caso de entierro en vida que despierta el temor al ridículo por parte del cargador que lo sospecha, y en ningún momento se llegan a corroborar sus dudas; tampoco hay fantasticidad en el siguiente, más que un tono de misterio que a lo sumo enlaza con la modalidad de lo extraño; en «El niño suicida» sí que aparece un relato sobrenatural, con el mismo planteamiento central que «El curioso caso de Benjamin Button» de Scott Fitzgerald, pero su validez fantástica queda afectada por

---

e incorporando otros nuevos. Algunos de estos últimos constituyen muestras interesantes de narrativa fantástica. Así, entre ellos destaca, quizás por la fuerza legendaria del motivo empleado, el relato titulado «La Santa Compaña», en que la aparición de la «Hueste» asusta de por vida al inocente narrador; «La sombra errante», en que la aparición del espectro de Einstein sirve para tratar el horror atómico y fomentar el antisemitismo; o «El velatorio de Manuel de Senín», con un efecto terrorífico algo previsible, pero dentro de los márgenes de la narrativa fantástica. Cabe notar que en esta nueva edición desaparecieron textos altamente comprometidos con la causa falangista.

[9] Curiosamente, esta tríade coincide perfectamente con los relatos de Dieste seleccionados por Martínez Martín en su *Antología española de la literatura fantástica* (1999), que, como el mismo compilador advierte, no se limita a «relatos estrictamente fantásticos que suponen una agresión a la realidad», sino que «se incluyen otros, siguiendo un criterio más amplio, relativos a sueños, metamorfosis o animales fabulosos, y en general al mundo mágico que convive cómodamente con ella» (Martínez Martín, 1999: 8).

[10] Unos de los rasgos básicos del realismo mágico es justamente la ausencia de terror.

el hecho de consistir en una historia explicada por uno de los personajes, que además busca engatusar a sus contertulios.[11] En cambio, también en relación con *Historias e invenciones de Félix Muriel*, Roas y Casas (2008: 30) señalan un conflicto entre lo real y lo sobrenatural —crisol de la transgresión propia de lo fantástico— en los cuentos «El libro en blanco», en que se desarrolla el choque de intereses entre el diablo y un viejo campesino, y «La peña y el pájaro», historia de una misteriosa visión por parte de un peregrino en busca de su particular santo grial. En cualquier caso, valga decir que Dieste fue el único de este grupo —y a diferencia también de otros autores coetáneos como Mihura o Neville— que no apoyó la causa nacionalista de los alzados contra la República, acabando como Granell o Aub en el exilio. Fueron años crudos, de divergencias forzadas, en que quedaba permanecer o huir, y no se trataba precisamente de escapismo literario.

José Martínez Ruiz, Azorín, publicaba en 1942 uno de los escasos volúmenes de este periodo en que un autor de talla se enfrentaba a la modalidad de lo fantástico: *Cavilar y contar*. En realidad, las categorías a los cuales se pueden inscribir los relatos son bastante variadas, desde lo extraño sin recurso a lo sobrenatural de «La tristeza humana» a lo fantástico de «La mayor emoción», pasando por lo maravilloso cristiano de «El santuario abandonado».[12] Si bien no son anecdóticas las muestras de la primera de las categorías mencionadas,[13] merecen una especial atención las narraciones de carácter fantástico, ya que Azorín recurre a una pluralidad de motivos y temas clásicos para elaborar sus narraciones.[14] De este modo,

[11] De acuerdo con el análisis psicoanalítico de Freud (1986: 243), si bien el colmo de lo ominoso para muchas personas sería el hecho de ser enterrado vivos —temor presente en «Acerca de la muerte de Bieito»—, se trata más bien de la transmudación de otra fantasía que originalmente no presentaba esa cualidad, y sí cierta concupiscencia, es decir, la fantasía de vivir en el seno materno, que es mencionada —por cierto, con auténtico pavor— en «El niño suicida». Aunque no se produzca lo fantástico, pues, ambos relatos de Dieste apuntan a miedos insondables inscritos por Freud en el inconsciente.

[12] Es curioso que solo hallemos un cuento de esta última categoría, dadas las creencias personales del autor: «su fe en los milagros, en la intervención divina y en la existencia de un plan superior que rige nuestras vidas» (D'Ambrosio Servodidio, 1971: 191).

[13] Además de este cuento, podrían ser englobados bajo la etiqueta de lo extraño «En lo insondable», «Diez minutos de parada», «El búho ateniense», «El secreto oriental», «El tesoro deshecho» y «La cama». Con todo, el primero de ellos es interpretado como una *ghost story* por D'Ambrosio Servodidio (1971: 177-178).

[14] A partir de ello Hernández Valcárcel clasifica los textos que conforman *Cavilar y contar* según criterios más bien temáticos. Así, asume como cuentos de fantasmas «La alquería del Pomell», «En lo insondable» y «La lista grande»; como cuentos de lo insólito supuestamente sobrenatural, «El santuario abandonado» y «Un librito de versos»»; como relato en que aparecen poderes paranormales, «El mayor fracaso»; como textos basados en intervenciones mágicas, «El tiempo y las cosas» y «Átropos»»; y como cuentos en que

entre ellas destaca el cuento de fantasmas «La alquería del Pomell». Localizado en Alfafar, es decir, en las comarcas valencianas, como sucede a menudo en esta colección, el relato trata acerca de los sucesos inexplicables que sufre el narrador cuando intenta dormir en una de las habitaciones de la casa: voces, gemidos y temblores de una cama, aunque solo cuando esta estaba colocada en una posición determinada, descubriéndose al final que los fenómenos paranormales eran causados por el espectro de la hermana del propietario, que murió joven, cuando este hacía las Américas. Resulta interesante la construcción de un entorno mediterráneo, con buen tiempo, decoración cálida, y ambiente agradable y tranquilo, donde, a pesar de todo, actúan las fuerzas del más allá.

En este cuento, como en otros muchos de Azorín, domina la obsesión por el paso del tiempo, en un momento creativo que constituía ya una etapa de madurez en la vida del escritor, aunque esta se le manifestó inopinadamente generosa en años. En verdad, esta focalización en el problema del inevitable transcurrir del tiempo distingue la narrativa no mimética de Azorín de los años 40 del resto de textos de dicha modalidad que hallamos en tal periodo.[15] El par de relatos en que esta obsesión se manifiesta quizás con mayor dramatismo, vinculándose estrechamente al quehacer artístico de los escritores, están colocados estratégicamente en el volumen: en el ecuador del mismo, el esencialmente realista «El tiempo y las cosas»[16] y, casi al final, «Átropos». En él, un poeta obsesionado con parar el tiempo, estando entre la vida y la muerte tras un intento de suicidio, sufre visiones de las tres parcas, Cloto, Laquesis y Átropos. El poeta cree que esta última iba a salvarle la vida por haberse enamorado de él, pero solo a condición de que no gozara sensualmente ni intelectualmente del mundo. Como presumiblemente él no puede cumplirla, muere a instancias de Átropos. Si bien se nos presenta de hecho dos mundos independientes —la realidad del poeta y el espacio mágico e indescriptible (quizás soñado) de las tres parcas, donde se abolen las leyes del tiempo y del espacio— la fantasticidad del cuento se fundamenta en el hecho de que el espacio de lo irreal afecta a la existencia del humano protagonista.

---

ejercen un papel especial objetos de significado mágico, «El búho ateniense», «El topacio y «La cama» (Vidal Ortuño, 2007: 154).

[15] Vale la pena mencionar su novela de 1944 *La isla sin aurora*, de cariz alegórico, en la cual tres personajes harto simbólicos llevan a cabo un singular viaje en el barco, significativamente bautizado con el nombre de *Sin Retorno*. Escrito con una prosa de tono lírico, el relato presenta una ambientación regida por lo extraño.

[16] Dentro de la narración hay una muestra de lo fantástico, un relato intradiegético que lee el maestro a su discípulo, en el cual un gnomo proporciona a un escritor el don de mantenerse durante 50 años en un instante de felicidad absoluta, evocando recuerdos de su infancia. Pasado ese tiempo, el escritor se encuentra con una calle dedicada a él y una inaudita modernidad.

También relacionados con el pavor frente al tiempo huidizo, hallamos dos cuentos fantásticos. Por un lado, «El topacio», en el cual, desde un misterioso y escalofriante altavoz se ofrece una nueva oportunidad a Félix Vargas,[17] un artista en profunda depresión a punto de suicidarse, aunque la ocasión posee un cariz ciertamente diabólico: si lleva un anillo con un gran topacio incrustado podrá disfrutar de la dicha y los sabores del mundo, de las ganas de vivir, en definitiva, pero antes de que pasen doce meses deberá entregar el anillo a otro ser humano, que morirá a consecuencia de ello. Pese disponer de varias oportunidades para librarse de la joya, desiste porque descubre chispas de ilusión incluso en la gente que más predispuesta parece a la muerte. Por otro lado, en «La lista grande», el protagonista se encuentra con la muerte al fallecer de viejo mientras dormía, apareciéndosele en forma de bella mujer de tacto frío en una amplia oficina llena de máquinas de escribir. Esta le revela la muerte próxima de su sobrino Adolfito, que él pretende intercambiar con la suya, cosa que es imposible al ya estar muerto.

Un singular caso de desdoblamiento[18] lo constituye «Un librito de versos», donde un poetastro que en el convento no consigue inspiración, el padre Damián Ovalle, se desdobla para conocer mundo y poder escribir buenos poemas, cosa que consigue al pasar dos meses fuera sin que se note su ausencia, puesto que un sosias ocupa su celda, transcribiendo los poemas que le inspira el Ovalle «original», escapado al siglo. A diferencia de otras narraciones no miméticas de Azorín, aparece aquí una notoria ironía,[19] puesto que un donado del convento está convencido de que los versos han sido elaborados por la Virgen misma. Cabe mencionar igualmente los casos de quinesia de «El mayor fracaso», donde un narrador escéptico ante todo, que había participado en unos fracasados experimentos paranormales de una tal Eladia Pía, cambia su impresión acerca de ello cuando, mientras se adormecía en un tren, creyó sufrir un accidente —en realidad, una vívida alucinación— y una pasajera del mismo vagón, que resultó

---

[17] Bajo este nombre Azorín publicó, en 1928, una novela experimental que iniciaba una trilogía proyectada según parámetros no miméticos de influencia vanguardista.

[18] En el caso del relato «El espejo», se puede leer como fantástico si se toma en cuenta el motivo del doble, aunque también podría argumentarse que constituye un texto realista de género policíaco, si se considera que se trata de una mixtificación del culpable. Así, el narrador ve por la ventana a un compañero de tertulia en el piso en que resulta que en ese momento se cometía un asesinato. Ahora bien, como esa misma mañana el sospechoso había enviado un telegrama desde otra ciudad con confirmación judicial, no es ni acusado. No obstante, el narrador acaba encontrando un botón en el piso que se corresponde con el que le falta a la chaqueta de su colega.

[19] Vidal Ortuño (2007: 155), autor de un estudio sobre la narrativa breve de Azorín, asegura que, como en otras manifestaciones del cuento de fantasmas del siglo xx, en los relatos del escritor español se perpetúa un género sin deseo de burla o innovación.

ser Pía, le transmitió mentalmente sensaciones gustativas e información textual. En un relato de título igualmente superlativo, «La mayor emoción», un poeta relata su inexplicable experiencia, estando en Alejandría: en la visita a un astrólogo sefardita del que le habían hablado, el narrador se ve de niño en un cristal, sintiendo «una emoción en que se mezclaba la ternura, la piedad y el terror» (Martínez Ruiz, 1966: 141).

La otra gran obra de carácter fantástico en castellano de la España de la década de los 40 —en este caso cerrándola— es *¡Miedo!* (1948) de Noel Clarasó, un autor que probó fortuna literaria en catalán una vez empezada ya la Guerra Civil, pero cuyo desenlace le condujo a la creación en la única lengua oficial y permitida.[20] Mucho menos conocido hoy en día que Azorín, era hijo del escultor Enric Clarasó, afamado escultor modernista de franco catalanismo, pero también de inquebrantable catolicismo. No obstante, Clarasó se labró una elevada popularidad en la España del franquismo, en parte por su literatura humorística y como articulista de *La Vanguardia Española*, pero quizás todavía más por sus trabajos como guionista de cine y de televisión. De hecho, el nexo de unión entre estas producciones audiovisuales y los relatos fantásticos de *¡Miedo!* es el tema que tratan muchos de estos últimos: los problemas de relación entre hombre y mujer, es decir, los lances de pareja y matrimoniales. Se trata de un volumen irregular, en que se percibe a veces más la buena voluntad del autor que la maestría narrativa o la originalidad a la hora de confeccionar las estructuras y el perfil de los personajes.[21] Sin embargo, contiene algunas piezas que, sin duda, deberían figurar en las antologías del relato fantástico del siglo XX, como de hecho ya sucede en algún caso, en especial aquellas que, aparte de reproducir temas y motivos bastante tópicos dentro del ámbito de esta modalidad literaria, sugieren lecturas potenciales donde lo ideológico nos sorprende con matices y sutilezas que enriquecen notablemente el texto.[22]

Entre los relatos más destacables de la colección se halla «Era una presencia muerta», cuyo motivo fantástico consiste en la supuesta presencia de los cadáveres de dos mujeres en las camas que compartieron con su esposo (un mismo hombre), a pesar de haber sido correspondientemente enterradas en

[20] Cierto es que básicamente optó por el castellano, posiblemente por motivos económicos —a su vez indisociables de la política de asfixia hacia el catalán del régimen dictatorial— que lo conducirán a una desbordante poligrafía: libros de autoayuda, diccionarios de citas, libros de jardinería y botánica, novela psicológica y policíaca, teatro, artículos periodísticos, reportajes, etc.

[21] De esta manera, Roas y Casas (2008: 23) advierten de que algunos de sus relatos fantásticos adolecen de transitar por «caminos trillados». Por cierto, este es uno de los pocos comentarios críticos que se puede encontrar sobre Clarasó en trabajos académicos, más escasos incluso en lo relativo a *¡Miedo!*

[22] Para un análisis más amplio de la cuestión, véase Gregori (2013).

su momento. Al ser «muertas queridas», no se puede dejar de advertir que la narración trata también sobre las relaciones de pareja. Un hombre casado que visita la casa es la voz narrativa del relato, y son habituales sus referencias a las dificultades de comprensión entre los esposos, referencias que suenan al fino y sutil tono humorístico que caracterizará a Clarasó en textos posteriores.[23] En el relato se asoma también la muerte del padre, aspecto que se repite en el cuento que se analizará a continuación. Se trata de la muerte de un referente emocional sin par, pero también de un referente cultural, de todo un mundo que cae en el olvido por culpa de las garras del franquismo. Estaríamos delante de la evocación del miedo creado por la desaparición de toda una realidad previa, un *horror vacui* respecto a ese mundo de dinamismo cultural y dialogismo de discursos ahora perdido, reduciéndose su existencia a la realidad gris, tétrica y asfixiante de la posguerra. El fenómeno más extraño del cuento, ya hacia el final, es la muerte súbita de la mujer del narrador por motivos desconocidos, que este intenta racionalizar como resultado del castigo por haber tenido una aventura con el viudo, castigo infringido supuestamente por las dos difuntas, que pasan así de ser apariciones cadavéricas a ángeles vengadores.

Otro importante relato del volumen, quizás el más significativo, lleva por título «Más allá de la muerte» y está ambientado en el sur del Valle de Arán, es decir, en localizaciones de la zona de los Pirineos, al igual que otros relatos de *¡Miedo!* («La bruja de Llo» y «El Jardín de Montarto»). De este modo, estas montañas se alzan como un espacio de extrañamiento de la cultura respecto al mito civilizatorio *noucentista* de la Cataluña-Ciudad, un espacio en que todavía se podían mantener ciertas creencias vinculadas con lo sobrenatural. Se trata de unos relatos en los que el tono es más serio y el texto se ciñe más al relato de hechos inexplicables, sin casi digresiones: los acontecimientos fluyen como una serie de determinaciones que el destino habría fijado sin alternativa posible. En efecto, unos recién casados viajan hasta la zona de Salardú, decidiéndose el esposo a salir por su cuenta de madrugada para escalar el macizo de Besiberri, pero no regresa y, mientras se le está buscando, se aparece en forma de espectro a Eulalia, su mujer, pidiéndole que le espere, ya que tiene previsto volver. Ella da a luz una hija póstuma, homónima de la madre, y, veinte años después, la joven emprende un viaje a la zona donde murió su padre. Allí conoce a un enigmático joven cuya foto del DNI le recuerda a la de aquel, llamándole la atención la fecha de nacimiento del joven, que coincide con la muerte de su padre: el 18 de julio de 1926. Se trata, obviamente, de la fecha del alzamiento nacional levemente modificada y esto no puede ser más relevante en relación con la muerte

[23] De hecho, a la hora de ubicarlo dentro del espacio de lo fantástico, Martínez-Gil (2004: 21) recurrió al aspecto con que más a menudo la crítica coetánea le definía, es decir, su vertiente humorística.

física y simbólica del padre del Clarasó. Cuando son presentados, el chico y Eulalia madre se reconocen, se funden en un abrazo, Eulalia hija muere al tirarse del balcón, y, al subir el cadáver, la madre y Evaristo —en una escena de *kitsch* melodramático— todavía están abrazados.

En otro de los relatos, «Desdoblamiento», de título esclarecedor, el narrador explica en una reunión en la que se experimenta con la transmisión de pensamiento y de sugestión, que él está sufriendo en forma de sugestión a distancia, puesto que padece un desdoblamiento que lo lleva a descubrir la idealización que se había hecho de sí mismo y la falta de comunicación real con su mujer. Usando la terminología de la pragmática, la fantasticidad de la transmisión ilocutiva de información o de la transmisión perlocutiva de efectos (sugestión) sin acto de habla alguno es usada como mecanismo de contraste irónico respecto a las dificultades de comunicación en la vida real, especialmente en la vida familiar, cuando entran en juego los actos de habla, pero la comunicación parece imposible. En todo caso, en el relato encontramos fisuras que muestran la falta de lucidez del narrador, que realiza sospechosas afirmaciones tajantes sobre las relaciones entre el hombre y la mujer.

3. Desde el exilio, con imaginación: los casos de Aub y Granell

Max Aub fue uno de los destacados escritores peninsulares de narrativa breve fantástica, legando conseguidas muestras de la misma, pero también de otras modalidades fronterizas, como «Manuscrito cuervo» (1940-1950), donde se da voz a esta ave para recrear desde una instancia maravillosa aspectos terribles de la realidad; «Fábula verde» (1932),[24] un singular ejemplo de lo insólito onírico de raíces vanguardistas y con alusiones bíblicas; o «Uba-opa» (1947), relato maravilloso basado en narraciones mítico-legendarias precolombinas y derivado obviamente de su situación personal tras la Guerra Civil: el exilio mexicano. Justamente este es el marco en que terminaremos nuestro recorrido panorámico, alejándonos de la península ibérica, pero manteniendo el hilo conductor de unos orígenes que eran, a la práctica, media vida.[25] Entre los textos de literatura no mimética que Aub publicó en dicho periodo, destacan dos relatos, ambos de carácter fantástico: «La gabardina», que salió en marzo de 1947 en *Letras de*

[24] Aunque se suele dar el 1933 como fecha de edición del relato, en el libro se constata que fue impreso en Valencia el 31 de diciembre de 1932, como texto único y con dibujos de G. Lahuerta y P. Sánchez.

[25] Si bien Dieste publicó *Historias e invenciones de Félix Muriel* también en el exilio americano, la vinculación de dicha obra con la escritura de otros compatriotas gallegos y con la tradición creencial de su Galicia natal, que ya ha sido expuesta anteriormente, hacen del exilio un factor mucho menor en la interpretación de la mayoría de sus relatos.

México, y «La lancha», que apareció ese mismo año en una primera versión, pero en el número de marzo-abril de la revista *Cuadernos Americanos*. Ambos fueron reeditados en la década posterior, concretamente en la colección también mexicana *Ciertos cuentos* (1955), en la cual los elementos de corte fantástico toman ya un relieve destacado. De alguna manera, los dos relatos —aunque en especial «La lancha», que sabemos que fue escrito en 1944— constituyen excepciones notables en un periodo de creación que Aub consagró casi íntegramente a la narrativa realista de carácter testimonial, desde la Guerra Civil hasta finales de la inmediata posguerra (Soldevila Durante y García Sánchez, 1997: 14). Sin duda, «La gabardina» es uno de sus cuentos fantásticos más celebrados, retomando el motivo del *revenant*, en este caso en la figura de una muchacha que durante un baile encandila a Arturo, el protagonista, depositando sobre su propia tumba la gabardina (de él) como objeto mediador del suceso inexplicable. Se trata de un relato en el que las sensaciones esporádicas de pavor y un humor entre la parodia y lo macabro se imbrican para recrear un motivo que tiene un largo recorrido en la historia literaria. Por otro lado, en «La lancha», el personaje principal construye la embarcación que da título al cuento con la madera de un roble al que tenía mucho aprecio, vengándose este de una forma no menos cruel: provoca su desaparición al dejar traspasar el agua a través de los fustes de la embarcación, que se hunde. Las lecturas ideológicas del mismo resultan bastante evidentes, como la remisión al árbol de Guernica, la adscripción de la historia al unanimismo que tanto influyó al joven Aub, o incluso el conflicto entre agricultura y pesca en los fundamentos legendarios del País Vasco (Soldevila Durante y García Sánchez, 1997: 26, 29), puesto que el relato se inicia con una formulación de este territorio como un microcosmos existencial simbolizado por el ser humano en el entorno natural que le es propio.

Entre los escritores que crearon en el exilio de los años 40 obras de la modalidad fantástica, cabe mencionar a otro gallego, en este caso Eugenio (Fernández) Granell, amigo de Dieste y conocido sobre todo como pintor. El surrealismo fue el hilo conductor de una obra pluridimensional, por sus vertientes plástica y literaria, otorgándole un reconocimiento en el ámbito internacional. Aquí se debe remitir a un par de cuentos publicados por primera vez conjuntamente en 1944 en Santo Domingo, «La moldura» y «El hombre verde», aunque bastantes años más tarde se incluirían en el volumen *Federica no era tonta y otros cuentos* (1970), editado en México. El primero de ellos nos presenta un suceso insólito que deja aterrados a los asistentes a una ópera: la moldura del proscenio principal cae en el patio de butacas y deja al descubierto que los distinguidos y acicalados ocupantes del mismo carecen de la parte inferior del cuerpo, aquella que no se veía a primera vista, efecto que se repite más delante de modo similar. Viniendo de un artista izquierdista y vinculado al sector oficial del surrealismo francés, huelga decir que probablemente se trata de una invectiva alegórica contra la vacuidad intelectual y la hipocresía social de la alta burguesía, pero, dicho esto, a pesar de la incidencia del narrador en los elementos sensoriales —a veces hiperbolizados— y las pizcas de humor que ofrece, nada altera la pertinencia de la narración a lo fantástico, al mantener un conflicto constatable entre la realidad representada y el fenómeno inexplicable. Algo similar ocurre en «El hombre verde», una figura monstruosa que una noche hace estremecer a una pareja en su propia casa, aunque en este caso sí que hay que advertir que los mecanismos vanguardistas entran en conflicto directo con lo fantástico, por la liricidad de muchos fragmentos, la sucesiva transformación visual de elementos y la escena final de una fiesta repleta de absurdos.[26] Con todo, la necesidad que siente la pareja protagonista de retornar a un punto familiar, conocido y seguro, otorga un alto grado de fantasticidad a este curioso relato.

4. A modo de epílogo

Más allá de lo explícito reproducido en *¡Miedo!* o *Cavilar y contar*, la muestra de escritura sin publicación inmediata a cargo de Cunqueiro, así como las que se presuponen a otros autores de la época, sugieren la existencia de un fantástico subterráneo en los despintados años en que se impuso la fuerza del fascismo ultracatólico y tradicionalista, un fantástico que dará sus frutos más adelante, pese a que durante la dictadura siempre habrá lecturas que tenderán a descomponer la significación y a relativizar el valor de esta modalidad literaria. Al mismo tiempo, debe advertirse que el presente estudio no constituye sino una aproximación panorámica a la narrativa fantástica de un periodo extremadamente difícil y complejo, con una bibliografía a primera vista escasa y en ocasiones de difícil consulta, especialmente la relativa a la Guerra Civil y la inmediata posguerra. Efectivamente, es necesario que en el futuro se lleven a cabo investigaciones más pormenorizadas y centradas en aquellas obras que, por el motivo que sea, hayan quedado relegadas a la invisibilidad.

[26] Como afirma Tovar (2001: 13), Granell se había interesado por el existencialismo de Camus, al encontrar afinidades entre la expresión surrealista y la tendencia al absurdo. Para un análisis más detallado de «El hombre verde», véase Tovar (2001: 29-31).

3.

NARRATIVA 1950-1960[1]

Ana Casas
Universidad de Alcalá

David Roas
Universitat Autònoma de Barcelona

Alfons Gregori
Universidad Adam Mickiewicz de Poznan

Introducción

La crítica no ha dudado en destacar la posición preponderante del realismo en la narrativa española de la segunda mitad del siglo xx, pero apenas ha calibrado la pervivencia de estéticas alejadas de dicha tendencia hegemónica. Tras la ruptura que supone la Guerra Civil y las difíciles circunstancias históricas del momento —propicias al testimonio y la denuncia social—, el cultivo de formas no miméticas sigue presente en el panorama literario. Así, como ya hemos visto en el capítulo anterior, en la década de los 40, destaca la obra de varios autores del noroeste español que combinan lo maravilloso con elementos del folklore gallego: la novela *El bosque animado* (1943), de Wenceslao Fernández Flórez; la colección de prosas y versos *Los paisajes iluminados* (1945), de José María Castroviejo, especialmente su segunda edición de 1965; o los cuentos de Álvaro Cunqueiro y Gonzalo Torrente Ballester, aparecidos en distintas revistas de la época y recogidos más tarde en los volúmenes *Flores del año mil y pico de*

[1] Este trabajo parte del artículo de Ana Casas «Lo maravilloso y lo fantástico frente a la hegemonía realista: las formas no miméticas en los cuentistas del Medio Siglo» (2009c). También retoma algunas de las cuestiones abordadas por Ana Casas y David Roas en el «Prólogo» a *La realidad oculta. Cuentos fantásticos españoles del siglo* XX (2008). De igual modo, incluye sustantivas aportaciones de Alfons Gregori.

ave (1968) y *Las sombras recobradas* (1979), respectivamente. Asimismo, en la órbita de lo maravilloso cristiano gravitan muchos de los relatos de José María Sánchez-Silva, conocido sobre todo por ser el autor de numerosas narraciones para niños, entre ellas la célebre *Marcelino, pan y vino* (1952). En cuanto a lo fantástico en sentido estricto, no abundan sus cultivadores y los pocos que apuestan por el género, a menudo transitan por caminos trillados, como puede comprobarse en algunos de los cuentos recogidos en *¡Miedo!* (1948), de Noel Clarasó, analizados en el capítulo anterior.

En buena medida esta situación se prolonga a lo largo de la década de los 50, periodo en el que el cultivo de lo fantástico sigue siendo marginal pero en el que otras manifestaciones no miméticas como lo maravilloso y lo absurdo gozan de cierto éxito gracias al interés que por ellas muestra un buen número de autores. Con relación a lo maravilloso, habría que mencionar, entre otros, los siguientes nombres: el ya citado Álvaro Cunqueiro, cuyas novelas recrean el mundo clásico, el ciclo artúrico y los mitos celtas (*El caballero, la muerte y el diablo*, 1956; *Merlín y familia*, 1957 —versión castellana a cargo del propio autor de *Merlin e familia*, 1955— y *Las crónicas del Sochantre*, 1959, —también originalmente en gallego— con la que gana el Premio de la Crítica); Joan Perucho, autor que siempre ha manifestado un claro interés por lo fantástico y maravilloso desde la publicación en catalán de su relato «Amb la tècnica de Lovecraft» (1956) y de su novela *Llibre de cavalleries* (1957); José María Gironella, que orienta su narrativa breve hacia lo alegórico y lo maravilloso cristiano en los cuentos incluidos en *Los fantasmas de mi cerebro* (1958) y, luego, en *Todos somos fugitivos* (1961); Camilo José Cela, que también publica algunos relatos de base legendaria, como «Cuando todavía no era pescador», «Un niño como una amapola» y «La verdadera historia de Cobiño, rapaz padronés que casó con sirena de la mar», recogidos en *Baraja de invenciones* (1953); y, por último, Vicente Risco, autor de *La puerta de paja* (1953), narración dominada por la magia y lo maravilloso, elementos que ya aparecen en obras anteriores escritas en gallego, como *Do caso que lle aconteceu ao Dr. Alveiros* (1919) y *O lobo de xente* (1925).

En lo que respecta a la literatura que conecta con el absurdo, cabe destacar la obra de Carlos Edmundo de Ory (*El bosque*, 1952; *Kikiriquí-Mangó*, 1954) y los relatos dispersos en distintas revistas de la época de José Luis Sampedro, Francisco Fernández-Santos, Ventura Doreste, Miguel Buñuel y Gonzalo Fortea, donde los personajes se hallan inmersos en una realidad alucinada en la que prima lo absurdo y una inefable amenaza de disolución física y mental. En buena parte de ellos resuena el nombre de Franz Kafka, cuya impronta en la literatura española es indiscutible a partir de la década de los 50. Si unos años antes el escritor de Praga fue admirado por los surrealistas —entre 1925 y 1932 aparecen en *Revista de Occidente* las traducciones de *La metamorfosis*, «Un artista del hambre» y «Un artista del trapecio»—, a la España de la posguerra llega «un Kafka total y poliédrico: el sombrío del sinsentido de la existencia y de la atmósfera de pesadilla y también el realista mágico, descubierto ya por el surrealismo» (Calvo Carilla, 2005: 81). Gracias a este renovado interés por la obra de Kafka, en muchos textos el absurdo se aproxima a lo fantástico. La afinidad entre ambos géneros proviene de la suspensión o alteración de la ley de causa-efecto, si bien, como advierte Campra (1991: 56), «en el absurdo la carencia de causalidad y de finalidad es una condición intrínseca de lo real», mientras que «en lo fantástico [esta] deriva de una rotura imprevista de las leyes que gobiernan la realidad».

Consecuencia de esa afinidad no es extraño que en un mismo volumen convivan textos fantásticos y absurdos, como demuestran dos importantes libros de la época: *Esas sombras del trasmundo* (1957), de Luis Romero, y *Smith y Ramírez, S. A.* (1957), de Alonso Zamora Vicente. En el primero de ellos, el autor utiliza los recursos del absurdo con el fin de comunicar el sinsentido de la existencia, mientras que los motivos y técnicas de lo fantástico le sirven para profundizar en la idea de lo inexplicable, para interrogarse acerca de la muerte y el más allá. Por esa razón, la figura del fantasma resulta central y aparece no solo como protagonista sino también como narrador en varios de los cuentos: «El aniversario», «El país extranjero», «La puerta cerrada», «El viudo» y «En la orilla del tiempo». En todos ellos se vulnera uno de los tópicos de la narrativa fantástica clásica al otorgar voz al fantasma y, de este modo, humanizar una de las figuras más representativas de la 'otredad'.[2]

Por su parte, las historias que componen *Smith y Ramírez, S. A.* —probablemente uno de los mejores libros de cuentos publicado durante la posguerra— denotan una misma obsesión: la frustración endémica del ser humano y la imposibilidad de realización individual y colectiva. A los condicionamientos metafísicos que limitan la existencia, Zamora Vicente suma los históricos y sociales, sobre todo en los relatos absurdos. En cuanto a los fantásticos, estos resultan menos alegóricos que los anteriores, decantándose por la actualización de motivos tradicionales del género, como el fantasma, la alteración de las coordenadas temporales y espaciales, el doble, etc. Así ocurre, por ejemplo, en «Apiguaytay», donde se desdoblan personajes, perspectivas, tiempos y espacios, en un juego que hoy calificaríamos de borgesiano o cortazariano. Hay que tener en cuenta que este relato —y el libro al que pertenece— supone toda una novedad

[2] Efectivamente, además de los relatos citados, no son muchos los textos en los que el fantasma se expresa y utiliza sus propias palabras; pueden considerarse una excepción «El espectro» (1921) y «Más allá» (1925), de Horacio Quiroga, «El fantasma» (1946), de Enrique Anderson Imbert, «The Portobello Road» (1960), de Muriel Spark, y «La vida y la muerte de Marcelino Iturriaga» (1968) y «Cuando fui mortal» (1993), de Javier Marías. Véase, al respecto, Roas (1999).

en el tratamiento del género en España, lo que a buen seguro se relaciona con los años que el autor pasó en Buenos Aires (de 1948 a 1952) y su conocimiento de la literatura hispanoamericana. Él mismo ha manifestado más de una vez la posición excéntrica de *Smith y Ramírez, S. A.* con relación a lo que se estaba haciendo en España durante esa época, así como su interés en plantear con este libro una alternativa al modelo realista dominante:

> Estábamos acostumbrados a los primeros premios Nadal, con su aureola posbarojiana, realista, lineal, de bajo vuelo. Quizá la circunstancia humana y social en que vivíamos los que no pertenecíamos a la clase dirigente (por llamarla de alguna manera), los tolerados marginales, teníamos que procurar escaparnos del ambiente, de alguna forma. [...] [*Smith y Ramírez, S. A.*] era una autobiografía más clara y ajustada al riguroso devenir que la deducible de los documentos personales (Zamora Vicente, 1987: 7-8).

Sin embargo, y a pesar de sus indudables dotes para el género, Zamora Vicente abandona el cuento fantástico, seguramente debido al escaso interés que en aquel momento este suscitaba entre la crítica y los escritores.

Miembro de la generación del 36, como Luis Romero y Alonso Zamora Vicente, Mercedes Salisachs también cultivó la literatura no mimética en algunos de sus libros publicados en la década de los 50.[3] Aunque ya había mostrado interés por lo maravilloso y lo alegórico en los cuentos de *Adán-helicóptero* (1948, 1957), en la órbita de la fantasía histórica, y la novela *Más allá de los raíles* (1957), donde predomina lo extraño a raíz de la presencia casi irreal, como de ensueño, de la protagonista, no es hasta el libro de cuentos *Pasos conocidos* (1958) cuando Salisachs explora las posibilidades de lo fantástico.[4] Lo hace sobre todo en «La intrusa», al atribuir propiedades «humanas» (deseo, apariencia, lenguaje) a un flor. Nanuca —la mujer del narrador y protagonista— decide plantar un girasol en el jardín después de haber leído en un libro de mitología la historia de Clicie, la joven que fue transformada por el sol después de que ella se dejara morir a causa de la infidelidad del astro. Sin embargo, la Clicie del cuento acaba convirtiéndose en la rival de Nanuca, cuando, en lugar de girar en busca del sol, «mira» todo el tiempo y de manera insistente en dirección a la casa, donde se encuentra el protagonista trabajando en su novela. El influjo de la flor sobre él —pues el hombre acaba subyugado por la apariencia y los efluvios de la planta— solo se detiene cuando Nanuca corta su tallo de raíz.

---

[3] Agradecemos a Teresa López Pellisa habernos llamado la atención sobre la obra fantástica de Mercedes Salisachs.

[4] Para un comentario más detenido de estos relatos, puede consultarse Fegley (2008).

La generación del Medio Siglo y el (marginal) cultivo de lo fantástico[5]

La situación referida más arriba tiene mucho que ver con el particular momento histórico y cultural de la España de los 50. Los jóvenes autores —pertenecientes a la generación del Medio Siglo— optaron por un tipo de literatura comprometida y testimonial donde, en apariencia, no tenía cabida otra forma de expresión que no fuera la mimética. Decimos en apariencia porque, hasta finales de los 50, la actitud de muchos de los miembros de esta generación no fue excluyente respecto a lo fantástico, no al menos durante la llamada fase neorrealista. Ello explicaría que dos de los textos inaugurales de *Revista Española* (1953-1955), publicación defensora de los postulados estéticos del neorrealismo literario, fueran «Totó el bueno», de Cesare Zavattini (en el que se basa la película italiana *Milagro en Milán*), y «Maese Miserias», de Truman Capote —en la traducción de Rafael Sánchez Ferlosio y Josefina Rodríguez respectivamente—, siendo el primero de ellos un relato maravilloso y el segundo fantástico. Obviamente, la presencia de estas narraciones en la revista no es azarosa, ya que ambas inspiraron algunos motivos recurrentes en la obra del grupo, en especial la oposición realidad-imaginación. De ahí que, como la víctima del ladrón de sueños, en «Maese Miserias», los protagonistas de muchos de los cuentos de Ignacio Aldecoa, Carmen Martín Gaite o Jesús Fernández Santos no sean capaces de imponer sus deseos a las circunstancias, ni tampoco de subvertir el orden establecido o la suerte asignada; a cambio, su facultad de ensoñación les permite evadirse de la vida cotidiana y procurarse otra realidad mitificada, más universal, que trasciende la de la existencia humana.

Sin embargo, en la narrativa española de la época, esta temática acostumbra a desarrollarse dentro de los márgenes del realismo literario, pues, aunque es habitual que los personajes hagan uso de su imaginación con el objeto de evadirse, no pueden modificar el presente ingrato. Solo en algunos casos, su idealismo se materializa de modo que la narración ingresa en el ámbito de lo maravilloso y lo alegórico. En esta dirección se orienta la novela *Industrias y andanzas de Alfanhuí* (1951) de Rafael Sánchez Ferlosio,[6] y, en lo que respecta al cuento, buena parte de la producción de Ana María Matute y, en menor medida, de Medardo Fraile, autores que, pese a situarse en las coordenadas del neorrealismo literario, dan preeminencia, antes que a la crítica social, a las cuestiones de orden humano. Tal vez por este motivo muestran una mayor propensión a la abstracción simbólica que sus compañeros de promoción, a los cuales mueve el

---

[5] En este apartado se comentan obras publicadas en la década de los 50, pero también otras aparecidas a principios y mediados de los 60, ya que, durante este tiempo, no se produce un verdadero cambio de paradigma en la producción de los escritores del medio siglo.

[6] Véase al respecto el prólogo de Roas (2008) a su edición de dicha novela.

deseo de abordar temas de alcance general, como la incomunicación, la soledad o la muerte, pero también la necesidad de ofrecer un testimonio desmitificador, «realista», del mundo circundante.

En cuanto a los relatos de Ana María Matute, estos se interesan de manera particular en la indefensión existencial del individuo a través del retrato de la infancia desvalida y lo hacen conectando con lo maravilloso.[7] Los protagonistas de sus cuentos son, en efecto, niños solitarios y tristes, incapaces de adaptarse a su entorno, razón por la que se niegan a integrarse en el universo de los adultos. Consecuencia de su rechazo, encuentran amparo en la imaginación y la fantasía, pues, como ha señalado la autora, la felicidad consiste en «refugiarse en el sueño. En negar la realidad que nos hace tanto daño» (Redondo Goicoechea, 2000: 69). Por eso, los niños que pueblan estos relatos incorporan elementos mágicos a su experiencia de la vida —ven lo que los adultos no son capaces de percibir—, pero, lamentablemente, su éxito, que consiste en trascender la realidad chata y mediocre, resulta siempre momentáneo. Como advierte Margaret E. W. Jones (1970: 55),

> The children follow a specific pattern: they are solitary, misunderstood creatures lost in a hostile world of adults. Innocence and imagination help them to scape reality into a partially or totally fantastic world. The author's obviously pessimistic outlook, however, does not permit the child to remain in this state: the inevitable intrusion of reality destroys his world. Childhood must end, with death or with maturity. The loss of childhood is irrevocable; the character must begin life anew, completely cut off from his former state.

De este modo, los niños de Ana María Matute acaban renunciando a la imaginación y la fantasía cuando llega el momento de entrar en la edad adulta. Le sucede a Ivo, el protagonista de «La razón» —recogido en *Tres y un sueño* (1961)—, niño excepcional, capaz de ver trasgos, elfos, geniecillos del fuego y duendes domésticos, habitantes invisibles de los bosques y las granjas, criaturas en peligro de extinción si los hombres dejan definitivamente de creer en ellas. Tano, el gnomo que vive oculto en el baúl de Ivo, lo conduce a un mundo de magia y maravilla; pero, más tarde, cuando el joven regresa a la realidad de los hombres, es ya incapaz de adaptarse a esta. Temiendo entonces por la vida del muchacho, el gnomo le quita las gotas que la luna había puesto en sus ojos al nacer. El resultado es que Ivo se hace adulto: pide trabajo en la alquería, se corta el pelo y decide comprarse unos pantalones largos.

---

[7] No obstante, este no es el único camino que toman los relatos de la autora. Así, muchos de ellos pueden considerarse «realistas», como todos los contenidos en *El tiempo* (1956), buena parte de los que integran *El arrepentido* (1961) e *Historias de la Artámila* (1961), así como algunos de los recogidos en *Algunos muchachos* (1968).

Por lo tanto, los momentos de plenitud —posibles a través de la imaginación— no tienen continuidad. Solo se cumplen en la muerte, como ocurre en la mayoría de los microrrelatos de *Los niños tontos* (1956). Así, «La niña fea» es rechazada en el colegio por sus compañeras hasta el día en que muere y adquiere la belleza que en vida le fue negada; en la tumba de «El negrito de los ojos azules», olvidado de todos y ciego, florecen «dos miosotis gemelos en la tierra roja» (Matute, 1997: 22); «El niño del cazador», una vez muerto, es capaz de capturar «todas las estrellas de la noche, las alondras blancas, las liebres azules, las palomas verdes, las hojas doradas y el viento puntiagudo», e igualmente «el miedo, el frío, la oscuridad» (65-66); a la protagonista de «Polvo de carbón» la encuentran en el fondo del pozo abrazada a la luna, etc. Todos ellos quedan fijados para siempre en la infancia, pues mueren siendo niños, como también le sucede a Perico, el protagonista de «La isla» —de *Tres y un sueño* (1961)—, que nunca se hace mayor porque no actúa como los otros niños, que «hablan de su isla» pero «luego crecen» (Matute, 1999: 70). Él, en cambio, se queda en ella para toda la eternidad.

Además de estas opciones, queda una tercera (perseverar en ese mundo de imaginación más allá de la infancia), aunque, como señala Alicia Redondo Goicoechea (2000: 36), «cualquier intento de salir de estas dos posibilidades —perder la fantasía o la vida— solo conduce a generar monstruos como la niña mala de "La oveja negra", que es niña y adulta a la vez», pues, aunque se niega a crecer por dentro, lo hace por fuera, cosa que resulta grotesca y convierte al personaje en «el ejemplo de lo que no debe ser» (Matute, 1999: 155).[8] Por eso, su alucinante viaje en busca del muñeco Tombuctú simboliza la imposibilidad de prolongar el tiempo de la infancia.

En los relatos de Ana María Matute, los adolescentes también se defienden de la realidad a través de la imaginación. En su mayoría son «muchachos crecidos» que habitan la «triste zona» donde no se es niño, pero tampoco se es todavía un hombre,[9] como le ocurre a Damián, en «El perro perdido» —*Historias de*

---

[8] Para Margaret E. W. Jones (1970: 51), este relato es «a study of inability to cope with reality and the wish to evade unacceptable situations. The reappearing image of Tombuctú incarnates the yearning to re-create the happiest moments of childhood, yet each new discovery of the doll only brings disappointment. Thus the heroine symbolically rejects other alternatives (religion, marriage, children) as false substitutes in her desperate attempt to retain her childhood».

[9] Del personaje protagonista de «Muchachos crecidos», del libro *El río* (1963), la narradora dice lo siguiente: «Dito había entrado de lleno en una triste zona, donde no gustan los juegos, ni el grito de los pájaros explica nada, ni el viento, ni las ramas, ni el color de la hierba. Sin embargo, Dito no era hombre. Ya no se reirían al verle las mujeres del río, ni los hombres tolerarían sus payasadas, ocultando una sonrisa. Dito no era niño ni era hombre. Dito no iba a la escuela ni servía aún para trabajar» (Matute, 1995: 182).

la Artámila (1961)—, que sana de su enfermedad gracias al amor de un perro. No obstante, es en *Algunos muchachos* (1968), probablemente el libro de relatos más complejo de Ana María Matute, donde esta temática alcanza mayor desarrollo. En «No tocar», por ejemplo, la voracidad de Claudia —que consume todo en la vida como si de comida se tratara: también los afectos y los amores—, su absoluta indiferencia, hacen de ella una joven de una inocencia tan perfecta como destructora. De ahí que, al final del relato, su recién estrenado marido la vea en medio de la selva congolesa transformada en «un poste, pintarrajeado, quemado por el sol y la lluvia, clavado en el centro de la tierra», símbolo de la diosa devoradora de hombres a la que una extraña tribu rinde pleitesía (Matute, 1998: 111). En «El rey de los zennos» es Ferbe quien resulta peligroso para quienes le rodean, pues su extrema inocencia causa todo tipo de desgracias en la isla donde vive y en la que reaparece periódicamente después de cada una de sus muertes. De este modo, ambos personajes padecen la dualidad insostenible que consiste en ser inocente y culpable al mismo tiempo, como insostenible es también dilatar la triste zona de los adolescentes, preservarlos de la desilusión y la desesperanza que conlleva la edad adulta.

La visión fatalista de Ana María Matute contrasta con el ternurismo de Medardo Fraile. De hecho, la actitud de este lo aleja del resto de sus compañeros de promoción, pues, aunque, como ellos, se interesa por la vida vulgar de los hombres vulgares, en sus relatos siempre hay un hueco para la belleza. De esta manera, la poetización de lo real deriva en ocasiones en lo maravilloso, confiriendo a la narración una dimensión simbólica gracias a la cual la ilusión acaba imponiéndose a la desesperanza. Ocurre así incluso en aquellas narraciones, donde, como en «Una camisa» —*Cuentos con algún amor* (1954)—, el desenlace acaba con la muerte del protagonista; aquí, el melancólico pescador que sale a trabajar todos los días con la camisa a cuadros que una vez compró en Dover y que tanto gustaba a Maureen, la chica de la que se enamoró y tuvo que abandonar a su vuelta a España. La prenda, por tanto, es el único recuerdo de ese amor y sin él, la vida del pescador no tiene sentido. Por eso, el día que sale a trabajar sin llevarla puesta, la camisa, que queda tendida en la casa, se mueve extrañamente agitada por el viento en el mismo momento que él muere ahogado en el mar.

Mayor optimismo rezuman «Un juego de niñas» —*Cuentos con algún amor* (1954)— y «El preso» —*A la luz cambian las cosas* (1959)—. El primero narra la historia de dos hermanas, Flora y Martita, las cuales deciden agrandar la lámpara de araña que preside el salón, añadirle brazos y bombillas, para evitar la falta de nitidez que cobran los objetos cuando las personas van cumpliendo años. Así, «mostraban el más noble deseo de las mujeres: ser jóvenes siempre, llenarse de luz, borrar el tiempo». Finalmente, cuando muere Flora, ya muy anciana, su cuerpo reverbera «en la oscuridad como la luciérnaga hembra por las noches» durante casi tres meses. Y, cuando le llega el turno a la hermana, de esta sale una «luz rosa, amarilla o verde, como si a última hora fuese el cuerpo dormido de Martita una graciosa fuente de ilusionismo» (Fraile, 2000: 129).

Jeremías, el protagonista de «El preso», es otro de los personajes capaz de trascender la realidad gracias a su imaginación. En la cárcel, su deseo de libertad se materializa simbólicamente en el pájaro que se posa en su ventana y que tanto se le parece, pues su plumaje, a rayas grises y blancas, recuerda el uniforme de los presos: «Vio que los barrotes del ventano eran mayores que él y comenzaron a mirarse, a la misma altura, el hombre y el pájaro. La pajarita, con ademanes tajantes, invitaba a Jeremías a hacer su primer vuelo. Porque él se había convertido en un pájaro gemelo a ella. Y Jeremías voló, en efecto, porque ya era un pájaro» (Fraile, 2000: 152).

De lo dicho hasta ahora puede deducirse que en casi todas las obras de Ana María Matute y Medardo Fraile comentadas aquí, la combinación de fantasía y realidad desemboca en el ámbito de lo alegórico, no generan un efecto fantástico, trasgresor, sino que derivan hacia el puro ámbito de lo imaginativo.

No ocurre así (o no del todo) en algunos textos de Carmen Martín Gaite, quien, si bien suele ceñir sus relatos dentro del realismo mimético, a veces indaga en las posibilidades que ofrecen otras expresiones como lo absurdo y lo fantástico. Muy influida por Kafka, ya en su primera obra *El balneario* (1955), con la que un año antes ganó el Premio Café Gijón de novela corta, domina la ambientación pesadillesca, la presencia de lo ominoso, aunque solo durante la primera parte, pues en la segunda descubrimos que todo ha sido un sueño de la protagonista, la aburrida señorita Matilde. De este modo, la racionalización de los acontecimientos deshace la ambigüedad e impide completar el efecto fantástico.

Algunos años más tarde, Martín Gaite escribe «La mujer de cera» —incluido en *Las ataduras* (1960)—, cuento en el que vuelve a distanciarse del realismo al uso, al narrar el extraño encuentro entre Pedro, un hombre acosado por un agudo sentimiento de culpabilidad a causa de sus desavenencias conyugales, y una extraña mujer, vieja y desarrapada, que lleva un niño muerto en brazos, y parece perseguirlo a todas partes. Entre la atracción y la repulsión, Pedro teme sobre todo los ojos de la mujer, «negros, atrozmente grandes», que parecen gritar (Martín Gaite, 1997: 384). Finalmente, después de haberse topado con ella en el metro y en el portal de su casa, acaba viéndola en su propio vestíbulo, convertida en una mujer de cera. La desaparición de la visión horrorosa coincide con la vuelta de Marcela, la esposa de Pedro, que por unas horas lo había abandonado. Así, parece reforzarse el sentido, de nuevo más alegórico que fantástico del cuento, pues la mujer de cera se convierte en una proyección de la angustia del hombre, probablemente ligada, además de al mal entendimiento de la pareja, al aborto que tiempo atrás padeció Marcela (ver Puente Samaniego, 1994: 160-161).

Los años que separan la creación de *Revista Española* (1953) de la de *Acento* (1958), la publicación emblemática del realismo social, delimitan el proceso de aglutinación generacional experimentado por los escritores del Medio Siglo, quienes, de manera paulatina, establecen las bases para un compromiso intelectual entre el artista y la sociedad a la que este pertenece. Dicha relación tendió a expresarse a través de la literatura realista, identificando otras concepciones artísticas —especialmente la fantástica— con el escapismo y el arte de evasión. Los defensores del realismo social estaban convencidos —al menos así fue durante un tiempo— de que lo social era una categoría superior a lo artístico y que la misión del intelectual era hacer equivalentes realidad y obra. De este modo, durante los años más 'duros' de dicha tendencia (es decir, entre 1958 y 1963), la literatura no mimética fue rechazada —esta vez más que nunca— por la mayoría de escritores y críticos. Hubo alguna excepción, como Juan Eduardo Zúñiga, cuyos cuentos —publicados en distintas revistas de la época y solo incluidos en un libro en fecha relativamente reciente (2010)— plasman preocupaciones habituales del realismo social (la injusticia, la falta de libertad, las desigualdades), solo que dicho afán de denuncia se expresa a través del simbolismo y la alegoría. En «Jazz session» (1958), por ejemplo, la denuncia de la injusticia centra el relato: los asistentes a un concierto no pueden evadirse a través de la música como desean porque la presencia de uno de los camareros perturba su tranquilidad. El hombre —«un joven emigrante que no entendía de jazz, pero que era amigo de los negros, tan parecidos a él»— borra en los demás «toda posibilidad de recuperar los sueños» y hace que, a su alrededor, solo haya «tristeza y ceniza» (29). Sus ojos son ventanas a las que asoman las cabezas de los campesinos, como ventanas son también los ojos del trompetista negro tras los cuales puede verse a cientos de recolectores en un cafetal. De esta manera, la situación del campo español aparece identificada con la esclavitud de los negros americanos.

En «El festín y la lluvia» (1958) y «Agonía bajo el manto de oro» (1959), la aparición del elemento extraordinario también fomenta la evasión simbólica de la realidad. En el primero, los términos del título expresan la antítesis que opone lo social a lo natural, quedando identificado «el festín» con las reglas constreñidoras impuestas por la sociedad y «la lluvia» con el auténtico principio organizador de la existencia humana, aquel que permite al individuo liberarse de los condicionantes externos que lo oprimen. De ahí que, al mismo tiempo que el río se desborda, la mujer abandone la reunión donde los presentes mantienen conversaciones faltas de interés, salga de la casa y se una definitivamente a esa naturaleza, tan incontenible como su libertad interior. Igualmente, en «Agonía bajo el manto de oro» se incrementan los recursos del absurdo, quedando cifrada la voluntad crítica en la futilidad de lo material y la ausencia de solidaridad entre los hombres —la agonía de la anciana cuya avaricia no sacian las riquezas que sus visitantes le ofrecen—, en contraposición a la esencia de la vida, metaforizada de nuevo en el elemento natural —la noche y las estrellas, en las que piensa el joven estudiante que ha presenciado la escena—.

Lo fantástico en el exilio

Con respecto a la literatura producida en España —más reticente al cultivo de lo fantástico, condicionada por las peculiares condiciones sociopolíticas del país—, la narrativa de los escritores exiliados experimentó sin complejos con las posibilidades del género. En contrapartida, es casi imposible establecer tendencias y corrientes, pues la mayoría de los autores desterrados siguieron rumbos diversos tanto en lo personal como en lo intelectual. Es lógico, por tanto, que en ellos lo fantástico adquiera formas heterogéneas y persiga objetivos diferentes. Hay quienes, como Rafael Dieste, optan por el continuismo respecto a su producción de preguerra, razón por la que, como se ha dicho en el capítulo anterior, la colección de relatos *Historias e invenciones de Félix Muriel* (1943) se sitúa en la misma línea que *Dos arquivos do trasno*, el libro de cuentos que el escritor publicó en gallego en 1926 y que recuerda al *Jardín umbrío* de Valle-Inclán por el empleo de figuras legendarias del folklore gallego insertas en un mundo cotidiano (Rivas, 2013); una combinación —la de lo real y lo fantástico— que surge de nuevo en algunos de los cuentos de *Historias e invenciones de Félix Muriel*, como «El libro en blanco» y «La peña y el pájaro».

Otros autores se dejan seducir por los mitos y leyendas de los países de acogida, como Ramón J. Sender, que introduce en muchos de sus relatos tradiciones de las culturas indígenas de Norteamérica con la intención de comunicar una determinada visión del mundo, mágica y subjetiva, como ocurre en *Mexicayotl* (1940), *Novelas ejemplares de Cíbola* (1961) y *El extraño señor Photynos y otras novelas americanas* (1968). Max Aub, por su parte, actualiza algunos mitos primitivos, por ejemplo, en «La verdadera historia de los peces blancos de Pátzcuato» y «Uba-Opa» (1947), de *Ciertos cuentos* (1955), «La gran serpiente», de *Algunas prosas* (1954) y «La gran guerra», de *El zopilote y otros cuentos mexicanos* (1964). No obstante, en ambos autores la recreación de los mitos y las leyendas no tiene por objeto principal crear un efecto fantástico, sino construir alegorías de diverso calibre (en Sender predomina la sátira social; en Max Aub la reflexión sobre los orígenes). De hecho, es muy habitual que la presencia de elementos extraordinarios e imposibles desempeñe una función simbólica antes que transgresora. Así cabe entender la distorsión de lo real llevada a cabo a través de lo grotesco y lo absurdo en *La gallina de Cervantes y otras narraciones parabólicas* (1967), de Ramón J. Sender, y también en varios textos de Eduardo F. Granell.

Con respecto a este último, hay que destacar que el surrealismo fue el hilo conductor de su pluridimensional obra, por sus vertientes plástica y literaria, lo que le valió, por cierto, el reconocimiento internacional. Aquí se debe remitir a un par de cuentos publicados por primera vez conjuntamente en 1944 en Santo Domingo, «La moldura» y «El hombre verde», aunque bastantes años más tarde se incluirían en el volumen *Federica no era tonta y otros cuentos* (1970), editado en México. (Véase al respecto el comentario de dichos cuentos en el capítulo 2 de este libro.)

El elemento fantástico —que no su efecto— también está presente en obras que, pese a su apariencia, son testimoniales y poseen una clara intención crítica, como ocurre en algunos relatos de Max Aub incluidos en *Cuentos ciertos* (1955), especialmente en «Enero sin nombre», donde un árbol narra el éxodo republicano ante el avance de las tropas franquistas al final de la guerra, y «Manuscrito Cuervo (Historia de Jacobo)», que cuenta los horrores de los campos de concentración desde la perspectiva del cuervo Jacobo. Igualmente alegóricas son algunas de las narraciones metafísicas de Rosa Chacel, recogidas en *Sobre el piélago* (1952), *Ofrenda a una virgen loca* (1961) y el libro que antologa algunos de sus mejores relatos, *Icada, Nevda, Diada* (1971). En la obra de esta escritora prevalece la reflexión y el intelectualismo y, sobre todo, la indagación epistemológica que se interroga sobre los límites del conocimiento y la imposible expresión de este, adoptando lo fantástico diversas formulaciones: aparece combinado con recursos típicos del género de anticipación científica (por ejemplo, en «En la ciudad de las grandes pruebas» e «Icada, Nevda, Diada»); a menudo va al encuentro de lo religioso y lo mítico (como ocurre en «Sobre el piélago» y «Eros bifronte», respectivamente); y casi siempre introduce elementos discursivos en torno a la reflexión sobre la inefabilidad del acontecimiento fantástico, como en el excelente «Fueron testigos» (1952).

En una vertiente tal vez más existencialista, cabe recordar también la novela de Pedro Salinas *La bomba increíble* (1950) y la colección de cuentos de Álvaro Fernández Suárez *Se abre una puerta...* (1953). En ambos casos se trata de fábulas utópicas cuya intención es criticar la deshumanización de las sociedades modernas y advertir sobre los peligros de la guerra. También en la órbita del relato moral, algunos textos de *El jardín de las delicias* (1971), de Francisco Ayala, se utilizan elementos fantásticos y maravillosos para retratar un mundo sin valores. Asimismo, Segundo Serrano Poncela es otro de los escritores exiliados interesado en la búsqueda del sentido ético de la existencia, razón por la que varios relatos suyos tienden a la abstracción y la parábola, sobre todo los que conforman *Seis relatos y uno más* (1954) y *Los huéspedes* (1968), su primer libro de cuentos y el último, respectivamente.

Junto a toda esta producción, muchas narraciones de los autores exiliados buscan explícitamente crear un efecto fantástico. Buena muestra de ello son algunos relatos de Pedro Salinas reunidos en *El desnudo impecable y otras narraciones* (1951), cuya temática vertebradora —el azar y el destino— provoca en algunas ocasiones la irrupción de lo imposible; así ocurre, por ejemplo, en

«El autor novel», donde la ficción se confunde con la realidad, ya que uno de los personajes escribe una novela cuyo desarrollo parece anticipar las vivencias del protagonista. Max Aub también es autor de cuentos fantásticos en los que lo ominoso convive con el humor y la ironía —habituales en la prosa del escritor—, sin que ello anule el efecto trasgresor; sirvan de ejemplo «La gabardina» y «La lancha», aparecidos en *Ciertos cuentos* (1955),[10] como ya vimos en el capítulo 2 de este libro.

Conclusiones

Teniendo en cuenta lo dicho anteriormente, cabría preguntarse hasta qué punto la operación —intelectual pero también comercial— llevada a cabo por los valedores del realismo social no ha determinado nuestra visión de la narrativa española de la segunda mitad del siglo xx. ¿Cómo explicar sino cierto tipo de afirmaciones como la que hace Félix Grande en 1975, es decir, bastante tiempo después de darse por clausurada la etapa social-realista?: «Podríamos bautizar con el nombre de realismo —afirma el autor— nada más y nada menos que la búsqueda, dentro de la literatura, de nuestra identidad desgarrada o perdida [...]. El realismo más que una escuela literaria —y más específicamente narrativa—, antes que un procedimiento técnico o programático, ha sido un afán moral, una desazón intelectual: la angustia por reagrupar una identidad nacional» (Grande, 1975: 359-360). De hecho, la concepción de la literatura española cuyo rasgo diferencial es el realismo viene de más lejos —Ramón Menéndez Pidal (1949-1969) sería en gran medida responsable de ello—, de ahí que demasiado a menudo la crítica haya negado la posible trascendencia de todo texto no realista, como si, por ejemplo, el género fantástico no ofreciese una reflexión válida sobre la situación del individuo en la realidad que le ha tocado vivir. Tal vez por ello, los exiliados gozaron de mayor libertad a la hora de introducir elementos no realistas en sus ficciones. Alejados de España, estaban menos sometidos, a diferencia de los escritores del interior, a una visión única (o dominante) de lo literario.

[10] No obstante, la primera versión de «La gabardina» y «La lancha» es anterior: el primero se publicó en marzo de 1947 en *Letras de México*, y el segundo en el número de marzo-abril de la revista *Cuadernos Americanos*, también en 1947.

4.

NARRATIVA 1960-1980

Miguel Carrera Garrido
Universidad Marie Curie-Skłodowska

1. Introducción: el auge de lo fantástico en la cultura española de los 60

Los últimos tiempos del franquismo son testigos del florecimiento de lo fantástico en diversos medios. Novelas, cuentos, cómics, películas, dramas, revistas, antologías, seriales de radio y televisión; el *boom* abarca todos los formatos. Por supuesto, no toda la producción ha sobrevivido al juicio del tiempo: su calidad oscila enormemente, tanto como su difusión y estatus sociocultural. Ello no obsta para apreciar su decisivo papel en la progresiva aclimatación de lo sobrenatural en suelo español, que conducirá a la *normalización* de los años 80 (cfr. Roas y Casas, 2008: 41-52) y, en última instancia, al actual esplendor del género.

La eclosión en el plano literario no es un fenómeno repentino; viene precedida de nombres e hitos que van poco a poco introduciendo el gusto por el género en la sociedad de la dictadura, cada vez más permeable a los lances de la imaginación. Ya en capítulos anteriores se hizo énfasis en los autores más notorios, muchos de los cuales continúan su labor en el lapso aquí escrutado. El carácter marginal o periférico de la mayoría, así como lo puntual y, a menudo, anecdótico de las aportaciones de los más leídos, relativiza, no obstante, el peso de las producciones anteriores a mediados de los 60. Solo a partir del desgaste del realismo y el rebrote de la experimentación —en lo que tiene mucho que ver el descubrimiento de los narradores que formarán parte del *boom* (cfr. Merino, 2009: 62)— empezará a mostrarse más propicio el terreno tanto en la creación como en la recepción. «Cuando en la década de los 60 se inicia el derrumbe de la narrativa social, la fantástica resucita en diversos escenarios», apunta Martín-Maestro (1991: 205). El éxito de los autores ultramarinos es indicativo del giro en marcha: estos serán referencia no solo para los escritores jóvenes; también para los que, tras años de simplicidad expresiva y estrechez temática, deciden experimentar con la lengua y los moldes genéricos y alejarse de la inmediatez histórica. Entre ellos están los cultivadores de lo insólito en todas sus facetas, que ven en Borges, Cortázar, Rulfo, Sábato o Fuentes modelos equiparables a Poe, Kafka y Hoffmann... solo que en su propio idioma.

Los vientos de renovación y auge de esta veta se dejan sentir, como decíamos, en diversos ámbitos. Sin entrar todavía a ver obras y autores particulares, hay varios fenómenos que convocan nuestra atención: algunos por su indudable papel en la popularización del género, otros por ser resultado directo de este renovado entusiasmo. Entre los primeros destacan las crecientes recopilaciones dedicadas a lo fantástico y terrorífico:[1] ya desde finales de los 50, y a lo largo de los 60, se publican algunas de las más determinantes del siglo, debidas a especialistas y con la edición de cuentos inéditos en España y, a veces, con nuevas traducciones. De nuevo hay que ponderar el ejemplo americano, sobre todo de la *Antología de la literatura fantástica*, publicada por primera vez en 1940, en Sudamericana, mas reeditada con numerosas adiciones en 1965 (cfr. Balderston, 2004). Pese a que el volumen confeccionado por Borges, Bioy Casares y Silvina Ocampo no se distribuiría en España hasta 1977, en edición de Edhasa, es de imaginar su conocimiento entre los círculos más atentos a las novedades foráneas (sobre todo en la época contemplada, cuando el franquismo ha aflojado significativamente el control, tanto en materia de publicaciones como de viajes al extranjero). Como réplicas a este referente —que más tarde se convertirá en una piedra de toque del género— se vuelve, pues, legítimo entender empresas de similar índole en la Península: volúmenes que reúnen a nombres de todos los tiempos y latitudes, y lo mismo recogen títulos clásicos que textos desconocidos o recónditos. Uno de ellos sería la *Antología de cuentos de misterio y terror* (1958), preparada por el psiquiatra Juan José López Ibor y precedida de un penetrante, aunque terminológicamente asistemático, prólogo, que incide en uno de los motivos que serán recurrentes en los estudios sobre estos márgenes de la ficción no mimética: el nexo entre lo fantástico, el terror y el funcionamiento de la mente... o mejor dicho, su *mal funcionamiento*: «La capacidad de recibir el mensaje de lo oculto exige, sin duda, un cierto grado de

---

[1] Mucho de lo que aparece en esta sección debe su existencia a la monumental base de datos *La Tercera Fundación* (www.tercerafundacion.net). También pueden consultarse los catálogos realizados por Tarancón Gimeno (2000a, 2000b, 2000c y 2001) y el artículo de Lázaro Lafuente (2009), en torno a la recepción que la censura franquista dispensó a las colecciones y antologías de relatos anglosajones de terror. La tesis doctoral de Ada Cruz Tienda (2015: 20-24), por otro lado, incluye una muy sintética y esclarecedora sección dedicada al tema.

enfermedad», sostiene López Ibor (1958: XX), influido, como muchos otros, por la perspectiva psicoanalítica.

Por los mismos derroteros, aunque ampliando sus observaciones a toda una teoría del relato de tintes sobrenaturales —que expondrá por extenso en un *Esbozo de una historia natural de los cuentos de miedo* (1974)—,[2] volverá el también psiquiatra Rafael Llopis en su compilación *Cuentos de terror*, publicada por Taurus en 1963 y que será la base de su mucho más influyente *Antología de relatos de terror* (1981-1982). Llopis es, sin duda, uno de los nombres clave del momento en lo que al terror fantástico se refiere: a él se debe, aparte de la primera reflexión seria sobre esta forma creativa en el territorio español —a la altura de un Caillois, un Vax o un Todorov—, la divulgación de una de las máximas figuras del género: H. P. Lovecraft. Su antología de 1969 *Los mitos de Cthulhu* —referencia en todo el mundo lovecraftiano, no solo español— y la menos importante *Viajes al otro mundo*, de 1971, abren al lector y creador peninsulares uno de los universos más ricos y estimulantes de la región fantástica, convenientemente ilustrado por la exegesis de Llopis y su tino clasificatorio (cfr. Carrera Garrido, 2014b, y Roas, 2016).

Más aportaciones de esta estirpe seguirán en los años 70, con el género plenamente consolidado en la sociedad española (si bien aún despreciado por la academia). Destaco tres: la primera, titulada *Horrorscope. Mitos básicos del terror* (1974), corre a cargo de Juan Antonio Molina Foix y se publica en dos volúmenes. La segunda es obra del ya por entonces famoso —tanto por su excentricidad como por la potencia de sus versos— Leopoldo María Panero, quien en 1977 edita, traduce —a su manera— y prologa una *Visión de la literatura de terror anglo-americana*. El mismo Panero es, como se verá, autor de excelentes piezas, deudoras de los maestros presentes en las páginas de su compilación. En cuanto a la tercera, aparecida ese mismo año en Martínez Roca, corre a cargo de Agustí Bartra y lleva por título *Relatos maestros de terror y misterio*, con narraciones de nombres tan diversos como James Joyce, Luigi Pirandello, Richard Matheson o Ray Bradbury.

Junto a estas empresas de tipo, diríamos, culto, puntuales, abundan por esos años otras de menor envergadura, pero de semejante calado en el mercado y el público nacionales; de hecho, seguramente más, al ser su lugar de venta habitual el quiosco, y aparecer no en volúmenes únicos, de cuidada factura y modesta distribución, sino en números semanales, quincenales o mensuales, de

[2] Aunque publicada en un solo volumen en 1974, los capítulos que componen la *Historia* de Llopis habían ido apareciendo desde 1966 en el *Boletín* del Laboratorio Ibys. En 2013, Fuentetaja Literaria presentó una reedición del texto, ampliamente revisado (y mutilado) por el autor y acompañado de una serie de actualizaciones debidas a José Luis Fernández Arellano.

encuadernación barata y a precios más asequibles para el lector medio, que, por lo general, se acerca al género sin apenas pretensiones estéticas o intelectuales. Nos referimos a colecciones como la «Biblioteca Oro-Terror» de la editorial Molino (1964-1974), que edita novelas y, sobre todo, relatos de clásicos como Poe, Stevenson, Stoker o Hoffmann, pero también de otros menos consolidados (Bloch, Derleth o el cada vez más popular Lovecraft); «Narraciones Géminis de Terror» (1968-1969): similar iniciativa que, en 24 volúmenes, reúne a muchos de los nombres consabidos junto a otros inéditos en el ámbito español; o la «Antología de Relatos de Espanto y Terror» de Dronte, que entre 1972 y 1975, en 35 entregas de igual título, combina las firmas de los maestros con las de numerosas plumas en activo, algunas de ellas nacionales, como es el caso de Alfons Figueras, Juan G. Atienza o el italiano afincado en España Carlo Frabetti.

Mención aparte merecen las selecciones llevadas a cabo por Bruguera —*Las mejores historias insólitas* (1966), *Las mejores historias siniestras* (1968), *Las mejores historias de horror* (1969), *Las mejores historias de fantasmas* (1973), *Las mejores historias de ultratumba* (1973), *Las mejores historias diabólicas* (1975), etc.— y por Acervo: aparecidas entre 1961 y 1966 —con un breve regreso en 1974— bajo el título general de *Narraciones terroríficas*, no deben confundirse con la longeva e influyente revista homónima; esta, editada entre 1939 y 1952 por Molino Argentina —con sede, paradójicamente, en Barcelona— y promovida por el incansable escritor popular José Mallorquí, se nutría principalmente de una de las publicaciones de referencia de la literatura *pulp* y, más en concreto, de lo fantástico y el terror: la estadounidense *Weird Tales* (cfr. Hassón, 2001). En las antologías realizadas en España priman, en cambio, los nombres consolidados, junto a unos pocos nacionales, desde Pedro Antonio de Alarcón hasta Alfonso Álvarez Villar —otro psiquiatra— o el ya mencionado Atienza.

Todas estas compilaciones se alternarán con otras exclusivamente centradas en el ámbito hispánico, que denotan el creciente interés por la inexplorada tradición en lengua vernácula y los autores que han contribuido o siguen contribuyendo a ella. La primera se debe a José Luis Guarner, aparece en Bruguera y se titula, sin ambages, *Antología de la literatura fantástica española* (1969). Desde el *Amadís de Gaula* y *El conde Lucanor* hasta Perucho y Alfonso Sastre, pasando por nombres fundamentales como Bécquer o Valle-Inclán, y otros menos evidentes como Calderón, Azorín o Leopoldo Alas, supone el primer intento de «reunir y valorar materiales, que puedan servir de base a un estudio amplio y profundo de la literatura fantástica en nuestro país» (Guarner, 1969: 10). En su capítulo de «gratitudes» subraya, por cierto, «el gran provecho obtenido de la consulta» de, entre otros, la *Antología* de Borges y compañía, así como de la «inapreciable» *Cuentos de terror* de Llopis (Guarner, 1969: 12-13).

Junto a esta contribución, habría que citar la de Antonio Beneyto: *Narraciones de lo real y fantástico*. Publicada por Felman en un volumen en 1971, y en dos por Bruguera, seis años más tarde,[3] con adiciones y supresiones, su importancia en la difusión de la literatura no mimética escrita en español es indiscutible. Sin el afán organizador de Guarner, en sus páginas coinciden plumas de ambas orillas del Atlántico, en un arco temporal que se remonta hasta las vanguardias de los 20, y aunque dominan las vetas surrealista, onírica y experimental,[4] su franca oposición al realismo y la inclusión de figuras señeras como Cortázar, Bioy Casares, Gonzalo Suárez, Juan José Plans o Perucho justifica su mención en estas páginas.

Como también tiene sentido la alusión a dos revistas que, inscritas en territorios adyacentes a lo fantástico, constituyen sendos avances en los estertores del franquismo, por sus artículos, relatos, reportajes e ilustraciones rendidos a vías irrealistas. Me refiero a *Nueva Dimensión* (1968-1983), editada por Dronte y eminentemente dedicada a la ciencia ficción —con incursiones en la literatura de espada y brujería y, de tarde en tarde, en la sobrenatural y de terror (especialmente de inspiración lovecraftiana)—,[5] y *Terror Fantastic* (1971-1973), consagrada al horror, sobre todo en sus manifestaciones cinematográficas, pero igualmente atenta al mundo de las letras, el cómic y aun el teatro, con textos —ensayísticos y de creación— de una frescura e irreverencia impensables en décadas anteriores (cfr. Lázaro-Reboll, 2012: 161-174). La primera tuvo un peso determinante en el desarrollo de la ficción especulativa en el dominio español[6] —así como en la formación del fenómeno fan o *fandom*—, mientras que la segunda consolidó las bases de una crítica específica de género, que será

[3] Como se advertirá, Bruguera es una de las editoriales decisivas en el proceso de revalorización —o por lo menos, difusión— de los años 60 y 70. Lo mismo se puede decir de los demás sellos aludidos, así como de algunos no citados: Alianza, Nostromo, Júcar, Rumeu, Táber (este último propiedad de Perucho).

[4] «[T]extos un tanto disparatados, misteriosos y extraños en los que se entrecruzaba lo fantástico y lo real tejiendo un mundo maravilloso, poético y auténticamente sorprendente» (Beneyto, 1977: 8-9).

[5] Véase, sobre esta revista, la documentadísima tesis doctoral de Peregrina Castaños (2014: 291-676).

[6] Aunque cae (relativamente) fuera de nuestra área de interés, merece la pena mencionar el *boom* que experimenta la ciencia ficción en estos años. En su rastreo, dedican Roas y Casas (2008: 37) un espacio a mencionar algunos nombres y títulos de importancia, como *La saga de los Aznar*, de Pascual Enguidanos Usarch, alias George H. White (1953-1958 y 1973-1978), *La nave*, de Tomás Salvador (1959), *Construcción 53*, de Manuel García-Viñó (1965), *Meteoritos* (1965) y *Los dioses de la pistola prehistórica* (1967), de Domingo Santos —cofundador y director de *Nueva Dimensión*—, y *Corte de corteza* (1969), de Daniel Sueiro. Habría, asimismo, que mencionar la revista *Anticipación* (1966-1967), en la que participan nombres como José Luis Garci, Juan G. Atienza, Carlos Buiza o el recién citado Domingo Santos (también cofundador de ella). Para una visión más específica del tema, véase Peregrina Castaños (2014).

continuada en publicaciones como *Dirigido por...*, de la mano de José María Latorre, o en un plano más gamberro, *2000maniacos*.

Añadimos a estas emblemáticas publicaciones periódicas otras tres de diverso calado y proximidad al terreno explorado: en primer lugar, *Mystery Magazine*. Impresa entre 1963 y 1967 por la editorial M. Y. N. E. S. A. y presentada como «La revista de misterio más leída del mundo», es la versión española de la americana *Ellery Queen's Mystery Magazine* (1941-), de la cual procede la mayoría de los relatos recogidos en sus 23 números. Caso distinto es el de *Myne Magazine*, derivación de *Mystery Magazine*: con una vida mucho más corta que esta (solo aparecen 6 números a lo largo de 1969), los textos son, todos ellos, de autoría patria, y entre las firmas hallamos, aparte de nombres más o menos oscuros —Carmen de Villalobos, Juan Llop Sellarés, Francisco Lezcano, Daniel Noriega Marcos, etc.—, otros de mayor resonancia e importancia en el terreno de lo sobrenatural o insólito, como Juan José Plans o Noel Clarasó.[7]

En cuanto a la última revista comentada, emana de una de las empresas más determinantes de la década, sin la que sería difícil explicarse el auge que viven los géneros no miméticos a partir de la segunda mitad de los 60: el espacio de Televisión Española *Historias para no dormir* (1966-1968 y 1982), dirigido por Narciso Ibáñez Serrador y ampliamente analizado en el capítulo 8 de este libro. Con el mismo título que el programa y editada por Julio García Peri entre 1967 y 1974, sus números, amén de incluir las adaptaciones de los textos dramatizados en el espacio televisivo —todas obra de Luis Peñafiel (pseudónimo de Chicho)—, entrevistas, críticas y crónicas de varia especie, recogen relatos de vacas sagradas como Poe, Maupassant o Ray Bradbury —autor dilecto de *Historias* y, en general, de los aficionados españoles de esos años (Cruz Tienda, 2015: 109-110)—, así como originales de firmas afines al programa o, en todo caso, a la persona de su creador (el ya aludido Plans, Medardo Fraile, Alfonso Álvarez Villar, el dramaturgo Alfonso Paso o el guionista Joaquín Amichatis); piezas que combinan el terror fantástico y la ficción distópica con manifestaciones cercanas al dominio de lo macabro o extraño; vías, todas ellas, cultivadas en el espacio televisivo. Como dice Cruz Tienda (2015: 171): «La revista de Julio García Peri no fue solamente una réplica, sino también una extensión de las vías del terror que Ibáñez Serrador estaba potenciando en su programa».[8]

Difícil sería, en verdad, explicarse la creciente popularidad de lo fantástico y, más en concreto, la proliferación de autores interesados en sus códigos, si

---

[7] De quien M. Y. N. E. S. A. había reeditado en 1964 su libro de relatos *¡Miedo!*, estudiado en el capítulo 2.

[8] Cruz Tienda (2015: 171-178) le dedica un generoso espacio a esta publicación, detallando su desarrollo y débitos con otras revistas foráneas, como *Alfred Hitchcock's Mystery Magazine* (1956-) o la ya mencionada *Ellery Queen's Mystery Magazine*.

pasamos por alto el peso de las iniciativas hasta aquí listadas, su influencia en el imaginario tanto del público como de los creadores: de los que empiezan por entonces su carrera, pero también de quienes descubren en la transgresión —o como poco, el cuestionamiento— de la estética realista posibilidades de experimentación literaria. El foco no debe cerrarse tampoco al coto exclusivo de las letras: ya hemos mencionado el éxito de *Historias para no dormir* (que se ve continuado en sus muchos derivados). Cabría remitirse igualmente a la gran pantalla, que en esos años vive lo que cierta crítica han llamado *década de oro* del terror fantástico español (cfr. Pulido, 2012): las producciones *psicotrónicas* de un Franco, un Naschy o un Ossorio se alternan en ella con incursiones de cineastas cultos, como Erice o Saura, y con la creación de festivales como el de Sitges (1968) o Molins de Rey (1973). Semejante renovación se vive en el mundo del cómic, con la aparición de influyentes revistas como *Dossier negro* (1968-1979), *Historias para no dormir* (1966) —distinta, pese al título, de la derivada del programa de televisión—, *Vampus* (1971-1978), *Rufus* (1973-1974), o la versión española de *Creepy* (1979-1985 y 1990-1992) (cfr. Alcázar, 2010). Véanse al respecto los capítulos 7 y 14.

Respecto a la literatura —la narrativa, en concreto—, la proliferación de antologías, revistas, colecciones y estudios en torno al género tendrá un correlato nada despreciable en el corpus de nombres de la más diversa especie: desde los vinculados a la creación de quiosco hasta algunos de los mayores exponentes de la alta cultura; desde los que abiertamente se declaran autores de género —con independencia del rigor de dicha etiqueta— hasta los que rechazan dicha denominación; desde los que recurren a sus códigos para evadirse de la triste realidad y ofrecer un discurso meramente recreativo (a veces de implicaciones conservadoras, aun alienantes) hasta los que se valen de ellos para criticar la sociedad contemporánea.

En las próximas páginas se pasa revista a los hitos más relevantes de los años 60 y 70, partiendo del cambio de paradigma palpable en el desgaste de la narrativa social realista y la irrupción de una serie de narradores comprometidos con la modernización de la creación nacional. No se seguirá, hay que advertir, un orden estrictamente cronológico. Preferimos distribuir nuestras observaciones en cinco bloques temáticos, agrupando aquellas obras y autores que presenten trazos formales y de contenido más o menos relacionables, pero también deteniéndonos a ponderar las especificidades de un nombre o una pieza cuando sea pertinente. Los epígrafes son, de cualquier modo, lo suficientemente flexibles en su planteamiento como para dar cabida a manifestaciones heterogéneas, donde se haga evidente la riqueza de enfoques y concepciones de lo fantástico y territorios adyacentes que impera en la época. Por último, cabe destacar la deuda de nuestro texto con el prólogo que Roas y Casas anteponen a su antología *La realidad oculta*, en particular con la sección consagrada a los años 60 y 70 (Roas y Casas, 2008: 23-41): primera panorámica de la narrativa fantástica española del siglo xx, su selección de autores y la visión de sus respectivas poéticas nos han servido de gran inspiración, en especial con nombres prácticamente desconocidos —Cerdán Tato sería el mejor ejemplo— o rara vez abordados desde el prisma de lo fantástico —como Ory o García Pavón, cuya obra *La guerra de los dos mil años* ha sido recientemente reeditada por los citados investigadores, como pieza emblemática de «una tradición antirrealista que, tras años de vida subterránea, emerge a la superficie en la década de los 60, cuando el realismo (sobre todo el realismo social) empieza a dar signos evidentes de agotamiento» (Roas y Casas, 2013: 8).[9]

2. Entre lo fantástico y lo maravilloso

Comenzamos por uno de los nombres clave de la narrativa española del siglo xx: el gallego Gonzalo Torrente Ballester. Su caso es sintomático de la oscilación, y a veces indefinición, existente entre lo fantástico genuino y dos modalidades hermanadas que, a partir de la llegada de los narradores hispanoamericanos, cobran presencia en la ficción imaginativa escrita en español: lo real maravilloso y el realismo mágico. Con frecuencia asumidos a un mismo modelo, refractario a la mímesis realista y donde escritores como Carpentier, Rulfo o García Márquez aparecían amalgamados con otros claramente inscritos en lo fantástico, como Cortázar o Borges, hoy día no hay discusión sobre la disparidad de dichos ámbitos (cfr. Fernández, 1991). Si en lo fantástico lo sobrenatural se lee como «un escándalo, una ruptura, una irrupción insólita, casi insoportable en el mundo real» (Caillois, 1970: 8), en estas modalidades lo imposible se sugiere parte no conflictiva de la realidad representada; realidad que, aun así, no se aleja enteramente de la factual o cotidiana, como ocurre en los cuentos de hadas o la fantasía épica; al contrario, que conserva tipos, espacios, comportamientos, denominaciones, tomados de ella, cuya prevalencia confiere al discurso un carácter mixto, a medio camino entre lo maravilloso puro y la representación realista, aun costumbrista (cfr. Roas, 2011a: 56-61).

Torrente Ballester convoca en su obra ambos extremos. Tras completar la trilogía de inspiración decimonónica y estética realista *Los gozos y las sombras* (1957-1962), se descuelga con una visión personal de la figura y las adversidades del burlador más famoso de la historia: escuetamente titulada *Don Juan*

---

[9] Igualmente cabría citar otros dos trabajos de Ana Casas que, aunque no citados literalmente, resuenan en el presente texto: «El cuento fantástico durante la posguerra española: algunas calas a través de las revistas literarias de los años 50 y 60» (2006) y «Lo maravilloso y lo fantástico frente a la hegemonía realista: las formas no miméticas en los cuentistas del Medio Siglo» (2009c). También el ya aducido de Martín-Maestro (1991).

(1963), en sus páginas se anuncian elementos sobre los que se asentarán *La saga/fuga de J. B.* (1972), *Fragmentos de Apocalipsis* (1977) y *La isla de los jacintos cortados* (1980), grupo al que se suele denominar —tal vez por contraposición a *Los gozos y las sombras*— «Trilogía fantástica» (cfr. Loureiro, 1990). Se lee en el prólogo que «*Don Juan* nació de un empacho de realismo» (Torrente Ballester, 2008: 11); opinión elocuente que expresa el cansancio no solo de Torrente, sino de buena parte del colectivo de autores que por esas fechas comienza a experimentar con nuevas vías de representación y recursos antes desestimados (recordemos que *Tiempo de silencio* de Martín-Santos se publica solo un año antes de la aparición de *Don Juan*). Sería, con todo, desacertado ver en esta novela la primera muestra del poder fabulador de su creador; de 1949 data una reescritura del episodio de Ifigenia en Áulide, recuperada años después. Al igual que en Cunqueiro —con quien Torrente tiene múltiples puntos en común—, la aproximación al mito se acomete desde una instancia pseudoparódica, en la que se mezclan ironía e erudición. Lo mismo ocurre en *Don Juan*, con la diferencia de que esta se ubica en la época presente y en un contexto perfectamente reconocible, favoreciendo la colisión de lo fantástico.

El protagonista es un intelectual en horas bajas, residente en el París de la *gauche divine*, que, de modo imprevisto (y un tanto arbitrario), se topa con Leporello, criado de Tenorio, quien lo conduce a conocer a su amo. La novela alterna, a partir de entonces, las peripecias del narrador principal con el relato de las vidas de los personajes donjuanescos. Más que los elementos sobrenaturales que jalonan este segundo eje argumental —en la línea de Tirso y Zorrilla, esto es, del *maravilloso cristiano* (cfr. Roas, 2011a: 51-56)—, lo que se impone es la intrusión de la ficción en la realidad, así como la constante desconfianza del protagonista, que nunca llega a creerse del todo que pueda estar ante el burlador real. Inevitablemente, la duda se instala también en el lector y, pese a la acumulación de evidencias, al acabar la narración está en las mismas condiciones que aquel para decidir si lo que ha presenciado ha ocurrido de verdad o si, como sugiere el desenlace, ha sido fruto de una charada, un engaño urdido por dos farsantes con quién sabe qué idea. El mantenimiento de la ambigüedad apunta, en cualquier caso, a la vacilación que Todorov (1970) atribuía al *fantástico puro*.

Camino diferente toman las otras obras citadas de Torrente Ballester, a despecho de que se haya generalizado la etiqueta *fantástico* para referirse al conjunto. Con ellas se aproxima el novelista al terreno del realismo mágico, explotando, al mismo tiempo, una marcada vena metaliteraria, que ilumina sin cesar los andamiajes de la ficción. Estamos en las antípodas del realismo; ahora bien, por paradójico que suene, esto nos impide hablar con propiedad de narrativa fantástica. Lejos de ser universos equiparables al nuestro —aunque contengan numerosos detalles que lo evoquen—, los ámbitos recreados en la literatura de Torrente —al menos en las tres obras mentadas— evidencian a cada paso su condición artificial, sin que la convivencia con lo imposible sea percibida como un dislate, bien porque se entiende como algo concebible en la diégesis recreada, bien porque se asume como una manifestación más de la imaginación desbordante de la voz fabuladora. Su inventiva, hay que reconocerlo, es ilimitada; el debilitamiento de las fronteras entre lo real y lo extraordinario problematiza, empero, su adscripción al modelo defendido por la mayoría de teóricos de lo fantástico. En parte, conecta con los aires de superstición y magia que recorren la obra de tantos narradores gallegos: desde Valle-Inclán hasta Fernández Flórez, pasando por Cunqueiro, Ánxel Fole, José María Castroviejo, Vicente Risco y otros. Su creación de espacios imaginarios hay que relacionarla, por otro lado, con las Comalas, Macondos y Santa Marías que llegan del otro lado del océano (por no hablar de la reelaboración de mitos universales que antes comentábamos). Su poética reviste, en todo caso, una originalidad que lo vuelve único, digno de considerarse en un apartado exclusivamente dedicado a su narrativa.

3. Entre lo literal y lo figurado

Entre las obras susceptibles de categorizarse como *fantásticas* —aun cuando, como en Torrente, comporten reservas de distinto grado— hay, en los años contemplados, unas cuantas que, cuestionando la importancia que otorga Todorov a la literalidad del discurso fantástico —al punto de considerarla uno de sus rasgos definitorios—, permiten lecturas en clave, alusivas a la inmediatez histórica, o bien a actitudes propias del ciudadano de Occidente, puestas en solfa, a menudo criticadas con dureza, por el escritor. Estrategia empleada con insistencia por los autores de ciencia ficción —pensemos, por poner solo un ejemplo, en *Corte de corteza* de Daniel Sueiro (1969)—, tiene también presencia en el ámbito de lo sobrenatural conflictivo, donde los motivos que amenazan la idea de lo real ocultan designios subversivos que trascienden la diégesis. No hablamos únicamente de obras con un sentido social o político, sino también ético y cívico.

Alfonso Sastre es, seguramente, el primer nombre que viene a la cabeza: asociado a la literatura de denuncia y, por extensión, al grupo realista, es, en realidad, un enfervorecido defensor del género. En 1964 da a la imprenta su colección de cuentos *Las noches lúgubres*, su segunda obra narrativa.[10] Bajo un título tomado de Cadalso, se agrupan tres bloques de distintas naturaleza y extensión, con los que Sastre crea un espacio intermedio entre la ficción imaginativa y la realidad del franquismo y la posguerra mundial. En el primero —«Las noches

[10] La primera sería la novela corta *El paralelo 38*, que, aunque no publicada hasta 1965, data de 1958.

del Espíritu Santo», dividido, a su vez, en dos partes— se cuentan sendos casos de vampirismo en el barrio madrileño de las Ventas; en ninguno queda, con todo, clara la sobrenaturalidad de los eventos: todo parece apuntar, de hecho, a una explicación racional. Ello no obsta para la evocación de un ambiente de misterio y amenaza, latente en un entorno cotidiano: véase, si no, el pasaje en el que el protagonista de la primera historia se ve acechado por un niño mentalmente discapacitado —que aquel toma por un alevín de chupasangre— en medio de la noche. Algo parecido sucede en la segunda sección: «Delirium o La noche y la niebla o Viaje infernal a las tinieblas exteriores». La acción se ubica en la Alemania Federal, en torno a la existencia de una sociedad criptonazi al mando de una institución de salud mental. Construida sobre un esquema propio de la novela policial, también aquí se impone la ambigüedad en la condición de los hechos narrados, de tal modo que al final no sabemos a ciencia cierta si las mudanzas personales y espacio-temporales se deben, como se dice, a un complot, al delirio de los protagonistas o a causas inexplicables.

Caso diferente es el del bloque que cierra el libro: «Las células del terror»; formado por 24 (micro)relatos (20 en la primera edición) de entre media página y tres páginas de extensión —salvo el último, «Desde el exilio»—, en ellos se exploran, al decir del subtítulo, «las situaciones claves desde las cuales crece en el corazón de los seres humanos la monstruosa planta del miedo». Se trata, como se adivinará, de la parte más heterogénea: en ella encontramos desde historias al más puro estilo Kafka —como la que relata «El rostro», sobre la transformación de un hombre en una criatura *insectoide*, o «Metamorfosis de un abogado», cuyo título es, ya de por sí, elocuente— hasta otras que se limitan a insinuar la irrupción de lo imposible —«La puerta» sería el mejor ejemplo; también «El castillo y la posada»—, unas pocas donde dicho elemento está del todo ausente —imponiéndose otros factores, tales como la tortura, la represión, la guerra o la locura, como fuente del desasosiego («La Santa Hermandad», «Nagasaki», «El loco danzarín»)— y, en fin, aquellas —no muchas, a decir verdad— que responden a las exigencias del terror fantástico (escándalo epistemológico, sensación de inquietud ante lo inexplicable, etc.): «Cargamento de muertos», recogido por Roas y Casas en *La realidad oculta* (2008) y centrado en el motivo del *revenant*, podría ser uno de ellos, pero también «El descendimiento» o el ya aludido «Desde el exilio», ambos sobre alteraciones espacio-temporales (uno de los temas favoritos de Sastre).

El elemento unificador de *Las noches lúgubres* —no solo de esta última sección, sino del libro entero— es el miedo: la emoción más antigua, según la conocida fórmula de Lovecraft. Sastre acude a él como una vía más para exponer las contradicciones e injusticias de la sociedad moderna, más en concreto la española (aunque también hay textos, como «Delirium», aplicables a otros contextos, o bien a un plano universal); lo hace, sin embargo, desde la ironía, y recurriendo a una estética no estrictamente antimimética o irrealista; producto, más bien, de un concepto «profundo y totalizador» del realismo; «un campo en el que se integrará seguramente el mundo de los sueños y las ilusiones —¡y los terrores!— de los hombres, en la forma, quizás de un romanticismo superado» (Sastre, 1965: 130). Es este uno de los principales caballos de batalla de la poética sastriana: la posibilidad de conciliar los fines combativos —a los que (casi) nunca renuncia— con orbes imaginativos como el del terror o lo fantástico. En prólogos, epílogos, entrevistas y pasajes de sus ficciones se encargará el escritor tanto de razonar su interés por estos territorios —visto con desaprobación por los realistas más recalcitrantes— como de enunciar su visión del género. Es el caso de las palabras que preceden a *Las noches lúgubres*, tanto en su primera edición como en las posteriores. En la de 1998, de Hiru, cuenta cómo su escritura tuvo lugar «en momentos en que no era fácil hacer entender que un escritor combatiente, antifascista, empleara sus talentos, grandes o pequeños, en una empresa de literatura fantástica» (Sastre, 1998a: 7); y en el «Prefacio» a la de 1964 remite a su idea de *imaginación dialéctica*, arguyendo que motivos del terror como «la presencia invisible, la vivencia anticipada del futuro [...], el vampirismo, la metamorfosis, la resurrección o la reaparición de los muertos, la fabricación de un ser humano, la destrucción del mundo» pueden «expresar algunos de los motivos actuales más profundos del terror: la alienación, la resurrección del nazismo, la explotación social, la caza de brujas, la represión policíaca, la guerra nuclear» (Sastre, 1998b: 17-18). Añade, aun así —como para curarse en salud—: «Al lector corresponde determinar [...] la medida en que este es un libro fantástico [...]. Pero téngase presente que cuando ahí [...] no hay nada, existe, por lo menos, [...] el terror; y que es este terror real lo que se erige, en esos casos, en objeto literario de mis obras» (Sastre, 1998b: 19). Así es: por encima de lo fantástico, se erige el horror, con independencia de su fuente ontológica. Cabe, con todo, advertir sobre la flexibilidad de criterios de Sastre, igual de palpable en obras narrativas posteriores como *El lugar del crimen* (1982) o *Necrópolis* (1993); flexibilidad que lo lleva a incluir textos tan decididamente alejados ya no de lo fantástico, sino también de lo terrorífico como «El soldado» —sobre un fusilamiento— o «Estrépito y resplandor» —en torno a las impresiones de dos supervivientes de un cataclismo nuclear—, en los que, sin embargo, bulle su voluntad combativa.[11]

[11] Prueba inmejorable de esta preeminencia es el hecho de que «El soldado» fuera uno de los textos prohibidos —en su primera edición y en una segunda, en 1971, frustrada— cuando Sastre presentó la obra a la censura. Los otros tres —«En un entierro», «Las primeras tormentas» y el citado «Metamorfosis de un abogado»— ponían en escena, respectivamente, a un revolucionario que, tras presenciar su propio sepelio, cae en la cuenta de la amenaza que se cierne sobre él, a un hombre primitivo que, abrumado por la crueldad de un ser superior, inventa una serie de artimañas para aplacarlo, entre las que figura la señal de la cruz y la transformación en

El afán de denuncia y criticismo es igualmente obvio, aunque no posea los mismos ribetes de militancia, en la obra del ya aludido Juan José Plans. El gijonés, como muchos otros autores de la época, se siente atraído por el género negro, a cuya difusión y conocimiento contribuye con una temprana *Historia de la novela policíaca* (1970). También es uno de los más conspicuos cultivadores y promotores de ciencia ficción en España, a la que dedicará otro ensayo de referencia: *La literatura de ciencia ficción* (1975). En su primera publicación[12] —el libro de relatos *Las langostas* (1967)— lo fantástico se alterna —aun diríamos que se subordina— con este otro orbe de lo no mimético. Esta será una constante de su literatura; también la práctica del terror, tanto natural como extraordinario; y en un plano ideológico, la encarecida defensa de unos principios morales y un humanismo reputados universales. Su decidida apuesta por lo imaginativo, en una España dividida entre el experimentalismo y la recuperación de la narratividad, le reservará un puesto de privilegio entre el *fandom* patrio (que con cada vez más insistencia reclama un lugar para Plans en la historia oficial de la cultura española); la carga —a veces demasiado evidente— de moralina y didactismo elemental mermará, en cambio, el impacto de su propuesta literaria.

Plans es, en todo caso, un alma inquieta y su labor no se restringe a la letra escrita —en todas sus acepciones, incluida la prensa—, sino que se ramifica en otros medios como la televisión —donde promueve el espacio *Crónicas fantásticas* (1974), basado en adaptaciones de textos propios, emparentable con *Historias para no dormir* y otras series antológicas de los 60 y 70 (cfr. Cruz Tienda, 2013b)— y la radio, el plano, curiosamente, donde más se le recuerda, gracias a su intervención en diversos programas que dramatizan historias de la tradición fantaterrorífica y de ciencia ficción y contribuyen a difundir el género: *Escalofrío* (1968) e *Historias para imaginar* (1973-1974)[13] y, más adelante, *Sobrenatural* (1994-1996) y, sobre todo, *Historias y relatos* (1997-2003), ambos dirigidos por él y referencia del radioteatro.

---

licántropo de un leguleyo. No habrá que explicar las razones que llevaron a los censores a prohibir los dos primeros cuentos. En cuanto al tercero, alegaba Sastre en su alegación a la Junta que se limitaba a recrear «la *burocratización* de un hombre» (leguleyo reconvertido a policía, eso sí, al que, tras su monstruosa transformación en una especie de licántropo, se le encarga el *cuidado* de presos difíciles, como los participantes en una huelga de mineros).

[12] En forma de libro, se entiende; ya hablamos antes de sus colaboraciones en la revista fundada por Ibáñez Serrador. Para las concomitancias entre la poética fantástica de este y la de Plans, véase Cruz Tienda (2013a), donde se efectúa un análisis del par *El juego de los niños* / *¿Quién puede matar a un niño?*

[13] Espacio dirigido por Chicho, para el cual escribiría Plans varios de sus guiones. Respecto a la labor radiofónica del asturiano —sobre todo en los programas dirigidos a finales del milenio—, véase Cruz Tienda (2015: 182) y Carrera Garrido y Benson (2015).

Centrados en la literatura, sus obras más relevantes del periodo acotado, son, aparte de la compilación citada, *Crónicas fantásticas* (1968) —también de relatos (no todos ellos, empero, adscritos al modelo explorado), galardonada en 1967 con el Premio Nacional de Ciencia Ficción—, la novela de inspiración gótica *Los misterios del castillo* (1971), *El cadáver* (1973) —nueva recopilación de textos, también de naturaleza heterogénea—, *El gran ritual* (1974) —donde el terror se conjuga con la superstición en un ambiente rural, ubicado en las montañas de Asturias— y su pieza más célebre (por la versión fílmica de Ibáñez Serrador de 1976, *¿Quién puede matar a un niño?*) y seguramente la mejor: *El juego de los niños*. Aparecida por entregas en 1970 (aunque antes radiada en el citado *Escalofrío*) y en versión definitiva en 1976, *El juego de los niños* aún hoy es capaz de erizar la piel del lector. Con un planteamiento que recuerda a la película *Village of the Damned* (1960) y, con especial intensidad, al cuento de Stephen King «Los chicos del maíz» (pese a que la redacción de este fuera posterior), juega con una de las más perturbadoras representaciones del miedo: el niño asesino; quien, en teoría, encarna la inocencia y pureza, pero que, en realidad, oculta un despiadado e irracional impulso asesino. Aquí, un extraño polen amarillo explicaría el comportamiento homicida de los chicos; uno de los personajes, Premio Nobel de Medicina, lo atribuye al agotamiento del planeta Tierra, que habría comenzado a tomar represalias contra el ser humano. Esta aclaración —que acercaría el libro al dominio de la ciencia ficción o, al menos, al fantástico que podríamos llamar *ecológico* de una novela como *El terror* de Arthur Machen (1916)— se ve eliminado en la adaptación; también —aunque no del todo— el aire moralizante que, como sabemos, impregna buena parte de la obra de Plans y que en esta pieza, aunque convenientemente modulado, apunta a las consecuencias de la guerra y la consabida máxima de *homo homini lupus*.[14]

Entre sus textos breves más logrados de esos años, cabe destacar «La mancha» —en torno a un extraño manchurrón en la pared de un piso que crece hasta engullirlo todo—, «La pelota de oro» —que escenifica el tránsito a otra dimensión del niño protagonista—, «Míster Párkinson» —sobre la transformación del narrador en perro— o «La cacería» —cuyo protagonista llega a la

[14] Así, dice en una entrevista: «En un principio la idea fue en aquellos tiempos la guerra de Vietnam. [...] Impactaba la situación, sobre todo ver a los niños, los inocentes. Eso lo trasplantabas a una foto de un niño muerto con la madre. Era una situación que puede hacer pensar en muchas cosas distintas. Se me ocurrió la idea de no seres extraterrestres, sino algo que frenara la humanidad como especie» (Rodríguez Sánchez y Suárez Martínez, 2013). Sobre el fin moralizante tanto del relato como de la cinta, véase Lázaro-Reboll (2012: 122), quien lo vincula con las llamadas «historias para pensar» del programa de Chicho, episodios que, según Cruz Tienda (2015: 72), «utilizan la ironía, lo absurdo, lo hiperbólico, lo fantástico e incluso algunos temas de la prospección científica, pero solo como un recurso más para invitar al público a reflexionar sobre alguna cuestión de tipo moral o ético».

conclusión de que una rama del *homo sapiens* ha vivido bajo la superficie de la tierra desde la noche de los tiempos. En 1974 reúne, corregidos y expurgados, sus dos primeros libros, en un volumen titulado *Relatos fantásticos*. En el prólogo a dicha publicación se habla de Plans como «el autor o uno de los dos o tres autores más importantes de obras fantásticas de ciencia-ficción que tenemos en España»; se le presagia, asimismo, «un enorme porvenir literario» (Castresana, 1974: 8-9). El paso del tiempo parecería haber desmentido tales afirmaciones: la falta de reediciones, así como su incomparecencia en los manuales de historia de la literatura evidencian un olvido a todas luces injusto de su faceta como escritor de ficciones. El mismo se ha visto relativizado con la reciente reaparición de dos de sus novelas —*El juego de los niños* (2011) y *El gran ritual* (2013)— y con la creciente atención de la academia, como atestiguan los trabajos de Cruz Tienda, Benson y Carrera Garrido.

Más reconocido que el asturiano —aunque no por su aportación al plano escrutado—, el manchego Francisco García Pavón es otro de los nombres que cabe considerar bajo el presente epígrafe. Padre del comisario Plinio y cultivador de un realismo inconformista, en consonancia con el de la Generación de Medio Siglo (cfr. Roas y Casas, 2013: 7), es también responsable de una extraña obra narrativa, que sin renunciar a la voluntad crítica, recurre a códigos decididamente irrealistas, a ratos coincidentes con la línea auscultada en estas páginas: *La guerra de los dos mil años* (1967). Comparada con piezas de la tradición satírica como *El Diablo Cojuelo*, *Los viajes de Gulliver* o los *Sueños* quevedescos, así como con *La Divina Comedia* —por su planteamiento estructural, en forma de viaje guiado a distintos infiernos, paraísos y purgatorios—, incluye pasajes que pueden asociarse a las vetas de lo fantástico y la ciencia ficción. Lo hace el propio García Pavón, cuando, en su prólogo a *La gran coronación* de Plans (1968), defiende la existencia una línea de «verdadera invención», en la que coincidirían, aparte del gijonés, Quevedo, Bécquer, Gómez de la Serna, Sánchez Ferlosio... y él mismo (García Pavón, 1968: 10). Entre tales pasajes —o quizá sería mejor decir *estaciones*— figuran narraciones tan curiosas cuanto ilustrativas del afán satírico del volumen como «El mundo transparente», «Coches para todo terreno», «El velorio», «Palabras prohibidas» o «El avión en paz» —el mejor ejemplo de cuento fantástico de la colección, a juicio de los editores (Roas y Casas, 2013: 12), recogido ya por ellos en la antología *La realidad oculta* (2008). En ellas, con un lenguaje a veces sobrio, otras barroco, y con una imaginería que tiende al exceso y lo grotesco —en la tradición de un Rabelais—, pone en solfa vicios y lacras de la sociedad del momento —algunos extensibles a un plano universal, otros no tanto—, sirviéndose con frecuencia de los mecanismos de la fantasía y la ciencia ficción —como la distopía— sin renunciar por ello al simbolismo y la alegoría; al contrario, entregándose sin sonrojo a jeroglíficos cuyo desciframiento es poco menos que imprescindible para la cabal comprensión del mensaje.

En este sentido nos encontramos un paso más allá de las historias contadas por Sastre y Plans, susceptibles de disfrute sin necesidad de conectarlas con referentes concretos; a no ser, claro está, que estos aparezcan aludidos explícitamente... cosa problemática en la España de Franco, como sabemos, sobre todo si se trata de instituciones como la familia y la Iglesia (acerbamente vapuleada en la obra de García Pavón) o de fantasmas, pasados y presentes, de la sociedad española, a saber: la guerra, la dictadura, el antisemitismo, el imperialismo venido a menos, el conservadurismo sexual, etc. (cfr. Roas y Casas, 2013: 14).

La guerra de los dos mil años se sitúa, de cualquier modo, a medio camino entre la línea rastreada en esta sección y la que veremos en la próxima, dominada por la experimentación lingüística, la deformación de la mímesis y el desmantelamiento de la diégesis; de la síntesis de tales polos resulta un discurso dislocado y alucinante, refractario a la ilusión de realidad buscada por el relato fantástico en su acepción clásica. El extrañamiento es, en verdad, tan acentuado que, a menudo, nos da la impresión de estar leyendo más una pieza de Vian o, mejor aún, Burroughs —donde todo parece vuelto del revés e imperan lo irracional y abyecto— que una narración en la que se cuestionen los límites de lo real. Dicho cuestionamiento debería, en principio, generar una respuesta de sorpresa, inquietud o terror en personajes y lector, igualados cognitiva y emocionalmente. El hecho es, sin embargo, que no ocurre así salvo en contados casos, y los eventos insólitos se asumen como integrantes de un universo esencialmente desquiciado y grotesco, apenas reminiscente del nuestro, que, en el mejor de los casos, provoca el distanciamiento del receptor, y en el peor, su rechazo. «Mediante esa combinación de lo terrible y humorístico que define a lo grotesco, García Pavón exagera y distorsiona la superficie de la realidad cotidiana para mostrar la dislocación, el caos y el sinsentido del mundo», leemos en el prólogo a la última edición (Roas y Casas, 2013: 14), donde se reconoce la escasa presencia de lo fantástico en *La guerra de los dos mil años*, en beneficio de vetas más abiertamente irrealistas que nos alejan del modelo de referencia; pues, como explica Roas (2011a: 73), «la distorsión propia de lo grotesco borra la estricta identidad entre la realidad del lector y el mundo representado en el texto [...], algo que [...] resulta esencial para el buen funcionamiento de los relatos fantásticos».

Por semejantes derroteros se mueve *El lugar más lejano*, de Enrique Cerdán Tato (1970), que Roas y Casas (2013: 8) colocan en la misma línea antirrealista que la pieza recién glosada. Escritor subterráneo[15] —célebre, aun así, en el

[15] Martín-Maestro (1991: 206) lo presentaba junto a otros escritores menores, o cuya incursión en territorios de la imaginación no pasaba de lo anecdótico, como Antonio Martínez Menchén, Gonzalo Torrente Malvido, Miguel Buñuel o el mucho más célebre —aunque por su producción más realista— Ramiro Pinilla. También Roas y Casas (2008: 38) lo mencionaban en su prólogo a *La realidad oculta*.

entorno alicantino, donde formó parte de una generación autodenominada *del horror* (sin que ello, cabe advertir, tenga nada que ver con el género que aquí nos interesa)—, su escritura se reparte, en la obra citada, entre la figuración de ámbitos insólitos —unos de raigambre kafkiana (como el que domina el cuento epónimo), otros más próximos a los moldes de la ciencia ficción (como podría ser «Opus número uno»)—, el cultivo de una expresión deliberadamente oscura —aunque no tan barroca como la de García Pavón y otros experimentadores coetáneos— y un claro afán de denuncia de tintes marxistas.[16] La combinación da lugar a un libro curioso, actualmente descatalogado, que, sin ser un hito en la tradición fantástica española, ilustra la en ocasiones conflictiva confluencia de enfoques que caracteriza a los últimos años de la dictadura franquista, cuando los novelistas —y no solo ellos— se debaten entre la imaginación pura, la recuperación de un estilo genuinamente literario y el compromiso que, pese a todo, sigue antojándose un imperativo moral.

Caso también similar —pero un poco más afortunado— es el del estudioso del teatro Ricardo Doménech, con el que cerramos esta parte. Tras la selección de textos realistas *La rebelión humana* (1968) —donde aplica, pese a lo tardío de la fecha, las consignas del realismo social—, da a la imprenta, ya en democracia, el libro *Figuraciones* (1977). Fiel aún a la intencionalidad crítica, asoman en sus narraciones, no obstante, trazos emparentables con Kafka y lo macabro; así ocurre, por ejemplo, en la titulada «Old Fashion», que recrea la velada en la que el príncipe Atreo dio a su enemigo Tiestes de comer a sus propios hijos. Estos rasgos se intensificarán en dos colecciones posteriores, que presentan a Doménech como uno de los nombres decisivos en la *normalización de lo fantástico*: *Tiempos* y *La pirámide de Khéops*,[17] ambas de 1980 y abordadas en el capítulo 9 del presente volumen. En ellas, como en el resto de títulos desgranados en este apartado —especialmente *La guerra de los dos mil años*—, «lo ominoso persigue fines tanto existenciales como sociales y de denuncia» (Roas y Casas, 2013: 8).

4. Entre el juego y la experimentación

Los años 60 y 70 son, ya lo sabemos, un periodo de experimentación en la literatura española. Exhausta la vía del realismo y seriamente desacreditado el impacto sociopolítico de la escritura creativa, se produce el regreso a una búsqueda en términos formales que, en muchos casos, derivará en obras enteramente autorreferenciales: ejercicios en los límites del lenguaje y la representación que, pese a su

---

[16] Dato significativo: Cerdán Tato es autor de un ensayo titulado *Esquema de la literatura soviética* (1973). Militó, asimismo, en el PCE y, en las primeras elecciones democráticas, fue el segundo de la lista en la candidatura comunista (Vázquez de Prada y Grande, 2013).

[17] Sobre lo fantástico en la obra de Doménech, véase Roas (2011d).

eventual intrascendencia, contribuirán a ensanchar los márgenes de la expresión literaria en la España del tardofranquismo. El giro se aprecia tanto en creadores jóvenes como en escritores veteranos: no solo crece la exigencia en los planos lingüístico y estructural; también el temático y el genérico se ven hondamente redimensionados. Conviene aclarar, ahora bien, que ni se trata de un fenómeno inaudito ni carece de precedentes en el territorio peninsular, aun durante los años más grises de la posguerra. Dejando a un lado a los autores vistos en secciones anteriores y fijándonos en los arrebatos más vanguardistas, pensemos en el postismo, especialmente en la figura de Carlos Edmundo de Ory. El gaditano —que en el tiempo acotado publica las compilaciones *Una exhibición peligrosa* (1964), *El alfabeto griego* (1970) y *Basuras* (1975), además de la novela *Diario de un loco* (1973)— es, diríamos, la avanzadilla de toda una generación de creadores que encarnará la parte más transgresora de la renovación en marcha: Antonio Fernández Molina, Cristóbal Serra, Francisco Ferrer Lerín, Javier Tomeo, etc. Recogidos todos ellos en la antología de Beneyto —quien, como comentábamos, maneja una noción bien amplia del término *fantástico*[18] y es, él mismo, artífice de cuentos en esta misma línea—, su oposición al realismo está fuera de toda sospecha. Decir, sin embargo, que estamos ante escritores de literatura fantástica sería, cuando menos, problemático: la oposición a la que recién nos referíamos los lleva a desembocar en lo onírico, absurdo y alucinante, y a renunciar —o cuando menos, desfigurar hasta hacer casi irreconocibles— a elementos de la mímesis como la intriga o los personajes (cfr. Martín-Maestro, 1991: 207); procedimientos en principio incompatibles con lo fantástico, habida cuenta de su parcial, pero inexorable, sujeción a la realidad —arriba apuntada— y su generalizado respeto a los mecanismos clásicos del modo narrativo. Uno podría esgrimir, para defender el estatus fantástico de este corpus, el ensanchamiento que el propio género atraviesa durante el siglo xx, como consecuencia del progresivo descreimiento en una idea unitaria y preexistente de realidad. Es un argumento válido, que en ciertos casos —como demuestra la obra de Cortázar, por poner un ejemplo obvio, o algunos de los textos recogidos por Beneyto— legitima la adscripción al modelo explorado. En otros, en cambio, resulta insuficiente, en vista de la radicalidad de las propuestas, de su rabiosa iconoclastia. En dichos lances el discurso cede a los impulsos lúdicos, meramente instintivos, del creador, derivando, por lo general, en un producto autodestructivo o, al menos, netamente reflexivo; todo lo ingenioso y brillante en el estilo que se quiera, pero cuyo enunciado se presenta hecho jirones o, en el mejor de los casos, desrealizado.[19]

---

[18] Significativamente, también uno de los pasajes de *La guerra de los dos mil años* —«Los andamios»— aparece antologado en la recopilación de Beneyto.

[19] Sobre la labilidad de las fronteras entre lo fantástico y el absurdo, véase Torres Rabasa (2015).

De entre todos estos renovadores, alérgicos a la representación realista y sedientos de temas y formas de expresión —en una palabra, de originalidad—, puede que sea la obra de Gonzalo Suárez —también asturiano— la que mayor equilibrio alcanza entre ambas posiciones. Amante del pastiche y la mistificación metaficcional, se entrega, desde su primera publicación, a códigos poco menos que inéditos en el orbe español: *De cuerpo presente* (1963) es una hilarante novela de acción, que empieza con el protagonista literalmente saliendo de la tumba. Le siguen, en la distancia larga, *El roedor de Fortinbrás* (1965) y *Rocabruno bate a Ditirambo* (1966), donde ahonda en su querencia por modelos foráneos y juegos de espejos ficcionales. Al igual que con otros creadores —Edgar Neville sería, quizá, el mejor ejemplo—, el corpus literario de Suárez se ha visto ensombrecido por su quehacer cinematográfico. Por si fuera poco, ha padecido el sambenito de *autor inclasificable*, lo que ha dificultado su consideración, aun desde la óptica de lo fantástico. No cabe duda, aun así, de que estamos ante una de las voces más versátiles y frescas de la segunda mitad del siglo (aún en activo, por cierto). Alabado por el mismísimo Cortázar —que lo comparaba con el citado Boris Vian (Cortázar, 1978)—, su título más ilustrativo del lapso considerado es la compilación *Trece veces trece* (1964). En ella se dan cita todos los registros del autor: el detectivesco y de suspense —en «Bailando con Parker»—, el de acción —en «Plac Jac Cero Tres»—, el *fantástico maravilloso* —en «El cadáver parlanchín» y «Al volver de la zeta»—, el de tipo ambiguo —en el que da nombre a la colección, «El horrible ser nunca visto» y «Desembarazarse de Crisantemo»—, el surrealista u onírico —en «Trece casos de cuya existencia respondo...» e «Incursión» (que también se puede leer desde la óptica de la ciencia ficción)—, el extraño o siniestro —en «¿Quiere usted rabiar conmigo?» e «Instalación»— y, por supuesto, el metaficcional —en «Epidemia» y «Un paciente impaciente». Claro que no se trata de compartimentos estancos: múltiples solapamientos hacen difícil separar unas vetas de otras. Todos los cuentos presentan, eso sí, una misma frescura, un vigoroso pulso narrativo y un inimitable sentido del humor (rasgo que, por cierto, comparten muchos de los narradores abordados en este libro, especialmente en este capítulo y el 9).[20] Basado, como el de Perucho, en la ironía y la complicidad intelectual, posee un grado más elevado de irreverencia y un punto (o dos) menos de erudición. Los débitos están claros: en la estela de lo fantástico, destaca la figura de Poe («El cadáver parlanchín» se lee como una parodia de «The Facts in the Case of M. Valdemar», y en «Epidemia» es el cuento «The Premature Burial» lo que desencadena el extraño síndrome que sufren los personajes); y en la de

[20] El humor ha sido interpretado, al igual que lo fantástico, como principio de desautomatización y cuestionamiento de todo orden (especialmente el racional). Para un estudio al respecto, véanse Roas (2010e, 2011a: 172-176 y 2014) y Alarcón (2013).

lo policíaco, Hammett y Chandler. También habría que remitirse al mundo del cine —especialmente al *noir* de la Edad de Oro de Hollywood, pero también a Hitchcock—, referente que explica, en parte, el dinamismo del relato y la viveza de los diálogos. Se lee en el prólogo a la reedición de 1972: «Gonzalo Suárez no quiere escribir, quiere contar» (Anónimo, 1972: 8), y es verdad; estamos ante un narrador nato, que tanto en la hoja impresa como en la pantalla da forma a historias ágiles y efectivas, que, a diferencia de las que veíamos en la sección anterior, se pueden disfrutar en sí mismas, sin recurrir a una lectura en clave, y que, lejos de la disgregación imperante en los demás vanguardistas, conservan un mínimo respeto a los elementos de la representación.

También las otras obras mencionadas contienen elementos fantásticos, o al menos próximos al terreno de lo sobrenatural conflictivo. Así, por ejemplo, el motivo del doble es central en *Rocabruno bate a Ditirambo*, dando lugar al resquebrajamiento del universo figurado... si bien desde una perspectiva cercana a *Niebla* de Unamuno (y, por tanto, inscrita en lo metaficcional). El mismo motivo reaparece en una novela de los 70, sátira del régimen de Franco al tiempo que parodia/homenaje del género de espías: *Operación Doble Dos* (1974). En *El roedor de Fortinbrás*, por otro lado, intervienen unos personajes que actúan como vampiros, y de nuevo en la primera novela mentada se inserta un capítulo titulado «La caperucita negra» —antologado por Guarner (no por Beneyto, que escoge «¿Quiere usted rabiar conmigo?»)—, donde se cuenta una transformación licantrópica. El tratamiento de dichos ingredientes —también en su cine—[21] obedece, en general, a una voluntad desmitificadora. Si a ello se une que con frecuencia lo imposible se asume con normalidad —si no, como pasaba en Torrente, se integra en una dialéctica entre niveles de ficción—, uno podría recelar de la filiación de sus textos, con las mismas razones que esgrimíamos arriba. No es así en la mayoría de los casos: basándonos en *Trece veces trece*, vemos en Suárez a un representante posmoderno del género, capaz de asumir la orientación paródica y la hibridación discursiva, y enmarcable en los principios del *neofantástico* que Alazraki (1983) teorizaba desde la praxis cortazariana.[22] «Como para Cortázar»,

[21] En los 60 y 70, Suárez se yergue como uno de los cineastas más originales y rompedores de España. Algunos de sus filmes transitan el experimentalismo; otros incluyen motivos de la tradición fantástica. Aunque fuera de nuestro radio de interés, merece la pena mencionar *Remando al viento* (1988) y *Mi nombre es sombra* (1995), sobre los mitos de Frankenstein y Jekyll y Hyde, respectivamente. En cuanto al periodo contemplado, destacamos las versiones de sus propias obras —*El horrible ser nunca visto* (1966), *Ditirambo vela por nosotros* (1967), *Ditirambo* (1969)— y *El extraño caso del doctor Fausto* (1969).

[22] Para Alazraki, el neofantástico constituye un contraste con la versión clásica del género: al contrario de este, asume lo extraordinario no como una excepción, sino como la norma, en cuanto parte de una noción racionalmente irreductible de la realidad. Dicha concepción parecería permitir la inclusión de lo absurdo y surrealista (cosa que a Alazraki no le

dice Cercas (1993: 103-104) en su monografía, «para Suárez la realidad no es solo lo que la costumbre o la negligencia han enseñado a aceptar como tal: hay otra realidad —o incluso otras realidades— que se halla agazapada detrás o al lado de la que orgullosamente se arroga la exclusiva de lo real».

Otro nombre que merece la pena citar en esta órbita de juego y experimentación es el de Fernando Quiñones. Gaditano como Ory, su literatura responde, en su mayor parte, a consignas tradicionales, realistas; igual que García Pavón, se ve, no obstante, tentado por lo imaginativo y, con más convicción que aquel, se lanza a la práctica de un fantástico *sui generis*, contagiado en algunos pasajes de la voluntad de denuncia del manchego, pero, por lo general, consagrado a la búsqueda de nuevas formas expresivas y la relación de historias disfrutables en su literalidad (cfr. Roas y Casas, 2008: 36). *La guerra, el mar y otros excesos* (1966) es una recopilación de 14 cuentos que, sin caer en la iconoclastia del surrealismo o el absurdo, despliegan una gran inventiva y nos aproximan, tanto como los de Suárez (aunque de otra manera), al modelo auscultado en estas páginas. No todos, vale señalar, pero sí muchos de ellos; así, el que abre el libro —«Un cuento industrial»— narra el regreso de la muerte de Schubert, ante la enésima reedición de su *Incompleta*; «Jasón Martínez», por su parte, tiene como protagonista a un viajante que se ve poseído por el espíritu del mítico héroe griego; en «Caballero andante» se relata un improbable duelo con don Quijote; y «Las campanas de Compostela» es un homenaje explícito a Borges (cfr. Miranda, 1967, para una panorámica del libro). Un atractivo añadido del volumen —cuyo artífice significativamente define como «una inesperada, pasajera y seguramente necesaria desviación de ruta» (Quiñones, 1966: 139)— es el «Balance» que el autor coloca al final, donde justifica su práctica de lo fantástico y lamenta que el mismo «ha[ya] venido a caer, para los reglamentados criterios de ese fiero y torpe nazismo literario, del lado de "lo evasivo", como decir de lo "no serio"» (Quiñones, 1966: 137). Así era, en efecto, en aquellos años: ya lo vimos al hablar de Sastre, quien, pese a sus esfuerzos de renovación estética, no cede al experimentalismo puro ni al ludismo autosuficiente; que cree en la trascendencia y valor literario del fantástico, el terror y demás géneros imaginativos. Él es uno de los pocos autores tradicionalmente considerados *cultos* que defiende esta visión. A algunos más prestamos atención en el siguiente epígrafe.

incomoda). Campra se muestra, no obstante, escéptica al respecto: «Mientras en el absurdo la carencia de causalidad y de finalidad es una condición intrínseca de lo real, en lo fantástico deriva de una rotura imprevista de las leyes que gobiernan la realidad» (Campra, 2008: 133). A nuestro modo de ver, existe un término medio —certeramente explorado por Roas (2011a: 143-177)—, y Gonzalo Suárez, como Cortázar, sería uno de sus representantes.

5. Entre el homenaje y la apropiación

Abordamos aquí nombres indiscutiblemente adscritos al canon de la gran literatura del último siglo. Su práctica de lo fantástico y orbes vecinos responde no tanto a un deseo de emulación —aunque todos ellos son lectores de este tipo de narrativa— cuanto a la especial inclinación de sus poéticas, es decir, de sus respectivas formas de comprender la creación literaria. Exigentes desde el punto de vista técnico y estilístico, su contribución supone un verdadero paso adelante en el proceso de legitimación de los géneros populares.

La figura que mejor sabe incorporar estas líneas supuestamente *frívolas* a una prosa de alto voltaje retórico e intelectual es el madrileño Juan Benet. Desde una actitud que no haríamos mal en llamar *posmoderna* —cara, por tanto, al pastiche, la parodia y otras estrategias metaficcionales—, se asoma a diversos registros que, a fines de los 60 y principios de los 70, comienzan a cobrar auge. Destaca, como dijimos, la narrativa policíaca: Benet coquetea con ella en cuentos como «Obiter dictum», «Garet», «Una línea incompleta» —protagonizada nada menos que por la mítica pareja de Baker Street—y en su novela más leída: *El aire de un crimen* (1980). La aproximación se debate entre una mirada irónica, deconstructora y la candidez del aficionado. Lo mismo se repite en sus incursiones en la novela de aventuras —«Sub Rosa»— y también en el ámbito que nos atañe.

Desde su ensayo *La inspiración y el estilo* (1966), declara Benet la guerra a la tradición realista de la literatura de su país, sobre todo en su vertiente costumbrista. Más allá del énfasis en la elaboración estilística y la autonomía del discurso literario, lo que más nos atrae de su poética y práctica narrativas es su noción de *zona de sombra*. A su modo de ver, la literatura constituye una forma de conocimiento diferente de la que proveen la razón y la ciencia, que, antes que esclarecer los enigmas del universo, los refleja en su ambigüedad e incertidumbre, «eliminando de su código la necesidad de ser inequívoca, veraz y certera» (Benet, 1976: 48). Júzguese el parentesco de tal visión con las bases de lo fantástico.[23] La atracción por este dominio se hará evidente en muchos puntos de la trayectoria benetiana. Ya en el libro arriba mentado dedicaba un capítulo al

[23] Para una comparación entre la poética benetiana y las consignas de lo fantástico según las define Todorov, consúltese Nilsson (2005). Véase, asimismo, la siguiente afirmación de Campra, que parecería escrita pensando en la poética de Benet: «El llamado a la complicidad del lector que ejerce lo fantástico está inscripto en ese vacío, que no tiene que ver con experimentos de escritura sino con la imposibilidad de sugerir una verdad: es el hechizo de las *zonas de sombra* de la vivencia misma del lector» (Campra, 2008: 138; cursiva nuestra). A las teorías de Campra y otros se refiere Ken Benson (2004a: 138-145) en su monumental ensayo sobre el «enigma benetiano», donde analiza el sentido que subyace a la historia de fantasmas *Una tumba* (2004: 319-323).

motivo del buque fantasma —presente, por ejemplo, en *The Narrative of Arthur Gordon Pym of Nantucket*— y el nombre de Poe aparecía varias veces invocado. Son varios los críticos, por otro lado, que señalan el componente gótico —cifrado en espacios opresivos, maldiciones familiares y emanaciones fantasmales del pasado— de varias de sus obras (cfr., por ejemplo, Margenot, 2005); *La otra casa de Mazón*, aparecida en 1973, es quizá la más paradigmática. A ella hay que unir la *nouvelle Una tumba* (1971), con la que se rinde tributo a una de las derivaciones de lo gótico en la Inglaterra victoriana: la *ghost story*. Se trata, en verdad, de una contribución sobresaliente al subgénero, digna de incluirse en cualquier compilación internacional: sin renunciar a las señas de identidad de su mundo creativo —trasladando la acción al territorio mítico de Región y a los tiempos de la guerra y la posguerra, y espesando la enunciación al máximo—, logra Benet generar un clima de ambivalencia sensorial y amenaza ultraterrena que remite a las oquedades del ser.[24]

Una tumba no es la única creación de Benet claramente enmarcada en los dominios de lo fantástico, incluso en una de sus submodalidades. En su narrativa breve —recogida en *Nunca llegarás a nada* (1961), *5 narraciones y 2 fábulas* (1972) y *Sub rosa* (1973), y con posterioridad en los dos volúmenes de *Cuentos completos* (1977 y 1981)— hallamos joyas como «Catálisis», «Viator», «TLB», «Reichenau», «Syllabus», «De lejos», que tematizan, siempre desde la ambigüedad típicamente benetiana y casi siempre con el concurso de la ironía, la ruptura de las dimensiones físicas, la irrupción del mal y la asechanza del miedo. También sus novelas incorporan episodios de corte sobrenatural, como la rueda telegráfica que predice el futuro en *Volverás a Región* (1967), el espíritu del padre del Indio reflejado en las aguas en *Una meditación* (1970), o los fantasmales invitados a la fiesta de *Un viaje de invierno* (1972), por no hablar de la omnipresente figura del Numa, legendario cancerbero del bosque prohibido de Mantua. El problema que entrañan estas situaciones y personajes es que se manifiestan en un contexto no realista, dominado por el mito y el símbolo, como es la provincia de Región. Resultaría, pues, arriesgado enmarcarlas en el dominio estricto de lo fantástico, que aparte de requerir del contraste con la cotidianidad, rehúye, como se advirtió, la significación metafórica, al menos en una lectura ingenua. Sobre esto último, hay que esgrimir la opinión del mismo autor, que rechazaba la interpretación en clave de su literatura, apostando por

---

[24] Afirma Gullón (1994: 213): «me parece tan lograda como algunas de las narraciones en que Henry James dejó testimonio de su interés por las secretas fantasías de la mente [...]. El enfrentamiento con el espectro es [en ambos] expresión de un choque con la parcela oscura del ser y reconocimiento de un miedo, oscuro también, en el sentido de irrazonable, no debido a causas precisas».

una lectura literal.[25] En cuanto a lo primero, no cabe sino admitir la naturalización de los fenómenos que en otro contexto se verían como extraordinarios; extremo que ha llevado a ciertos estudiosos a emparentar a Benet con el realismo mágico (cfr. Herzberger, 1976: 162), pero que, bien considerado, responde a una concepción enteramente personal del mundo y la creación literaria (como ocurría en Cunqueiro y Torrente). Conforme avanzamos, la realidad es, para Benet, un misterio inextricable, con multitud de puntos oscuros: sus obras se limitan a recrear esa tiniebla, así como a suscitar las sensaciones de perplejidad, miedo y confusión que de ella se derivan. En este sentido, lo fantástico, lo mítico, lo maravilloso —presente en sus *Trece fábulas y media* (1981)—, lo absurdo y lo grotesco —registros que informan la novela *En el estado* (1977)— no son sino vías a las que recurre para este menester: *modalidades elusivas*, en palabras de Benson (2004a).

Actitud parecida —un poco más problemática— se repite en su amiga y compañera de generación Carmen Martín Gaite. Menos refractaria a la mímesis, pero igualmente comprometida con la búsqueda formal —como demuestran las cartas intercambiadas con Benet al comienzo de sus respectivas carreras—, se suele mencionar su novela *El cuarto de atrás* (1978) como ejemplo inequívoco de la trasgresión fantástica. La alusión metatextual al clásico de Todorov parecería justificar dicha filiación; menudean, asimismo, las divagaciones de la narradora-autora en torno a la presencia de lo extraordinario en su obra, sobre todo en *El balneario* (1955), fallido relato kafkiano que evidenciaría una reticencia inicial a los códigos de lo fantástico. Bien, todo ello son pistas falsas: en realidad, *El cuarto de atrás* es un ajuste de cuentas con la memoria que la autora guarda de la posguerra, en su condición de mujer y escritora. Así, la irrupción del hombre de negro, que llega a sugerirse como una encarnación de Satán, la escritura automática de la novela que el lector tiene en sus manos o la aparición, al final, de la cajita dorada de la que ha estado hablando la narradora, son, sí, eventos extraordinarios; deben, no obstante, ser interpretados simbólicamente, en conexión con la conciencia narradora —que, más que entrevistarse con el diablo, asiste a una sesión de psicoanálisis—, y no como hechos que vienen a quebrar el orden de lo real. Quedan, es cierto, la duda de la narradora, quien nunca llega a asumir plenamente la identidad o siquiera la existencia de su interlocutor (instancia, por cierto, crucial en la obra de Martín Gaite),[26] el temor que, en ciertos momentos, experimenta, y también el *setting* de la acción:

[25] «[Y]o detesto el simbolismo», declara en una de sus entrevistas; «creo que solo hay una lectura posible: la real. En comparación con ella cualquier lectura simbólica es pobre, porque, en cierto modo, es jeroglífica y mortecina» (Nolens, 1981: 186).

[26] A ello le dedica todo un ensayo en 1973: *La búsqueda de interlocutor y otras búsquedas*. Es, asimismo, uno de los temas recurrentes en la correspondencia con Benet.

una noche cargada de negros augurios. Con esto y con todo, el conjunto remite, como decimos, a otro terreno discursivo, en sintonía con buena parte de su quehacer literario, siendo así que el registro fantástico no es sino un mecanismo al servicio de la reflexión autorial; como dice Izquierdo (2005: 63), «Martín Gaite adoptó el modelo de literatura de misterio, fantástica, para reinventarse como escritora y para captar la atención de un lector externo al texto que en ningún momento podrá abandonar la lectura del mismo fascinado por la ambigüedad de la verdad y la mentira, de lo real y lo irreal»; lo cual no quiere decir que no hallemos en su producción aportaciones genuinas al género: véase, si no, el relato «La mujer de cera», escrito en 1954 e incluido en *Las ataduras* (1960) (cfr. Casas, 2009c: 226).

Más claro en su filiación se presenta el discurso de Leopoldo María Panero, integrante del grupo posterior al de Benet y Martín Gaite: los llamados novísimos. Ya lo mencionamos a propósito de su *Visión de la literatura de terror anglo-americana*. En el «Prefacio» a esta antología despliega toda una teoría en torno al relato de terror sobrenatural, en la cual —como no podía ser de otra manera— la locura ocupa un puesto de privilegio. También en su poesía rinde Panero homenaje a temas y nombres capitales de lo fantástico y ámbitos vecinos: Poe, Nerval, Carroll, Barrie, Lovecraft orbitan en sus versos; motivos como la muerte, el fantasma, el doble, el demonio son, por lo demás, moneda corriente en ellos. Todo esto hace de él el primer poeta fantaterrorífico de España, a la altura de los citados. Que en 1992 titulase *Agujero llamado Nevermore* a una selección de sus poemas ya debería ser suficientemente significativo; más aún lo es su principal contribución narrativa: *El lugar del hijo* (1976). Compuesta por siete relatos y dividida en dos partes, se centra prioritariamente en las tensiones paterno-filiales —tema central tanto en la vida como en la obra de Panero—, dibujando situaciones que chocan por la manifestación de lo imposible, pero sobre todo por su crueldad y truculencia; véanse, a este respecto, «Mi madre» y «Presentimiento de la locura»: ambos presentan a individuos que, bajo la apariencia de seres humanos, esconden a monstruos perversos, de resonancias lovecraftianas. Más que ninguno de los autores mentados, juega Panero con los tabúes, en un discurso negro como la noche, rico en representaciones macabras: «Acéfalo», primer cuento de la colección, es un ejemplo inmejorable de esta propensión.

El lugar del hijo incluye, por otra parte, dos textos originalmente escritos por Fitz-James O'Brien —«Medea» y «La visión»—, pero que tras la *traducción* de Panero —en la que amplifica y tergiversa la palabra del irlandés, haciéndola suya— se vuelve discutible seguir atribuyéndoselos a aquel. Es un proceder cuando menos llamativo, que el poeta asume sin rubor en el «Prefacio» a *Visión*: «En lo que concierne a la traducción, he corregido, y tratado de perfeccionar en ella, como suelo hacer, y sin el menor respeto por la cultura, la textura de los cuentos, y sobre todo sus finales» (Panero, 1977: 34). Legítima o no, su actitud no emana, eso es seguro, de un desprecio del género en cuestión; al contrario: según decíamos, se perfila Panero como uno de los más fervorosos apasionados del mismo; lástima que no escribiese mucha más narrativa de esta índole...

Sin abandonar la promoción de los novísimos, cabe también citar las contribuciones de Pere Gimferrer, recogidas en la antología de Guarner: «Una cara» y «Una representación furtiva». Su brevedad y modestia nos llevan, sin embargo, a tildarlas de meras *diversiones*. Nada que ver con lo que encontramos en otro de los escritores en la misma órbita temporal (aunque rara vez asociado con el grupo definido por Castellet): José María Merino. El leonés de origen gallego es uno de los pocos autores españoles que da forma a una poética de lo fantástico —más consistente que la de Panero— y cuya admisión en el canon se basa, principalmente, en sus contribuciones al género. A diferencia de los nombres vistos en esta sección, pues, su práctica del relato sobrenatural, lejos de ser efecto colateral de una postura inespecífica, coincide punto por punto con sus aspiraciones como creador de mundos ficcionales. En los años estudiados, solo da a la imprenta *La novela de Andrés Choz* (1976), siendo a partir de los años 80 cuando su obra despunta no solo en el ámbito de lo fantástico, sino de la literatura en general. Ello no quiere decir que en la obra citada no se localicen ya constantes de su escritura, especialmente la dinámica metaficcional y la desaparición de fronteras entre lo real y lo imaginario. Sobre ellas se erigirá una de las propuestas de referencia en los últimos 40 años, comparable a la de otros *normalizadores* como Cristina Fernández Cubas, Pilar Pedraza o Fernando Iwasaki. A ellos y a otros muchos —representantes del *boom* que vive el género desde la Transición— se presta atención en el capítulo 9.

6. Entre la evasión y la comercialidad

Tras pasar revista a algunos de los autores cuya obra —aun aquella de corte fantástico— figura en el canon de la literatura culta de la España contemporánea, no podemos cerrar el presente capítulo sin hacer referencia, por sumaria o apresurada que sea, a la contracara de tanto prestigio académico y exigencia intelectual. Tratándose de un género secularmente calificado de *popular*, nada más aconsejable que descender a los niveles inferiores de la creación cultural, donde el entretenimiento y la rentabilidad se imponen a criterios como la excelencia formal o la densidad de ideas, y echar una ojeada a un corpus que rara vez recibe atención en los manuales genéricos; en la certeza, además, de que dicho repertorio ha jugado un papel tan importante, o acaso más, que los nombres hasta aquí abordados en el proceso de consolidación de las líneas no miméticas en el territorio español. Ya lo decíamos al hablar de las colecciones de Dronte, Táber o Acervo: la mayor accesibilidad de este tipo de publicaciones, así como su carácter de consumo, habrían posibilitado una difusión de mayor alcance en la población común y, por ende, un impacto más profundo en el imaginario colectivo.

Aunque no tan exitosas como las novelas rosas, del oeste, policíacas o de ciencia-ficción, las narraciones fantásticas y de terror tuvieron igualmente un nicho en el mercado de quiosco, ya fuera en antologías seriadas, en revistas dedicadas al género o en las llamadas *novelas de a duro* o *bolsilibros*:[27] de mediana extensión (en torno a las 100 páginas), editadas en formato pequeño y con materiales baratos, se especializaban en los géneros populares (lo que se conoce, en definitiva, como literatura *pulp*). Su aparición solía ser semanal y sus historias se basaban en tramas elementales, erigidas sobre estructuras, fórmulas y tipos fijos, inmediatamente reconocidos por el consumidor. Por limitarnos a lo esencial, destacamos los bolsilibros publicados por el sello de Bruguera, en su *Selección Terror*: entre 1973 y 1985 llega a editar hasta 617 títulos, todos ellos debidos a plumas españolas. Como en la novela del oeste o policíaca, los autores firman con pseudónimos extranjerizantes: Ralph Barby, Lou Carrigan, Clark Carrados, Curtis Garland, Silver Kane. Entre ellos se hallan algunos de los más fecundos creadores patrios, cultivadores de los más diversos registros populares, y no solo: en unos pocos casos —como el de Silver Kane/Francisco González Ledesma—, conseguirán evolucionar hacia el estrato culto de la creación... lejos, pese a todo, de los territorios de la imaginación o lo no mimético.

Se distinguen estas novelas, en lo tocante a lo fantástico, por ofrecer explicaciones rocambolescas a situaciones en apariencia sobrenaturales, en una línea que se remonta a la narrativa gótica (véase, por ejemplo, la que abre la colección: *La muerta que vivió seis veces*, de Silver Kane). No siempre es así, por supuesto: en algunas obras se vulneran las leyes de lo posible y los personajes se ven enfrentados a criaturas del más allá, maleficios ancestrales y otras situaciones que desafían su entendimiento. Con independencia de esto, se yergue el terror por encima de todo, en una fórmula que recuerda a la que proponía Sastre (aunque, claro está, sin las mismas implicaciones sociopolíticas), y que muy a menudo se hermana con los códigos de la novela detectivesca y de misterio.

Otras colecciones reseñables —si bien menos nutridas que la de Bruguera— son las debidas a la editorial Rumeu —*Mundos Tenebrosos* (1969), *Serie de Ultratumba* (1969) y *Terror Extra* (1969-1970)— y *Horror* de Petronio (1974). Rumeu se dedica exclusivamente al relato, mientras que el segundo sello publica también alguna *nouvelle*. En los dos, sea como fuere, se constata una abrumadora mayoría de firmas españolas, disimuladas, casi todas ellas, tras un pseudónimo.

[27] De nuevo hay que citar el importante catálogo de Tarancón Gimeno (2000a, 2000b, 2000c y 2001).

Aun admitiendo su distanciamiento de la excelencia artística o la hondura intelectual, merecería la pena indagar en este abundante corpus y valorar en qué medida estamos ante meras reproducciones en cadena, o si acaso hay también aquí hallazgos que deberían figurar en estas páginas, junto a los nombres abordados por extenso. Eso, por desgracia, habrá de quedar para otra ocasión.

5.

TEATRO 1900-1960

Matteo De Beni
Università degli Studi di Verona

Mariano Martín Rodríguez
Revista Hélice

1. Lo fantástico y la escena

El conflicto entre lo natural y lo sobrenatural (o preternatural) genera una ambigüedad epistemológica inquietante en relación con el estatuto de la realidad consensuada. La irrupción de un hecho inexplicado y tenido por imposible en un entorno reconocible como cotidiano lleva a interrogarse sobre las certidumbres en que se asienta la existencia humana. ¿Qué seguridad se puede tener en la propia razón y en los propios sentidos si algún fenómeno o aparición hace creer que el tiempo no siempre avanza por sus pasos contados, o si una presencia sugiere que las fronteras entre la vida y la muerte no son impermeables? El suceso extraordinario puede presentarse con una materialidad alternativa, como un llamamiento a ampliar nuestra noción de realidad mediante su reforma, a fin de poder abarcar en su ámbito tanto el hecho positivo del milagro, como en lo maravilloso religioso, como el de un nuevo paradigma mental que permita acoger, tras el extrañamiento inicial, la explicación perfectamente racional de nuevos usos de la física, como ocurre en los viajes tecnológicos en el tiempo, o de nuevos monstruos, como esos virus que convierten los cadáveres en bestias hambrientas de cerebros vivos, cuando no en hombres lobo o vampiros. En estos casos, la incertidumbre acaba por despejarse, retornándose así a una correspondencia tranquilizadora entre la realidad y la percepción. En cambio, el hecho fantástico queda en la penumbra. Ni los personajes ni los receptores de la obra, en su calidad de silentes testigos del fenómeno descrito, narrado o mostrado, son capaces de deslindar si lo ocurrido ha sido un hecho o el producto de una mera alucinación. La razón vacila y, con ella, la capacidad de comprender el mundo natural al que cada individuo se ve confrontado y que, sin la ilusión del entendimiento, se antoja una fuente de peligros para la propia supervivencia, y de ahí el temor que despierta el no saber a qué atenerse ante lo circundante. Lo fantástico se coloca en ese terreno movedizo, sin certezas, que amenaza, pero que también brinda motivos para la reafirmación personal, gracias a la asunción del propio miedo y la preparación consiguiente ante nuevos sustos, en la vida real o en la virtual de la ficción.

El efecto fantástico, angustioso y paradójicamente placentero a la vez, se ha manifestado con gran éxito en la narrativa literaria y en la cinematográfica. En la primera, el lenguaje puede explotar sus capacidades connotativas para construir un mundo imaginario aparentemente mimético del real y sugerir, mediante usos determinados de la palabra, la existencia de un segundo mundo imaginario que pondría en duda al primero. En el cine, un procedimiento análogo se desprende de las perspectivas visuales que, al yuxtaponerse y solaparse de maneras diversas, guían la mirada del espectador, haciéndole creer en la actuación de una realidad misteriosa en los intersticios de las imágenes mostradas. En el tercer gran modo de presentación de la ficción, la escena teatral, la carnalidad misma del actor tiende a reafirmar su realidad natural y puede dificultar la creencia en la irrupción de otra sobrenatural y misteriosa en el marco de un escenario material, donde la presencia actoral en carne y hueso implica su coincidencia total con el aquí y ahora del público presente. Ese escenario es, además, limitado. Aunque la moderna escenografía no ha cesado de ofrecer nuevos procedimientos de efectos especiales para hacer olvidar las líneas físicas que delimitan el teatro, no por ello ha dejado de tener unos confines claros, frente a la virtual extensión universal de la imagen cinematográfica o de la imaginación excitada por la lectura.

En estas condiciones de realidad subrayada por la materialidad intrínseca al teatro, ¿cómo comunicar el temblor del efecto fantástico? ¿Es ello posible siquiera? El influyente *Dictionnaire du théâtre* de Patrice Pavis niega que pueda existir una auténtica dramaturgia de lo fantástico, al menos en lo que respecta a la práctica de la escena, hasta el punto de afirmar que «le fantastique n'est pas propre au théâtre» (Pavis, 2009). No obstante, figuras mayores de la narrativa fantástica, desde el espectro desencarnado hasta el muerto viviente más o menos chupasangre, han subido también a las tablas españolas, como ha señalado De Beni (2012b: 194-236). Por ejemplo, Alfonso Sastre y Francisco Nieva han estrenado varias obras con vampiros (*El vampiro de Uppsala*, 1970, el primero, y *Nosferatu*, 1961 ca.-1975, el segundo) y licántropos (*El asesinato de la luna llena*, 1997, de Sastre, y *No es verdad*, 1987, de Nieva). Cabría preguntarse, sin embargo, si tales figuras pueden generar una tensión de orden epistemológico una vez situados en un escenario. En ese contexto, el actor les presta su propia carne y, al *en-carnarlos*, los ancla en la realidad. No son monstruos del intelecto en crisis, sino monstruos reales, cuya existencia no plantea ya dudas. El sentimiento de inquietud que persiguen no es cualitativamente distinto del provocado por las brujas del cuento maravilloso o de los asesinos mostrados en acción en las escenas del *Grand-Guignol* en torno a 1900. No están «tras los límites de lo real», según la afortunada expresión de David Roas (2011a), sino de la parte de acá de dicho límite. Su inclusión en el teatro fantástico es posible, no obstante, como tributo a una tradición crítica ya secular que manda que estos personajes terroríficos se clasifiquen *a priori* en lo fantástico.

La viabilidad de un teatro fantástico quizá podría demostrarse mejor atendiendo a las versiones teatrales de otros temas que, sin tener que recurrir a una vistosa teratología, difuminan aquellos límites sin salirse de un marco exclusivamente humano, lo que realza la verosimilitud del marco y el efecto del elemento inverosímil que lo subvierte. Al tratarse de personajes humanos, su encarnación en el actor no anula su alteridad, como podría ocurrir con los seres monstruosamente preternaturales. Al contrario, facilita su compenetración, así como la identificación con los espectadores. Además, lo extraordinario a lo que se asiste gana en consistencia gracias a la materialidad escénica, porque el fenómeno fantástico parece desarrollarse *realmente* en el lugar y momento mismos de la realización teatral del texto dramático. Por ejemplo, el fantasma adquiere una corporeidad que intensifica la crisis que entraña su presencia, más allá de los límites de la muerte. La subversión de la ley física del tiempo, que se desprende del cumplimiento de premoniciones o de la coincidencia en un lugar de cosas y personas situadas en puntos diferentes de la flecha temporal, queda subrayada por el hecho de que esa coincidencia se produzca en el espacio y tiempo acotados de la escena. En estos casos, y quizá también en el del doble, la incertidumbre puede suscitarse y explotarse artísticamente por medios propiamente teatrales, mediante el juego del actor en el centro de una escenografía limitada y significativa. Entonces no hace falta tomar prestados efectos especiales pseudocinematográficos ni confiar en la pura imaginación de los lectores, como en la literatura dramática destinada primariamente a la lectura. Entonces queda también acreditada la operatividad en la práctica de una dramaturgia fantástica.

Teniendo en cuenta estas consideraciones teóricas, el presente capítulo, dedicado a lo fantástico en el teatro español de 1900 a 1960, y el 11, que se consagra a la dramaturgia desde los años 60 hasta nuestra época, no pretenden ser exhaustivos, sino proporcionar una visión panorámica sobre las principales vías de penetración y modos de representación de elementos y personajes fantásticos en el teatro del siglo XX y la primera década del XXI en España. Se ofrecerá una gama significativa de ejemplos, tanto de autores como de modalidades dramáticas, teniendo en consideración el hecho de que no existe en el teatro un género o subgénero codificado tal como el cuento fantástico o la *ghost story*.

2. Valle-Inclán, el simbolismo y lo atávico

Lo maravilloso tiene una larga tradición en la escena española, como indica el éxito secular de las comedias de magia y de santos. También es maravilloso el final del celebérrimo *Don Juan Tenorio* (1844), de José Zorrilla, con las ánimas que se le aparecen al protagonista para llevárselo donde merecía estar. En este drama, como en otros de su siglo, el elemento fantástico no tiene valor epistemológico, sino más bien espectacular, lo que heredará el *Grand-Guignol* y sus sucesores hasta Alfonso Sastre y Francisco Nieva. Para encontrar una dramaturgia fantástica más acorde en su planteamiento y efectos con los modelos narrativos del género, hay que esperar a finales del siglo XIX, cuando varios dramaturgos hacen de lo fantástico «una presencia más discreta y sustancial, y bastante más inquietante» (Pasqualicchio, 2012: 31), aprovechando las posibilidades de hacer más misterioso el escenario gracias a los nuevos recursos luminotécnicos y al interés remozado por la vida interior y por el inconsciente, cuyos fantasmas dan lugar a la duda de si los espectros del escenario son de verdad muertos que regresan o si son más bien proyecciones de la mente de los personajes, tal como se puede apreciar en las últimas obras de August Strindberg o en los dramas de Maurice Maeterlinck sobre la muerte como *L'Intruse* (1890), que estimularían la publicación de dramas simbolistas similares en España.

De hecho, el teatro simbolista, a caballo entre los siglos XIX y XX, fue una de las vías de penetración en el teatro de aspectos turbadores, cuando no propiamente fantásticos: el misterio, la personificación de la muerte, la atmósfera tensa de espera, el difuminarse del elemento verbal hasta llegar a silencios intranquilizadores. Las inquietudes maeterlinckianas se difunden en el teatro español a partir de las postrimerías del siglo XIX, gracias a obras como el *Teatro fantástico* (1892), de Jacinto Benavente[1] (que de *auténticamente* fantástico tiene poco), y a la tarea traductora llevada a cabo por Azorín, quien se encargó de realizar la versión española de *L'Intruse* (1896). En 1909, en la revista *Prometeo*, Ramón Gómez de la Serna publica una obra en la que pululan «espectros que se lamentan de su vida desaprovechada por atacar prejuicios y convenciones que

[1] El análisis del empleo de los simulacros en el teatro de entre siglos, tal como las figuras de porcelana y las marionetas del *Teatro fantástico* benaventino, rebasa los límites de este estudio. Sin embargo, todo lo doble, entendido como copia del ser humano, es potencialmente inquietante, como se ha destacado sobradas veces, en particular en relación con «Der Sandmann» (1816) de E. T. A. Hoffmann. Más tarde, en los años 20, Jacinto Grau cosechó cierto éxito (más en el extranjero que en España) con *El señor de Pigmalión* (1921), una pieza que se ha venido clasificando en ocasiones como obra de ciencia ficción, aunque en ella destacan más los ecos hoffmannianos que los elementos tecnológicos y distópicos. El drama se estrenó en París en 1923 y llegó a los escenarios españoles en 1928 luciendo la labor escenográfica y los trajes realizados por Salvador Bartolozzi.

han resultado ser inconsistentes, fundados en un más allá que no ofrece respuestas» (Muñoz-Alonso López y Rubio Jiménez, 1995: 104); se trata de *El drama del palacio deshabitado*, enmarcado desde el comienzo en la estética simbolista gracias a un epígrafe de Stéphane Mallarmé. Los ecos de dicha poética se mantienen hasta bien entrado el siglo XX, como demuestra la pervivencia del simbolismo en *Lo invisible*, de Azorín, una trilogía publicada en 1928, y en *La dama del alba* (1944), de Alejandro Casona. Bajo las influencias del simbolismo se van forjando obras colectivamente designadas como «teatro estático» o «teatro de ensueño», rótulos consecuentes con títulos y subtítulos de varias obras de principios del XX, como *Tragedia de ensueño* (1901) y *Comedia de ensueño* (1905), de Ramón del Valle-Inclán,[2] *La dama negra* (1903), de Pérez de Ayala (subtitulada *Tragedia de ensueño*), o *Teatro de ensueño* (1905), de Gregorio Martínez Sierra.

De la fuente simbolista bebió copiosamente Valle-Inclán, que agregó en su teatro a las propuestas simbolistas la reivindicación de lo maravilloso popular: una modalidad más de aclimatación en el teatro de motivos y personajes preternaturales.[3] Ejemplo señero es el encuentro que, en *Divinas palabras* (1919), se produce entre el Trasgo Cabrío y Mari-Gaila (acto II, escena octava). Tenemos aquí una irrupción súbita de lo irracional y sobrenatural, acompañada de trasmudaciones del entorno y de elementos intranquilizadores (el canto del cuco, el rumor de los maizales, una encrucijada de caminos —lugar este tradicionalmente propicio por las apariciones diabólicas—). El componente erótico de la situación es incuestionable; la mujer conjura al Cabrío y cabalga en la grupa de este por el aire:

> EL CABRÍO *revienta en una risada, y desaparece del campanario, cabalgando sobre el gallo de la veleta. Otra vez se trasmuda el paraje, y vuelve a ser el sendero blanco de luna, con rumor de maizales.* MARI-GAILA *se siente llevada en una ráfaga, casi no toca la tierra. El impulso acrece, va suspendida en el aire, se remonta y suspira con deleite carnal. Siente bajo las faldas la sacudida de una grupa lanuda, tiende los brazos para no caer, y sus manos encuentran la retorcida cuerna del* CABRÍO (Valle-Inclán 2002a: 570).

La naturalidad con la que Mari-Gaila se acerca al Trasgo Cabrío y acepta su existencia configura una representación de lo sobrenatural más cercana a lo maravilloso folklórico que a lo fantástico moderno. Sin embargo, la figura del Trasgo, dependiendo también de las opciones que se adopten en una representación, sí es potencialmente perturbadora, porque su misma presencia en escena es la concreción plástica de la disolución de las fronteras entre lo humano y lo teratológico. La intersección de lo humano y lo animal no se da únicamente en el «teatro galaico» de Valle, sino también en sus piezas de ambientación urbana.

---

[2] Se trata de dos textos a medio camino entre narrativa y teatro.

[3] Sobre los elementos fantásticos en Valle-Inclán, véase el ya clásico Risco (1988).

En su esperpento *Las galas del difunto* (1926), por ejemplo, no solo se compara repetidas veces la Bruja con un murciélago y un ave de rapiña por sus rasgos físicos, sino que las acciones de la mujer son, metafóricamente, las propias de los animales aludidos: «La bruja *encaperuzó el manto sobre las sienes y voló convertida en corneja*» (Valle-Inclán, 2002b: 958). De todas formas, es en su teatro de ambientación rural donde el *continuum* hombre-animal desborda lo propiamente metafórico y desemboca en auténticas trasmudaciones y sortilegios, como se observa especialmente en *El embrujado* (1912-1913), una de las piezas de su *Retablo de la avaricia, la lujuria y la muerte*. En esta *Tragedia de tierras de Salnés*, como se subtitula la pieza, la protagonista, La Galana, encarna el alma ancestral, mágica y misteriosa de Galicia. De hecho, tiene el poder de convertirse en perro blanco y de transformar a sus hechizados en este animal.[4] En su edición del *Retablo*, Jesús Rubio Jiménez vincula este elemento a «la creencia supersticiosa según la cual las brujas pueden encarnarse en perros» (Valle-Inclán, 1996: 380) y, además, hace hincapié en la relación entre este animal y el «astro fatal» (340), esto es, la luna.

A pesar del fuerte arraigo de las supersticiones y la brujería en el ambiente recreado por Valle-Inclán, en la obra no faltan intentos de explicar de manera racional los acontecimientos relacionados con La Galana. Por ejemplo, cuando Anxelo, el hombre al que la bruja quiere embaucar, cuenta a Mauriña que ha sido el testigo de prácticas mágicas, esta le contesta: «Es el delirio que tienes de ver los fantasmas y las ánimas, y tantas cosas que no son. ¡Ya estoy a temblar!» (Valle-Inclán, 1996: 339).

En el desenlace se presenta una yuxtaposición de imágenes: «*La Galana, en el umbral, se vuelve, escupe en las losas y hace los cuernos con la mano izquierda. Las gentes de la cocina se santiguan. Un momento después tres perros blancos ladran en la puerta*» (Valle-Inclán, 1996: 386). No se explicita, pues, una relación causa-efecto (sortilegio-metamorfosis), sino que se confía esta asociación al entendimiento del receptor. Además, son elementos sugerentes las referencias a la superstición (el gesto de los cuernos), el lugar liminar, esto es, el umbral (punto de separación y, al mismo tiempo, de conexión entre espacios distintos) y los ladridos, que sugieren que se ha producido la transformación.

En *El embrujado*, la presencia del perro blanco vaticina la llegada de la muerte. No es este el único caso de figura anunciadora de lo funesto en la dra-

[4] No podemos abordar aquí un análisis de la superstición en la pieza en cuestión. Nos limitamos a remitir a Rubio Jiménez (2003), quien realiza «una lectura de *El embrujado* atendiendo a algunos aspectos relacionados con la magia y la superstición y su funcionalidad estructuradora [...] partiendo de las teorías sobre lo fantástico de Tobin Siebers» (Rubio Jiménez, 2003: 130), expuestas en sus libros *The Mirror of Medusa* (1983) y *The Romantic Fantastic* (1984). Siebers examina la presencia del mal de ojo y sus mecanismos en la literatura fantástica.

maturgia de Valle-Inclán. También es presagio tétrico la aparición de la Santa Compaña de las Ánimas en pena, tradición gallega que Valle-Inclán escenifica en *Romance de lobos* (1907), una de sus *Comedias bárbaras*. Se trata de un desfile de almas del purgatorio que andan a medianoche con cirios encendidos hasta la casa de alguien próximo a morir. Valle-Inclán inserta la aparición de la Santa Compaña al comienzo del drama, reservándole así una colocación preferente: desde el principio de la obra los aparecidos anuncian al protagonista, don Juan Manuel de Montenegro, su fallecimiento próximo, introduciendo de manera súbita el motivo mortífero recurrente en todo el drama. De hecho, el tránsito de Montenegro se sitúa simétricamente en el desenlace, dándole a la pieza (salpicada, además, de otras muertes) cierta estructura circular. Y así la obra se cierra con el cumplimiento de los presagios iniciales.

La ambientación misma de la escena de apertura es propicia para la aparición del elemento fantástico: es de noche y el mayorazgo Montenegro, quien está regresando borracho de la feria de Viana, se encuentra cerca de un cementerio. Al oír un gran trueno, se le encabrita el caballo. Unas voces le amonestan, avisándole de que tiene que pensar en la hora de su tránsito. Montenegro duda entre la explicación racional y lo irracional:

> EL CABALLERO.— ¿Quién me habla? ¿Sois voces del otro mundo? ¿Sois almas en pena, o sois hijos de puta? (Valle-Inclán, 1995: 65).

Las acotaciones resaltan la sensación de espanto gracias a efectos lumínicos y sonoros y a una ambientación de cuento del terror:

> *Entre los maizales brillan las luces de la Santa Compaña* [...]. *Se oyen gemidos de agonía y herrumbroso, son de cadenas que arrastran en la noche oscura las ánimas en pena que vienen al mundo para cumplir penitencia. La blanca procesión pasa como una niebla sobre los maizales* [...]. *El Caballero siente el escalofrío de la muerte, viendo en su mano oscilar la llama de un cirio* [...] (Valle-Inclán, 1995: 65-67).

> *El Caballero siente que una ráfaga le arrebata de la silla, y ve desaparecer a su caballo en una carrera infernal. Mira temblar la luz del cirio sobre su puño cerrado, y advierte con espanto que solo oprime un hueso de muerto* (Valle-Inclán, 1995: 70-71).

Al desaparecer la procesión de fantasmas, intervienen unas brujas y al poco tiempo se van convertidas en murciélagos cuando oyen el canto del tercer gallo, que anuncia que el alba se aproxima.

En cuanto a la valoración del efecto fantástico de la escena de la Santa Compaña, es preciso señalar que en los intersticios del texto se introducen algunos aspectos que podrían llevar a la vacilación epistemológica de si lo que hemos visto ha ocurrido realmente o no. De hecho, y merece la pena subrayarlo, una vez desaparecidas las fantásticas figuras noctívagas, Montenegro, que está tendido en el medio del camino, parece despertarse de un sueño, como acertadamente ha apuntado Antón Risco en su edición de la obra (1995).[5] Además, al llegar en escena está borracho, aunque al vislumbrar la Santa Compaña entre los maizales «siente [...] disipados los vapores del mosto» (Valle-Inclán, 1995: 65-66). Ensoñación y alcohol podrían ofrecer acaso una explicación racional de las visiones del mayorazgo, a pesar de que estas se exhiban delante de la mirada de los espectadores y de que, al final, se cumpla su negro presagio.

Romance de lobos, gracias a la puesta en escena dirigida por Ángel Facio en 2005, proporciona un caso interesante para medir la eficacia de los rasgos fantásticos en las tablas. Dicha versión empleó esmeradamente volúmenes, colores y recursos lumínicos.[6] Las almas en pena, que llevaban máscaras con cara de ancianos macilentos y esqueléticos, se enmarcaban en un «Escenario vacío y separado del público por un imperceptible telón de boca de tul negro. Humo bajo, medio y de partículas. Oscuridad. Proyección de las visiones de don Juan Manuel sobre el telón de boca en tres series de imágenes de vídeo que describen un entierro» (Rubio Jiménez, Facio *et alii*, 2005: 111).

Por lo tanto, en la versión de Facio se consiguió representar de manera eficaz a la Santa Compaña gracias al uso de la luminotécnica y de recursos tecnológicos (las proyecciones) que reproducían, con un efecto análogo al fundido cinematográfico, lo que Montenegro veía a su alrededor: de esta forma el espectador asumía la perspectiva visual del protagonista.

3. Lo fantástico en el teatro popular: Rambal, «el mago de la escena española»[7]

Enrique Rambal fue empresario y hombre de teatro especializado en espectáculos sorprendentes y aparatosos que, a menudo, eran el resultado de dramatizaciones de exitosas obras literarias y cinematográficas. Consiguió su fama en gran parte gracias al empleo de trucos y recursos escénicos, de lo cual es una buena muestra su versión de *Don Juan Tenorio*, también por ser un ejemplo de revitalización de un clásico de lo fantástico teatral decimonónico en pleno novecientos:

[5] Risco apunta que esta hipótesis justificaría la confusión de algunos elementos de la escena. Por ejemplo, sugiere que el texto no explicita a quienes pertenecen las voces que oye Montenegro: supuestamente a los aparecidos, pero bien podrían ser de las brujas o de los dos grupos. Véase Valle-Inclán (1995: 71 y 73, notas).

[6] Para un análisis de esta puesta en escena, véase Rubio Jiménez (2005).

[7] Retomamos aquí el acertado epíteto empleado por Martínez Ortiz (1989).

> Salió Tenorio con esa original manera de concebir que tiene Rambal a lo grande, tan grande, que hasta el personaje parece ir cambiando de silueta y convertirse en don Juan, Rambal. Ello era nuevo, evidentemente, a la vez fantasmagoría, caja de sorpresas, linterna mágica, lentejuelas, gasas, proyecciones luminosas, todos los mil recursos que sabe hallar el feliz actor, director y hasta ingeniero técnico, para presentar las obras a su manera (*Las Provincias*, 1 de noviembre de 1942; citamos por Ferrer Gimeno, 2008: 40).

Gracias a sus artilugios y sus «engaños» ópticos, Rambal también consiguió llevar a las tablas dramatizaciones de ciencia ficción, como en el caso de *El hombre invisible*, una pieza inspirada en la novela homónima de Herbert G. Wells. La ilusión de la invisibilidad se obtenía gracias a luces ultravioleta (la «luz negra»).[8] Asimismo, Rambal realizó una versión de *Drácula*, en cuyo texto colaboraron los periodistas valencianos Manuel Soriano Torres y José Javier Pérez Bultó, llevada a la escena a partir de 1942 y publicada en 1944.[9] La teatralización conserva la estructura y enredo del hipotexto, la célebre novela de Bram Stoker, aunque la dramatización, como no podría ser de otra manera, supone una abreviación. Se mantiene la oposición entre los dos mundos representados en la novela: el salvaje, atávico, oriental (los Cárpatos) y el civilizado, moderno, occidental (Inglaterra y su gran urbe, Londres). Esta versión de *Drácula* hace alarde de cierto goticismo (niebla, tinieblas, aullidos, cuevas, ataúdes, telarañas, etc.) y luce impactantes trucos rambalianos, como por ejemplo en el cuadro en el que se produce el descarrilamiento del tren en que viajan los enemigos del vampiro. Las escenas de difícil representación en teatro, como aquellas con acontecimientos fantásticos y con los periplos de los personajes (en diligencia, en barco y en tren), se reproducen gracias a medios sonoros, visuales y a la técnica del llamado telón corto, un recurso que se podía aprovechar bien para ocultar el escenario durante la mutaciones, bien para representar en él o delante de él escenas, dibujadas o con actores. Por ejemplo, la escena de Drácula reptando por el muro de su castillo, cortado a plomo sobre un barranco, se reproduce anticipando, en boca de Jonatán Harker, el asombro ante lo que está ocurriendo («¿Qué sombra es la que se desliza por el muro como un fantástico reptil?»,

[8] «Este efecto luminotécnico se basa en la iluminación de la escena con luces de rayos ultravioletas. Este tipo de luz solo refleja el color blanco y los colores preparados con material fluorescente, el resto de los colores se ve como si fuese negro incluido el color de la piel. El efecto conseguido es volver todas las cosas opacas e invisibles al espectador. Pueden moverse objetos delante del público sin que este los pueda ver. La luz negra puede hacer ver cómo se parten partes de un cuerpo humano. El hombre invisible también se hace posible con la aplicación de esta técnica, de manera que desaparecen las partes de su cuerpo que son iluminadas con este tipo de luz y provoca la sensación de que han desaparecido de la vista de los espectadores» (Ferrer Gimeno, 2008: 59).

[9] Para un análisis de la pieza, véanse Ferrer Gimeno (2012) y De Beni (2013).

Rambal, Soriano Torres y Pérez Bultó, 1944: 9) y empleando, en el cuadro siguiente, un telón corto en el que se ve «un castillo en una cumbre, dominando el valle, en el que se ven lejanas las luces de un poblado». Mientras tanto, «Por una ventana del castillo sale el conde», esto es, el mismo Rambal, «y como un reptil se desliza por los muros» (9). Se deduce que el actor, el propio Rambal, salía de una apertura del telón que tenía apariencia de ventana.

Un aspecto llamativo del *Drácula* rambaliano es el hecho de que hace hincapié en los elementos macabros de la obra. Se representa incluso una escena espeluznante y que, por ser secundaria respecto al enredo de la obra, se habría podido suprimir: el sacrificio de un niño a las tres vampiresas que viven en el castillo del conde. Aunque el atroz banquete se aparta de los ojos del público, ya que las codiciosas chupasangres salen del escenario con su botín, sí que se oyen los aullidos de los lobos conjurados por Drácula para atacar a la madre del niño y los gritos de horror de esta.

4. Entre los años 40 y 50, en el exilio: Salinas y Casona

Los autores españoles también escribieron dramas con elementos fantásticos cuando vivían fuera de la España franquista: es el caso de Pedro Salinas y de Alejandro Casona.

La acción de *El parecido* (1942-1943), un acto único de Salinas, se sitúa en un espacio cerrado: la sala de un restaurante a la que entran Julia y Roberto para celebrar el aniversario de su boda. Mientras la pareja habla con el camarero, aparece un hombre, quien escoge una mesa y se sienta a fumar y leer. Parece el prototipo del hombre cualquiera, «*neutro y discreto en vestir y tipo; edad mediana*»; ha entrado «*sin que nadie lo advirtiera ni pareciese darse cuenta, ni ningún camarero se dirigiera a él*» (Salinas, 1957: 146). Para recalcar su naturaleza de ser misterioso y anónimo a la vez, en la obra se le denomina el Incógnito. Es un hombre algo siniestro, que parece surgir del pasado de los dos jóvenes: de hecho, estos confiesan recíprocamente recuerdos distintos relacionados con él, todos ellos vinculados con momentos significativos de su relación sentimental. Además, dichos recuerdos están salpicados de coincidencias raras y referencias a supersticiones. Al final, el hombre se va tal como ha llegado: sin que nadie lo vea ni oiga. Roberto decide averiguar si el camarero conoce a ese hombre extraño; a pesar de la insistencia del joven, el camarero le asegura de que en la sala no había nadie más que él y Julia. Sin embargo, en la mesa supuestamente ocupada por el hombre misterioso el cenicero está lleno e indica que de verdad alguien ha estado allí fumando, quizás un hombre común o a lo mejor una aparición que ha surgido inexplicablemente del pasado de los protagonistas. El objeto mediador (en este caso, el cenicero lleno) es un rasgo tópico de la literatura fantástica: se trata de la prueba material de que un hecho inexplicable se ha producido.

También los acontecimientos de *Los santos* (1946), obra del mismo autor, tienen lugar en un único espacio cerrado: «un amplio sótano de techo muy alto que se supone ser de la Colegiata del pueblo de Vivanca, en Castilla la Nueva», como indica la didascalia que precede el texto (Salinas, 1992: 146). Es la época de la Guerra Civil española. En escena, la iluminación es débil, ya que solo dos tragaluces permiten vislumbrar los perfiles de unas figuras en la penumbra: cuatro estatuas de santos, a saber, la Virgen de la Soledad, san Francisco de Asís, san José y la Magdalena. El sótano es empleado por un grupo de sublevados para encerrar a cinco presos condenados a muerte. En el mismo lugar, debajo del manto de la estatua de la Virgen, se había escondido Orozco, un sargento republicano al que se había encomendado la tarea de realizar el inventario de los bienes de la Colegiata para inscribirlos en el Tesoro Artístico. Orozco decide salir de su escondite por piedad hacia los condenados y, gracias a los diálogos entre el militar y los cautivos, descubrimos la condición de cada uno y por qué van a ser fusilados. El efecto fantástico del drama se desencadena cuando, justo antes de que los soldados entren en el sótano para llevar a los presos a la ejecución, «*[l]os santos se animan y con movimientos sencillos y lentos, se despojan de sus vestiduras y atributos que van dejando en el montón, y parecen vestidos no exactamente como los personajes pero sí de un modo semejante*» (Salinas, 1992: 170). Las estatuas, ahora animadas, sustituyen a los presos en el momento fatal. Los sublevados no se dan cuenta del cambio: se oyen dos descargas de los fusiles del pelotón.

A lo largo del drama encontramos algunos indicios acerca de la naturaleza *humana* de las estatuas. En primer lugar, los simulacros son de tamaño natural (Salinas, 1992: 152), como anota Orozco al hacer el inventario de los bienes artísticos de la Colegiata. En la puesta en escena, además, la dimensión y las facciones de los santos permiten que estos desde el comienzo sean actores. Un indicio acerca de la naturaleza sobrenatural de las estatuas se produce cuando el sargento se queda asombrado por la impresión de que la efigie de la Virgen de la Soledad haya cobrado vida. Se incide aquí en el terror, que podemos suponer sería recalcado por la mímica del actor:

> OROZCO.— [...]. A ti, Soledad, vamos... me voy o me quedo... (*Se aproxima a la imagen y acerca el oído a su rostro. De pronto retrocede hasta llegar a la pared, andando para atrás, y mirando con expresión de terror a la imagen, sin perderla de vista. Al llegar a la pared se queda* [...] *con la misma cara de terror* [...]) (Salinas, 1992: 153-154).

También las insistentes referencias por parte de varios personajes a la naturaleza inanimada de las estatuas pueden inducir, en cambio, al receptor de la obra a sospechar que se trate de simulacros vivientes.

El cariz religioso del drama no perjudica su carácter fantástico; de hecho, los presos no invocan a los santos porque crean de verdad que pueden socorrerlos cobrando vida. Además, una vez ocurrido el milagro, los personajes reaccionan de forma distinta frente a lo sucedido, manifestando cierta discrepancia en la manera de interpretar el suceso inopinado que han vivido: si unos se ponen a rezar, alguien duda frente a la posibilidad de que los santos hayan sido fusilados; por su parte, otros presos no son tan proclives a juzgar el acontecimiento según una perspectiva cristiano-milagrosa.

Alejandro Casona es autor de diferentes dramas en que lo sobrenatural y lo intangible desempeñan un papel fundamental. Uno de los ejemplos más interesantes es *La llave en el desván* (1951), que se desarrolla en una sola noche en la casa solariega del protagonista, Mario. El epígrafe al comienzo de la pieza, una cita de Freud, nos introduce al tema que vertebra la obra, a saber, lo onírico: «Un sueño es el principio de un despertar». Y el mismo título tiene aire freudiano. Gabriel, amigo y médico de familia del protagonista Mario, explica a Laura, la cuñada este último, el sentido de la expresión «la llave en el desván», también en beneficio del público:

> GABRIEL.— No pierdas la fe. El camino está bien empezado, y de pronto, cuando nos creamos más perdidos, encontraremos la llave en el desván.
> LAURA.— ¡La llave en el desván! ¿Qué quiere decir?
> GABRIEL.— [...]. Cuando estés atravesando una crisis profunda de tu vida, tus sueños te enviarán de noche sus señales para avisarte del peligro. Son mensajes en clave que al principio no comprenderás. Para descifrarlos, vuelve a desandar toda tu vida, llega hasta ese pequeño mundo de terrores, de asombros y preguntas que es la infancia. En ese desván están tus viejos baúles, con todo lo que fue tuyo y de tus padres y de tus abuelos; con tus recuerdos perdidos [...]. Si sabes mirar, ahí encontrarás la llave de tus sueños. Y eso es lo que estamos haciendo ahora, ¿comprendes? Buscar la llave en el desván de Mario (Casona, 2003: 157-158).

De hecho, la pieza gira alrededor de las visiones y los sueños del protagonista y sus significados ocultos. El sueño de Mario está «en blanco y negro, como las imágenes del cine» (Casona, 2003: 137): el único elemento que emana color son los ojos cobrizos del perro rabioso que le ataca y al que Mario en su visión quiere disparar; pero una mujer, que él cree ser su esposa Susana, se interpone entre los dos, y él la mata; tres álamos blancos, el reloj de torre que da las tres y unos relámpagos sirven de marco a esta visión, que el protagonista cree verdadera, incluso en alguna ocasión en que está completamente despierto. El tres, número mágico, es recurrente en la pieza y se suma al blanco, color que en la poética casoniana se vincula a la muerte.[10] Más adelante, Sibila, la gobernanta de nombre profético, cuenta un sueño suyo de hace años en que el viejo cartero

[10] También es así en *La dama del alba* (1944), la obra más conocida de Casona, cuya protagonista es Peregrina, personificación benigna de la muerte.

cabalgaba un caballo blanco y «[t]res días después lo encontraron muerto en el camino» (Casona, 2003: 149).[11]

Gabriel y Laura actúan casi como detectives de una narración de misterio para intentar resolver el enigma del sueño de Mario, pero lo hacen por caminos distintos. El primero, seguirá los principios psicoanalíticos: para él, el sueño recurrente es un sucedáneo de acontecimientos del pasado del soñador que pueden echar luz sobre sus inquietudes actuales. En cambio, Laura tiende a atribuir a las imágenes alucinatorias del protagonista un valor premonitorio. Esta ambivalencia se mantiene hasta el final: la obra no se decanta decididamente ni por una explicación racional ni por el misterio. De hecho, los elementos del sueño de Mario son, por un lado, señales de un pasado que vuelve a aflorar: la mujer de la visión es su madre, muerta la misma noche que el padre en circunstancias misteriosas, y el perro es un viejo can rabioso matado por el jardinero. Sin embargo, los mismos elementos son también señales de un porvenir cercano: la mujer es la esposa de Mario, que lo ha traicionado con su amigo Alfredo; este es el perro con ojos de cobre que ha arruinado a Mario al vender a una empresa de la competencia la fórmula de un nuevo horno de hidrógeno, a cuyo descubrimiento el protagonista había consagrado varios años de trabajo y su patrimonio. En el trágico *explicit*, Mario enloquecido por el dolor, tal como lo había soñado, en medio de truenos y relámpagos y mientras el reloj de la torre suena las tres, dispara a su mujer. El propio Gabriel, que en la obra es la voz de la ciencia, admite: «Por grande que sea nuestro orgullo todos sabemos que la palabra de la ciencia será siempre la penúltima. Un paso más y empieza el misterio» (Casona, 2003: 181).

Siete gritos en el mar (1952) comparte con la obra anterior no solo el autor, Casona, sino también el hecho de basarse en un sueño que al final resulta ser premonitorio. Es la víspera de Navidad y estamos en un transatlántico condenado a hundirse con sus pasajeros y la tripulación para servir de cabeza de turco en una guerra internacional que ha estallado después de zarpar el barco. El Capitán decide dar la noticia tan solo a un pequeño grupo de pasajeros que ha invitado a cenar. Estos, excepto Juan de Santillana (el periodista que personifica los sentimientos positivos), son «siete pecadores capitales» (Casona, 2005: 118) que, después de haber recibido la noticia de su inexcusable sino, desvelan su pasado turbio y sus crímenes encubiertos. El Capitán es una figura demiúrgica: parece dirigir los acontecimientos y estar al tanto de los más íntimos secretos de los demás personajes. Finalmente, llega el momento del hundimiento del transatlántico: «*Repentinamente se produce el oscuro total. Sobre el oscuro, retumba* [...] *una sorda explosión, y deslumbra un fogonazo cárdeno. Silencio*» (Casona, 2005: 158).

[11] Recuérdese que el caballo y el perro son tradicionalmente animales-guía para el alma hacia el más allá.

Sin embargo, la obra se tuerce y vuelve al comienzo: Santillana había soñado todos los angustiosos acontecimientos resumidos después de haberse dormido en una sala leyendo las memorias del antiguo capitán del transatlántico, que había muerto durante la Gran Guerra por el ataque de un submarino. Se trata, en palabras del mismo Santillana, de «un libro extraño, inquietante» (Casona, 2005: 160). Y es, además, un libro con final abierto, puesto que la última página está arrancada. Cerca de Santillana, una mesita de fumar está caída, aparentemente sin razón: ¿la supuesta explosión?

Es en la última parte de la obra donde se produce el efecto fantástico. El joven periodista no cree que la suya haya sido una simple pesadilla:

> SANTILLA [*sic*].— ¿No puede ser algo más profundo? ¿Un aviso misterioso..., una revelación?
> CAPITÁN.— No lo piense más. Y no crea en misterios. Todos los sueños encuentran algún día su explicación (Casona, 2005: 161).

Santillana va rastreando pruebas de que, si bien no hay peligro bélico alguno por la embarcación, los demás hechos que ha soñado son ciertos: se repiten diálogos y acontecimientos de su ensueño. Sobre todo, gracias a su sueño revelador, Santillana puede salvar a Julia, la joven de que se ha enamorado, de su decisión de suicidarse.

La casa de los siete balcones (1957) está ambientada en el norte rural de España, seguramente Asturias, tierra natal de Casona. En una casa solariega cohabitan dos polos: el de la realidad concreta y el de la fantasía o bien, según se interprete, de la «otra realidad», una realidad intangible y más profunda. El primero es el mundo de Ramón y de su criada y querida, Amanda. El segundo es el universo de Uriel (adolescente mudo, hijo de Ramón), de su tía Genoveva, una mujer que se ha refugiado en la locura y la ilusión de un amor perdido, y de los fantasmas de la casa: la Madre, el Abuelo y la pequeña Alicia. Genoveva sabe oír y entender las palabras pensadas por Uriel: «Mírame bien fijo y piensa fuerte, como otras veces. Yo no necesito las palabras. Te oigo perfectamente pensar. Piensa en voz alta, Uriel...» (Casona, 2008: 122). Por eso, el público solo puede oír las palabras de Uriel cuando este se comunica con Genoveva o con los fantasmas: estos últimos aparecen en escena rigurosamente de blanco, el color casoniano del más allá. Los demás personajes solo oirán una palabra de parte de Uriel: «no». La grita para defender a la tía de la codicia de su padre, que amenaza a la mujer para que esta le revele donde están escondidas las joyas de su difunta mujer.

Nomen omen: el mismo nombre del joven mudo presagia su afinidad con el más allá, porque Uriel es uno de los arcángeles en la tradición judeocristiana. Su destino se va a cumplir: su tránsito será violento, pero le permitirá llegar al mundo al que pertenece y reunirse con los fantasmas con los que se comunicaba. A pesar de la presencia de aparecidos, se trata de una obra en que el elemento preternatural es tranquilizador, exento de tintes siniestros.

5. El teatro fantástico y la escena comercial en España en torno a 1950

Para observar el fenómeno del teatro fantástico destinado realmente a la escena comercial prestigiosa (esto es, aquella cuyas obras comentaba la crítica mediante reseñas de sus estrenos) y no al libro, hay que esperar prácticamente al final de la Guerra Civil española. De hecho, varias obras teatrales españolas estrenadas en Madrid en el periodo central del siglo xx sugieren que el teatro fantástico, sin dejar de ser relativamente marginal, llegó a formar parte de la vida teatral efectiva del país.[12] Al principio de este periodo se estrenó la primera pieza fantástica *sui generis* del teatro comercial que haya entrado en el canon de la literatura dramática española, *Un marido de ida y vuelta*, de Enrique Jardiel Poncela, estrenada en el teatro Infanta Isabel el día 21 de octubre de 1939.

Un marido de ida y vuelta combina la estética particular de Jardiel Poncela, que basa su comicidad en la incongruencia y la inverosimilitud asumida, con la temática de los fantasmas, abordada desde una perspectiva tragicómica. La trama es relativamente sencilla. Pepe, casado con Leticia, una mujer mucho más joven, se entera de que esta ama a su amigo Paco, más joven. En una fiesta de disfraces, el marido muere, no sin antes avisar a Paco del riesgo de casarse con Leticia, cosa que este hace de todos modos. Transcurrido un par de años, empiezan a producirse en la casa de los nuevos cónyuges una serie de fenómenos misteriosos, aunque típicos de las historias de fantasmas, como un piano que suena sin que nadie lo toque, apagones, objetos que parecen moverse solos, etc. En la obra, estos sucesos tienen una clara finalidad cómica, de tintes paródicos frente al efectismo de la ficción de terror, porque se sabe enseguida que el espíritu burlón, pronto visible para todos, es el fantasma de Pepe, que ha vuelto a su hogar para

[12] En este panorama rápido e incompleto, solo se tienen en cuenta las piezas escritas por autores españoles y estrenadas en teatros madrileños, como centro principal de la escena española aún más durante el periodo de la dictadura de Francisco Franco. Las obras fantásticas de autores españoles exiliados que subieron a las tablas por primera vez en otros países, como *La llave en el desván* (1951) y *Siete gritos en el mar* (1952), de Alejandro Casona, que se dieron a conocer en el contexto escénico argentino, aunque luego se pusieran en escena comercialmente también en España, se han considerado en el apartado anterior. Sobre la coyuntura teatral en estas décadas (tipo de teatro representado, recepción del teatro extranjero, etc.), las extensas y eruditas introducciones de los siete volúmenes de la *Historia y antología del teatro español de posguerra* (1940-1975), publicados entre 2003 y 2005 por la editorial madrileña Fundamentos, ofrecen toda la información contextual pertinente y a ellos remitimos al respecto.

convencer a Leticia de que su amor va, en efecto, más allá de la muerte. Como era de esperar ante el argumento de su vuelta de entre los difuntos, Leticia acaba correspondiéndolo y, tras morir en un accidente, vemos a la pareja de espectros dirigirse hacia la consabida luz blanca, sin que los vean ahora los circunstantes. Este último golpe de efecto sigue a muchos otros, que se suceden con equilibrio y dominio de los resortes de la farsa. Entre otro, la comicidad se basa en gran parte en la ruptura de expectativas genéricas que supone el que todos se tomen con naturalidad la presencia del fantasma, que aparece, además, disfrazado de torero. Desde este punto de vista, el elemento fantástico no persigue despertar inquietud alguna. *Un marido de ida y vuelta* es una parodia del teatro fantástico, pero sigue, como tal parodia, las líneas del género en sus manifestaciones serias, tal como las ilustrarían más adelante Julia Maura y Alfonso Sastre. Además, la comicidad no es obstáculo al planteamiento de preocupaciones nada humorísticas mediante el recurso al fantasma, tal como la posibilidad de una vida de ultratumba y de la pervivencia en ella de los sentimientos abrigados en esta. Bajo el humor irresistible de la farsa, que acierta a convertir el amor y la muerte en objetos legítimos de risa, el marido espectral sugiere una trascendencia emocional ajena a la frecuente superficialidad de la parodia.

El ejemplo de Jardiel Poncela fue seguido con casi igual maestría por José López Rubio, cuya comedia *La otra orilla* se estrenó en el teatro de la Comedia el 4 de noviembre de 1954. En ella, un marido burlado mata a tiros la esposa adúltera, al amante y a un vecino que pasaba por la calle, todos los cuales se encuentran, en estado de fantasmas, en la casa. Allí no los ve nadie de los vivos, pero ellos oyen los comentarios de estos, por los que se enteran de la mentira que había rodeado sus vidas y la falsedad de las convenciones sociales a las que habían obedecido. Entre este mundo y el otro, la condición de fantasma es una escuela de purgación moral y amorosa, pero tampoco puede considerarse en puridad fantástica, ya que la esfera de los espectros y la de los vivos es paralela. Al no encontrarse ambos planos de realidad, no parece darse tampoco la vacilación entre ambos. Sin embargo, al final nos enteramos de que uno de los fantasmas tenía aún su cuerpo vivo, de manera que sí se produce la coincidencia misteriosa de la vida y la muerte en la misma esfera, aunque sea sin efecto de inquietud. López Rubio explota más bien la ironía del desfase entre la apariencia y la realidad, una ironía tanto más aguda por cuanto los representantes de la realidad auténtica son los fantasmas, frente a la hipocresía de los vivos. Sin atacar ningún sistema en concreto, porque su blanco son comportamientos humanos independientes de cualquier régimen, *La otra orilla* protesta contra el conformismo, la falta de autenticidad y el sentido del honor social en nombre de una moral de la autenticidad. El enfoque epistemológico de lo fantástico se sustituye ahí por un énfasis en lo ético. De esta manera, la obra adquiere matices serios que contrastan con la mera comicidad de una comedia posterior que también pone en escena la otra vida, escrita por uno de los comediógrafos más aplaudidos por el público durante este periodo.

Carlos Llopis es un autor cuya escritura combina la tradición jardielesca con una comicidad verbal basada sobre todo en el retruécano, a la manera del astracán popularizado por Pedro Muñoz Seca antes de la Guerra Civil, si bien sus temas, a menudo sentimentales, remiten más bien a la exitosa comedia ligera ilustrada, con mucha mayor pericia estilística, por Edgar Neville o José López Rubio. Estos rasgos se pueden observar en la pieza, titulada *Más acá de «El más allá»*. Su estreno tuvo lugar en el teatro Cómico el 26 de octubre de 1962. El título ya anuncia el tema, esto es, la confrontación de nuestro mundo empírico (el «más acá») con el de ultratumba («el más allá»), cuya irrupción en el primero suele ser fuente de temblores fantásticos. Llopis, en cambio, torna tal confrontación en objeto risible. El sufrido protagonista, Alejo, es un músico sin fortuna casado en segundas nupcias con una joven que había traído a su madre al hogar conyugal. La suegra, como corresponde al tópico popular, se ingenia en atormentar al pobre yerno, el cual ya habría sufrido tormento análogo en su primer matrimonio, hasta su liberación por viudedad. Cuando está a punto de rendirse a los embates de la suegra actual y abandonar Madrid, se le aparece su primera madre política encarnada en una señora andaluza, dotada con los recuerdos y el carácter de aquella, de lo que Alejo se da cuenta tras oír unas alusiones transparentes. Al enterarse de que su primera suegra había fallecido, cree naturalmente que esta se ha reencarnado como fantasma perseguidor, con su consiguiente espanto. Sin embargo, el alma reencarnada no tiene otro objeto que hacerlo feliz, para poder ser la primera suegra de la historia en salvarse. Sus regalos y el cumplimiento de los sueños del músico no bastan para despejar los temores de este. Solo una estratagema de la suegra fantasma alcanza a garantizar el final feliz de la comedia. Soborna a un maestro espiritista en el que cree la segunda suegra para que la utilice de médium y poder transmitir los mensajes necesarios para que Alejo deje de creer que es su suegra retornada del más allá y para convencer a la suegra actual para que deje de perseguir al sufrido esposo. La escena de la sesión espiritista trucada es, al mismo tiempo, una burla de las creencias espiritistas y un hábil entrecruzamiento de perspectivas fantásticas, pues la persona en la que se ha encarnado la primera suegra comunica las palabras del espíritu de esta, engañando con la verdad. No deja de ser irónico el hecho de que sea así como se resuelva la vacilación fantástica del marido protagonista en el sentido de la no creencia en la irrupción de lo sobrenatural, precisamente cuando este está actuando con la mayor claridad en un contexto, el espiritista, connotado como fantástico. Además, en vez de generar inquietud, a lo que da lugar es a una comicidad casi irresistible. De esta manera, una comedia de aire intrascendente y lenguaje más bien vulgar, con tipos estereotipados, resulta más compleja de lo que parece. Se trata, en efecto, de un «juego de ilusionismo y prestidigitación», como reza el subtítulo y como el dramaturgo ya da a entender desde la primera escena, en la que un ilusionista presenta trama y personajes al modo épico, invitando así a interpretar también como juego la obra entera, incluidos sus tópicos.

Más acá de «El más allá» no solo aprovecha las creencias espiritistas con fines humorísticos, sino también la creencia en la reencarnación, común también en los círculos esotéricos ridiculizados por Llopis. Este tema es, sin embargo, secundario en la pieza, a diferencia de otra, que lo explota como principal motivo de la trama. Se trata de la comedia de Edgar Neville titulada *Marramiau* y estrenada también en el teatro de la Comedia tiempo antes, exactamente el 15 de octubre de 1958. Aunque se basa en una comedia húngara no indicada de Ladislas Fodor, se puede considerar una obra autónoma, al presentarse como una «libre adaptación». El tono es sentimental más que propiamente cómico. Tal vez para sortear el escándalo de unas relaciones eróticas más bien fáciles (las mujeres dan muestras de una libertad sexual difícil de aceptar entonces entre las españolas respetables, al menos sobre las tablas), los personajes principales son norteamericanos. El principal es Jorge, un escritor estadounidense afincado en Madrid y perseguido laboral y sentimentalmente por su agente literario, Linda. Pero los amores de aquel son gatunos. Ha adoptado una gata vagabunda, a la que llama Ofelia y no se sorprende gran cosa cuando esta aparece de pronto como mujer, aunque con personalidad y costumbres felinas. Linda y Ofelia se enfrentan por el corazón de Jorge, que prefiere primero a la gata, antes de pedir a esta también que se vaya, porque se siente incapaz de cualquier compromiso duradero. Aparte de la metamorfosis de la gata en persona, el elemento fantástico radica en el hecho de que esta atribuye su atracción mutua al hecho de que fueron amantes en su primera vida, cuando ella era una princesa egipcia y él, un camellero. Un mago la habría convertido en gata y ella habría vivido sus numerosas vidas hasta reencontrarlo. Jorge solo se lo cree a medias y, en cualquier caso, su noviazgo faraónico no le impide rechazar el compromiso actual. Ofelia parte y el escritor acaba arrepintiéndose. Por fortuna, su agente le envía una compatriota taquimecanógrafa, cuyo parecido casi total con la mujer-gata le hará seducir a la nueva empleada nada más verla y sin que ella se oponga a sus besos. El final feliz no despeja las dudas. ¿Hubo princesa reencarnada en gata y luego reaparecida como taquimecanógrafa? O, ¿todo se trató de un ardid de esta, que se habría servido de la información inscrita en un sarcófago del Museo Arqueológico, precisamente el mismo al que había aludido la gata para conferir credibilidad a sus palabras? Neville deja al lector o espectador adivinar la verdad. Más que certezas ontológicas, al dramaturgo parece interesarle la dimensión sentimental de la historia. Frente al amor eterno de la princesa-gata, el camellero-escritor da muestras de un olvido e inconstancia que, pese al cambio de actitud final, puede entenderse como una crítica al desajuste entre la seriedad de sentimientos femenina y el carácter sexual y sentimentalmente depredador del varón reacio a asumir compromisos de pareja estable. Un mensaje análogo, expresado con mayor urgencia y nitidez, ya había sido expresado en una «comedia» de Julia Maura, que de ello solo tiene quizá el subtítulo.

Siempre se estrenó el 19 de enero de 1951 en el teatro María Guerrero. La acción se desarrolla en una casa de la ciudad francesa de Reims en 1939, a la que llegan dos amigos escritores, Tony y Lucy. Una vieja ama de llaves, Rosa, alude a una tragedia que se produjo en la mansión durante la invasión prusiana de 1870. Mediante efectos de luminotecnia y escenografía, las conversaciones relajadas de los jóvenes del siglo XX se alternan con escenas de la familia que espera con temor la llegada de las tropas invasoras, en torno a una pareja de Ivonne y André, que se confiesan su amor en estas circunstancias. Durante una ausencia del joven, un soldado prusiano encuentra sola a Ivonne, a la que viola, aunque ello ni se muestra ni se dice expresamente, como era de esperar en la escena comercial española de entonces. Esta tragedia significa para ella que ha de renunciar a su amor por André. Mientras tanto, en las escenas del siglo XX, Tony y Lucy también se aman, pero su amor también se verá truncado cuando, más adelante, Lucy sea hecha prisionera por los alemanes y no quiera luego volver a ver a Tony, entendiéndose que por razones semejantes a las de Ivonne. La figura de Rosa, que era una niña en 1870, sirve de vínculo entre ambos periodos. Además, esta declara oír a los fantasmas de Ivonne y André, que habitan la casa. De hecho, también Lucy oye el grito de clímax del drama ocurrido en 1870, lo que indica que la coincidencia de los tiempos tiene lugar literalmente en la casa, entre el tiempo de los personajes de 1939 y los fantasmas de 1870. Tal coincidencia de tiempos y dimensiones de la existencia la presenta Lucy como posible realmente, porque el tiempo no existe para los muertos, aunque sí para los vivos, «[a] pesar de esa nueva teoría» (Maura, 1952: 10). Esta es probablemente la expuesta por J. W. Dunne in *An Experiment with Time* (1927), libro traducido ya en 1928 como *Un experimento con el tiempo*. Según Dunne, el tiempo era una especie de geografía, que podría recorrer la mente soñadora o visionaria. El británico J. B. Priestley utilizó esta teoría para pergeñar obras teatrales de gran éxito en su país y en España, tales como *Time and the Conways* (1937), cuya traducción por Luis Escobar con el título de *La herida del tiempo* (1944) fue uno de los grandes éxitos del periodo o, al menos, una de las piezas extranjeras entonces más influyentes. Julia Maura también aprovechó esta teoría para remozar el teatro de fantasmas y, al mismo tiempo, subrayar escénicamente el paralelismo de situaciones históricas y de sus consecuencias en la mujer, como víctima principal del belicismo.

Las mujeres, aun las aparentemente emancipadas como Lucy, siguen siendo el objeto de la brutalidad bélica y masculina, mientras que la guerra aparece como una catástrofe para la vida y la felicidad de las personas, sin que se sugiera que pudiera haber justificación alguna para ella, al menos desde la perspectiva femenina y hasta feminista adoptada por la dramaturga. La maestría técnica de esta queda acreditada por la hábil escenificación de las dos tramas paralelas, la del pasado y la del presente, a las que se suma, en la última escena, la del futuro, cuando entra en escena el joven matrimonio formado por Lilette y René, que expresan su temor ante el hecho de que las tensiones de la Guerra Fría pudieran desembocar en una nueva contienda, en una guerra en la que su pareja podría sufrir un destino paralelo a la de los fantasmas que pueblan la casa, los fantasmas de Ivonne y André, pero también los de Lucy y Tony, ya que estos oyen los comentarios de los recién llegados y acaban dándose cuenta de que ya son difuntos. Este giro de la trama, que anuncia el efecto final de películas fantásticas contemporáneas ya clásicas, como *The Others* (*Los otros*, 2001), de Alejandro Amenábar, resulta especialmente eficaz y sugerente en la pieza de Julia Maura (1952: 64):

> TONY.— ¿Has oído, Lucy? Dicen que estamos muertos.
> LUCY.— ¡Y ellos qué saben...!

Además de completar el paralelismo de las tramas, esta réplica, que es la última de la pieza, se caracteriza por una ambigüedad que introduce una duda sobre la consistencia de la realidad consensuada, tendiendo a colocar así todos los planos de la obra (mundano y ultramundano; pasado, presente y futuro) en igualdad de condiciones y disolviendo sus barreras, de acuerdo con un enfoque decididamente fantástico. Este enfoque no persigue únicamente un efecto sobre el espectador, sea dicho efecto de inquietud o de humor como en las comedias fantásticas recordadas, sino que pone dicho efecto al servicio de un mensaje feminista y pacifista que se desprende naturalmente de la acción y de su presentación relativamente compleja para una pieza comercial de aquella época. Por desgracia, la pieza no tuvo el buen éxito que seguramente merecía, tal vez porque no se trataba de una comedia fácil o de evasión. Más incomprensible puede parecer su olvido posterior (ni siquiera se cita en una de las escasas semblanzas críticas serias de su obra, como la de O'Connor, 1993), pese a su semejanza estructural con una pieza mucho más comentada del teatro fantástico español del siglo XX, *El cuervo*, «drama» de Alfonso Sastre estrenado el 22 de octubre de 1957 en el teatro María Guerrero.

El hecho de que Sastre sea una figura canónica del teatro español posterior a la última Guerra Civil española, a lo cual ha podido contribuir su compromiso político de ultraizquierda, ha podido influir en el hecho de que *El cuervo* se haya tenido en cuenta en algunos artículos académicos en los últimos años. En Falska (2009: 78-79), figura con justicia como uno de los ejemplos que ilustran la relación entre el tiempo escénico y el tiempo dramático en el teatro español de esta época. En *El cuervo*:

> Los acontecimientos del pasado se evocan constantemente en los diálogos, sin orden cronológico, paralelamente a los que suceden en la actualidad escénica. El ritmo con el que se evocan se va acelerando, hasta que los acontecimientos retrospectivos se superponen a los actuales, llegando el momento en el que el tiempo se cierra sobre sí mismo y los sucesos pasados empiezan a repetirse en la actualidad según su orden anterior (Falska, 2009: 78).

Estos acontecimientos giran en torno al asesinato de Laura por un enfermo mental, cuando la mujer había salido al jardín de la casa de la sierra donde ella, su marido Juan y unos invitados celebraban una Nochevieja. Un año después, en el momento en que se desarrolla la acción escénica, el viudo y los invitados coinciden en la misma casa tras recibir un mensaje que Juan no les había enviado. El misterio que suscita el mensaje se intensifica cuando reaparece Laura, que no recuerda nada, y las circunstancias del año anterior se repiten hasta un nuevo asesinato final, sin que nadie pueda evitarlo, aunque todos conocen los hechos, incluida la víctima misma. No se sabe si esta es un fantasma o si todo el suceso revivido en la actualidad escénica no es sino el producto de un misterioso desfase temporal que pone entre paréntesis la sucesión uniforme de la cronología, de acuerdo una vez más con las teorías de Dunne y el modelo de Priestley, además del precedente de *Siempre*, que Sastre pudo no haber conocido. Por lo demás, las dos obras tienen objetivos distintos.

El cuervo se presenta como un ejercicio formal y abstracto, ajeno a la función política que Sastre solía confiar a sus dramas. Se trataría de hacer reflexionar a los espectadores y lectores en torno a la dimensión subjetiva del tiempo, dentro y fuera del teatro,[13] y, sobre todo, perturbarlos mediante la mostración de una alteración desgarradora del tejido temporal, que se presenta como flexible y hasta reversible, si bien el curso de los acontecimientos niega la libertad que podría sugerir esa liberación aparente de las cadenas cronológicas. La doble muerte de Laura reafirma, al contrario, el determinismo a que están sujetos el mundo y la existencia, un determinismo tanto más trágico por cuanto se observa que la esperanza supuesta por la reaparición de Laura se traduce finalmente en doble sufrimiento para su esposo y sus amigos.

La manifestación misteriosa y de aire sobrenatural del personaje fallecido, del fantasma encarnado gracias a un fenómeno temporal extraordinario termina por ser fuente de terror y sufrimiento, a lo que contribuyen asimismo detalles escénicos simples y muy eficaces (por ejemplo, el encendedor como objeto mediador presente en las dos esferas temporales que se entrecruzan misteriosamente) y un

---

[13] Sastre reflexionó sobre la relación sobre el espacio y el tiempo en la escena, especialmente la anticipación del futuro y el desplazamiento temporal en el teatro (con referencias expresas a la dramaturgia de J. B. Priestley), en un ensayo de 1958 que también incluye unas notas aforísticas sobre *El cuervo*.

empleo sugerente de la palabra para generar atmósferas de premonición inquietantes, de misterio y de escándalo epistemológico ante lo imposible ocurrido, que anula toda certeza, sin que ello pueda quedar compensado por la interpretación alegórica posible en la comedia de Julia Maura. Esta interpretación resta fuerza fantástica a *Siempre*, a la que tampoco ayuda una lengua más funcional que sugestiva. En cambio, Sastre muestra en *El cuervo* sus mejores dotes en materia de carpintería teatral y de escritura fantástica, entendiendo por tal la que maneja el lenguaje de forma que del estilo se desprenda también la *Unheimlichkeit* típica de esta modalidad ficcional. Como indica Carrera Garrido en las páginas que dedica a esta obra (2013: 38-42):

> Todos estos elementos crean un clima inconfundible, a medio camino entre la realidad y el ensueño, entre lo cotidiano y lo sobrenatural, que definen *El cuervo* como una *ghost story* en toda regla. Es en esta calidad de pastiche, de reproducción de las líneas maestras de una forma codificada, donde se perfila el texto como un proyecto logrado. [...] lo que al final se impone es la lectura genérica, es decir, puramente literaria. A decir verdad, es una de las pocas creaciones sastreanas de las que se puede argüir esto, donde el elemento terrorífico carece de contenido ideológico definido, o bien es indiferente a él, autosuficiente (Carrera Garrido, 2013: 42).

En efecto, *El cuervo* parece una obra excepcional en la dramaturgia de Sastre, aquejada más de una vez de un tendencioso propagandismo. En esta pieza, el ofrecimiento de una muestra de teatro fantástico en una escena, como la española de entonces, en la que su cultivo serio era marginal le sirvió para hacer hincapié sobre todo en sus cualidades de escritor interesado como casi ningún otro en el canon español en la tradición literaria del terror, desde su admirado Edgar Allan Poe, cuyo poema «The Raven» («El cuervo», 1845) está en el origen de la inspiración del drama. Este se puede considerar una suerte de equivalente moderno y teatral del conocido poema del maestro norteamericano, además de una obra señera del teatro fantástico español en la escena de mediados del siglo pasado. Este teatro no es, ni mucho menos, tan pobre como la falta de estudios especializados podría hacer creer, pese a sus altibajos y al predominio de lo cómico. No obstante, obras como *Siempre* y *El cuervo* ilustran que existió, también en este periodo, un fantástico escénico más ortodoxo y de indudable interés, tanto por sus valores propios como por su situación histórica como preparación para la eclosión de un teatro fantástico cultivado con carácter algo más sintomático a partir de la década de 1970, por parte del propio Sastre, de Nieva y de otros. Pero este ya es otro capítulo de esta historia.

6.

CINE 1900-1965

Pau Roig
Universitat Autònoma de Barcelona

No resultaría demasiado aventurado afirmar que, en un sentido estricto, el cine fantástico español no existe hasta 1968, año del estreno de *La marca del hombre lobo* (Enrique L. Eguiluz). Mucho se ha escrito sobre su prehistoria —o más concretamente sobre la ausencia de una prehistoria propiamente dicha—, pero lo cierto es que el análisis del largo periodo comprendido entre la llegada del cinematógrafo en España y el estreno en Madrid el 14 de mayo de 1962 de la que erróneamente se considera la primera película del género de producción (medio)española, *Gritos en la noche / L'horrible Docteur Orlof* de Jesús Franco, resulta como mínimo desolador. En palabras de Carlos Aguilar (1999b: 17), «los primeros sesenta años del cine fantástico español se caracterizan, en líneas generales, por la represión oficial, y autorrepresión mental, del género», una situación que ha sido extrapolada, a menudo demasiado a la ligera y de forma tan equivocada como interesada, con la (presuntamente) tardía aparición de la literatura fantástica en España, cuando el movimiento romántico ya estaba de capa caída en buena parte de Europa.

Son diversos, y complejos, los factores que explican o podrían explicar este notorio desfase respecto de otras cinematografías —sin ir más lejos, en el caso de los países de habla hispana, el cine mexicano—, que el propio Aguilar, y muchos otros autores después, han reducido, de forma exagerada y quizá un tanto maniquea, al «tremendo poder del catolicismo en España», señalando que a partir de 1939 «la dictadura católico-militar impuesta por el general Franco [...] determinó que, nuevamente, todo lo que se apartara del realismo, prosaico o sofisticado, quedase fuera de lo que consentía una industria fílmica incapaz de valerse por sí misma y sometida a un férreo control estatal» (Aguilar, 1999b: 15).

Exceptuando el caso excepcional de Segundo de Chomón, genio y figura que va mucho más allá del reduccionista apodo con el que aún se le conoce —el George Méliès español—, no se aprecia en la renqueante industria cinematográfica española de la primera mitad del siglo XX prácticamente ningún interés en lo fantástico, pero tampoco en ninguno de los dos subgéneros (o corrientes) que, a veces de manera gratuita, se han venido asociando con él: el terror —cuyo bautizo en nuestra cinematografía se produce en opinión de la mayoría de estudiosos (pero también de forma harto discutible) con *El cebo* (Ladislao Vajda, 1958, estrenada al año siguiente)— y la ciencia ficción, que cuenta con un curioso precedente en el cine mudo, por desgracia perdido en la actualidad, *Madrid en el año 2000* (Manuel Noriega, 1925), pero que apenas tendría ningún tipo de continuidad en los años posteriores. La enorme dificultad para encontrar rasgos «fantásticos» en las películas españolas como mínimo anteriores a 1962 —unida a la nunca suficientemente llorada desaparición de una parte importantísima de nuestro patrimonio fílmico— explica en buena medida la tendencia de gran parte de la crítica y la historiografía especializada hacia la reseña de vaguedades difusas, de prefiguraciones borrosas y ecos lejanos, sin olvidar infantiles errores de apreciación que pese a caer por su propio peso se han ido perpetuando hasta nuestros días. Sombras, en definitiva, de algo que no existe, y que en poco o más bien nada hacen presagiar el *boom* que el llamado *fantaterror* —trasunto de un cine fantástico que, aún con matices, puede considerarse genuinamente español— experimentará partir de 1968 y por un periodo sensiblemente corto de tiempo que, al menos por lo que respecta a la cantidad de títulos producidos, no va mucho más allá de 1974-1975.

1. De los orígenes a Segundo de Chomón

Existe una concepción global más o menos estándar de lo que es un filme de terror, también de lo que es un filme de ciencia ficción, pero desgraciadamente no de una película fantástica: si en literatura se diferencia claramente lo fantástico de lo maravilloso (el universo de los cuentos de hadas) y de lo estrictamente terrorífico no sobrenatural (en el caso que nos ocupa relatos sobre psicópatas y demás tipos de enajenaciones mentales, por ejemplo), el «cine fantástico» que se ha venido institucionalizando desde los primeros estudios publicados en nuestro país por José María Latorre,[1] alimentado en los últimos años con un tesón digno de mejor causa por certámenes como el Festival Internacional de Cinema Fantàstic de Catalunya que se celebra en Sitges y por multitud de publicaciones especializadas, tanto profesionales como *amateurs*, ha acabado convirtiendo el género en un verdadero cajón desastre en el que se acumulan, en irreductible heterogeneidad, todo tipo de propuestas vinculadas con la fantasía y la imaginación; un «todo vale» en el que a menudo se han incluido propuestas que se consideran «fantásticas» con base en elementos de juicio tan inasibles y subjetivos

[1] Véanse los cuatro artículos que componen «El cine fantástico como género» (Latorre, 1977), recogidos parcialmente en *El Cine Fantástico* (Latorre, 1987).

como una particular utilización del lenguaje cinematográfico o la simple visualización deformada/alterada de nuestra realidad cotidiana.

En muchas, por no decir la mayoría de las películas consideradas fantásticas en la actualidad no aparece el elemento que hemos definido como primordial y consubstancial del género, el choque entre lo posible y lo imposible en nuestro mundo real, un enfrentamiento siempre traumático que generará, en mayor o menor medida, una sensación de miedo que puede llevar al cuestionamiento de los cimientos de nuestra apacible (y en apariencia indestructible) vida cotidiana. Precisamente la negación de la existencia de un cine propiamente maravilloso —género o subgénero perfectamente acotado en el terreno literario— ha llevado a la mayoría de los historiadores a considerar las producciones del francés Georges Méliès como las primeras películas fantásticas de la historia del cine; algo similar ocurre en España con el caso de Segundo de Chomón: sus brillantes y casi siempre inocentes fantasmagorías —títulos como el justamente mítico *Hôtel électrique* (1908), *Métamorphoses, Rêver réveillé* o *Superstition andalouse* y *Physique diabolique*, de 1912, entre tantas y tantas otras—, más allá del impacto que generaron en el momento de su estreno por sus revolucionarios trucajes y efectos especiales, son concebidas en su mayor parte como *divertimentos* sin la menor intención de generar inquietud o pavor en los espectadores. Las fantasmagorías buscaban asombrar al público y trasladarlo a un mundo mágico de fantasía con paralelismos más que evidentes con los espectáculos de las barracas de feria de finales del siglo XIX[2] pero mucho más cercano, por tono e intenciones, al universo positivo y (mayormente) luminoso de las fábulas y los cuentos de hadas. La más documentada *Historia del cine español* publicada hasta la fecha, en todo caso, sigue alimentado la confusión al considerar como «películas fantásticas» dos producciones maravillosas de Chomón, *Gulliver en el país de los gigantes* y *Juanito el forzudo*, producidas en 1905, si bien diversos autores se refieren a la producción de Chomón de los primeros años hablando de un hipotético —y completamente descabellado— «género fantástico al estilo Méliès».[3]

Méliès y Chomón pueden y deben ser considerados los padres y principales impulsores de un cine de lo maravilloso o, si se prefiere, de un cine mágico, de fantasía, que, dejando de lado su evidente primitivismo, no tiene nada que ver —trucajes y efectos especiales aparte— con la desquiciada y torturada recreación del romanticismo que el (mal llamado) expresionismo alemán propondrá a partir de 1913, año del estreno de *Der Student von Prag* (Paul Wegener y Stellan Rye), ni con los primeros eslabones del cine fantástico, contemplado ya como un género propio y diferenciado, con las producciones emprendidas por la compañía

[2] Para más información sobre este punto resulta muy recomendable la lectura de Fernández (2006).

[3] Véanse, por ejemplo, Ruiz (2004: 18) y Pérez Perucha (2009).

estadounidense Universal a partir de 1931. La importancia de Chomón, nada menospreciable, reside en el hecho de que, a diferencia de Méliès,

> supo adaptarse progresivamente a su trabajo, ajustándose a las nuevas condiciones que planteaba el cine como mercado y como modo de representación [...] Es innegable que Chomón fue un especialista en hacer creer a los espectadores en un mundo de fantasía, a través de una extensa gama de trucos de rodaje, de trucos de laboratorio, de artilugios mecánicos... Pero también es cierto que, a medio camino, se convirtió en un cineasta en el pleno sentido de la palabra [...] Supo adecuarse al tránsito que se dio en el cine de los primeros tiempos entre lo que se ha denominado «cine de atracciones» y un cine donde la narración tiene una presencia destacada e insustituible (Minguet Batllori, 2010: 43).

Este primitivo cine de atracciones, en palabras de Minguet Batllori, planteaba

> un momento espectacular o una sucesión de momentos espectaculares que buscan más sorprender y maravillar al público que introducirlo en una cadena narrativa, en una secuencia de imágenes ligadas las unas a las otras por un —aunque fuera estrecho— hilo argumental. En este sentido, el cine de atracciones es fundamentalmente una manifestación visual que conecta con toda una serie de espectáculos populares de finales del siglo XIX que ostentaban una hegemonía social que el cine estaba destinado a arrebatarles: el circo, las variedades, los panoramas, el *music-hall* u otras manifestaciones de teatro popular, la magia, los parques de atracciones... (2010: 44).

El hecho que Chomón acabara realizando el grueso de sus producciones en Francia e Italia hasta su prematura muerte y que algunas de las producciones más importantes que realizó en Barcelona fueran íntegramente producidas con capital francés, en todo caso, da perfecta cuenta del precario estado en el que se encontraba una industria cinematográfica que aún debería ver pasar muchos años para que pudiera ser considerada como tal:

> La lentitud, cuando no parálisis, que impregna los primeros años de su devenir explica el abismal retraso evolutivo que lo va separando progresivamente de los restantes cines occidentales, como también justifica el interminable pionerismo que exhibe durante la inicial década [...] Así, mientras los cines europeos (primero Francia e Inglaterra, desde 1906 Dinamarca e Italia) y, poco después, el norteamericano van edificando auténticos imperios cinematográficos, el cine español (barcelonés por el momento y en muy segundo término valenciano) acumula una debilidad crónica que le hace perder casi todas las batallas que se ve obligado a mantener con la potente producción extranjera, y que termina por definirlo con las características de una pertinaz impotencia, o de una aflictiva subsidiariedad de las corrientes externas más en boga. El nuevo arte, en efecto, venía a asentarse sobre una sociedad cuyo diseño oscilaba entre la caracterización cuasi tercermundista y en la que, sin embargo,

> el universo burgués, con estar bien alejado de las tímidas y débiles burguesías del resto del país, no alcanzaba aún la potencia y expansión que desplegaba la Europa industrial y colonialista. Por otro, y en estrecha dependencia de lo anterior, el cine no podía evitar, en tanto espectáculo y fenómeno cultural, relacionarse con las agrias disputas intercambiadas entre una mayoritaria tradición aristocrático-clerical y una minoritaria y progresista ruptura regeneradora [...] Y todo ello en un marco de aguda crisis política, profundo atraso económico, traumático imaginario personal, y acentuados desequilibrios territoriales (Pérez Perucha, 2009: 26).

Un contexto ya de por sí hostil y complicado para el cinematógrafo al que pronto se sumarían nuevas problemáticas de difícil solución: al principal, junto al desprecio del gobierno, la rápida promulgación

> de una áspera legislación censora. En efecto, sendas órdenes reales del 27/11/1912 y del 31/12/1913 (esta de la policía de espectáculos) instauraban en España la censura previa. Este requisito se cumplimentaba a través de una interminable espesura burocrática y mediante arbitrarios e imprevisibles dictámenes, lo que obstaculizaba el normal desenvolvimiento de un cine español ya de por sí estancado, un clima ideológico agresivo que conllevó, además, que amplias «capas de la pequeña y mediana burguesía, así como profesionales y sectores ilustrados de las mismas, dieran la espalda al espectáculo cinematográfico» (Pérez Perucha, 2010: 27).

Chomón apenas consiguió rentabilizar ninguna de las producciones realizadas con capital catalán durante el primer decenio del siglo xx, algunas de ellas fruto de la fructífera confluencia que estableció primero con Albert Marro y Luis Macaya, entre las que se cuenta *Pulgarcito* (1904), cuya duración triplicaba la del resto de films corrientes de la época, y después con el empresario de variedades Joan Fuster y Garí: de la unión de ambos nacería Chomón y Fuster, compañía barcelonesa líder en el periodo que alcanzaría la cifra de treinta y siete producciones de diferentes géneros en apenas diez meses, de febrero a noviembre de 1910. La imposibilidad de ver la práctica totalidad de las producciones de la primera década del siglo xx, sin embargo, supone un lastre insalvable a la hora de poder definir con precisión el alcance y la verdadera importancia de estos y otros filmes pioneros: de las películas producidas hasta 1916 solo «se conserva aproximadamente un cinco por ciento del material en versión más o menos completa y fragmentos identificados» (Gubern, 2009a: 12), otro hecho negativo más que ilustra la brutal mutilación a la que fue sometido el patrimonio cinematográfico español hasta la década de 1950 (destrucción o reaprovechamiento de negativos, hasta cinco incendios sucesivos en diferentes archivos y laboratorios, etc.), pero que a la larga acabaría provocando efectos colaterales tan o más perniciosos: dejando de lado los los voluntariosos trabajos de Ruiz (2004) y Bello Cuevas (2010) y de la ya lejana serie ocumental de la 2 de Televisión Española *Imágenes perdidas. Una historia del cine mudo español*, dirigida por Vicente Romero en 1991 (en la que, no por casualidad, se habla de «la maldición del cine mudo español»), el cine español de estos años —a excepción, quizá, de Chomón: el primer estudio de su obra, firmado por Carlos Fernández Cuenca, se publicó ya en 1972[4]— sigue siendo olvidado y ninguneado. Por no conservarse ni siquiera se conserva la que se considera la primera película de ficción de nuestra cinematografía, *Riña en un café*, filmada por Fructuós Gelabert en agosto de 1897, apenas un año después de la presentación en el circo Parish de la capital española del cinematógrafo Lumière.[5]

2. Seriales catalanes y algunas rarezas poco o nada fantásticas

A grandes rasgos, la raquítica cuando no penosa situación de la industria cinematográfica española proseguiría durante las dos décadas siguientes, marcadas por el desfase «tanto histórico como cualitativo entre nuestras películas y sus modelos de origen», que fue provocando la hostilidad creciente de los exhibidores en un cúmulo de circunstancias crónica y estructuralmente adversas que «solo podía conducir a que nuestro país fuera colonizado con progresiva intensidad por las cinematografías europeas primero, y después por la norteamericana» (Pérez Perucha, 2009: 54). Un hecho que se revela aún más grave teniendo en cuenta que en 1925 había en España la friolera de 1497 salas de cine, casi la décima parte del total europeo.

Sin que puedan considerarse fantásticas en un sentido estricto, las películas de Chomón abrían la puerta a lo imposible, a la representación visual en la pantalla de cine de hechos y fenómenos que no existen en nuestro mundo real, aunque el efecto resultante no fuera ni el miedo ni el pavor sino más bien la sorpresa, la ilusión, el asombro, incluso en títulos que bien pueden considerarse precursores del cine fantástico más *pulp* y desprejuiciado, como *El gusano solitario / Toribio tiene la solitaria*, filmado en 1912. La representación de lo imposible —sinónimo en este contexto primitivo de la magia y la fantasía— como una amenaza no figuraba entre los objetivos de Méliès y Chomón ni de otros cineastas del periodo, algunos de ellos tan importantes como David Wark Griffith, en cuya adaptación de Edgar Allan Poe *The Avenging Conscience* (1914), por ejemplo, prima los elementos alegóricos y morales por encima de los fantásticos/terroríficos. Del mismo modo, tampoco centrará, ni mucho menos, los discursos de los seriales y folletines que, a partir de la década de 1910, experimentarán un cierto éxito

[4] Véanse también Tharrats (1988), Sánchez Vidal (1992) y Minguet Batllori (2010).

[5] Erwin Rousby, provisto de un animatógrafo, ofreció diversas demostraciones para la prensa acreditada en el circo Parish de Madrid el 11 de mayo de 1896, y para el público en general al día siguiente. Dos días después, el 13 para la prensa y el 14 para el público, el operador Jean Busseret presentó en el hotel Rusia el cinematógrafo Lumière.

en nuestras pantallas (y que en algunos casos llegarán a ser distribuidos internacionalmente) pero sin que puedan recibir, en ningún caso, la consideración de producciones fantásticas. Aun y así, Aguilar, y detrás de él otros autores que han abordado el cine fantástico español como Sala o López y Pizarro parecen estar de acuerdo a la hora de hablar de un

> cierto cultivo del género durante los años del cine mudo, bifurcado en dos líneas bien diferenciadas. Por un lado, los seriales catalanes con rasgos truculentos o siniestros, y en imitación de modelos extranjeros, mayormente los producidos por Hispano Films y dirigidos por Albert Marro [...] Y, por otra parte, unos esfuerzos en la ciencia-ficción que con toda justicia forman parte de los clásicos de la modalidad a escala mundial; específicamente, este apartado se personifica en las aportaciones del genial Segundo de Chomón [...] y del singular Nemesio Sobrevila (Aguilar, 1999: 17).

La lista de seriales producidos básicamente en Barcelona en apenas cinco años es bastante larga, y muchos presentan títulos y subtítulos de lo más sugerentes, incluso de (in)equívocos aires terroríficos, empezando por el fundacional *Los misterios de Barcelona* —adaptación del folletín *Barcelona y sus misterios* (1880) de Antonio Altadill— y siguiendo con *El beso de la muerte*, *Alexia o la niña del misterio*, *La echadora de cartas* o *La secta de los misteriosos* (Marro los rodó casi todos al mismo tiempo entre 1914 y 1915, aunque no serían estrenados hasta 1916). A medio camino entre el cine policíaco y de intriga y el folletín melodramático de aventuras —géneros entre los que se movía el que puede considerarse el principal y más importante serial europeo de la época, también de equívoco título, *Les vampires* (Louis Feuillade, 1915)—, resulta realmente difícil distinguir en ellos algún elemento, por más vago que sea, que prefigure de alguna manera el cine fantástico que se desarrollará en España cincuenta años más tarde. Su éxito, en todo caso, motivaría el rápido rodaje de imitaciones y derivaciones de títulos si cabe aún más sensacionalistas —por llamarlos de algún modo—, entre los que la mayoría de estudios sobre el cine fantástico español citan *El sello de oro / Fanatismo de una secta* (José de Togores, 1914), *El fantasma del castillo* (Julio Roesset, 1915), *La loca del monasterio* (1916) y *La herencia del diablo* (Domènec Ceret, 1917), *El doctor rojo* (Ramon Caralt, 1917), *El vindicator* (Magí Murià, 1917), *El protegido de Satán* (1917), *Mefisto* (1918) y *Las máscaras negras* (1919), de Josep Maria Codina, o *Sueño o realidad* (Baltasar Abadal, 1919). La práctica totalidad de estos y otros seriales —incluido el primer serial de episodios filmado en España, *El signo de la tribu* (Josep Maria Codina, 1914)—, sin embargo, restan perdidos en la actualidad, y la visión del escaso metraje de uno de los pocos que ha llegado hasta nuestros días —el incompleto remontaje para la exhibición en forma de largo de *La secta de los misteriosos* fuera de nuestras fronteras— inhabilita su adscripción al cine fantástico (ni siquiera en un estado embrionario o prefigurativo del mismo).

Pese a sus inquietantes títulos y más allá de la presencia de elementos vaga o levemente macabros y/o truculentos, con tramas más o menos exóticas y más o menos toscas pero siempre enrevesadas, estas ficciones acababan focalizando casi todo su interés en las fechorías de alguna banda de malhechores, ya fueran inteligentísimos ladrones de guante blanco o asesinos sin escrúpulos capaces de todo con tal de conseguir sus objetivos.

Una vez más, la dificultad —o directamente la imposibilidad— de visionar estos y otros títulos de mediados de la década de 1910 supone un obstáculo insalvable para su justa valoración, sin olvidar el hecho que el análisis «de oído» ha motivado en no pocos casos una auténtica distorsión de las características e intenciones originales de muchas de estas producciones, una afirmación que, con todos los matices y particularidades que se quieran, puede extenderse también al grueso de la producción de la década de 1920 que tradicionalmente, más por voluntad y/o desconocimiento que otra cosa, se ha venido situando en la órbita de la prehistoria del cine fantástico. De nuevo perdidas en su mayor parte o prácticamente imposibles de visionar, nos encontramos con una serie de producciones inspiradas hasta cierto punto (y siempre de forma muy modesta) en los grandes éxitos del cine internacional de pocos años atrás —de manera especial *Das Kabinett des Dr. Caligari* (Robert Wiene, 1920) y *Dr. Mabuse, der Spieler-Ein Bild der Zeit* (Fritz Lang, 1922)—. Entre ellas, *El otro* (Joan María Codina, 1919), adaptación de la novela homónima del escritor Eduardo Zamacois que Ángel Sala (2010: 19) considera «la primera película abiertamente terrorífica de nuestro cine mediante una inteligente traslación a la pantalla de la paranoia y la superstición», aunque tampoco presenta ningún elemento fantástico; *Los llanos* (Bartolomé Serrador, 1919); *Las tres cruces* (Martínez Camba, 1920); *El espectro del castillo* (Aurelio Sidney, 1920); *La bruja* (Maximiliano Thous Orts, 1923); *La barraca de los monstruos* (Jaque Catelain, 1924), rígido melodrama circense que parece haber sido incluido en la mayoría de estudios sobre el cine fantástico español solo por su título; *Más allá de la muerte* (Benito Perojo, 1924); *Fue una pesadilla* (Miguel Ballesteros Pérez, 1925) —otro caso flagrante de error histórico perpetuado, ya que en realidad se trata de un mediometraje no profesional filmado en Valencia en menos de doce horas—; o la (pseudo)fantasía onírica *El misterio de la Puerta del Sol* (Francisco Elías, 1929).

Aguilar (1999a) hace referencia también a la ciencia ficción, género (o subgénero) que, dejando de lado las primitivas aportaciones de Chomón y la ya citada *Madrid en el año 2000*, no hará acto de presencia en la cinematografía española hasta muchos años más tarde, y además de forma bastante más residual que el cine fantástico propiamente dicho. El caso de Nemesio Sobrevila, cineasta que mantiene una relación más que tangencial tanto con la ciencia ficción como con el cine fantástico es, en todo caso, particular, y salvando de nuevo las oportunas distancias anticipa hasta cierto punto algunos de los elementos que veinte años más tarde caracterizarán el llamado «cine telúrico» de Carlos Serrano de Osma. Entre los más destacados, una voluntad autoral —o mejor dicho, unas (desmedidas) pretensiones artísticas— del todo impensable en el cine español de la época y una concepción rabiosamente personal del lenguaje cinematográfico, diferencias (o particularidades) que condenarían ya de antemano sus propuestas al fracaso.

Sobrevila es especialmente recordado por el «delirio vanguardista» *El sexto sentido* (1929), en la que mezclaba de forma sorprendente una más bien ridícula comedia costumbrista tradicional —la trama se reduce a un tonto equívoco entre enamorados— con algunos de los hallazgos expresivos del cine de vanguardia de la época (un 10 % del metraje total) y un personaje que con toda justicia ha pasado a la historia del cine español de los orígenes: Kamus (interpretado por el pintor y escritor Ricardo Baroja, hermano de Pío Baroja), un visionario iluminado que supedita cualquier explicación racional a un invento que él mismo denomina «el ojo que todo lo ve»: la cámara cinematográfica. Pese a su indudable interés, *El sexto sentido* solo conseguiría ser proyectada en sesiones privadas para intelectuales, hecho que acabaría valiendo a Sobrevila la etiqueta de cineasta maldito (otro paralelismo, pues, con la figura de Serrano de Osma) y que da cuenta del escaso, por no decir nulo interés que la experimentación sobre el nuevo medio suscitaba tanto entre los productores cinematográficos como en los distribuidores y los mismos espectadores.

3. ¿Comedias fantásticas?

Tampoco es demasiado exagerado afirmar que ni la llegada del cine sonoro, ni el advenimiento de la Segunda República en 1931 ni el estallido de la Guerra Civil (1936-1939) y la posterior instauración de una execrable dictadura fascista supusieron ningún cambio por lo que al cine fantástico español se refiere, aunque el gobierno franquista promulgaría y favorecería notables cambios en la legislación cinematográfica, condicionando más para mal que para bien el desarrollo de la industria hasta prácticamente nuestros días. Así, «el grueso de la producción republicana española estuvo basada en una perezosa política de adaptaciones literarias o escénicas, para aprovechar la notoriedad de éxitos previos, por la inhibición de los escritores competentes ante la industria del cine (por su baja retribución o su desprestigio) y por la carencia de guionistas profesionales», de manera que «la comedia y el cine musical se situaron en cabeza, indicado la hegemonía del cine de evasión y de entretenimiento en el agitado paisaje político y social provocado por las reformas republicanas», mientras que otros géneros digamos más cosmopolitas y de carácter urbano, como los de misterio y el cine policíaco, apenas fueron frecuentados (Gubern, 2009b: 115).

Si antes del estallido de la Guerra Civil los gobiernos españoles no habían definido una auténtica política cinematográfica, dando la espalda a la industria, ya hacia el final del conflicto, el régimen autoritario que dominaría España durante casi cuarenta años empezaría a tejer «una maraña burocrática capaz de multiplicar los ámbitos de decisión e intervención sobre el cine español, donde participaron ministerios, sindicatos y organismos del Movimiento, del Ejército o de la Iglesia y que en sí misma se convirtió en caldo de cultivo para todo tipo de corrupción, clientelismo y dirigismo». En noviembre de 1938 se crearía la Junta Superior de Censura Cinematográfica (transformada en Junta Superior de Orientación Cinematográfica en 1946), con jurisdicción nacional, sede en Salamanca y con «la fiscalización moral del cine en su aspecto político, religioso, pedagógico y castrense como objetivo». Movida por principios ignotos —hasta 1962 no serían públicas las bases de su funcionamiento—, la censura se abría a una total arbitrariedad, aunque pese a su indiscutible importancia tendría una influencia estructural sobre el cine español menor que la instauración del doblaje obligatorio: «la pieza maestra de ese sistema de protección era la concesión de licencias de doblaje a cambio de la producción nacional [...] Se definían así nuevas contradicciones respecto a la raíz autárquica de la economía española, ya que cuantas más producciones se realizasen, mayor número de films extranjeros se importaban, de forma que disminuían las posibilidades del propio cine español en su mercado natural y se propulsaba la actitud especulativa por encima de la profesionalidad en la producción» (Monterde, 2009a: 197). De lo que se trataba, en definitiva, era de exaltar los pilares fundamentales del franquismo, instaurando de paso las bases de la españolidad de nuestro cine, una misión contradictoria por ser incapaz, ya desde el principio, de responder a la diversidad de una sociedad que no era ni mucho menos tan monolítica ni homogénea como sus dirigentes propugnaban. Puede hablarse, en consecuencia, de un cine represivamente protegido y de una doble autarquía, industrial e ideológica, con un predominio destacado de algunos de los géneros clásicos más tradicionales —en el sentido más peyorativo del término—, como la comedia y el melodrama, pero sin olvidar las producciones musicales, folklóricas e históricas de mínimo o nulo rigor/valor histórico.

En este contexto, es evidente, el cine fantástico poco o nada podía decir o aportar, aunque ya desde mediados de la década de 1930, no por casualidad casi en el mismo momento en el que el grueso de las producciones terroríficas norteamericanas llegaban a nuestro país,[6] algunos de los elementos más recurrentes

[6] Filmes como *Frankenstein* (1931) y su continuación *The Bride of Frankenstein* (1935) tuvieron un gran impacto en los espectadores españoles de la época, aunque desgraciadamente no se conservan cifras de espectadores ni de recaudación. El análisis de la recepción y de la influencia de los títulos clásicos del cine fantástico en España, de hecho, sigue siendo una

del cine fantástico, sobre todo de procedencia estadounidense, empezarán a aparecer en comedias de diverso tipo y condición. Carlos Aguilar considera que «monstruos en clave burlesca, fantasmas entrometidos, reencarnaciones jocosas y otras reinterpretaciones paródicas de motivos del género» parecían querer ridiculizar a instancias oficiales la esencia de este, directa o indirectamente, y es que la lista de comedias con elementos digamos (pseudo)fantásticos —y no de comedias fantásticas, como se ha escrito a menudo— es sospechosamente larga, si bien, pese a las diferencias existentes entre ellas, parecen casi cortadas por un mismo patrón, empezando en no pocos casos por su origen literario y acabando por su carácter eminentemente desmitificador, no carente de cierto aire moralizante/moralizador, renegando así de dos de las principales —y quizá nunca suficientemente reivindicadas— características del genuino cine fantástico: su capacidad crítica y su poder de subversión.[7]

Una de miedo (Eduardo García Maroto, 1935) será la primera de estas comedias que, al mantener una idiosincrasia propia que remite antes a las comedias españolas coetáneas que al cine de género facturado en Hollywood en la misma época, no deberían considerarse parodias estrictas del cine de terror realizado en Estados Unidos.[8]

A *Una de miedo* seguirán *Las cinco advertencias de Satanás* (Isidro Socías, 1937), sobre la obra homónima de Enrique Jardiel Poncela; *Viaje sin destino* (Rafael Gil, 1942), con vagos y muy puntuales ecos de *The Old Dark House* (*El caserón de las sombras*, James Whale, 1932); *Eloísa está debajo de un almendro* (Rafael Gil, 1943), también adaptada de Jardiel Poncela; *El destino se disculpa* (José Luis Sáenz de Heredia, 1945), a partir de una novela de Wenceslao Fernández Flórez y narrada en primera persona por el mismísimo Destino, «modesto y digno funcionario»; *El castillo de las bofetadas* (J. de Orazal, 1945), de tono más bien infantil; *Los habitantes de la casa deshabitada* (Gonzalo Delgrás, 1946), nueva adaptación de Jardiel Poncela con un desenlace que centra su atención en las nada fantásticas actividades de una banda de falsificadores de moneda; *María Fernanda la Jerezana* (Enrique Herreros, 1946), insólito cruce entre el cine folklórico y el relato criminal con una puesta en escena influenciada por el expresionismo alemán; *El otro Fu Man Chú* (Ramón Barreiro, 1946);

---

de las grandes asignaturas pendientes de la historiografía y la crítica especializada, con una excepción: el brillante ensayo de Sebastià Roig *Els malsons dels nostres avis* (2006).

[7] Una tendencia que se prolongará a trompicones hasta prácticamente nuestros días, como atestiguan propuestas tan demenciales como *Buenas noches, señor monstruo* (Antonio Mercero, 1982), *Aquí huele a muerto... (¡Pues yo no he sido!)* (1989) o *Brácula: Condemor II* (1997), de Álvaro Sáenz de Heredia.

[8] La censura impidió el rodaje de otro proyecto que Eduardo García Maroto iba a rodar en 1942, *Una... de monstruos*, que finalmente fue el título del episodio que parodiaba el cine de terror en su posterior *Tres eran tres*, rodada en 1954.

Manicomio (Luis María Delgado y Fernando Fernán Gómez, 1953), quizá la más interesante de todas, dividida en diferentes episodios basados respectivamente en «El sistema del doctor Alquitrán y el profesor Pluma», de Edgar Allan Poe, «La mona de imitación», de Ramón Gómez de la Serna, «El médico loco», de Leonidas Andreiev, y «Una equivocación», de Alexander Kuprin; *El diablo toca la flauta* (José María Forqué, 1953), adaptación de una novela de Noel Clarasó que supuso el mayor éxito del malogrado José Luis Ozores; *Maldición gitana* (Jerónimo Mihura, 1953), sobre la comedia *El más acá del más allá* de Carlos Llopis; *La otra vida del capitán Contreras* (Rafael Gil, 1954), adaptación de una novela de Torcuato Luca de Tena que sigue las vicisitudes de un caballero del siglo XVI (Fernando Fernán Gómez) «resucitado» en pleno siglo XX; *Tres eran tres*, dividida en tres episodios, uno de los cuales parodiaba *El doctor Frankenstein*; *Faustina* (José Luis Sáenz de Heredia, 1957), versión burlesca del mito de Fausto sin la menor relación con la obra de Goethe a la que ni siquiera la presencia de la actriz mexicana María Félix consigue dotar de interés; *Un marido de ida y vuelta* (Luis Lucía, 1957), adaptación de la obra homónima de Jardiel Poncela con Fernando Fernán-Gómez en la piel de un espectro que trata de recuperar el amor de su esposa, casada tras enviudar con el que fuera su mejor amigo; *S.O.S. abuelita* (León Klimovsky, 1958), y *Fantasmas en la casa* (Pedro Luis Ramírez, 1959), *remake* de *Los habitantes de la casa deshabitada*; hasta llegar a *Mi adorable esclava* (1961) y *El diablo en vacaciones* (1963), ambas de José María Elorrieta, cineasta que seguiría insistiendo en la misma línea poco después, esta vez en coproducción con Estados Unidos, con *Una bruja sin escoba* / *A witch without a broom* (1967).

Son producciones que, a diferencia de la posterior *Un vampiro para dos* (Pedro Lazaga, 1965), reniegan de los principales arquetipos del cine fantástico y de terror establecidos a partir de las producciones Universal: no hay vampiros, hombres lobo, momias ni muertos revividos y a duras penas algún científico (un poco) trastornado, aunque sí diablillos de poca monta y nada inquietantes infiernos de cartón piedra; en muchos casos, además, el potencial fantástico presente en el arranque de sus tramas deriva, en clara operación desmitificadora, hacia los terrenos del cine policíaco y criminal, sin la intervención de ningún elemento sobrenatural, mientras que en aquellos títulos en los que aparecen personajes o situaciones imposibles en nuestro mundo real el tratamiento humorístico, más o menos rancio dependiendo del caso, les priva ya de entrada de cualquier poder de inquietud y de subversión: solo hay que ver, por ejemplo, el comportamiento absurdo y disparatado de la mayoría de los personajes que, en algún momento (y casi siempre supuestamente) deben hacer frente a algún tipo de manifestación digamos sobrenatural. Mención aparte merece la ópera prima de un realizador que pronto tendrá un papel destacado en el cine fantástico no solo español sino también europeo, *Tenemos 18 años* (Jesús Franco, 1959, aunque no sería estrenada hasta 1967), una comedia tan fresca como destartalada, absolutamente marciana en el contexto del cine español de la época, con un breve —y del todo anecdótico— *sketch* en el que Antonio Ozores aparece caracterizado como una imposible mezcla de el Fantasma de la Ópera, Roderick Usher y Drácula.

4. *La torre de los siete jorobados*, el «cine telúrico» y otras rarezas

Dejando de lado la comedia, la mayoría de autores que se han acercado a la prehistoria del cine fantástico español reseñan también una serie más o menos corta de producciones que se diferencian, por distintos motivos y objetivos, del cine imperante en la España de las décadas de 1940 y 1950. Se trata en su mayor parte de adaptaciones de textos literarios previos (toda una constante del cine español de la primera mitad del siglo xx) que, otra vez, difícilmente pueden ser calificadas como fantásticas.

Considerada casi por unanimidad como la primera película fantástica del cine español, *La torre de los siete jorobados* (Edgar Neville, 1944) es un título insólito, inaudito en el contexto en el que se inscribe, aunque malogra en parte su indiscutible potencial (la presencia del espectro de Robinson de Mantua —Félix de Pomés, de razonable parecido con algunas caracterizaciones de Lon Chaney—, arqueólogo fallecido que solo el protagonista, «sensible a las emociones ultraterrenas», puede ver, la existencia de una torre que en lugar de elevarse hacia el cielo se hunde en las profundidades de la tierra) con un fallido tratamiento no humorístico pero sí un tanto irónico, sin olvidar una estructura y sobre todo un desenlace más propio del cine de intriga y aventuras. El espectador rara vez tiene la sensación de encontrarse frente a una verdadera amenaza sobrenatural, al mismo tiempo que Neville mantiene a lo largo de todo el metraje una distancia contraproducente respecto a los elementos abiertamente sobrenaturales de la novela de Emilio Carrere que está adaptando,[9] algo especialmente evidente en la caracterización del villano Vitorio Sabatino (Guillermo Marín): si en la novela es un brujo que lidera una cofradía de iniciados en las ciencias ocultas y la magia negra —los siete jorobados del título—, en la película se convirtió en un vulgar falsificador de moneda cuyos poderes hipnóticos aparecen relegados a la mínima expresión. Algo de cierto hay, pues, en la afirmación de Pedro Porcel, cuando considera que Neville «parece más interesado en mostrar de nuevo su visión de la ciudad que le enamora que en transformar esa urbe cotidiana en un

[9] Firmada en solitario por Carrere, *La torre de los siete jorobados* fue en realidad una obra conjunta del propio escritor (basada en su relato original «Un crimen inverosímil») y de la joven pluma de Jesús Aragón, elegido por el editor Juan Palomeque tras la negativa del propio Carrere a completar la obra que le había encomendado.

entono irreal», de manera que la película no acaba de encontrar su tono porque «no se decide a apartarse de la tradición de la cultura oficial española, que siempre ha tratado lo fantástico con menosprecio: por eso deriva pronto hacia la comedia, como si el director quisiese hacernos ver que él también encuentra ridícula la historia de fantasmas que nos está contando» (Porcel, 2002: 60). Sea como sea, la brillante escenografía y los impresionantes decorados creados para la ocasión por el alemán Pierre Schild —netamente fantásticos—, junto con el buen pulso narrativo del realizador y la propia idiosincrasia de una trama única e irrepetible, convierten el filme en un verdadero hito de la cinematografía española de la posguerra, un hito que sin embargo no tendría ningún tipo de continuidad ni en el cine de los años siguientes ni en la propia filmografía de Neville, realizador poco o nada interesado en el género.

Con sus irregularidades y sus deficiencias (en especial un tramo final precipitado), *La torre de los siete jorobados* puede considerarse un primer intento —fallido, pero intento al fin y al cabo— de producción fantástica española, una condición que no comparten, para nada, el resto de producciones realizadas durante las décadas de 1940 y 1950 que la mayoría de historiadores sitúan en la órbita del género. El caso más clamoroso quizá sea el de *Noche fantástica* (Luis Marquina, 1943), un rancio melodrama amoroso que reflexiona sobre el paso del tiempo y la pérdida de la juventud, y con ellos sobre la imposibilidad de recuperar el amor perdido, que Sala (2010: 27) define de forma absurda como «una de las películas más solventes del fantástico de la época [...], una historia de amor *fou* de tintes necrófilos», y López y Pizarro (2014: 42) califican de «bohemia y pseudoonírica historia de amor necrófilo y parafantástico, donde una misteriosa condesa se presenta como la reencarnación de la esposa de un joven viudo». Más allá del equívoco título, no hay en la película de Marquina ningún elemento fantástico, como en un sentido estricto tampoco lo hay en otras producciones de la época como *La casa de la lluvia* (Antonio Román, 1943), sobre una novela de Wenceslao Fernández Flórez, *El clavo* (Rafael Gil, 1944), adaptación de una novela corta de Pedro Antonio de Alarcón, la imposible trilogía que forman *Embrujo* (1947), *La sirena negra* (1947) y *La sombra iluminada* (1948), de Carlos Serrano de Osma, las producciones infantiles *Caperucita Roja* (José María Aragay, 1947) y *Leyenda de Navidad* (Manuel Tamayo, 1948), *El huésped de las tinieblas* (Antonio del Amo, 1948), *El cerco del diablo* (1952), filme dividido en diferentes episodios dirigidos por Edgar Neville, José Antonio Nieves Conde, Enrique Gómez, Antonio del Amo y Arturo Ruiz Castillo del que resulta imposible conseguir información contrastada, *La corona negra* (Luis Saslavsky, 1950), *Cuentos de la Alhambra* (Florián Rey, 1950), *Parsifal* (Daniel Mangrané y Carlos Serrano de Osma, 1951), *El duende de Jerez* (Daniel Mangrané, 1953), *La reina mora* (Raúl Alfonso, 1954), adaptación de la zarzuela de los hermanos Álvarez Quintero, *Marcelino pan y vino* (Ladislao Vajda, 1954), sobre un cuento de José María Sánchez Silva, *Un ángel pasó por Booklyn* (Ladislao Vajda, 1957), comedia en la que Peter Ustinov interpreta a un desalmado administrador de fincas que se verá condenado a vivir —literalmente— como un perro hasta que consiga ganarse el cariño de alguien, y *El cebo*, de la que hablaremos con algo más profundidad un poco más adelante.

A falta de poder ver *Canción de medianoche* (Antonio de Lara «Tono», 1947), ninguno de estos títulos puede considerarse fantástico —y aún menos viendo los derroteros por los que seguirá el género en España a partir de su eclosión—, si bien algunos de ellos merecen un breve comentario. Quizá *La casa de la lluvia* sea el más interesante de todos por su arrebatadora atmósfera de fatalidad y su profunda introspección psicológica de personajes, en la que no resulta nada difícil adivinar ecos de *Rebecca* (Alfred Hitchcock, 1940), con la incesante lluvia del título encerrando aún más a los personajes en su drama. Brillan con luz propia en estos años, en todo caso, las realizaciones vanguardistas de Carlos Serrano de Osma (1916-1984). El mismo realizador englobó sus trabajos bajo la denominación de «cine telúrico», un cine nacido

> de la impugnación estética de ese cine dominante y hegemónico en los años cuarenta, que trató de levantar un edificio fílmico de perfiles hasta entonces desconocidos dentro del cine español cuya principal fuente de inspiración es el cine mudo de finales de los veinte, pero también, ese cine formalista e innovador que un director pocos años más joven que el propio Serrano [...] practica al otro lado del Atlántico: Orson Welles. El resultado de todo esto son tres filmes de abierto talante experimental, tres densos y profundamente estilizados relatos que giran en torno a las pasiones fundamentales, tres tragedias románticas protagonizadas por seres angustiados que se debaten entre la luz y la sombra, en definitiva, tres intemporales poemas de amor y muerte (Aranzubia, 2004: 17).

El primero de ellos, *Embrujo*, en apariencia un melodrama folklórico a mayor gloria de Lola Flores y Manolo Caracol, es ya toda una declaración de intenciones que llega a su momento culminante en la larga escena del entierro del personaje interpretado por Caracol, rematado por un delirante baile en un tétrico decorado de esqueletos pintados con llamas revoloteando impresionadas sobre atrevidos encuadres. Un exceso de pretensiones domina tanto esta como las siguientes realizaciones de Serrano de Osma: ambientada en el siglo XIX y basada en una novela de novela de Emilia Pardo Bazán, *La sirena negra* narra la dramática historia de Gaspar de Montenegro (Fernando Fernán-Gómez), un joven obsesionado por el recuerdo de un antiguo amor fallecido a causa de la intransigencia familiar y acosado por la constante presencia de la muerte, mientras que *La sombra iluminada* muestra, en un contexto onírico y alucinado, los esfuerzos de un asesino para lavar su nombre tras haberse fugado del hospital psiquiátrico en el que fue encerrado. La sombra del «cine telúrico» es más o menos evidente también en títulos como *Angustia* (José Antonio Nieves Conde, 1947) o *La corona negra*, una idea original de Jean Cocteau retomada por el dramaturgo Miguel Mihura que, pese a sus potenciales elementos de interés, acentuados por una factura visual barroca y plagada de metáforas y por una compleja estructura dramática repleta de *flashbacks* y sueños de tintes surrealistas, deriva primero hacia el (más convencional) terreno del cine policíaco y al final hacia el más desaforado melodrama. Poco o nada comparte con el «cine telúrico» la ya citada *Parsifal*, inesperada, ambiciosa y aparentemente imposible adaptación de la popular ópera de Richard Wagner sobre la vida del caballero del mismo nombre y su búsqueda del Santo Grial, que se debería situar no dentro del cine fantástico sino en la órbita de lo que hemos acotado como «cine maravilloso», si bien la intención última de los realizadores era lanzar una crítica brutal contra la absurdidad de los conflictos bélicos (el prólogo y el epílogo del filme transcurren en un mundo devastado por la Tercera Guerra Mundial).

Resulta curioso pero significativo, siguiendo el breve repaso a las producciones anteriores a la década de 1960, que la única aproximación del cine español a la que probablemente sea el autor de literatura fantástica más importante del siglo XIX en España, Gustavo Adolfo Bécquer, no fuera una adaptación de ninguna de sus populares *Leyendas* publicadas entre 1858 y 1864 sino una especie de recreación, mucho menos fantasiosa de lo que parece a primera vista, de su propia biografía. Pese a que un rótulo explicativo al principio de la narración advierte que no se trata de una biografía «sino una interpretación fantástica de los sueños atormentados y sublimes del gran poeta sevillano», y también pese a su excelente título, *El huésped de las tinieblas* no deja de ser un melodrama (pseudo)lacrimógeno que convierte al escritor, y con él a su rico mundo de pesadillas macabras, en la víctima propiciatoria de un fatídico desengaño amoroso. Sueño y realidad se confunden durante la convalecencia de Bécquer en un monasterio en el Moncayo, momento en el que tiene lugar el único instante genuinamente fantástico de la trama —por bien que resuelto con la distancia que otorga el recurso a los malos sueños—: en medio de una fase de graves delirios y fiebre, el protagonista llegará a ser testigo de su propio entierro. El director Antonio del Amo, pese a todo, no muestra el menor interés en recrear ninguno de los más célebres pasajes de la obra de Bécquer, como si la romántica, inventada y finalmente almibarada historia de amor entre el atormentado escritor (interpretado con cierta afectación por Carlos Muñoz) y una mujer de acomodada posición social (Pastora Peña) fuera mucho más interesante que sus propios relatos y poesías.

Dejando de lado *Marcelino, pan y vino*, filme que le pese a quien le pese se inscribe plenamente en la órbita de lo que Roas (2011a: 51) ha definido como lo «maravilloso cristiano», en el que lo sobrenatural, «al estar referido a un orden ya codificado (el religioso), deja de ser percibido como fantástico» por el espectador, ya a principios de la década de 1950 se aprecia un auge considerable del cine negro y policíaco, sobre todo producido en Barcelona.[10] Este género, que suele englobarse en el género mayor del *thriller*, se ha asociado a menudo quizá no tanto con el cine fantástico pero sí con el cine de terror, otro género (o subgénero) que pondrá especial énfasis en el miedo a la muerte, no necesariamente en el miedo derivado de una situación imposible en nuestra realidad cotidiana. El terror será el terreno, así, de psicópatas y asesinos en serie, de locuras varias y todo tipo de enajenaciones mentales, es decir, de ficciones que más allá de su crudeza y visceralidad no tienden a cuestionar el orden establecido. La fina línea que separa ambos géneros, más o menos difusa dependiendo del caso, guarda ciertas similitudes con la que puede establecerse entre el terror propiamente dicho y el *thriller*, macrogénero que

> deriva de la palabra inglesa *thrill* (escalofrío, estremecimiento) y se emplea, indistintamente, para referirse al cine de gánsteres, el cine negro, el cine policíaco, el cine criminal, el cine de suspense, el cine de acción o cualquiera otra manifestación paralela que se relacione, aunque sea en términos figurados o muy generales, con el crimen, la policía, la intriga, el misterio, las persecuciones...; en definitiva, distintas y heterogéneas formas de construcción narrativa o de agrupación temática contagiadas, de manera más o menos explícita, por el ejercicio de la violencia (Heredero y Santamarina, 1996: 23).

Resulta evidente, pese a todo, que el grueso de los filmes de intriga, misterio o policíacos citados a título anecdótico en la mayoría de estudios sobre el cine fantástico español[11] en ningún caso pueden ser considerados fantásticos, puesto que no hay en ellos ningún elemento que ponga en cuestión la idea comúnmente aceptada de nuestra realidad establecida, de la misma manera que la presencia de un personaje trasunto del diablo en *La barca sin pescador* (Josep M.ª Forn, 1964) tampoco sitúa al filme en la órbita del género: el carácter eminentemente alegórico de la trama anula su potencial fantástico, relegado a la condición de excusa o mero detonante de un (melo)drama sobre la culpa y de una agria reflexión sobre la redención y la difusa frontera que separa el bien y el mal. Algo similar

---

[10] Para más información, resulta muy recomendable la lectura de Medina (2000), Sánchez Barba (2007) y Luque Carreras (2015).

[11] Sin ánimo de exhaustividad, podemos citar *El pasado amenaza* (Antonio Román, 1950), *Horas inciertas* (José María Elorrieta, 1951), *Los ojos dejan huellas* (José Luis Sáenz de Heredia, 1952), *El ojo de cristal* (Antonio Santillán, 1955), *Los peces rojos* (José Antonio Nieves Conde, 1955), *La melodía misteriosa* (Juan Fortuny, 1955), *El anónimo* (José Ochoa Jorba, 1956), *Miedo* (León Klimovsky, 1956), *El cebo*, *Los cuervos* (Julio Coll, 1961), *Hipnosis / Ipnosi / Nur tote Zeugenschweigen* (Eugenio Martín, 1962), *Pena de muerte* (Josep M.ª Forn, 1962), *Ella y el miedo* (León Klimovsky, 1963), *Los muertos no perdonan* (1963) y *Fuego / Pyro* (1964), dirigidos por Julio Coll.

ocurre con la insólita pero nada desdeñable *La hora incógnita* (Mariano Ozores, 1963), aunque esta vez en relación con el género de la ciencia ficción: el elemento digamos extraordinario —la inminente llegada del fin del mundo conocido a causa de la salida de órbita de un cohete con una cabeza atómica— ejerce solo de detonante argumental de un drama costumbrista y existencial que no renuncia a los toques de humor pero que se erige en una despiadada crítica a la fiebre nuclear que estuvo a punto de destruir el mundo a principios de la década de 1960.

Dejando de lado la presencia, más o menos discutible según los casos, de elementos alegóricos respecto a la triste situación que vivía España en la época, la absoluta primacía en casi todos los títulos citados de una investigación policial que siempre acabará por resolver satisfactoriamente su cometido con la detención o destrucción de los culpables, impide la creación de la sensación de miedo indispensable en el genuino cine de terror, en el que el espectador se encuentra cara a cara con un mal inconcebible según su experiencia y comportamiento pero terriblemente real. Siendo un poco condescendientes, siguiendo a Ángel Sala quizá puedan considerarse algunos de estos títulos —especialmente *La melodía misteriosa*— como precursores del llamado *Spanish Gothic*, denominación que incluiría una serie de truculentas ficciones ambientadas por lo general en la España profunda pero que no presentan elementos mágicos, sobrenaturales ni propios de la ciencia ficción, esto es, dejando claro que más allá de sus evidentes puntos de contacto con el cine de terror es un subgénero o una corriente que se sitúa completamente al margen del cine fantástico.

El cebo, espléndida, es la primera película que pone el acento en el trauma y la desquiciada personalidad del asesino protagonista, un comerciante introvertido y completamente dominado por su esposa al que no podremos ver el rostro hasta pasada la mitad del metraje, y bien puede considerarse como un precedente de los *psycho- thrillers* que inundarán el mercado mundial a partir del éxito de *Psycho* (Alfred Hitchcock, 1960); las diferencias que pueden establecerse entre ambos filmes marcan, a grandes rasgos, el salto o mejor la línea que separa el cine policíaco y de intriga (la película de Vajda) y el cine de terror (la obra maestra de Hitchcock), como la ausencia de un protagonista claro que se enfrente al torturado psicópata interpretado por Anthony Perkins, la utilización de recursos dramatúrgicos y de puestos en escena que obligan al espectador a contemplar la acción desde su punto de vista (y a creer, hasta casi el desenlace, que su madre todavía sigue viva), sin olvidar la descarnada amoralidad de la que hace gala en algunos de sus más recordados pasajes hasta llegar a un desenlace terriblemente desasosegante que, aunque lo parezca, no soluciona nada.

Hipnosis / Ipnosi / Nur tote Zeugenschweigen (Eugenio Martín, 1962) merece también un breve comentario aparte, y no solo por constituir una de las primeras realizaciones del futuro responsable de *Pánico en el transiberiano / Horror Express* (1972) y *Una vela para el diablo* (1973). Influenciado tanto por

Psicosis como por la llamada corriente del «terror psicológico» puesta de moda por la compañía británica Hammer Film a partir de *El sabor del miedo* (*Taste of fear*, Seth Holt, 1961), sin olvidar el episodio firmado por Alberto Cavalcanti para el clásico *Dead of Night* (1945), el filme de Eugenio Martín ni siquiera utiliza de entrada el recurso a la ambigüedad que podría haberlo convertido en una película-puente entre la concepción digamos tradicional del cine de intriga y la visceralidad del terror, realista o no, que estaba haciendo furor en la época: en ningún momento se especula con la posibilidad que Gro, el muñeco de ventrílocuo cuyo propietario ha sido salvajemente asesinado (y el espectador sabe desde el primer momento quién es el asesino), esté dotado de vida propia.

5. *Gritos en la noche* y el nacimiento del terror español. Primeras aproximaciones

Hipnosis (coproducción entre España, Italia y Alemania Occidental) pero también *Fuego* (coproducida entre España y Estados Unidos), *La cara del terror / Face of Terror* (William Hale y Isidoro M. Ferry, 1962), coproducción entre España y Estados Unidos, *El valle de los hombres de piedra / Perseo l'invincibile* (1963) y *Horror* (1964), dirigidos por Alberto de Martino, y *La maldición de los Karnstein / La cripta e l'incubo* (Camillo Mastrocinque, 1964), en coproducción con Italia, dan cuenta de un cambio substancial en la industria cinematográfica española. Un giro quizá no radical pero sí firme que se podría extrapolar, hasta cierto punto y con todos los matices que se quieran, a los cambios profundos que tímidamente empezaba a experimentar la sociedad española.

De la creación el 19 de julio de 1951 del Ministerio de Información y Turismo, encabezado por Arias Salgado y a cuya Dirección General de Cinematografía y Teatro le fueron adscritas las competencias hasta entonces atribuidas a la Subsecretaría de Educación Popular del Ministerio de Educación Nacional, con José María García Escudero como director general, hasta el definitivo ingreso de España en la Organización de las Naciones Unidas (el 14 de diciembre de 1955), se aprecia un progresivo cambio en la hasta el momento inquebrantable rigidez de la dictadura, aunque a la postre fuera más de cara al exterior que no real: por lo que respecta al cine «desde el punto de vista de la actividad censora, los criterios no iban a sufrir modificaciones sustanciales respecto al periodo anterior, aunque la ligera apertura del país incrementó la necesidad de vigilancia» y, si bien la continuidad respecto a la década anterior se planteó en dos géneros básicos, la comedia y el musical folklórico, se rompieron «dos ciclos tan significativos como el histórico y el literario» (Monterde, 2009b: 269). La propia sociedad española experimentaría en mayor o menor medida el impacto de las medidas económicas puestas en funcionamiento en el I Plan de Desarrollo Económico de 1963, que tendrían su punto culminante con la liberalización de costumbres que llegaría de la mano del *boom* del turismo, que abría finalmente el país a la era del consumo.

La promulgación, en agosto de 1964, de las Nuevas Normas para el Desarrollo Cinematográfico eliminaba las categorías, vigentes desde julio de 1952, en las que se clasificaban las películas con el fin de asignarles un porcentaje de subvención sobre el coste total del film («interés nacional», primera A, etc.) y su sustitución por una cantidad automática equivalente al 15 % de la recaudación bruta, porcentaje sobre taquilla al que tenía derecho toda película de producción española en los cinco primeros años de su carrera comercial. Así, los industriales más ramplonamente comerciales fueron los más directos beneficiarios de la política proteccionista, sobre todo por el poco hábil redactado de la cláusula de subvención automática del 15 %; al no establecer el límite mínimo de inversión necesario para que un film obtuviese la nacionalidad en casos de coproducción, se fomentó indirectamente el fraude, puesto que se beneficiaron del 15 % películas con participación hispana clamorosamente minoritaria, de manera que «el porcentaje de películas de producción española aumentó vertiginosamente, como también el de coproducciones respecto al total de la producción, lo que creó una insólita situación de hiperoferta, claramente excesiva para un mercado como el español». Por este motivo no resulta descabellado hablar, dejando de lado algunas excepciones notables, de «ficciones construidas con los materiales de deshecho de los géneros clásicos, filones oportunistas en los cuales la precariedad de recursos y la baja inversión son las notas dominantes, al frente de las cuales se encuentran las comedias "a la española"» (Torreiro, 2009: 332). El cine de género, así, fue profusamente practicado en multitud de registros, desde el péplum al cine de espías y el *spaghetti western* pasando, finalmente, por el cine fantástico, cuya eclosión tendrá lugar diez años después que en el resto de las cinematografías que vivieron su particular edad de oro a finales de la década de 1950 y principios de 1960: básicamente Gran Bretaña, Italia y México (Estados Unidos constituye un caso aparte).

Gritos en la noche marca, de forma bastante generalizada para muchos estudiosos, el nacimiento del cine fantástico en España. Tal afirmación deriva, sin embargo, de la confusión que aún a día de hoy sigue existiendo en determinados sectores, incluso académicos, entre el cine fantástico y el cine de terror, dos géneros distintos con determinados elementos en común y algún que otro vaso comunicante que hemos tratado de definir, a grandes rasgos, en las páginas anteriores. Y es que no hay en el filme de Jesús Franco, estrictamente hablando de nuevo, ningún elemento que pueda ser considerado fantástico o sobrenatural, aunque sí una ominosa atmósfera gótica nunca antes vista en una producción española: igual que ocurre en las posteriores realizaciones del cineasta vinculadas al género de esa década, *La mano de un hombre muerto* / *Le sadique Baron Von Klaus* (1962, estrenada al año siguiente), *El secreto del Dr.*

Orloff / *Les maîtresses du Dr. Jekyll* (1964) y *Miss Muerte* (1965, estrenada al año siguiente), *Gritos en la noche* se sitúa en un inaudito punto intermedio entre el fantástico clásico producido en Estados Unidos durante la década de 1930, los seriales de intriga y misterio de la década posterior y el cine policíaco en boga durante la década de 1950 en España, pero todo tamizado, pasado por el filtro sin igual de la inabarcable personalidad de un realizador que no abordaría el género de manera canónica hasta *El conde Drácula* / *Nachts, wenn Dracula erwacht* (1970). No es difícil apreciar en la textura densa y asfixiante de *Gritos en la noche* ecos del expresionismo alemán, referente que apenas tendrá relevancia en el posterior cine fantástico español, y aunque la brillante caracterización que Howard Vernon hace del torturado Dr. Orloff, un científico capaz de cometer los actos más horrendos para reconstruir el rostro de su hija, quemado en un incendio en su propio laboratorio, lo acabaría convirtiendo con el paso de los años en uno de los villanos por antonomasia del horror a la española, el excesivo —y por momentos irritante— protagonismo del avispado inspector de policía que interpreta Conrado San Martín acaba provocando que, especialmente en el tramo final, el filme derive progresivamente hacia la intriga policíaca. Similar apreciación, aunque en este caso por culpa del recurso a una contraproducente ambigüedad, puede aplicarse a *La mano de un hombre muerto*, en la que de nuevo pesa más la intriga que el terror y en la que Franco acaba por (casi) renunciar a la mucho más satisfactoria explicación sobrenatural con la que había especulado en un principio: el pianista protagonista, Ludwig Von Klaus (Hugo Blanco), atrapado en una salvaje trama de asesinatos y tortura, podría ser víctima de la maldición familiar que atenaza su familia, actuando bajo los depravados impulsos de su sádico abuelo fallecido tiempo atrás. Aparentemente no hay, de nuevo estrictamente hablando, ningún elemento sobrenatural: aunque el poso de la historia se prestaba totalmente a un desarrollo fantástico, el tratamiento que le otorga Franco, sin inscribirse tampoco en el cine policíaco en un sentido estricto, acaba por situarse un poco en tierra de nadie.

Clara evolución de los dos títulos reseñados, se observa en *El secreto del Dr. Orloff* un mayor interés en los elementos fantásticos presentes en la trama, con un peso menos decisivo de la investigación policial destinada a aclarar una serie de brutales asesinatos cometidos por Andros (Hugo Blanco de nuevo), convertido por su hermano en una suerte de muerto en vida controlado mediante sonidos ultrasónicos—de inequívocos aires frankenstenianos, sí, pero también vampíricos— por haber dejado embarazada a su esposa tiempo atrás. Howard Vernon no pudo retomar el personaje de Orloff por problemas de presupuesto —hecho que marcará, para mal, toda la carrera posterior de Franco— y la presencia del científico en la trama (con el rostro de Javier de Rivera) fue reducida a la mínima expresión. Progresivamente incoherente a nivel argumental y aquejada de una excesiva dispersión narrativa y estilística, el filme aglutina homenajes, referencias e incluso ideas opuestas entre sí (del cine alemán de la década de 1910 al horror gótico, de la ciencia ficción al *thriller* policial, del melodrama al musical de ecos jazzísticos) hasta conformar un universo rabiosamente personal e intransferible en el que el cineasta, como hará después en muchas de sus posteriores realizaciones fantásticas, parece identificarse plenamente con el *monstruo* protagonista, en realidad una criatura pura de corazón capaz de renunciar a su vida por el amor de su hija.

Rodados en contrastado blanco y negro (a diferencia de las producciones culminantes del fantástico británico e italiano de la misma época), esta trilogía que en realidad no es tal tendrá su culminación meses después con el estreno de la que probablemente sea la obra maestra de Franco, *Miss Muerte*, pero apenas anticipa algunos de los elementos que a partir de 1968 configurarán las principales aportaciones de la cinematografía española al cine fantástico europeo y mundial. Lo mismo puede decirse, aunque por motivos bien diferentes, de *La cara del terror*, otra producción con científico (más o menos) enloquecido que pese a carecer por completo de elementos fantásticos ha sido considerada demasiado a menudo como fantástica —la trama constituye un remedo torpe y carente por completo de nervio de *Les yeux sans visage* (Georges Franju, 1960), título que también influyó sobre *Gritos en la noche*— y que «en nada parece una película española, ni siquiera del género [...] pues constituye por todos los conceptos un film americano, bien que fabricado entre nosotros por motivos extracinematográficos» (Aguilar, 2002: 62). Ni siquiera el principal director acreditado, Isidoro Martínez Ferry, fue su verdadero realizador, cometido que recayó en el oscuro realizador estadounidense William Hale (aunque algunas fuentes citan en su lugar al no menos oscuro William J. Hole Jr.). Basta comparar estos filmes con las dos citadas coproducciones con Italia, *Horror*, acartonada traslación a la pantalla del mundo de horrores góticos de Edgar Allan Poe que sin embargo no adapta ninguno de sus relatos, y especialmente *La maldición de los Karnstein*, adaptación de la estupenda novela corta *Carmilla* de Sheridan Le Fanu —que en la mayoría de estudios sobre el fantástico español ni siquiera aparecen por lo anecdótico de la participación patria— para constatar que en nuestro país al género aún le faltaba un poco de camino por recorrer. El cine fantástico español necesitaba aún de un empuje definitivo que pronto le proporcionarían tanto el propio Franco con *Miss Muerte* como dos producciones, también de 1965 y tan importantes, por diferentes motivos, como *La llamada* (Javier Setó) y *El sonido de la muerte* (José Antonio Nieves Conde), y todo ello sin olvidar la participación española en *Terrore nello spazio* (Mario Bava, 1965).

7.

CINE 1965-1990

Iván Gómez
Universitat Ramon Llull

> Siervos, deteneos, soy vuestro señor, vuestro rey. ¿Cómo os atrevéis a enfrentaros a mí? Reinaré sobre el mundo entero. Todos los hombres de todas las razas me rendirán pleitesía.
>
> Gilles de Lancré
>
> (Paul Naschy en *El mariscal del infierno*)

1. Cambios industriales: nuevas normas para los años 60

Posiblemente un país sin cine no existe en la esfera internacional. Y más en los años previos a la eclosión de los medios de comunicación digitales. Sin una imagen cinematográfica que se proyecte a los mercados internacionales es difícil que alguien pueda imaginarse un territorio, o a sus gentes, sus costumbres e incluso su historia. El cine fue un elemento esencial en la alfabetización emocional de generaciones de españoles sometidos a una mezcla de doctrina política y eclesiástica, (con)formadora de un espíritu nacional que se pretendía alejado de las influencias del radicalismo moderno, con sus aires estetizantes y decadentes. La realidad, como suele ocurrir en estos casos, era bastante más poliédrica de lo que se deduce de una mirada superficial. El cine filtró ideas y representaciones complejas y tan alejadas del espíritu dictatorial como la censura, por error u omisión, permitió. Películas como *Nada* (Edgar Neville, 1947), adaptación de la famosa novela de Carmen Laforet, fueron pioneras de búsquedas narrativas y estéticas que desmintieran el apego del cine nacional por la retórica de la «cruzada», que estructuró la lucha ideológica y la represión durante la década de los 40 y 50 en España, amén de desmentir igualmente el raquitismo estético de muchas otras propuestas coetáneas. Y todo ello acometido por Edgar Neville, un director afín ideológicamente al franquismo pero cuya magnífica obra no puede reducirse a sus afinidades políticas.

La censura, tan activa durante esos años, tuvo que lidiar con algunos elementos subversivos, difíciles de manejar, como Juan Antonio Bardem y Luis García Berlanga. Buñuel estaba exiliado en México, por lo que no supuso un problema hasta 1961. Pero Bardem rodó las estupendas *Muerte de un ciclista* (1955) y *Calle Mayor* (1956), mientras que Berlanga se despachaba contra la estulticia y el servilismo de los políticos en *Bienvenido míster Marshall* (1952) y contra las falsas ilusiones del régimen en la más ácida *Esa pareja feliz* (1951). Bardem y Berlanga fueron dos dolores de cabeza constantes para la censura. De hecho, Bardem fue el responsable de la declaración con la que concluyeron las Conversaciones de Salamanca, desarrolladas en esa ciudad del 14 al 19 de mayo de 1955 y que criticaron la situación industrial del cine español y, lo que es más importante, sus contenidos.

A nadie se le escapa que un cierto nivel de tolerancia frente a las representaciones cinematográficas convenía al régimen franquista, aunque la censura fue muy activa y particularmente dura hasta finales de los 50. Pero un país tan cerrado en sí mismo, esclavo de la autarquía que había regido su funcionamiento durante casi veinte años, necesitaba una proyección exterior favorable. El cine la podía dar y ciertas presiones modernizadoras, como la ejercida por las Conversaciones de Salamanca, podían tolerarse si ello no implicaba una enmienda a la totalidad y una descarada participación política peligrosa para el régimen.

Las diferentes presiones modernizadoras que se ejercieron sobre la dictadura desembocaron en el Decreto de Estabilización Económica de 1959, que desmantelaba la autarquía como base económica de la posguerra (Richards, 2015: 200). Como bien dice el historiador Michael Richards: «el mito del "milagro económico" pronto sustituiría por completo al de la "cruzada", lo que marcaba un punto colectivo de inflexión social y psicológica, basado en un verdadero cambio social» (Richards, 2015: 200-201). Poco después, en 1964, el régimen celebraría los «veinticinco años de paz», demostrando que la retórica se estaba amoldando a los nuevos tiempos. El acceso a puestos de poder de los que se conocerían con el tiempo como «modernizadores pragmáticos» tendría su importancia para el mundo del cine. Manuel Fraga fue ministro de Información y Turismo entre 1962 y 1969 y bajo su mandato se elaboraría la famosa Ley de Prensa de 1966. También bajo su mandato fue nombrado José María García Escudero director general de Cinematografía y Teatro (1962-1968), siendo este el segundo mandato que desarrollaba tras un paso breve de seis meses (1951-1952) por el mismo puesto, que acabó abandonando supuestamente por desavenencias con las instancias censoras. Bajo el mandato de García Escudero se elaboraron nuevas normas de censura que acabarían configurando un panorama distinto a partir de 1963.[1]

[1] Y en agosto de 1964 se aprobaron las conocidas como Nuevas normas para el desarrollo de la cinematografía, un paquete de medidas que pretendían fomentar la creación de un

Estaba claro que algo se movía en el régimen y que se pretendía potenciar un tipo de película que diese una imagen artísticamente positiva a nivel internacional de España, a través de festivales y del acceso a mercados hasta la fecha cerrados. El intento por crear películas homologables a obras artísticamente importantes nacidas en otras cinematografías parecía estar detrás de las acciones de Escudero y el resultado, a juicio de muchos, fue el conocido como Nuevo Cine Español: «la operación del Nuevo Cine Español fue, ante todo, un intento de corte netamente político, una operación tendente a limpiar la fachada política del régimen con una hábil propaganda en los festivales internacionales» (Torreiro, 1995: 66).

Sea lo que fuere, el caso es que entre 1964 y 1969 los cineastas disponían de un amplio abanico de posibilidades de financiación entre anticipos, créditos, subvenciones y avales, como hemos ya visto en el capítulo anterior.[2] Este sistema de producción, que premiaba de alguna manera el éxito en taquilla, necesitaba productos populares y las fórmulas ligadas a lo fantástico, al terror y las aventuras —géneros populares entre los espectadores— reunían dos requisitos: habían probado su eficacia durante décadas en otras latitudes y se podían facturar por precios reducidos. Como bien dice Joan Hawkins (2000: 93),

> El terror parecía la elección perfecta. Estas películas eran populares y se vendían bien. Basándome en fórmulas ya establecidas en Inglaterra, Italia y EE. UU., la industria del cine español facturó un gran número de películas estilo Hammer, películas de *psycho-killer* y *thrillers* góticos sobrenaturales. La mayor parte de las películas eran coproducciones europeas y euro-americanas. Algunas de ellas fueron filmadas fuera de España.

No obstante, hay más motivos que los meramente industriales para explicar la aparición y reiterado cultivo de estos géneros. La llegada de nuevos cineastas,

---

cine español acorde a los tiempos aperturistas que corrían. Estas normas establecían, entre otras medidas, subvenciones directas de hasta el 50 % del coste para películas consideradas de Interés Especial, categoría inventada para cubrir a los egresados de la Escuela Oficial de Cine, un centro de formación creado y organizado por el propio García Escudero en 1962 —Centro creado a partir del anterior Instituto de Investigaciones y Experimentaciones Cinematográficas— (Torreiro, 1995: 66).

[2] De entre estas normas, la que posibilitaba el acceso a una subvención del 15 % sobre la recaudación en taquilla lanzaría a algunos productores a realizar películas de consumo, filmes que pudiesen estrenarse en diferentes mercados, por lo que la coproducción acabaría siendo uno de los sistemas predilectos empleados por estos empresarios (Torreiro, 1995: 67). A juicio de algunos historiadores como Casimiro Torreiro, muchos de estos productos eran simplemente «vulgares». Otros críticos hablan de productos *exploit* o *exploitation* para referirse a un cine de consumo de baja calidad. No todos los juicios son tan severos y aquí, como en tantos otros lugares, hay que diferenciar y estudiar las muchas diferencias que plantean los productos entre sí.

jóvenes a finales de los 50 e incorporados a la dirección cinematográfica durante los primeros 60, educados en una sensibilidad diferente y devotos de una cultura pop dominada por referentes anglosajones, marca un punto de inflexión. Mientras que algunos directores como Luis García Berlanga, Fernando Fernán Gómez o Juan Antonio Bardem atacaban al régimen utilizando comedias o dramas sociales, otros, como Jesús Franco, Jacinto Molina (Paul Naschy) o Amando de Ossorio prefirieron romper los límites de la representación adaptando a su manera las mitologías con las que se sentían cómodos e identificados. Todos ellos, junto con otros directores como León Klimovsky, Carlos Aured o Eugenio Martín vieron en géneros populares y filmes de terror, aventuras, de espías, de corte fantástico, incluso de ciencia-ficción, una oportunidad comercial pero también expresiva.[3] Es, curiosamente, un director adepto a todos estos géneros y un auténtico estajanovista el que abre el fuego.

Ya hemos visto que Jesús Franco firma su fundacional *Gritos en la noche* (*L'horrible Dr. Orloff*) en 1961,[4] una coproducción entre Hispaner Films (España) y Eurociné (Francia) que dará origen a su particular mito de terror, el Dr. Orloff, uno de esos genios del mal capaces de utilizar la ciencia más allá de sus límites para lograr lo imposible, como en su día archicriminales de la talla de Mabuse lo habían hecho en la Alemania de Weimar.[5] Como bien indica Aguilar «la inspiración argumental, y visual, alude, cualitativamente, al arquetipo germánico del Dr. Caligari y al estadounidense del *mad doctor*, pero integra, cuantitativamente, múltiples referentes fílmicos en situaciones e imágenes» (Aguilar, 2011: 81). Sabemos, por ejemplo, que el nombre de Orloff lo toma prestado Franco de *Los ojos misteriosos de Londres* (*Dark Eyes of London*, Walter Summers, 1940), al tiempo que la historia tiene su origen en la obra maestra de Georges Franju *Los ojos sin rostro* (*Les yeux sans visage*, 1960).[6] Franju comentó que cuando hizo la película le pidieron que no incluyese «elementos sacrílegos por

[3] Las etiquetas aquí son tremendamente variadas. Existen diversos autores que han apostado por adoptar el término *Spanish Gothic* para referirse a las películas de terror con ambientación gótica. Entre ellos Matellano (2009) y Sala (2010).

[4] Véase el capítulo anterior.

[5] La película cuenta la historia del Dr. Orloff (Howard Vernon), un médico que, a principios del siglo XX en la ciudad de Hartog, busca la manera de regenerar el rostro de su hija Wanda (Diana Lorys), desfigurado tras un incendio. Para ello necesita la piel del rostro de jovencitas a las que rapta su criado Morpho (Conrado San Martín). Como podemos ver, se trata de un argumento perfecto para una película de género que juega con muchos tópicos habituales en otras cintas. El hábil juego de oposición entre vida y muerte, la idea del sacrificio, los límites de la ciencia, el amor desmedido y obsesivo pueblan esta ficción. Jesús Franco idea un complejo artefacto cargado de referencias y que concede una importancia mayor a la formulación visual que a la coherencia narrativa.

[6] La película está basada en la novela del mismo título de Jean Redon. Jess Franco se inventó a un escritor, David Khune, supuesto autor de una novela en la que se basaba *Gritos en*

el mercado español, desnudos por el italiano, sangre por el francés ni animales martirizados por el inglés».[7] Estas palabras vendrían a demostrar que las películas de género —como *a priori* es la cinta de Franju— circulaban por diferentes mercados. La película cuenta la historia de un *mad doctor* que mediante técnicas experimentales pretende reconstruir el rostro desfigurado de su hija trasplantando la cara de víctimas escogidas por él y su ayudante. Franco fusila esta historia y la integra en su particular mundo, entre lírico y obsesivo, con sus toques de humor y plagados de horror malsano.[8]

Lo que nos conduce a un elemento que se mantendrá en el fantástico español y que reaparecerá periódicamente, como es la mezcla de referentes foráneos, esa tendencia al pastiche que en ocasiones produce interesantes y desprejuiciadas mezclas. Jesús (Jess) Franco era un enamorado de la cultura popular y músico de *jazz* —trompetista—. A propósito de la película, Sala (2010: 50) comenta que «combinaba de manera sorprendente una cierta tendencia al vanguardismo y la reconstrucción narrativa tradicional con un *collage* perfecto de referencias genéricas y una mezcla a veces desconcertante de los géneros». *Gritos en la noche* no revitaliza un género prácticamente inexistente en España, ni lanza un ciclo con manifestaciones regulares, ni siquiera nos permite concluir que la precariedad en la que había vivido el género se acaba, pero sí supone un paso importante para Franco y el inicio de una vía por la que podrán transitar otros realizadores, como Santos Alcocer o Jacinto Molina.

Franco mantiene las atmósferas en producciones posteriores, como en *La mano de un hombre muerto* (1962), más bien una intriga sobre asesinatos cometidos por el Barón Von Klaus, coproducida entre Albatros Cinematográfica (España) y Eurociné (Francia). Orloff reaparece en *El secreto del Dr. Orloff* (1964), película que no cuenta con Howard Vernon por problemas económicos que lastran esta coproducción entre Leo Films (España) y nuevamente Eurociné (Francia). Inmediatamente después, Jesús Franco insistirá en la sombra de Orloff con *Miss Muerte* (1965), una de sus mejores cintas, coproducida igualmente

---

la noche. Lo cuenta Rubén Pajarón Pereira en el comentario crítico que le dedica en Higueras (2015: 75).

[7] Declaraciones del propio Georges Franju en Jones (2005: 95).

[8] Hawkins (2000: 87) comenta que la historia básica de *Los ojos sin rostro* se convirtió en una especie de recurso de repertorio para cineastas europeos de posguerra que rehicieron la trama frecuentemente animados por la idea de llevar la violencia y el horror más allá de lo hecho por Franju, añadiendo, como en el caso de Franco, dosis de erotismo indisimulado. La importancia cultural de la película de Georges Franju ha sido muy alta. Pensemos en el contenido de *Blind Beast* (Y. Masumura, 1969), el inconfeso *remake* del propio Franco en *Los depredadores de la noche* (*Faceless*, 1987) o el uso de su argumento como elemento central de *La piel que habito* (Pedro Almodóvar, 2011). También en los *exploits*: *Seddok, el heredero del diablo* (*Seddok, L'erede di Satana*, 1960) y *Corrupción* (Robert Hartford-Davis, 1960).

entre España y Francia (Hesperia Films y Cine Alliance). Hay sobrados motivos para celebrar una película como *Miss Muerte*, otra demostración de sus constantes adaptaciones de influencias europeas (López y Pizarro, 2013: 77). Se trata de una película desinhibida en lo formal, con una bella fotografía que acentúa esa nocturnidad en la que viven los personajes; cinta divertida, de fino erotismo, con ambientes de cabaret e historia de mantis religiosa asesina que demuestran que Franco es una gratificante anomalía, pues encara sus proyectos sin preocuparse por los fracasos anteriores.

Aquí es igualmente visible la influencia de George Franju. Hay en *Miss Muerte* un *mad doctor* y una *mad doctor*, desfiguraciones, operaciones, venganzas, erotismo y sadismo. Un poderoso arranque, angulaciones imposibles, maldad a raudales, una fina ironía, ambientes de cabaret y música *jazz*. La película cuenta con la participación en el guion de Jean-Claude Carrière y fue definida por el director como «terror neogótico». Las escenas de las diferentes muertes acaban construyendo un cóctel de referencias visuales y narrativas atractivo y eficaz.

Tras este prometedor arranque del género operado por Jesús Franco llegarían algunas cintas atípicas. De entre ellas destaca *La llamada* (Javier Seto, 1965), un cuento de horror con elementos sobrenaturales asociados al mundo de ultratumba. El film se inicia con los dos personajes protagonistas, interpretados por la actriz Dianik Zurakowska y el actor Emilio Gutiérrez Caba, jurándose amor eterno en un cementerio. Fiel a esta truculenta promesa, la chica vuelve de la tumba tras morir en un accidente aéreo, perturbando a un Gutiérrez Caba que debe enfrentarse a la necesidad de discernir qué forma parte de este mundo y qué no. Se trata de una película bien rodada, con un guion sólido, y completamente olvidada a pesar de contar con escenas memorables y un digno final, cripta mediante, que se nos antoja a la altura de su buen desarrollo.

También debemos citar las películas de Santos Alcocer *El enigma del ataúd* (1966) y *El coleccionista de cadáveres* (1967). La primera es más una intriga policíaca que una película fantástica, mientras que la segunda es la historia de un escultor ciego que ejerce una variante extrema de su profesión, moldeando los cadáveres proporcionados por su amante asesina (aquí la pareja está interpretada por Viveca Lindfords y Boris Karloff). Películas resueltas correctamente pero sin demasiado brillo, como tampoco lo tiene *La isla de la muerte* (Mel Welles, 1966), protagonizada por una planta carnívora con instintos asesinos, singular recreación en versión vegetal del mito vampírico —las víctimas aparecen sin sangre en sus aligerados cuerpos—. También aparecían vampiros, teóricamente, en *Malenka, la sobrina del vampiro* (Amando de Ossorio, 1968). Película protagonizada por la voluptuosa Anita Ekberg que sufrió un drástico recorte en el plan de producción, lo que dificultó la planificación original de Ossorio. La película tiene diferentes montajes, lo que convierte a *Malenka* en un caso singular de película que es fantástica y no lo es a un mismo tiempo. La versión española goza de explicaciones racionales a tanto colmillo desatado mientras que la copia inglesa, aseguraba Ossorio, goza de un mejor final, rodado por él, en donde los vampiros que aparecen son auténticos.[9] Esta nómina de títulos demostraría que la eclosión del género en España no es responsabilidad únicamente de Jesús Franco y que otros autores se acercaron al género sin prejuicios, ya fuese en coproducciones internacionales o en películas sin financiación exterior. No hace falta avanzar mucho en este periodo para entender que el fantástico será un género en España aquejado de una escasez de medios económicos que, en ocasiones, se supliría con mucho ingenio y con destreza visual.

Entre tanto, en el periodo que va de 1966 a 1969, Jesús Franco realizará dieciséis películas, la mayoría de ellas en régimen de coproducción, sufriendo ya los rigores de la censura, la falta de financiación y, en definitiva, la precariedad a la que se acostumbraría aún más con el paso de los años. Pero lo esencial ya estaba perfilado. Si repasamos las películas del director e intentamos elaborar un campo semántico, encontraremos universos morales difusos, confrontación de bien y mal en donde la línea se diluye, Eros y Tánatos, realidad y deseo, erotismo, sexo, sadismo, fetichismo, perversión, hipnosis, mesmerización, parapsicología, masturbación, voyeurismo, lirismo, clima onírico, dimensión irreal, el *night club*, el cabaret, la noche, lo macabro, muerte, vampirismo, transferencia psíquica, locura y éxtasis, por citar una lista posible.[10] En resumen, como apuntan Freixas y Bassa (1999: 106):

> Eficaz (y contumaz) especialista en el uso del dispositivo diegético del *zoom*, se acerca y se aleja a la intimidad de sus *víctimas*, colmando la pantalla con su sexo, su vagina, perdida la referencia a la proporción del resto del cuerpo, individualizado y aislado el objeto de su interés (y si es Lina Romay, también de su deseo; se percibe y nos parece muy bien), un cuadro abstracto, orgánico pero indefinible, más allá del sexo, derivando hacia un vacío que se expresa por su cuenta.

En 1969 Jesús Franco firmará una de las cintas más interesantes de su producción, *El conde Drácula*. Pasa por ser un intento de adaptación fiel de la novela de Bram Stoker y cuenta con Klaus Kinski en el papel de Rendfield (aquí

[9] Entrevista de Josu Olano y Borja Crespo en Aguilar (1999). También citado en López y Pizarro (2013: 96).

[10] El cóctel de influencias, a su vez, puede incluir el expresionismo alemán en su versión más caligarista, los entornos de *Nosferatu* (Murnau, 1922), la literatura gótica y sus castillos, fantasmas y almas en pena, las brumas de *Vampyr* (*Der Traum des Allan Grey*, Dreyer, 1932) la maldad de Edgar Allan Poe, la estilización de James Whale, la crueldad de Todd Browning, los mejores aromas del *jazz*, el cómic y el *pulp*. Auténtica coctelera mediática al servicio de un autor que se define como un mirón desde su más tierna infancia y que acomete sus creaciones con gran libertad, utilizando la clave genérica para manifestar y representar en pantalla todo aquello que el régimen franquista luchaba por ocultar.

llamado Reinfierd), Christopher Lee en el de Drácula, Soledad Miranda en el de Lucy y Herbert Lom haciendo de Van Helsing. Atmósferas cargadas, un conde lascivo y una narrativa algo errática configuran una de las películas más destacables de esta etapa (López y Pizarro, 2013: 77). En su exhaustiva historia sobre el mito de Drácula, el crítico David Skal califica esta película de «ambiciosa» aunque lamenta el déficit presupuestario. No obstante comenta que Franco permitió a Lee interpretar al conde en un estilo peculiar, que la Hammer no le habría autorizado nunca, según él, además de destacar la fidelidad de la adaptación mientras la acción se localiza en Transilvania (Skal, 2015: 304).[11]

La década de los 60 es el tiempo de Jesús Franco, el tiempo de un intento por levantar un edificio cinematográfico de género construido con los mimbres de mitologías internacionales fácilmente reconocibles; pilares básicos, en definitiva, de una cultura popular que hoy no nos cuesta alabar pero que en su momento no eran precisamente elementos celebrados por la intelectualidad del país (ni de derechas ni de izquierdas). Quedarse en el mero juicio estético es hacerle un flaco favor no solo a gente como Jesús Franco sino a nuestra verdadera comprensión de lo que fue una época convulsa y plagada de zonas oscuras que aun hoy somos incapaces de ver con claridad. Es evidente que el ansia por hacer cine, en las condiciones que fuesen, es uno de los rasgos distintivos de un creador que acredita más de doscientas películas. En estos primeros diez años de carrera, Franco dedicará sus esfuerzos a varios géneros, se relacionará con varias franquicias, como la del archicriminal Fu-Manchú creado por Sax Rohmer, creará un personaje como el Dr. Orloff y se atreverá con las mitologías clásicas con un Drácula, además de adentrarse en el cine de espías, trabajar con Jean-Claude Carrière y Eddie Constantine, pelearse con la censura y descubrir que el cine trascendente de un Antonioni no iba con él.

Su trabajo pionero no caería en saco roto. Fue un tema industrial el que, a la postre, provocaría un ensanchamiento del género, pero el camino estaba ya perfilado. El 23 de julio de 1969 estallaba el escándalo Matesa. La empresa, beneficiaria de numerosas subvenciones por su actividad comercial, que se reveló como fraudulenta, acabó intervenida. Matesa había cobrado en subvenciones más de 10.000 millones de pesetas de la época para exportar maquinaria industrial y productos —telares textiles— que se acababan almacenando en diferentes lugares ya que no podían venderse al no ser competitivos. El Estado asumió el control de la empresa, paralizó las subvenciones a diferentes sectores económicos y cerró las operaciones del Banco de Crédito Industrial, responsable también de

[11] Da la sensación de que Skal no tiene en demasiada consideración esta versión, que acaba calificando de naufragada. El crítico reproduce unos comentarios de *Variety* publicados en su día: «los lobos han sido sustituidos por pastores alemanes, está ambientada en Budapest en vez de en Inglaterra y no aparece ni una sola ristra de ajos» (Skal, 2015: 304).

las ayudas al cine. De la noche a la mañana los productores vieron como una parte importante de su negocio se iba al traste, por lo que tuvieron que buscar vías alternativas de financiación. Las coproducciones eran una buena opción y las películas de «aire internacional» podían tener salida en otros países. La industria ya flaqueaba antes del caso Matesa, vivía endeudada y con una difícil salida, pero la paralización de las subvenciones fue un revés importante. Como bien dice Sánchez Trigos (2013a: 377):

> Puede decirse, pues, que el cine de terror español nació fruto de la supervivencia, una huida (en términos de mercado) hacia adelante en forma de vampiros, *mad doctors*, psicópatas y otros monstruos y horrores, de cuyo saldo surgieron, con permiso de Segundo de Chomón, los primeros especialistas nacionales del género reconocidos internacionalmente (Jesús Franco, Paul Naschy, Amando de Ossorio), así como un puñado de películas que hoy forman parte significativa de la historia mundial del cine *exploitation*.[12]

Puede parecer que el cine fantástico español está hecho de excepciones y anomalías. De hecho es uno de los tópicos críticos e historiográficos más repetidos, pero tienen su razón de ser. La endeble estructura industrial en la que parece haber vivido tantos años ha dificultado la continuidad de los ciclos y la realización de películas en condiciones de producción siempre aceptables, lo que además de provisionalidad parece fomentar la excepcionalidad. Seguramente una de las grandes dificultades del cine español es lograr continuidad, construyendo alrededor de ideas exitosas y figuras reconocidas estructuras de producción estables.

También parece excepcional, en gran medida, una película como *La Residencia* (1969), el debut cinematográfico del gran Narciso Ibáñez Serrador y producida por José Frade. Película bien producida, de aire internacional en su aspecto, le debe mucho a las producciones *de calidad* de la Hammer. En un primer momento la historia estaba destinada a convertirse en un capítulo más de la serie *Historias para no dormir*. Finalmente se decidió construir un largometraje ambientado en un lugar indeterminado de Francia y en una vieja mansión que hace las veces de internado para señoritas. La institución es dirigida con mano de hierro por una inquietante directora, la señora Forneau (Lili Palmer), que

[12] Un experto en la materia como Carlos Aguilar habla de las siguientes etapas del cine fantástico español: Eclosión (1968-1970), Explosión (1971-1973), Saturación (1974-1976) y Dispersión (1976-1983). Sitúa los momentos de máxima producción entre 1971 y 1973, justo después del escándalo Matesa. Nos parece una clasificación por etapas muy productiva, aunque hemos optado por ampliar la etapa de formación y prácticamente respetando los años del resto de la división aunque asociando las etiquetas al momento político vivido en España.

tiene un hijo, Luis, sobreprotegido y aislado de las muchachas. Se trata de un cuento de horror clásico, bien desarrollado y organizado en torno a las obsesiones creadas y fomentadas por el aislamiento físico y emocional de los personajes. La llegada de una nueva interna inicia la trama, en la que rápidamente vemos escenas de castigo físico, otras con claras alusiones a la represión psicosexual que sufren las internas y planos que activan la percepción voyeurística del espectador. Alguien observa a las internas, utilizando la vieja estructura de la casa. Se trata de Luis, el hijo de la directora, que espía a las chicas mientras se duchan por un agujero en la pared, como si de un Norman Bates en miniatura se tratara.

De *La Residencia* siempre se ha destacado su cuidada factura, el lenguaje clásico que emplea Ibáñez Serrador, los montajes alternos de secuencias muy recordadas y las escenas con los asesinatos de las chicas. Los crímenes son explícitos, violentos aunque recreados con un toque esteticista. No conoceremos la identidad del criminal hasta el *twist* final, que nos mostrará a un adolescente desquiciado y convertido en *mad doctor* por la sobreprotección de una madre. La película no contiene elementos sobrenaturales, pero se recrea en esas atmósferas góticas y recargadas que siembran la inquietud entre personajes y espectadores. *La Residencia* es una película que aparece en todas las antologías e historias del cine fantástico español pero no es una cinta fantástica. Todo en el film te prepara para un final sobrenatural que nunca se produce, pero la película es tan efectiva que habitualmente se ha disculpado ese pequeño detalle para potenciar la idea de esa malsana atmósfera de resonancias góticas. Hasta cierto punto se trata de una película que en lugar de explorar una fórmula propia se limita a aplicar, muy bien, todo hay que decirlo, una estética Hammer.

Narciso Ibáñez Serrador tardaría siete años en estrenar otra película, en este caso una cinta que sí contenía elementos sobrenaturales. Hay quien ha querido explicar esta irregularidad, y también la precariedad que parece atenazar a una parte importante de la producción española, por la ausencia de una tradición literaria de horror como la presente en Inglaterra, Alemania o EE. UU. Según Hawkins (2000:93), los directores tomaron prestadas las historias de otras tradiciones y latitudes para «nacionalizarlas» y mezclarlas con una iconografía española, que tiene en Goya y Velázquez dos de sus máximos exponentes.[13] Pero ya hemos visto que en el caso de *La Residencia*, por ejemplo, no hay mezcla, solo reproducción de formulaciones foráneas.

Tohill y Tombs (1995: 66) también apuntan que algunas de estas películas son «más violentas y viscerales, con una inclinación clara hacia lo grotesco. El público es llevado a identificarse más con los monstruos que con las víctimas». Aquí hablan de monstruos, pero digamos que el elemento de la violencia, lo

[13] Según esta idea las películas estarían impregnadas de algo similar a un «aroma español» (Tohill y Tombs: 1995).

explícito de algunos planteamientos visuales, el erotismo y una cierta búsqueda de la incomodidad del espectador, además del ánimo comercial, pueden definir bien algunas de estas propuestas. Sobre la cuestión del potencial transgresor de estas películas volveremos en breve. Pero antes de adentrarnos en los 70 debemos comentar que, además del Dr. Orloff, otro personaje monstruoso había hecho ya su aparición. Se trata del hombre lobo Waldemar Daninsky, creado e interpretado por Paul Naschy (Jacinto Molina). El director fue capaz de implantar en la memoria cinéfila europea el personaje de Waldemar Daninsky, aparecido por vez primera en la estimable *La marca del hombre lobo* (Enrique López Eguiluz, 1968). En las mitologías frecuentadas por Naschy tenemos una explosiva mezcla de vampirismo, licantropía, folklore y atmósferas malsanas que será la norma del fantástico imaginado por el incansable Jacinto Molina. De hecho, Sala (2010: 73) nos recuerda que

> *La marca del hombre lobo* es un film en ocasiones anárquico e ilógico, pero cuya visión traslada, aún hoy en día, a un universo plenamente fantástico, a una geografía irreal, bañada de colores y luces fantasmales, un film de terror con textura épica de serial y cuento de hadas, heredero de una tradición propia de otros tiempos pero perfectamente renovada ofreciendo desde el guion de Jacinto Molina una feroz visión de la licantropía y una refinada y letal apariencia del vampiro.

El hombre lobo ya no era un *mad doctor* con aires extraños, sino una criatura monstruosa y destructiva, lasciva y aberrante. En el momento de máximo esplendor del género, los hombres lobo, los vampiros y los templarios de Amando de Ossorio formarían un ejército de muertos dispuestos a subvertir los principios morales de una sociedad que asistía a una etapa final, brutal eso sí, del franquismo político en España.

2. La insurrección de los muertos: *Monstruocultura Made in Spain (1970-1976)*

Coinciden diferentes historiadores y críticos en calificar la década de los 70, al menos hasta bien entrada la misma, como la de la gran explosión del fantástico español. Ya hemos visto que el régimen de las coproducciones fue una necesidad para una parte de la industria española. Pero más allá de los motivos meramente industriales, el género se desarrolló por la existencia de una mayor y más amplia asimilación de elementos de la cultura popular que están en el origen de los gustos fílmicos de las grandes figuras del fantástico español, Jesús Franco, Amando de Ossorio y Jacinto Molina (Paul Naschy). Este cine funcionaba comercialmente, gozaba del respaldo de una parte del público y no estaba mal considerado más allá de nuestras fronteras. Con una visión comercial indiscutible, Ossorio y

Naschy intentaron dotar a la producción española de la continuidad de la que había adolecido durante tanto tiempo. Tenían dos criaturas que se prestaban a ello: Waldemar Daninsky y los inquietantes templarios.

A pesar del descalabro que supuso *La furia del hombre lobo* (José María Zabalza, 1970), Paul Naschy recuperó a su criatura en uno de los logros de la década, *La noche de Walpurgis* (León Klimovsky, 1971), una coproducción alemana (Hi-Fi Stereo 70) y española (Hispamex Films). La historia cuenta cómo dos amigas viajeras, Elvira y Genevieve, van buscando la tumba de una asesina de la Edad Media, la condesa Wandesa Dárvula de Nadasdy —trasunto de la aristócrata húngara Erzebeth Bathory— y acaban azarosamente en el castillo de Waldemar Daninsky. Una de las viajeras revive por accidente a la condesa, inicio de las desventuras de los protagonistas de la cinta. Un hombre lobo y una condesa vampira constituyen los elementos de esta mezcla bien ambientada y dirigida. La película no solo fue un éxito, sino que, como asegura Sala (2010: 77), «establece desde ese momento las claves del fantaterror español». Los cócteles de monstruos, algo que ya habíamos visto en la última etapa del ciclo clásico de la Universal en EE.UU., y que la Hammer también acometía en Inglaterra, continuaron en las siguientes cintas. En *Dr. Jeckyll y el hombre lobo* (León Klimovsky, 1971), Naschy interpreta a tres personajes: Waldemar Daninsky, el hombre lobo y Mr. Hyde. Continúa el ciclo con *El retorno de Walpurgis* (Carlos Aured, 1973), que se resiente, posiblemente, de no contar con Klimovsky en la dirección. En palabras de López y Pizarro (2013: 129), Aured «desarma por completo la lógica de la historia a base de elipsis realizadas sin medio alguno que pudiera aclarar el tránsito temporal, un brusco montaje y unos espeluznantes fallos de *raccord*. Sin lugar a dudas, la mayor proeza del producto consiste en que se convirtiera en un clásico absoluto en el extranjero». La explicación que Sala da a ese éxito (2010: 77) es que la película volvía a los orígenes medievales del mito del hombre lobo, asumiendo una proximidad con las cintas clásicas de la Universal que otras películas del ciclo no tenían.

Paul Naschy firmaría un contrato exclusivo con Profilmes, S.A., y así aparecería la sexta película de la saga, *La maldición de la bestia* (Miguel Iglesias Bonns, 1975), donde el hombre lobo se mezcla con el Yeti, el Tíbet, Londres, extraños bandoleros, Centroeuropa, un archicriminal con aires de Fu-Manchú y mujeres lobo. Queda claro que este fantaterror español podía utilizar como base a un personaje clásico, como el hombre lobo o el mismísimo conde Drácula, pero que eso no bastaba. El cóctel, las ambientaciones góticas y las atmósferas cargadas, un cierto aire *pulp*, muy practicado igualmente por el cine italiano, y el sempiterno erotismo desafiante eran sus elementos recurrentes. Lo sobrenatural podía adquirir muy diversas formas y, lo más curioso, es que dichas formas se podían entremezclar sin rubor ni reverencia alguna.

Naschy fue un autor versátil y prolífico. Se acercó también a otros mitos del terror contemporáneo, más allá del hombre lobo. En 1971 se atrevería con los conocidos sucesos de Whitechapel en *Jack, el destripador de Londres* (José Luis Madrid, 1971). La película está ambientada en Londres y Naschy interpreta a Bruno, un extrapecista acusado de asesinato. Se trata de una intriga de aspecto *giallo*, bien desarrollada pero sin elementos sobrenaturales; como tampoco los tiene *Los crímenes de Petiot* (José Luis Madrid, 1972), donde Naschy interpreta a un psicópata que utiliza túneles subterráneos en la ciudad de Berlín para acometer sus crímenes y eludir a la policía. El director se asociaría posteriormente con Javier Aguirre y de ahí nacerían las películas *El gran amor del conde Drácula* (1972) y *El jorobado de la morgue* (1972). En la historia sobre la creación de Bram Stoker se combina perfectamente el vampirismo masculino y el femenino, con un buen elenco de vampiras sedientas de sangre. No es una versión falta de erotismo, ni mucho menos, y contiene buenas escenas, con un conde distinto del interpretado habitualmente por Christopher Lee para la Hammer, más marcado por la frialdad y el distanciamiento (Sala, 2010: 81). Respecto a la segunda película, Sala la define como de «ambiente insano, necrófilo, culterano [con] evidentes guiños a Lovecraft, Maupassant o el cine de James Whale» (2010: 82). De ese mismo año, 1972, es *La rebelión de las muertas* (León Klimovsky). Naschy también trabajó con el director Carlos Aured: primero en *La venganza de la momia* (1973), centrada en momias egipcias y su variedad de maldiciones, y luego en *Los ojos azules de la muñeca rota* (1973). Naschy escribiría asimismo dos guiones para sendas películas de León Klimovsky, que también interpretaría *Una libélula para cada muerto* (1974) y *El mariscal del infierno* (1974).

Queda claro que Jacinto Molina (Paul Naschy) es un autor interesado esencialmente en géneros populares como el *thriller*, la intriga, el terror y lo fantástico. De todos ellos el que mejor le definiría es, sin duda, este último. Incluso cuando practicaba otros géneros —el *thriller*, por ejemplo—, se inclinaba por interpretarlos desde el prisma de lo fantástico, especialmente en lo que a atmósferas se refiere. Haya o no elementos sobrenaturales en sus historias, algunas películas como *Los crímenes de Petiot* se entienden mejor si se tiene en cuenta la trayectoria de Naschy.

Nos encontramos, pues, en un momento importante para el género. Es lo que Javier Pulido ha llamado la «década de oro» del fantástico español, que iría de 1967 hasta 1976 y que tendría en las producciones de Profilmes su principal argumento.[14] Es un momento de inflación de títulos: *El espanto surge de la tumba* (Carlos Aured, 1972), *La rebelión de las muertas* (León Klimovsky, 1973), *La*

[14] Para un estudio pormenorizado de esta etapa y de las condiciones industriales en las que se gestan estas cintas, es imprescindible el estudio de Javier Pulido *La década de oro del cine de terror español 1967-1976*. Su autor desmenuza a la perfección los motivos industriales

noche de los asesinos (Jesús Franco, 1973), *Los ojos azules de la muñeca rota* (Carlos Aured, 1973), *La noche de las gaviotas* (Amando de Ossorio, 1975) o *Exorcismo* (Juan Bosch, 1975). Es el momento en el que Ossorio elabora sus mejores creaciones, dando al fantástico español una de sus mejores mitologías, la de los caballeros templarios.

Amando de Ossorio fue el creador que más abiertamente trató de integrar la tradición española en el nuevo panorama industrial español, inspirándose en algunas de las leyendas de Gustavo Adolfo Bécquer, adaptando algunos elementos de nuestro romanticismo literario y yendo algo más allá del simple plagio o transposición de modelos extranjeros (Pulido, 2012: 126). Su tetralogía está compuesta por *La noche del terror ciego* (1971), *El ataque de los muertos sin ojos* (1972), *El buque maldito* (1973) y *La noche de las gaviotas* (1975). Cuatro películas que exploran los miedos provocados por figuras míticas, ligadas a la Iglesia, al pasado y a los rituales religiosos. Los Templarios son muertos que vuelven del más allá para castigar a los mortales y que en su día fueron cegados, torturados y asesinados por los excesos que cometieron y que ahora vuelven y claman venganza. Todo ello ligado a espacios rurales, inquietantes, claro ejemplo de una España atrasada, caciquil y supersticiosa. Como apunta Pulido (2012: 128), «la doble naturaleza de estos sanguinarios espectros, a la vez guardianes de la fe y maestros de la espada, se lo puso fácil para convertirlos en una metáfora de las fuerzas represivas de la España de mediados de los 70: la Iglesia y el estamento militar». Estos Templarios son guardianes de la moral, particularmente la sexual, por lo que Ossorio se recrea en los comportamientos, que serán castigados a golpe de espada. La violencia erotizada visible en la pantalla, la transgresión visual que apreciamos, incluso más allá de los cortes de la censura, se utiliza para articular, en palabras de Hawkins (2000: 94), «un discurso político, esto es, para exponer el legado de la brutalidad y la tortura que se esconden tras la cara amable del fascismo y de la estética neocatólica; incluso cuando los filmes de horror no son especialmente explícitos, sirven para asegurar un punto de vista político».

Más allá de los especialistas del género, también encontramos a otros directores con incursiones en el género de horror o en el fantástico. Lo curioso es que algunos de estos directores presentan rasgos de «autor» y, esencialmente, practicaron un cine diferente al propuesto por Naschy u Ossorio. Curiosamente será una de las figuras ligadas a la Escuela de Barcelona, Jorge Grau, la que nos legará una de las mejores películas del fantástico español de la década: *No profanar el sueño de los muertos* (1974). El director ha definido la cinta como

---

que favorecieron o forzaron, depende del punto de vista, el régimen de coproducción en el que se filmaron algunas de las películas más representativas del periodo.

«*La noche de los muertos vivientes* en color» aludiendo al clásico de Romero.[15] La Escuela de Barcelona fue un movimiento compuesto por cineastas que durante los 60 pretendieron renovar el cine español introduciendo en él aires modernos. La Nouvelle Vague o el Free Cinema inglés pudieron servir de referentes para algunos de estos creadores que, sin embargo, presentan grandes diferencias entre ellos. Pere Portabella, Jacinto Esteva o Vicente Aranda son algunos de los nombres importantes de la escuela.

De Vicente Aranda es *Fata Morgana* (1965), una extraña y laberíntica fantasía que fusiona el fantástico, la ciencia-ficción, la cultura *pop* y el policíaco en una de las propuestas más frescas del periodo. También cabe hablar de Jorge Grau, que ya había dirigido *Ceremonia sangrienta* (1972) sobre los crímenes de la condesa Erzebeth de Bathory. La película ofrece mediante un crudo realismo una «crónica social sobre la degradación de la clase aristocrática europea» (Sala, 2013:104) más que una visión puramente de género. Sin embargo sería su película sobre zombis, *No profanar el sueño de los muertos*, su mejor incursión en el terreno del horror sobrenatural. Es una obra de gran pulso narrativo, con escenas memorables y con un tratamiento tan eficaz como el clásico de Romero. Grau entendía el género. Sus planos en el hospital, con esos largos e inquietantes pasillos, las persecuciones y ataques de los zombis, los personajes asediados y sin salida —siguen siendo efectivos hoy en día— son algunos de los aciertos de la creación de Grau.

Pero si hay una auténtica *monster movie* eficaz y bien ejecutada durante este periodo esa es, sin duda, *Pánico en el Transiberiano* (Eugenio Martín, 1972). Se trata de una coproducción con Inglaterra que cuenta la historia de un antropólogo empeñado en transportar desde Manchuria hasta Londres a una extraña criatura fosilizada que ha encontrado en el curso de sus investigaciones. La criatura despierta y siembra el terror en el tren. La presencia de Cristopher Lee y Peter Cushing, la ambientación del tren, tan victoriana, y el estilo visual de Eugenio Martín hacen de esta película una de las mejores de la historia del fantástico español. La criatura de rigor está bien concebida, no hay efectismos innecesarios y Martín logra una perfecta correspondencia entre atmósfera y relato. De un año después es la nada desdeñable *Una vela para el diablo* (1973), efectiva historia de terror pero sin elementos sobrenaturales, más cercana a un film como *Las diabólicas* (H.G. Clouzot, 1955) que a su anterior y celebrada cinta. Y no deberíamos olvidar que por aquel entonces un efectivo José Ramón Larraz también se mostraba deudor de la estética anglosajona en películas como

[15] En declaraciones vertidas en el documental *¡Zarpazos! Un viaje por el Spanish Horror* (Víctor Matellanos, 2013). Un excelente comentario y una completa caracterización de la naturaleza y valor de las criaturas que pueblan la película de Jorge Grau puede encontrarse en Sánchez Trigos (2013b).

Emma «puertas oscuras» (1973), cinta mutilada tan profusamente por la censura que no acaba de entenderse qué sucede realmente.[16] Falto de público para sus propuestas, Larraz tuvo que marcharse a Inglaterra, donde realizaría diferentes películas. La mejor es, sin duda, *Las hijas de Drácula* (1974), en la que su obsesiones eróticas se dan la mano con los elementos fantásticos, en una cinta que habla de dos vampiras de tendencias lésbicas que le quitan la sangre, y el sentido, a cuanto humano —varón— se les cruza por medio.

Por su parte, Jesús Franco vivía ocupado en sus fantasías sadomasoquistas, plagadas de mujeres ligeras de ropa y abundantes pulsiones escópicas. En *Las Vampiras* (1971), Nadia (Soledad Miranda) es la hija del Dr. Orloff, que mantiene su juventud a base de largos tragos de sangre de sus bellas amantes. Del mismo año es *Drácula contra Frankenstein* (1971), *monster movie* que mezcla diferentes mitos en una historia llena de delirio —el Dr. Frankenstein resucita al conde Drácula—. En la no menos terrible *La maldición de Frankenstein* (1971) vemos a dos doctores enfrentados —el Dr. Frankenstein y el Dr. Cagliosto— y hasta a una mujer pájaro asesina. Jesús Franco ya había iniciado una etapa difícil, plagada de problemas económicos y de encontronazos con la censura. Estas cintas no carecen de valor, pues Franco es siempre ingenioso, hasta cuando el dinero no le da para poder serlo, pero al director le costará cada vez más sacar adelante sus proyectos.[17]

Lo que parece un elemento común a todas estas películas de los años 70 es el uso del monstruo como elemento disruptivo y desestabilizador. Una parte importante de estos filmes hacen del monstruo el centro moral sobre el que pivota la narración. Recordemos que «la metamorfosis del hombre en animal es la metáfora por excelencia para referirse a los temores más sentidos de la sociedad: la presencia del Mal y los pactos con el diablo, la libertad de costumbres y la búsqueda de nuevas sensaciones sexuales» (Cortés, 1997: 148). Y esa metamorfosis, entendida en un sentido amplio, bien puede incluir a los muertos andantes y los no-muertos; vampiros, zombis y creaciones de desafiantes doctores malévolos que subliman nuestros temores más íntimos sobre la muerte y el más allá. Sabemos que en España se importaron mitologías foráneas, se entremezclaron de manera muy libre y, en ocasiones, se fusionaron con elementos más próximos a la tradición hispana. En este sentido es seguramente Amando de Ossorio, con su saga sobre los templarios, quien más hizo por construir una

[16] De hecho López y Pizarro hablan de la influencia de Wes Craven sobre la cinta (2013:183).

[17] Con el tiempo todo ese erotismo indisimulado acabará en las llamadas producciones S, vigente entre 1977 y 1983. Ahí todo es posible. El díptico de Jordi Gigó, *Porno girls, Me siento extraña* (Enrique Martín Maqueda, 1977), *Dimorfo* (Manuel Rodríguez, 1979), *Los ritos sexuales del diablo* (José Ramón Larraz, 1982) o el *Sexo caníbal* (1979) del mismísimo Jesús Franco. La nómina de perversiones parece inacabable.

mitología propia, ligada al pasado mítico de la España más supersticiosa, rural y caciquil. Las preguntas que debemos hacernos es dónde y cómo se posicionan estos autores y obras frente a la España de la época y al franquismo reinante, yendo en nuestras consideraciones más allá de la transgresión que suponía el indisimulado erotismo que inundaba muchas de estas cintas. ¿Constituían estas películas, o parte de ellas, una contranarración que contenía un discurso contestatario y alternativo, disruptivo y transgresor o por el contrario no eran más que meras cintas de entretenimiento? Realmente se trata de un extremo que la historiografía no ha logrado aclarar completamente. No son pocos los autores que se resisten a considerar el potencial subversivo de cintas como *La marca del hombre lobo* (Enrique Eguiluz, 1968) o *La noche del terror ciego* (Amando de Ossorio, 1972) y que prefieren quedarse con la lectura más *exploit* que pueda hacerse de ellas.

Sin ser terreno pacífico sí podemos entrever que muchas de estas películas, ya sea por su ambientación, por su temática o por su argumento, cargan contra lo peor y más degradado de una España atrasada, caciquil y antidemocrática, en donde la violencia y la represión campan a sus anchas. Sabemos que durante los años 60 y 70 el género fantástico experimentó un crecimiento acelerado y una consolidación basada en la búsqueda de un cine de género popular, con voluntad comercial, que mezclaba elementos de la tradición anglosajona con la necesidad de encontrar una voz propia y diferenciada que permitiese normalizar la representación del monstruo dentro de un cine que no dejaba de ser español; pero también sabemos que esa búsqueda no se hizo de espaldas a la realidad circundante. Es cierto que esa adaptación de elementos foráneos se realizó, en numerosas ocasiones, con una decidida vocación *exploit* que, a juicio de algunos autores, diluye mucho su efecto crítico. Interesa, por tanto, indagar en qué medida estos autores fueron capaces de elaborar una *monstruocultura* con rasgos propios que podamos leer, hoy en día, como una reacción frente al complicado y duro contexto político y social del momento. Y esa indagación se hace incluso más importante conforme nos acercamos al tardofranquismo y a la Transición. ¿En qué media las películas de Jesús Franco o Amando de Ossorio encajan en el esquema analítico que sitúa las cintas del tardofranquismo en el binomio *reformismo consensuado* frente a *ruptura radical*? Películas de autores como Carlos Saura o Jaime Chávarri han sido fácilmente reconducidas y analizadas a la luz de estas categorías teóricas, algo que no ha pasado con las películas de género fantástico de la época. La respuesta a estas preguntas nos orientará sobre otra de las cuestiones importantes cuando analizamos este periodo, a saber, la polémica recepción, cuando no el olvido sistemático, del que han sido objeto estas cintas. El valor subversivo de estas películas siempre ha estado en entredicho, particularmente entre un sector de la crítica especializada del país. Pero haríamos bien en recordar que, más allá de la factura final de algunas de estas cintas,

Paul Naschy, Jesús Franco, León Klimovsky o Amando de Ossorio intentaron encontrar una vía de expresión propia a partir de una cultura de lo fantástico que les permitiese de manera más o menos explícita cargar contra un régimen franquista en lento pero inexorable desgaste.

Estas posiciones críticas no estaban organizadas ni sistematizadas. Como bien apunta un experto en el tema como Pulido (2012: 54),

> Ni siquiera en el caso de los realizadores que aportaron a sus películas un cierto poso crítico encontramos un posicionamiento homogéneo, como corresponde a un periodo histórico que se encaminaba a un momento de fractura inminente y a la carencia de un sentimiento de comunidad entre los principales espadas del género. Quizá la crítica más directa sea la denuncia del anacrónico caciquismo de las zonas rurales que llevó a cabo Ossorio en su saga templaria, aunque los resultados dividen a los expertos.

Pero siempre hubo una vía mucho más crematística que, a nuestro entender, no buscó una forma de expresión propia sino más bien la simple duplicación de fórmulas foráneas en un desesperado intento por ofrecer productos de consumo aptos para el mercado nacional y el internacional. Curiosamente un número importante de estas cintas se centran en replicar la temática del satanismo y se facturan a rebufo del enorme éxito de películas como *La semilla del diablo* (Roman Polanski, 1968), *El exorcista* (William Friedkin, 1973) o la más tardía *La profecía* (Richard Donner, 1976). Las sectas y el diablo aparecen en películas como *Escalofrío diabólico* (George Martin, 1971), *Los amantes del diablo* (José María Elorrieta), *La perversa caricia de Satán* (Jordi Gigó, 1973) o *Escalofrío* (Carlos Puerto, 1977).[18] También *La cruz del diablo* (John Guilling, 1975), adaptación de tres historias de Gustavo Adolfo Bécquer con guion de Jacinto Molina, Juan José Porto y Félix Martialay, o *El juego del diablo* (Jorge Darnell, 1975), indisimulada y prescindible *exploit* de *El exorcista*. Algo distinta es la estrafalaria *El monte de las brujas* (Raúl Artigot, 1972), que buscaba la manera de convertir el norte de España, perfecto ejemplo de atraso crónico, en un lugar ominoso habitado por personajes supersticiosos y crueles. Desde una perspectiva mucho más autoral, también Pedro Olea intentó con *El bosque del lobo* (1970) rescatar como material cinematográfico esa España mítica que moraba en grandes obras literarias como *El manuscrito encontrado en Zaragoza* (Jan Potocki, 1804-1805) o en la antropología de Julio Caro Baroja. El vampirismo fue otro de los temas que se dio a este doble juego. *La novia ensangrentada* (Vicente Aranda, 1972) transmite una cierta sensación autoral, con un Aranda cumpliendo la doble función de guionista y director. El guion,

[18] George Martin es el pseudónimo de Francisco Martínez Celeiro. *Los amantes del diablo*, por su parte, es una coproducción hispano-italiana.

especie de coctelera cultural, mezcla referencias de *El monje* (Matthew Lewis, 1796) con *Carmilla* (Sheridan Le Fanu, 1872). De hecho, la película pretende ser una adaptación de esta última novela, si bien la protagonista, Susan, se obsesiona con el fantasma de Mircala. Ya se sabe que en esto de la adaptación el fantástico español ha oscilado siempre entre lo creativo y lo libérrimo. El vampirismo también tenía su versión *exploit. La orgía nocturna de los vampiros* (León Klimovsky, 1973) o *La saga de los Drácula* (León Klimovsky, 1972) son un buen ejemplo de ello. Estas dos películas están ambientadas en Transilvania, se entiende que tanto por necesidades narrativas como para facilitar su exportación. También un vampiro acecha en la floja *La llamada del vampiro* (José María Elorrieta, 1972).

Siguiendo la estela de las *monster movies*, cabe citar *El pantano de los cuervos* (Manuel Caño, 1974), con sus inquietantes imágenes de bebés conservados en grandes tarros. La película explica la historia de un *mad doctor* aficionado a echar a un pantano los restos fallidos de sus experimentos genéticos. El monstruo *vegetal* sería también el protagonista de *Necrophagus* (Miguel Madrid, 1971), una rareza ambientada en fríos y rurales parajes escoceses poblados por sádicas mujeres y profanadores de tumbas. Del más allá vuelve la protagonista de *Leonor* (Juan Luis Buñuel, 1975), cinta ambientada en tiempos de la Inquisición. Por su parte, *La mansión en la niebla* (Francisco Lara Pop, Pedro Lazaga, 1972) es una coproducción hispano-italiana que explica cómo unos fantasmas inquietan a unos despistados viajeros perdidos en medio de la España rural. Ya hemos visto que son muchas las coproducciones, especialmente con Italia, Inglaterra y Alemania, y no todas tocaron temas fantásticos, muchas son películas que explotan terrores no sobrenaturales, particularmente asesinos en serie o psicopatías varias. De entre ellas destacan *Un hacha para la luna de miel* (1969) y *El diablo se lleva a los muertos* (1973), ambas del genial Mario Bava, *Ivanna* (José Luis Merino, 1970) y *La noche de los diablos* (Giorgio Ferroni, 1972).

Es cierto que gran parte de las manifestaciones más representativas de este cine se sitúan en un momento pre-Transición española, antes de la muerte de Franco a finales de 1975. De hecho, son los años dorados de la productora Profilmes, momentos de consolidación de las estéticas y universos narrativos de los autores más exitosos y momentos, también, de tensión social por los cambios que se intuían en el horizonte. El régimen franquista se enfrenta al malestar obrero, a la contestación estudiantil, al fracaso de ciertas reformas económicas, a las consecuencias de algunos escándalos de corrupción y, en definitiva, a las ansias de cambio y libertad de una parte importante de la población. Imposible en estas circunstancias no activar una cierta lectura contextual y alegórica de parte de un cine que, desafiando la censura, trataba temas fácilmente transcodificables. Frente a la represión de la sexualidad, el erotismo indisimulado de Franco, frente al caos social larvado, los escenarios y entornos malsanos de

Naschy, y frente al atraso y cerrazón de las zonas rurales, las películas de templarios de Ossorio.[19]

Los largos años de políticas de miedo y represión tenían que traducirse de alguna manera en las pantallas de cine, auténticos catalizadores de una represión impuesta verticalmente y autoaprendida horizontalmente. Nos encontramos, pues, en las postrimerías de un franquismo todavía activo pero en constante desgaste. El régimen, tras unos años de terror intenso en la posguerra civil y de férreo control ideológico, realizó una operación de maquillaje abriendo sus puertas al turismo y los empresarios extranjeros en los años 60. Esos años de desarrollismo y de un cierto aperturismo posibilitaron también la llegada de nuevos universos representativos al cine y a la incipiente pantalla televisiva. Con el paso del tiempo, los desafíos fueron más evidentes y los frentes abiertos se multiplicaron. Son los años en los que la autoría se enfrenta a la censura y Carlos Saura, José Luis Borau o Víctor Erice, por citar algunos nombres relevantes, elaboran sus diatribas más o menos indisimuladas contra un régimen en creciente agotamiento. Algunas de las cintas de estos autores estaban emparentadas, sutilmente si se quiere, con el género, pero la mayoría, no. En este contexto es fácil entender que el cine fantástico español pierde fuerza y presencia, si bien algunas de las cintas más importantes del género pertenecen precisamente a esta etapa de agotamiento. Cintas que nos legaron pregnantes imágenes que constituyen, por derecho propio, una contranarración del fin del régimen franquista. Y esa contranarración se realizó con la construcción de una *monstruocultura* de sabor patrio, si se quiere, que actuó como filtro y espejo de una sociedad en perpetua tensión y que constituye una auténtica contranarración de la descomposición del régimen y su posterior transformación por la vía del consenso político. Una contranarración que se nos antoja inclinada hacia una estética de la «no-reconciliación» que encaja mal con algunos de los discursos hegemónicos que explican el consenso posterior de la Transición española.[20]

[19] Este tipo de lecturas han sido habituales entre la crítica anglosajona cuando se ha analizado la relación existente entre género cinematográfico y periodo histórico. Así, autores como Vivian Sobchack, David Skal, Stephen King, M. Keith Booker o Robin Wood han activado lecturas que vinculan traumas históricos con momentos de eclosión de géneros populares, como el fantástico y la ciencia ficción. Estas lecturas ya canónicas y metodológicamente muy desarrolladas siguen estando ausentes, en gran medida, del panorama crítico español.

[20] La *monstruocultura* fue brillantemente definida por el historiador cultural David J. Skal en su imprescindible *Monster Show*. En ese ensayo, Skal aboga por una lectura política, contextual y altamente combativa de los productos de monstruos de la Universal que acompañaron a los años de la Depresión norteamericana. La versión española tendría, eso sí, unas gotas adicionales de sexo, sadismo y *voyeurismo*, como corresponde a una sociedad regladamente puritana.

3. La transición y el declive (1976-1983)

No es sencillo precisar por qué los géneros declinan. Como en tantas otras cuestiones, la respuesta suele estar en una combinación de factores. Nos ubicamos aquí en los años de la Transición española, marcados por el fin de un sistema de censura que había atenazado el universo de lo visible durante décadas. Es lógico pensar, pues, que directores y productores se lanzaran a amortizar las nuevas posibilidades que les otorgaba un sistema de clasificación más permisivo y que bendecía a algunos productos con la ya mítica S, garantía de disfrute para el espectador ávido de desnudeces varias. Podemos pensar que los gustos del público se fueron desplazando también por motivos coyunturales, que algunos espectadores *crecían* para incorporarse a otros productos más abiertamente polémicos y explícitamente políticos y que los aficionados al género gozaban de productos internacionales sofisticados que atraían su atención. *La profecía* (Richard Donner) es un filme precisamente de 1976, como lo son *Carrie* (Brian de Palma) y *Suspiria* (Dario Argento). Los productos estadounidenses de mediados y finales de los 70 (la generación Romero, Carpenter, Hopper) tuvieron continuidad en un cine fantástico que en los 80 alumbraría algunas de sus sagas más celebradas (como *Pesadilla en Elm Street*). Por otro lado, a partir de 1972, la Administración restringió la práctica de las dobles y triples versiones, afectando a la capacidad de exportación de estas películas (Hawkins, 2000: 95). A lo que hay que añadir que, como apunta Gubern (1995), la muerte de Franco en 1975 y el proceso de transición democrática afectaron directamente al posterior desarrollo del cine español. La derogación de la censura administrativa en noviembre de 1977 y la liberalización del mercado de importaciones provocaron, a su juicio, una mayor diversificación en cuanto a géneros cinematográficos se refiere (Gubern, 1995: 473). Ciertamente, la desaparición de la censura permitió la articulación de discursos más directos y el cultivo de géneros hasta ese momento proscritos del panorama audiovisual español. Como bien dice Sala (2010: 159) «uno de los retos del género fantástico español en esta época fue competir con el cine erótico, que, gracias a la apertura democrática, se convirtió en el gran reclamo de las salas».

El género pareció adentrarse en un primer momento de indefinición que duraría ya años y se volvería más evidente conforme nos adentrábamos en los 80. Pero antes habría de llegar la cruda *¿Quién puede matar a un niño?* (Narciso Ibáñez Serrador, 1976), que supone un auténtico capítulo aparte de la historia del cine español, tanto por su crudeza visual y moral (ahí está la escena de un niño no nacido capaz de matar a su propia madre *desde el interior*) como por la clave de lectura dada por el propio Ibáñez Serrador en el prólogo de la película. Los vengativos niños de la cinta son el producto de una sociedad enferma que ha obviado sus más elementales obligaciones morales con los más pequeños, sean estos hijos del tardofranquismo o de EE. UU., tanto da. El caso es que la película apuesta claramente por esa lectura alegórica que vincula expresamente el contexto político con el contenido de una cinta, por lo demás, emparentada con las maravillosas crueldades de Alfred Hitchcock, Joseph Losey o Wolf Rilla, quienes, en otros tiempos y lugares, ya habían efectuado apuestas parecidas.[21] La película, basada en la novela *El juego de los niños* de Juan José Plans, cuenta la historia de unos despistados turistas que van a parar a la isla de Almanzora, en la que prácticamente han desaparecido todos los adultos. Por un motivo nunca descubierto los niños han enloquecido y se han dedicado a asesinar a los adultos, aprovechando para ello su condición de aparentes seres desvalidos (cuestión a la que se refiere irónicamente el título). Podemos ver que la sombra de *El pueblo de los malditos* (Wolf Rilla, 1960) planea sobre esta historia cruel de niños asesinos que se comunican entre sí, aparentemente, mediante telepatía. A diferencia de lo que ocurría en *La residencia*, aquí sí tenemos una película con elementos fantásticos, con una efectiva puesta en escena y pocas concesiones a la comodidad del espectador, que supera a lo largo de su metraje una cierta tosquedad expositiva de ese prólogo demasiado argumentativo —las imágenes de niños maltratados por la guerra, el hambre y la maldad adulta—.

Otros creadores parecían explorar opciones muy diversas sin apostar decididamente por una. *La capilla ardiente* (Carlos Puerto, 1980) es una rareza escrita por Eugenio Martín y el propio Puerto, rodada en coproducción con México, y que cuenta la historia de un joven con poderes telequinéticos que acaba en una vieja casa en la que ocurren cosas inexplicables. Eso y un fantasma del pasado resumen la mezcla en la que habitan la sombra de *Carrie* y de *Pesadilla diabólica.* Carlos Puerto ya había rodado en 1978 la irregular *Escalofrío*, historia de dos matrimonios ligeros de ropa enfrentados a sucesos de corte diabólico.

La casa encantada constituye a su vez el perfecto escenario de *Aquella casa en las afueras* (Eugenio Martín, 1980). Malsana cinta sobre una casa en la que se habían practicado en el pasado abortos ilegales y que en la actualidad presenta a unos despistados e inocentes inquilinos; ella está embarazada, por supuesto. Aunque Eugenio Martín fue uno de los realizadores importantes asociados al género, solo rodaría dos películas más después de esta, una de ellas de corte fantástico, *Sobrenatural* (1983), obra no demasiado conseguida en la que el espíritu de un marido revoltoso vuelve para acosar a su mujer. Destacar que un año antes se había estrenado la resultona *El Ente* (Sidney Furie, 1982), con la que la película de Martín presenta parecidos argumentales razonables, como también los presenta con *El ser* (Sebastián D'Arbó, 1982), película de fantasmas

[21] La película de Ibáñez Serrador se inscribe ya en fechas próximas al declive del género en España, además de ser la última apuesta cinematográfica del creador de *Historias para no dormir.*

en donde una mujer pierde a su marido en un accidente y poco después empieza a notar presencias extrañas en su casa. Dos años antes D'Arbó había realizado *Viaje al más allá* (1980), una película de terror más tradicional.

Los zombis, criaturas sobrenaturales activadas gracias a la genialidad de George Romero, también tendrán un pequeño espacio en estos años —más allá de la excepcional película de Jorge Grau—. En la demencial *La invasión de los zombies atómicos* (Umberto Lenzi, 1980), obra ya de culto, los zombis corren que se las pelan, anticipando a esas criaturas —infectados según algunos expertos en la materia— tan de moda hoy en día. Algo más lentos, y no por eso más tradicionales, son los zombis de *Apocalipsis Caníbal* (Bruno Mattei, Claudio Fragasso, 1980), película explícita, con mucho más gore que guion.

En estos años Paul Naschy da el salto a la dirección de películas —que ya había acometido en más de una ocasión de manera oficiosa— con *Inquisición* (1976), que firma con su nombre auténtico, Jacinto Molina. La película, de factura cuidada y esmerada narrativa, cuenta una historia ubicada en la Francia del siglo XVI sobre el gran inquisidor Fossey, azote de brujas y herejes. El amor entre Fossey y una mujer acusada de brujería será uno de los conflictos centrales de la historia, por demás de gran interés y cuidada atmósfera. Naschy demostró que podía ser un gran director, pero lo hizo cuando el género declinaba. También se interesó por otros temas. En 1977 se adentra en la España negra con *El huerto del francés*, cinta sobre los crímenes de un asesino en serie rural. En 1979 recupera de nuevo la senda fantástica en *El caminante*. En este caso se trata de una película que trata el tema del satanismo y que obtuvo una clasificación S por su marcado erotismo. El cambio de década nos devolvería a Waldemar Daninsky con *El retorno del hombre lobo* (Jacinto Molina, 1980), con su intento por revitalizar su mito más exitoso a base de una combinación simpática pero imposible entre vampirismo, licántropos y satanismo. Hay que decir que la cinta fue exitosa. Del mismo 1980 es la curiosa *El carnaval de las bestias*, recordada por ser la primera coproducción entre Japón y España. Más bien un *thriller* con familia de caníbales incluida que parece ya fuera de su tiempo. Poco después, en 1983, la mitología de Daninsky revive una vez más con *La bestia y la espada mágica*, en donde ninjas, samuráis y hombres lobo se entremezclan en lo que parece ya una revisión autoparódica, hasta cierto punto, de la propia mitología inventada por Jacinto Molina.

El director intentó recuperar a otro personaje anterior, Alaric de Marnac, en la nada exitosa *Latidos de pánico* (1983). Sala (2010: 169) explica el fracaso comercial de esta propuesta como un síntoma de la decadencia en la que estaba cayendo el género, con un público que abandonaba definitivamente las propuestas que en años anteriores había respaldado. Sala (2010: 172) da otras razones para explicar este declive: la desaparición de los circuitos de exhibición adecuados para estas propuestas (cines de programa doble y de barrio), la fuerte entrada de productos norteamericanos del género, exitosos y bien producidos, y la revitalización de los géneros de la ciencia ficción y de aventuras. La transformación de Hollywood en una compleja maquinaria industrial que se recuperaba de la crisis de los 70 a fuerza de facturar importantes *blockbusters*, seguidos de réplicas menores acometidas por multitud de empresas que vieron su oportunidad en los 80, explica, en parte, esa decadencia de las películas del fantástico español. El imaginario del espectador fue colonizado por un cine de terror (con elementos sobrenaturales o no) de gran éxito, particularmente entre los espectadores más jóvenes. La fórmula de sagas como *La noche de Halloween* (estrenada en 1978) o *Viernes 13* (con una primera película en 1980) no es nada nuevo para espectadores acostumbrados al *giallo* italiano o conocedores del fantástico español. Pero la cuidada factura de estas películas sí marca una diferencia. Es el tiempo de grandes directores como Carpenter, Joe Dante o John Landis, y de otros menos conocidos responsables de *remakes* y continuaciones de toda especie y condición.

No es sencillo elaborar un juicio global sobre el valor que el cine fantástico español tuvo en los años del tardofranquismo y la Transición española. Y no lo es porque al carecer de una tradición cinematográfica sólida sobre la que construir un discurso audiovisual, el cine fantástico español se vio obligado a elaborar una propuesta a partir de la forzada mezcla de referentes literarios y cinematográficos foráneos. Para los creadores como Paul Naschy o Amando de Ossorio, esta mezcla era una forma de reconocimiento y una base sobre la que construir una obra de género. Para productoras como Profilmes, la mezcla en sí misma no era más que un camino rápido y barato hacia el estreno nacional e internacional de sus películas. Atrapados entre tensiones creativas y comerciales, autores como Aured, Grau o Franco fueron capaces de tensar la cuerda con la censura en su búsqueda de una contranarrativa que diera buena cuenta, en clave alegórica, de los sinsabores y desatinos de un régimen en progresivo y evidente desgaste desde finales de los 60 y principios de los 70. Que la censura se fijase más en los desnudos y menos en los malsanos climas de corrupción moral de algunas cintas de Jesús Franco, por citar un ejemplo, fue una suerte de tenue justicia poética para creadores a los que despreciaban e ignoraban a partes iguales censura, crítica especializada y público bienpensante.

Quizás sea este desprecio generalizado (que, en gran medida, todavía pervive) motivo importante para entender el escaso impacto público que estas películas, en su mayoría, tuvieron en su momento. Y por impacto público nos estamos refiriendo no al éxito de espectadores, que en ocasiones sí tenían algunas de estas cintas, sino a la floja consideración por parte de crítica especializada, historiadores, responsables de televisión, periodistas e intelectuales.

El género fantástico apenas contaba para la progresía cinéfila, como tampoco lo hacía para la televisión. Los espectadores más politizados tenían en espacios como *La clave* un refugio natural. Explica con detalle Manuel Palacio, en su imprescindible *La televisión durante la Transición española*, el valor que programas como el citado tuvieron en la construcción de un espacio mediático en el que debatir la lenta transformación democrática del país. Y si asumimos, como argumenta Palacio (2012: 287), que «las ficciones constituyen el núcleo central para observar las características de la televisión del pasado», podemos concluir que el género fantástico fue obliterado en favor de otro tipo de productos como la serie de televisión *Fortunata y Jacinta* (1980). No es la adaptación de Mario Camus, con todo, una obra simplista. Recordemos que en la serie «no se llega a plantear el discurso del consenso que dará forma a los relatos sobre la Transición» (Palacio, 2012: 325), lo que resulta valiente en aquellos años. Con todo, sus cuidadas imágenes de época, digeribles y propicias para la progresía cinéfila en sus vertientes de crítica y espectador, poco tienen que ver con las malsanas atmósferas pensadas por Naschy u Ossorio.

Solo puede concluirse que los productos estrechamente vinculados a la cultura popular en su versión *fantástica* no son del agrado de las aburguesadas clases que respaldaron productos como el de Mario Camus, por citar solo uno. El cine de género no jugó un papel político en la Transición porque la televisión y la progresía cinéfila obviaron su existencia, desatendieron el valor subversivo de sus imágenes y sepultando sus manifestaciones bajo toneladas de fotogramas «de calidad». Como puede comprobarse, la explicación atiende a múltiples factores que, finalmente, impiden la vinculación de las películas aquí citadas con el terreno de la memoria histórica en el tardofranquismo y la posterior Transición. Ello es así, también, por el difícil encaje que tenían estas películas dentro del esquema conceptual *Reformismo/Ruptura*, que permitía ubicar críticamente ciertas manifestaciones cinematográficas de cineastas-autores que, en las postrimerías del franquismo, acometieron sus críticas contra el régimen. No hay que olvidar que «los relatos oficiales sobre la Transición se han construido sobre la idea de reconciliación entre unos españoles que a pesar de sus discrepancias superan las heridas del pasado y conciben juntos el futuro» (Palacio, 2011: 7). Fruto de esos relatos oficiales, no son pocas las películas y series de televisión que han sido obliteradas sistemáticamente por no encajar en ellos, y por haber quedado fuera también de la lectura rupturista, reservada a ciertos productos de autor o formulaciones «serias». Si a eso le añadimos un cierto desprecio por la idea de una España mágica, emparentada con el atraso y el subdesarrollo rural, tenemos un mapa más completo de la falta de interés que este cine presenta entre crítica y gran parte del público. Estos elementos propios de una España profunda querían dejarse atrás como si el franquismo se hubiese apoyado exclusivamente y por cuarenta años en el analfabetismo de las masas y la ignorancia popular y no en el criterio profesional de una España desarrollista, industrializada a la fuerza (y sin orden ni concierto), reconstruida a pie de playa y tecnocrática (en el peor sentido de la palabra). La inflación de títulos y la calidad desigual de los mismos es otro de los elementos que dificulta el análisis. Con todo, se detectan tendencias mayoritarias en ellos. No son pocos los títulos que directamente apuestan por utilizar el poder subversivo del monstruo como elemento desafiante y central de historias que desarrollan un alto potencial alegórico y que, mediante el cuestionamiento de los códigos que hemos diseñado para interpretar y representar la realidad, nos obligan a pensar sobre el difícil contexto del tardofranquismo y la Transición (Roas, 2006a: 40). Ello es tan visible en *La marca del hombre lobo* como en *No profanar el sueño de los muertos* (Grau, 1974). No podemos obviar el potencial alegórico del género, cuyo principal combustible son temores y miedos bien instalados en nuestro interior. Como bien dice Stephen King, «esos temores, que a menudo son más políticos, económicos y psicológicos que sobrenaturales, otorgan a las mejores obras de horror una agradable sensación alegórica [...] un tipo de alegoría con el que la mayoría de los cineastas parecen sentirse a gusto» (2006: 26).

Falta por acometer un estudio más sistemático del género desde perspectivas vinculadas a cuestiones como la memoria histórica, la lógica y funcionamiento de los medios de comunicación y la historia política de este país. Falta, en definitiva, un modelo heurístico adecuado para el estudio del cine fantástico español. Es posible que con el tiempo, la perspectiva crítica que tenemos sobre estas películas mejore y seamos capaces de valorar su importancia política y social con más y más eficaces herramientas.

Así las cosas bien podemos afirmar que el género fue perdiendo fuerza antes de que la producción de películas en España fuese bajando y se constaran los efectos de la Ley Miró, algo que ocurriría una vez finalizada la Transición. Y que si bien hemos apuntado algunos posibles motivos de un estudio más sistemático, podrían deducirse otras causas más allá de las apuntadas.

4. Años difíciles (1984-1989)

Agotada la Transición y mediados los 80 podemos constatar una mayor irregularidad en la producción del cine fantástico, que se corresponde con el paulatino declive de las figuras centrales de ese particular deshielo cinematográfico español que mezclaba por igual sangre, monstruos, erotismo, vampirismo y muertos vivientes. El declive del género supone la práctica desaparición de la *monstruocultura made in Spain*, el fin de las diferentes mitologías —Orloff, Daninsky y los Templarios— y la obligación para sus creadores de reciclarse, abandonar o vivir en la precariedad. Con una producción en constante descenso, un público perdido ya para la causa y una televisión pública que no apostaba por productos de corte fantástico no era posible producir cintas como en años anteriores.

Es importante preguntarnos sobre el papel jugado por la televisión. Si nos fijamos en otras cinematografías de referencia, veremos que la televisión funciona en ocasiones como catalizador de los éxitos y tendencias cinematográficas, retroalimentando el gusto por determinados géneros y productos. Seriales como los clásicos británicos *Thriller* (1973-1976), *Hammer House of Horror* (1980), o los norteamericanos *The Twilight Zone* (1959-1964), *The Outer Limits* (1963-65) o *Night Gallery* (1970-73) no solo recogen una larga tradición de género sino que funcionan como activadores culturales de primer orden que provocan réplicas posteriores influyendo notablemente, las series citadas lo han hecho, a posteriores creadores. En España, productos clásicos, apreciados y de calidad como *Historias para no dormir* (1965 en adelante) o *¿Es usted el asesino?* (1960) no generan réplicas ni continuaciones relevantes en los 80, años en los que Televisión Española se mostró proclive a la adaptación televisivas «de calidad». Prueba de ello son las transposiciones a la pequeña pantalla de textos de Gonzalo Torrente Ballester, Benito Pérez Galdós o de Vicente Blasco Ibáñez. Incluso un creador de primer orden como Narciso Ibáñez Serrador parece perder interés por continuar con los fructíferos planteamientos efectuados hasta la fecha —de hecho abandona, la ficción para centrarse en la televisión de concurso y entretenimiento semanal—. Sin una televisión que arropase a los creadores más dados al género y fomentase su consumo los directores aficionados al género fantástico, se quedaron sin el último asidero que podría haber reactivado sus andaduras. Como explicaremos con detalle en el capítulo dedicado a televisión, *Historias para no dormir* fue una serie de capital importancia y no fue un ejemplo único de serie poblada por elementos fantásticos. Pero, por desgracia, no generó réplicas ni continuidades durante los años 80, en donde el fantástico desapareció paulatinamente de Televisión Española.

¿En qué está ocupado el espectador español en la segunda mitad de los 80? Se ha especulado mucho sobre los efectos que la conocida como ley Miró ha tenido sobre el cine español y, más concretamente, sobre el mercado del cine de género. Embarcado en la reivindicación de la autoría cinematográfica como valor central de la industria, el cine español se enquista en los 80 en la adaptación del *texto prohibido* durante el franquismo, la rearticulación de una memoria colectiva dañada por los efectos de la dictadura y en un realismo sucio y directo que daba cuenta del panorama urbano que empezaba a vislumbrarse en las grandes ciudades del país. Poco espacio quedaba para la mitología propia del género fantástico, particularmente en una década (la de que va de 1985 a 1995) en la que la producción de largometrajes en España baja sensiblemente respecto a la contabilizada en el decenio 1975 a 1985. De algo más de un centenar de películas de media anual, se pasa a unas cincuenta películas por año, algo que, evidentemente, repercute negativamente en un género que, casi siempre, ha vivido dentro de sistemas industriales de producción continua y exhibición asegurada. Mucho se ha escrito sobre este descenso y no pocas son las voces que han criticado abiertamente la política del primer gobierno socialista y la adopción de la conocida como Ley Miró, una normativa de la que el propio Jorge Semprún, a la postre ministro de cultura durante una corta etapa, dijo que era una ley hecha por una directora para los directores y no para la industria.

Como apunta Monterde (1993: 98-100), la producción cinematográfica nacional tocó fondo en 1986, con un total de 51 largometrajes producidos (más 9 coproducciones internacionales), una cifra insuficiente si se pretende tener un cine de género sólido y apreciable. La experiencia nos confirma que el género fantástico vive mal en estructuras industriales raquíticas que no saben ni pueden diferenciar su producción en líneas mayores y menores. El incremento de costes de producción y el descenso generalizado de asistencia a las salas (un fenómeno mundial, no solo español) dificultaron aún más si cabe la revitalización del género. Ese divorcio entre público y cine español puede vincularse también a la consolidación de una línea de producción de un supuesto «cine de calidad» que pretendía competir a nivel autoral en los mercados internacionales. Como nos recuerda Riambau (1995: 403), «la tendencia dominante se dirigió hacia una cierta uniformidad de los modelos, tanto de producción como estéticos, compatibles con la voluntad de proteger y promover el cine de autor».

Esta insistencia por un determinado tipo de cine *de autor* deja fuera en gran medida a la película de género puro y duro en su versión más *pulp*, extrema y autoconsciente de su adscripción temática y formal. El fantástico se entremezcla, se vuelve bastardo y, en ese sentido, sí pueden rastrearse algunas películas de interés en los 80 que parecen más bien anomalías en la estela de lo que fue *Arrebato*. Esas películas concuerdan con el concepto que tiene David Roas sobre lo fantástico (2006b: 95) y no necesariamente vehiculan su propuesta a través de la figura del monstruo. Enfrentados a un auditorio cada vez más consciente y educado en los recursos del género, y abandonada en gran medida la vía de la película de terror *made in Spain*, los creadores se enfrentan a la necesidad de luchar contra el concepto de lo real que el espectador maneja, transgrediendo los límites de lo que se considera «normal».

Si en años anteriores la apuesta por lo sobrenatural, materializada en forma de monstruo efectista, era una elección de diferentes directores, una mayor ambigüedad se adueña de las escasas ficciones que en los años 80 apuestan por entornos, temas o tramas de corte fantástico. Filmes como *Angustia* (Luna, 1987) se mueven por una fina línea de sombra y parecen corroborar las palabras de Stephen King, cuando comenta que «el terror a menudo surge de una penetrante sensación de descentralización; todo se desmorona a nuestro alrededor. Si esa sensación de desmoronamiento es repentina y parece personal (si le golpea en el corazón), entonces se incrusta en la memoria» (King, 2006: 31). Una cierta cercanía parecen mostrar películas como la citada de Bigas Luna u otras que, como *Tras el cristal* (Villaronga, 1987), exploran la torturada y abyecta dimensión interior de un sujeto no ya escindido, sino abiertamente fracturado en mil pedazos. Esto es lo que queda tras el declive de una forma de hacer y entender el cine que se agotaba con títulos como *Revenge in the House of Usher* (Jesús Franco, 1982), *Mil gritos tiene la noche* (Juan Piquer Simón, 1982), *Macumba sexual* (Jesús Franco, 1983) o *Serpiente de mar* (Amando de Ossorio, 1985).

La propia *Serpiente de mar* (1985), la última película de su director, es un buen ejemplo de la desorientación en la que había caído el género. Se trata de una película que el productor José Frade quería para el mercado de EE. UU. Se rodó en inglés con un presupuesto ridículo para una *monster movie*, sin los efectos especiales requeridos por la historia, de manera que el conjunto no se sostiene. El género caía por el precipicio del *exploit* más descarado e ineficaz, copiando propuestas foráneas, jugando al equívoco con títulos que llamaban a engaño, aprovechando así la estela de éxitos de otras latitudes. Las películas no podían competir en factura y nivel de producción con sus homólogas norteamericanas y, además, no se encontraba la manera de crear una línea coherente dentro del género. Dos *exploits* de José María Larraz refuerzan esta sensación: *Descanse en piezas* (1987) y *Al filo del hacha* (1987) son dos coproducciones entre EE. UU. y España, con José Frade de nuevo como director de la orquesta financiera. Las cintas no cumplen con las expectativas y están muy lejos de lo mejor de Larraz, que intenta aprovechar el éxito internacional del *slasher* sin estar a la altura de lo que había estrenado en años anteriores.

Otro buen ejemplo de la precariedad y permanente provisionalidad a la que parece sometido el género fantástico español nos lo ofrece la figura del realizador Juan Piquer Simón. Autor empeñado en reivindicar a los autores clásicos de aventuras que tantas aficiones y vocaciones han precipitado en nuestro país, rinde sentido homenaje en sus adaptaciones de Jules Verne, H. P. Lovecraft, E. A. Poe o Emilio Salgari y a los grandes artesanos americanos, como George Pal o Ray Harryhausen. Por muy precarias que se vean algunas de sus películas, es justo decir que su apuesta no está exenta de una cierta coherencia y que sus películas no siempre fueron fracasos comerciales, más bien lo contrario. Su *Viaje al centro de la Tierra* (1977) recauda doscientos millones de las antiguas pesetas y cuenta con dos millones de espectadores en las pantallas nacionales. De ese interés popular da cuenta igualmente una cinta como *Mil gritos tiene la noche* (1982), en este caso una propuesta más en la línea del cine *slasher* y que abandona por completo los mundos perdidos y los científicos locos. Se trata de una impactante cinta que arranca con el asesinato cometido por un niño que, gracias a su condición de tal, consigue engañar a casi todos los que le rodean —como puede verse, la sombra de Carpenter es siempre alargada—. Por su parte, *Slugs, muerte viscosa* (1987) es una curiosa revisitación del cine de monstruos norteamericano de los 50 y 60, pero está realizada en un momento ya muy complicado para el mercado español. El nivel de desarrollo tecnológico que habían adquirido las películas norteamericanas dejaba a las españolas en gran inferioridad.

Piquer Simón sigue haciendo cine pero si sus anteriores cintas, muy particularmente las de finales de los 70 y primeros 80, parecían conectar con un gusto más nostálgico por los mundos de aventura y fantasía que formaban parte del referente cultural del público, no podemos decir lo mismo de lo que ocurre en los primeros 90. Sus filmes *La isla del diablo* (1994), *Manoa, la ciudad de oro* (1996) y *El escarabajo de oro* (1997) ya no encuentran un público. Para Palacios (1999: 378), en el caso de Juan Piquer Simón, lo que era adecuado para una sensibilidad espectatorial en tiempo de la Transición ya no conecta con el relevo generacional de espectadores jóvenes más acostumbrados a grandes espectáculos protodigitales o a sensibilidades extáticas como las propuestas por cintas tan comentadas e influyentes como *Terminator 2* de James Cameron.

Es perfectamente posible que las palabras de Stephen King (2006: 59) puedan explicar, al menos en parte, los vaivenes que el cine fantástico español ha sufrido a lo largo del periodo posfranquista:

> Las películas y novelas de horror siempre han sido populares, pero cada diez o veinte años parecen gozar de un ciclo de popularidad y visibilidad intensificadas. Estos ciclos casi siempre parecen coincidir con periodos de tensiones económicas o políticas, y dichos libros y películas parecen reflejar esas preocupaciones que flotan en el aire (a falta de un término mejor) acompañando a estas dislocaciones graves pero no mortales.

King opina que esos relatos de horror funcionan peor cuando el público se ve enfrentado al auténtico horror en sus vidas, de lo que podemos deducir que todo hecho traumático necesita ser asimilado antes de generar sus réplicas en el terreno de la ficción. Y que es precisamente en esos momentos de lenta pero inexorable digestión cuando mejor pueden funcionar ese tipo de figuraciones fantásticas. Cierto o no, lo que sí podemos afirmar es que acabada la Transición, ese cine fantástico español deja de tener importancia y difusión.

Así las cosas, la vía Piquer Simón tiene más personalidad y pasión que resultados, particularmente al final. El fantástico en los 80 se repartirá entre clásicos agotados (Franco y Naschy, principalmente), francotiradores (hoy olvidados en su mayoría) y directores-autores (Villaronga o Bigas Luna, como hemos visto) que, de vez en cuando, impregnarán sus películas con algunos elementos fantásticos. Películas como *El anillo de niebla* (Antonio Gómez-Olea, 1985), *El vivo retrato* (Mario Menéndez, 1986) o *Testigo azul* (Francisco Rodríguez, 1989) son hoy piezas olvidadas. Anillos de poder, niños robados, iconografías nazis, testigos accidentales en parques, sectas y hasta Luis Eduardo Aute son algunos de los componentes que se esparcen por estas tres películas.

Alguien no sospechoso de transitar habitualmente el género como Manuel Gutiérrez Aragón estrenó en 1984 la estupenda *Feroz*, fábula con oso parlante de por medio. La película fue un fracaso de taquilla y su director se olvidó de los experimentos fantásticos para adentrarse en cuestiones más sociales (su película de 1986, *La mitad del cielo*, ganaría la Concha de Oro en San Sebastián). *Otra vuelta de tuerca* (Eloy de la Iglesia, 1985) es una de las cintas más interesantes del periodo. Historia bien ambientada y dirigida, hace gala de una atmósfera malsana al tiempo que articula una lectura homosexual de la obra de Henry James y criticando la cerrazón ideológica del catolicismo más rancio (López y Pizarro, 2013: 336). Pero estamos ante rarezas, ejemplos aislados, pequeñas recuperaciones y alguna incursión autoral. El género como tal pierde su fuelle, a la espera del relevo generacional creativo que cambiará drásticamente el panorama a partir de los 90.

8.

TELEVISIÓN 1960-1990

Ada Cruz Tienda
Universitat Autònoma de Barcelona

Una pequeña ventana al miedo

Lo fantástico ha estado presente en la televisión española desde el momento en el que esta empezó a consolidarse como medio de comunicación de masas, entre mediados de los años 60 y 70 del siglo pasado (García de Castro, 2002). Es innegable que la estética realista siempre ha ocupado un lugar hegemónico en TVE,[1] pero la corporación nació con un espíritu relativamente abierto a la experimentación que propició que lo fantástico se fuera filtrando progresivamente en sus contenidos ficcionales, sobre todo desde que se regularizaron las emisiones de la segunda cadena (UHF), el 15 de noviembre de 1966.[2] Durante los años siguientes, la televisión se convirtió en una plataforma de difusión de lo fantástico que contribuyó, sin duda, al proceso de normalización que experimentaría el género en el país en las décadas posteriores.

Es cierto que ya a finales de los años 50 pueden encontrarse elementos próximos a lo fantástico en algunas producciones propias de TVE, así como en los episodios de *The Twilight Zone* (CBS, 1959-1964) que se emitieron de forma aislada en 1961 con el título *Dimensión desconocida*, pero la popular serie *Historias para no dormir* (1966-1968; 1982) fue el primer espacio televisivo español que apostó con éxito por lo fantástico, el terror y la ciencia ficción, géneros con los que su director y guionista, Narciso (Chicho) Ibáñez Serrador, ya había obtenido una buena respuesta de público y crítica durante su estancia

[1] La cadena hace su primera emisión regular el 28 de octubre de 1956, pero no es hasta 1958 cuando «deja de ser una estación televisiva en pruebas y se convierte en una verdadera emisora, aunque extraordinariamente modesta, de televisión» (Manuel Palacio, 2010: 15).

[2] Véase Palacio (2001), García de Castro (2002) y Díaz (2006).

en Argentina, especialmente con las series *Obras maestras del terror* (Canal 7 y Canal 9, 1959-1962) y *Mañana puede ser verdad* (Canal 7, 1962).[3]

Ibáñez Serrador empezó a trabajar en TVE en 1963, en un momento en el que la cadena buscaba precisamente nuevos contenidos y formatos (Díaz, 2006). Dado su currículum, la cadena le dio plena confianza y libertad en la elección de los temas de sus programas, lo cual favoreció que el realizador optara por unos géneros que hasta entonces habían sido excluidos del medio.

El director introdujo el terror, la ciencia ficción y lo fantástico en la televisión española de forma progresiva, una estrategia claramente acertada que le permitió poner a prueba los gustos de la audiencia. Lo primero que dirigió para TVE fue un gran número de episodios de la serie *Estudio 3* (1963-1965), un programa nocturno compuesto por episodios autoconclusivos y seriados de género muy diverso, que le permitió constatar qué tipo de ficciones llamaban más la atención a los telespectadores españoles (Mendíbil, 2001: 23; Torres, 1999: 235). Al comprobar la buena acogida que estaba teniendo el género del suspense, Ibáñez Serrador también escribió guiones originales más cercanos al terror, como «El extraño señor Kelerman», emitido el 13 de enero de 1964.

Poco después creó el primer espacio televisivo español especializado en ciencia ficción: *Mañana puede ser verdad* (1964). Todos sus programas —a excepción del episodio «NN23», emitido el 23 de abril de 1965— fueron *remakes* de guiones que Ibáñez Serrador había realizado anteriormente para la televisión argentina: «El zorro y el bosque» (12 y 29 de mayo de 1964), basado en el relato homónimo (1951) de Ray Bradbury; «Los bulbos», guion original que se emitió de forma seriada los días 6, 13 y 20 de noviembre de 1964; y «El hombre y la bestia», una adaptación de la novela *Strange Case of Dr. Jekyll and Mr. Hyde* (1886), de R. L. Stevenson, puesta en antena los días 5 y 12 de marzo de 1965. Tras las primeras emisiones de *Mañana puede ser verdad*, TVE empezó a programar los episodios de ciencia ficción de la serie estadounidense *The Outer Limits* (ABC, 1963-1965), que aquí fue traducida como *Rumbo a lo desconocido*, emitida entre el 7 de octubre de 1964 y el 24 de febrero de 1965 y, en un segundo periodo, entre el 18 de noviembre de 1966 y el 27 de agosto de 1967. Ello constituye una clara muestra del interés que empezaban a despertar los géneros no miméticos en los televidentes españoles.

La buena respuesta de la audiencia —especialmente en relación con los tres capítulos de «Los bulbos», una de las primeras obras de TVE en las que «triunfa El Mal» (Díaz, 2006: 171)— confirmó a Ibáñez Serrador que el nuevo público estaba preparado para sus historias de terror. En ese contexto, realiza una

---

[3] Véase Serrats Ollé (1971), Torres (1999), Mendíbil (2001), Mendoza (2009), D'Ambrosio y Gillespi (2010), Cascajosa (2010), Hernández y María (2012), Lázaro-Reboll (2012), Cordero Domínguez (2015) y Cruz Tienda (2015).

nueva versión de uno de los guiones que le había deparado un mayor éxito en Argentina: su adaptación personal de «The Tell-Tale Heart» (1843), de Edgar Allan Poe. Esta producción, que aquí recibió el título de «El último reloj» (*Tras la puerta cerrada*, 18 de diciembre de 1964), fue escogida para representar por primera vez a España en el Festival Internacional de Televisión de Montecarlo, donde obtuvo una mención especial. Así pues, Ibáñez Serrador no solo apostó por el género del terror como una forma segura de calar en la audiencia autóctona, sino que además consiguió con ello reconocimiento internacional.

Solo un año después, TVE volvió a ser premiada con una pieza no mimética, la distopía *Un mundo sin luz*, dirigida por Pedro Amalio López y adaptada por Alfredo Muñiz sobre una idea original de Carlos Buiza.[4] El mediometraje obtuvo la Placa de Oro y Premio del Jurado en el IV Festival Internacional de Berlín de 1965. En este guion, una civilización extraterrestre secuestra a todos los niños de la Tierra para dar una lección a los adultos humanos, que solo podrán salvar a su especie si demuestran que son capaces de entender y respetar a los niños, cuya vida ponen continuamente en peligro en un entorno de perpetua guerra mundial (Merelo, 2003). A partir de los primeros premios internacionales que consigue la televisión española, el régimen dictatorial decide aumentar la inversión en su única cadena, con el objetivo de «potenciar la capacidad de influencia social del medio» (García de Castro, 2002: 34), lo que desemboca en la segunda mitad de los años 60 en una serie de mejoras técnicas en la televisión que repercutieron favorablemente en las nuevas creaciones de Chicho y de los guionistas y realizadores que le siguieron.

En ese contexto, Ibáñez Serrador decide empezar una nueva serie: *Historias para no dormir*, que recogió en un mismo espacio los géneros que habían conseguido una mejor respuesta del público español hasta el momento (el suspense, el terror y la ciencia ficción), añadiendo, por fin, lo fantástico.

La introducción de lo fantástico en TVE

La popular serie de Ibáñez Serrador se compuso de dos temporadas emitidas en horario nocturno entre 1966 y 1968, a las que habría que sumar cuatro episodios de una tercera, muy posterior (1982), que quedó inacabada. La primera temporada comenzó el 4 de febrero de 1966 y finalizó el 24 de junio de ese mismo año, incluyendo quince historias —algunas de ellas, divididas en dos episodios—. La segunda, que solo constó de ocho episodios autoconclusivos, se extendió entre el 20 de octubre de 1967 y el 23 de febrero de 1968. Ibáñez Serrador se encargó de la realización y la redacción de los guiones, si bien la idea

[4] El escritor la publicó como novela corta en la colección «Nebulae» de la editorial Edhasa en 1967.

original de algunos de ellos proviene de colaboradores que luego tendrían un importante papel en el desarrollo de lo fantástico en sus diferentes manifestaciones, como Carlos Buiza, Fernando Jiménez del Oso y, sobre todo, Juan Tébar.

El denominador común de los episodios de *Historias para no dormir* es la experimentación con el miedo a través de diversos géneros afines, entre los cuales destacan la ciencia ficción y lo fantástico. La serie incluyó algunos episodios enmarcados en el género policíaco: «El cumpleaños» (estrenado el 4 de febrero de 1966), fiel adaptación del relato «Nightmare in yellow» (1961), de Fredric Brown; «La oferta» (11 de marzo de 1966); «El aniversario» (22 de abril de 1966); y «La broma» (17 de junio de 1966), inspirado en el episodio de *Alfred Hitchcock Presents* (CBS y NBC, 1955-1965) «The Jokester» (1958), escrito por Robert Arthur Jr. También se encuentran en este espacio unos pocos guiones centrados en el terror físico no sobrenatural: la adaptación de «The Cask of Amontillado» (1846), de Edgar Allan Poe, titulada «El tonel» (4 de marzo de 1966); «La cabaña» (29 de abril de 1966), realizado a partir del guion de Alejandro García Planas y Antonio Cotanda Arnal; y «La promesa» (12 de enero de 1968), un argumento original de Luis Peñafiel que toma algunos elementos de la película de Roger Corman *Premature Burial* (1962) y que, como esta, gira en torno al terror a ser enterrado en estado cataléptico, partiendo del relato de Edgar Allan Poe «The Premature Burial» (1844).[5]

En los márgenes de la ciencia ficción, los episodios basados en cuentos de Ray Bradbury constituyen una abrumadora mayoría: «La bodega», emitido en dos capítulos (18 y 25 de febrero de 1966) e inspirado en el relato «Boys! Raise Giant Mushrooms in Your Cellar!» (1962); «El doble» (18 de marzo de 1966), fiel adaptación de «Marionettes, Inc.» (1949); «El cohete» (15 de abril de 1966), escrito a partir del cuento «The Rocket» (1951); «La espera» (6 de mayo de 1966), inspirado en «The One Who Waits» (1950); y «La sonrisa» (3 de junio de 1966), una adaptación de «The Smile» (1959). También pertenecen a este género el guion original «La alarma», que fue dividido en dos partes (20 y 27 de mayo de 1966), y «El vidente» (17 de noviembre de 1967), una idea original de Juan Tébar.

En cuanto a los episodios puramente fantásticos, cabe señalar que su presencia en *Historias para no dormir* fue creciendo a lo largo de las dos temporadas clásicas de la serie, siguiendo la misma estrategia que Ibáñez Serrador había

[5] Si bien Corman e Ibáñez Serrador utilizan en sendas obras algunas ideas del narrador de «The Premature Burial» —como la decisión de encargar una sepultura adaptada a su situación, que le permitiera salir de ella en caso de ser enterrado sin estar muerto—, las dos propuestas se alejan del tono paródico y la conclusión positiva del relato de Poe. En ellas sí se acaba consumando el mayor miedo del protagonista, como consecuencia de una venganza («La promesa») y un crimen pasional (*Premature Burial*). Aparte de esto, cabe señalar la gran semejanza que existe entre algunas de las secuencias más impactantes de las dos piezas.

utilizado para introducir gradualmente en la televisión española cada uno de los géneros que había cultivado hasta el momento. La primera muestra de esta categoría estética emitida en el programa fue «El pacto» (5 de marzo de 1966), inspirada en el célebre cuento de Poe «The Facts in the Case of M. Valdemar» (1845). Le siguió «El muñeco» (1 de abril de 1966), cuyo argumento parte del relato de Robert Bloch «Sweets to the Sweet» (1947) e incorpora algunos elementos de la novela *The Turn of the Screw* (1898), de Henry James, y de su versión cinematográfica *The Innocents* (1961), de Jack Clayton. Y, ya en la segunda temporada, se realizó el guion original «La pesadilla» (20 de octubre de 1967); la adaptación del relato «The Monkey's Paw» (1902), de W. W. Jacobs, titulado «La zarpa» (3 de noviembre de 1967); «El regreso» (15 de diciembre de 1967), inspirado en una idea original de Fernando Jiménez del Oso; y «La casa» (26 de enero de 1968), a partir de un texto de Juan Tébar.

Por otro lado, en *Historias para no dormir* se encuentra una minoría de episodios que, aun recurriendo a los elementos característicos del género fantástico o de la ciencia ficción, no encajan de una forma clara en ninguno de sus moldes. Si bien provocan cierto miedo o angustia, no persiguen el efecto fantástico ni pretenden aterrorizar a la audiencia por medio del suspense con el que se va descubriendo una determinada amenaza física. Estos episodios utilizan la ironía, lo absurdo, lo hiperbólico y lo fantástico, pero los elementos no miméticos quedan supeditados a la dimensión crítica y reflexiva de la pieza. Dadas estas características, Ibáñez Serrador denomina estas obras, en sus correspondientes prólogos, «historias para pensar». Estas no fueron ideadas en su origen como un episodio más de *Historias para no dormir*, sino como películas destinadas a competir en certámenes internacionales, aunque se emitieran igualmente en el espacio de la serie.

El caso más conocido es «El asfalto» (24 de junio de 1966), basado en el relato homónimo de Carlos Buiza que narra la historia de un hombre —interpretado por Narciso Ibáñez Menta— que acaba siendo engullido por el alquitrán de la carretera porque ningún transeúnte se digna a ayudarlo a desengancharse de la pegajosa sustancia.[6] Se trata de una alegoría de la insolidaridad humana y una crítica a la burocracia que obtuvo un importante reconocimiento internacional —la Ninfa de oro al mejor guion y premio UNDA del Festival de Montecarlo en 1967—, gracias a su calidad y a sus valores humanos, igual que sucedió un año antes con *Un mundo sin luz*. Poco después, Ibáñez Serrador logró un éxito similar con otra «historia para pensar» emitida en *Historias para no dormir*: «El trasplante» (23 de febrero de 1968), galardonada con el premio al mejor guion en el Festival de Televisión de Praga de 1968. Este episodio se sitúa en un mundo

---

[6] El relato original de Buiza fue publicado en prensa y se incluyó posteriormente en el libro de la colección «Nebulae» antes mencionado (*Un mundo sin luz*, 1967).

en el que los ciudadanos intercambian partes de su cuerpo para seguir una moda impuesta institucionalmente, bajo amenaza de ser marginados y privados de empleo. En «El trasplante» y «El asfalto» el uso del humor está mucho más presente, a menudo de forma grotesca, pero este no hace más que endurecer el crudo desenlace de estas historias, que siempre acaba siendo dramático e inquietante.

Para entender el éxito que logró *Historias para no dormir* es imprescindible tener en cuenta el particular estilo con el que Ibáñez Serrador supo dotar a sus episodios del nivel justo de terror, que inquietó, entretuvo y agradó por igual a los espectadores. A ello contribuyen especialmente sus prólogos teñidos de humor negro,[7] la meticulosa construcción del suspense, la ambientación gótica de sus guiones fantásticos y terroríficos y los desenlaces negativos. A pesar de lo impactante y novedoso de sus desenlaces, Ibáñez Serrador aplica en ellos ciertos límites que consisten, fundamentalmente, en la resolución de la ambigüedad: las incógnitas planteadas a lo largo del episodio son siempre despejadas al final, generando, por tanto, un horror moderado en el espectador. Con esa fórmula, la propuesta fantástica de Ibáñez Serrador surte el efecto deseado: «no grandes impactos terroríficos sino pequeñas dosis de calidad» (Ibáñez Serrador, [1966], 2008). Por eso suele situar sus episodios fantásticos en entornos alejados —en el tiempo y en el espacio— del presente del espectador, estableciendo una distancia de seguridad que permite que el miedo experimentado sea tolerado por una audiencia muy diversa que veía ese tipo de piezas audiovisuales terroríficas por primera vez en su propia casa.

Una vez Ibáñez Serrador introduce con éxito lo fantástico en la pequeña pantalla española, se aprecia un aumento del cultivo del género tanto en el medio televisivo como en el cine, la radio y el mundo editorial.[8] Para entender la repercusión directa que tuvo *Historias para no dormir* en la década posterior, cabe tener en cuenta que el director también extendió su influencia por medio de otros soportes mediáticos. En este ámbito, cabe destacar el triunfante estreno de su primera obra cinematográfica, *La residencia* (1969), que constituyó una proyección de la poética terrorífica (no fantástica) que el director ya había probado con éxito en el medio televisivo, pero incrementando la violencia y los contenidos sexuales que no tenían cabida en la televisión. También merece mención el programa de radio *Historias para imaginar* (RNE, 1973-1974), que dio una nueva vida a sus antiguos guiones adaptándolos al medio radiofónico (Merelo, 2008). Ibáñez Serrador también difundió prácticamente todos sus guiones por medio de la revista *Historias para no dormir* (Julio García Peri

[7] Influidos por el tono de los prólogos de *Alfred Hitchcock Presents*, una de las principales fuentes del formato de *Historias para no dormir*, junto con *The Twilight Zone*.

[8] Así lo corroboran Roas y Casas (2008: 34), Sala (2010: 33), Pulido (2012: 37), Lázaro-Reboll (2012: 97) y Cordero Domínguez (2015: 417).

Editor, 1967-1974), presentando sus textos entre otros muchos relatos de terror de autores clásicos nacionales e internacionales, así como artículos, ensayos, reportajes, entrevistas, poemas satíricos y viñetas de humor negro (Palacios, 2012: 38; Lázaro-Reboll, 2012: 109).

Siguiendo la estela de *Historias para no dormir*

La primera réplica que aparece una vez hubo terminado la primera temporada de *Historias para no dormir* es *Doce cuentos y una pesadilla* (UHF, 1967), un programa dirigido por Luis Calvo Teixeira y Carlos Jiménez Bescós a partir de los guiones fantásticos, terroríficos y de ciencia ficción originales de Juan Tébar. Constó de trece episodios, emitidos del 8 de julio al 7 de octubre de 1967.[9] Según el propio Tébar (2014), sus historias transitaban «por el tenebroso y surreal mundo de la imaginación», constituyendo «un borrador antológico de las constantes del aficionado», influido por los autores clásicos del terror que también determinaron la trayectoria artística de Ibáñez Serrador: «Edgar Allan Poe, Maupassant, Bram Stoker, Mary Shelley, Dickens, Robert Bloch» (Tébar, 2014).

Este fue el primer trabajo televisivo de Juan Tébar, que acababa de formarse en la Escuela Oficial de Cinematografía, donde no estaba bien visto «contar historias de fantasmas, vampiros y extraterrestres» porque «se consideraba frívolo en tiempos duros» (Tébar, 2014). En esas circunstancias, la segunda cadena de la televisión española, el UHF, se convirtió en una apreciada válvula de escape para Tébar y otros jóvenes profesionales (Josefina Molina, Miguel Picazo, Jaime Chávarri y Pilar Miró, entre otros) que, aprovechando el carácter expresamente minoritario y experimental del nuevo canal, cultivaron lo fantástico en televisión desde su primera toma de contacto con el medio (Fernández, 2010: 120).

Pese a la limitada audiencia de *Doce cuentos y una pesadilla* —la mayoría de los episodios se emitieron de madrugada, veinte minutos pasada la medianoche—, esta llamó la atención de Narciso Ibáñez Serrador sobre el potencial de Juan Tébar y, por tanto, es la causa directa de que el director lo contratara para la segunda temporada de *Historias para no dormir* como ayudante de realización.

Inmediatamente después, el guionista madrileño continuó contribuyendo al desarrollo de lo fantástico en el medio televisivo adaptando cuentos de terror

[9] «Foster y Al» (8 de julio), «Viajeros en la noche» (15 de julio), «Pasen señores pasen» (22 de julio), «Magia, amor y cibernética» (29 de julio), «Un amigo de muy lejos» (5 de agosto), «La muchacha de madera» (12 de agosto), «Virginia» (19 de agosto), «¡Vamos a cazar marcianos!» (26 de agosto), «Soñar acaso» (9 de septiembre), «Por favor, compruebe el futuro» (16 de septiembre), «Encuesta alrededor de los cerebros» (23 de septiembre) y «La pesadilla» (7 de octubre). Según la programación televisiva publicada en el diario *ABC*, el 2 de septiembre se emitió un episodio de cuyo título no se tiene constancia.

de sus escritores predilectos en los espacios *Hora once* (UHF, 1968-1974) y *Ficciones* (UHF, 1971-1974 y 1981), dos programas que, a diferencia de los anteriores, agruparon todo tipo de géneros donde hasta entonces había una clara separación entre obras de estética realista y piezas no miméticas. En estos espacios heterogéneos, basados en la adaptación de clásicos literarios, coincidieron un gran número de guionistas y realizadores que apostaron claramente por lo fantástico, entre los que destacan Enrique Brassó, José María Latorre, Carlos Puerto, Julio Diamante, José Manuel Fernández, Josefina Molina, Sergi Schaaff, Esteban Durán, Luis María Güell, Gerardo N. Miró, Antonio Chic, Jaime Picas, Mercedes Vilaret y Luis Sánchez Enciso. Estos profesionales adaptaron a la televisión los textos de autores fantásticos que habían sido recuperados por editoriales especializadas en el género durante los años 50 y 60 (Roas y Casas, 2008: 44),[10] como Prosper Mérimée, Edgar Allan Poe, J. Sheridan Le Fanu, Henry James, Guy de Maupassant y Robert Louis Stevenson.

Ficciones incluyó unos cincuenta guiones fantásticos de un total de ciento veinticinco, mientras que *Hora once* emitió alrededor de veinte episodios de esta categoría estética de un total de doscientos. Aunque en *Hora once* los episodios fantásticos solo representen una décima parte del total y en *Ficciones* no lleguen a la mitad, la suma de todos ellos y su mayor concentración a partir de 1971 demuestra un aumento del interés del género tanto en los autores como en los telespectadores. Sobre todo considerando que estas cifras excluyen los numerosos guiones que presentan algún elemento fantástico pero no pueden enmarcarse plenamente en el género.

Una parte considerable de las adaptaciones literarias que incluyeron estos espacios heterogéneos se alejó de los textos originales, primando la experimentación formal (Virginia Guarinos, 2010: 113). No obstante, en algunas ocasiones los cambios afectaron directamente al tratamiento del efecto fantástico, que en ciertos episodios parecía deliberadamente suavizado —o directamente racionalizado— para ajustar el guion a las expectativas de una audiencia cuyo nivel de tolerancia al horror debía de ser muy variado, teniendo en cuenta que podía ver en esas series tanto historias terroríficas como de otros géneros muy diferentes. De hecho, *Hora once* incluía siempre un prólogo donde se avisaba al espectador sobre los contenidos fantásticos que la audiencia vería a continuación, lo que lleva a inferir que los adaptadores creyeran pertinente dar explicaciones a los espectadores para que estos no vieran frustradas sus expectativas si no hallaban una explicación racional a los extraños fenómenos que iban a tener lugar en el episodio. No obstante, ello no resta valor a la contribución de esta serie en el

[10] Véase al respecto el cuarto capítulo de este libro, dedicado a la narrativa fantástica de los años 60 y 70.

desarrollo del género, ya que situó las historias fantásticas al mismo nivel que las de corte realista.

Ficciones no incluye ningún prólogo, pero sí una inquietante careta de entrada que podríamos considerar una declaración de intenciones de la serie —y que recuerda a la que encabezaba cada uno de los episodios de *The Twilight Zone*—. Esta pieza inicial muestra un calendario en el que se van sucediendo los días y, en vez de detenerse en el número 31, sigue ascendiendo hasta que, al llegar al número 34, la cifra se rompe. En ese instante, irrumpe un tema musical misterioso y la pantalla muestra imágenes desconcertantes, como el plano detalle de un ojo en el que se refleja una gran lámpara de araña.

Los temas y motivos fantásticos más presentes en *Ficciones* y en *Hora once* siguen la misma línea que *Historias para no dormir*, sobre todo en lo que se refiere a las diversas formas de retorno del Más Allá surgidas de la literatura romántica o bien de *ghost stories* de la primera mitad del siglo xx. Este tema se encuentra en capítulos como «Aventuras de un estudiante alemán» (*Hora once*, 22 de enero de 1972, Juan Tébar y Pilar Miró), adaptación del relato homónimo de Washington Irving; «La dama del cuadro» (*Ficciones*, 31 de agosto de 1972, Sergi Schaaff y Augusto Martínez de Torres), inspirado en «Olalla» (1885), de R. L. Stevenson; y «El mensajero» (*Ficciones*, 13 de mayo de 1974, José María Latorre y Luis María Güell), una versión del cuento de Robert W. Chambers «The Messenger» (1897). En esta misma categoría destaca un tipo de monstruo que estuvo presente en casi todos los espacios televisivos que prestaron atención al género fantástico, el vampiro, que protagoniza el episodio «Carmilla» (*Ficciones*, 10 de febrero de 1973, Julio Diamante y Jaime Picas), basado en la novela corta homónima (1871) de J. Sheridan Le Fanu; «El juramento» (*Ficciones*, 7 de septiembre de 1973, José María Latorre y Mercedes Vilaret), inspirado en *The Vampyre* (1819), de John William Polidori; y «La muerta enamorada» (*Ficciones*, 2 de febrero de 1974, José María Latorre y Jaime Picas), basado en el texto homónimo (1836) de Théophile Gautier.

También son frecuentes en estos espacios las historias que describen un objeto que ejerce su influencia maligna sobre un ser humano, fusionando lo animado y lo inanimado. Por ejemplo, el episodio «La botella del diablo» (*Hora once*, 5 de diciembre de 1965), dirigido por Esteban Durán y adaptado por Juan Tébar a partir del relato de R. L. Stevenson «The Bottle Imp» (1891); y la adaptación del cuento de José Selgas «Mal de ojo» (1876) en el episodio de *Ficciones* titulado «El ópalo» (6 de abril de 1973), dirigido por Jaime Picas y con guion de José Ochoa.

Otro motivo constante en las ficciones fantásticas televisivas es el de la obra de arte antropomórfica que cobra vida, ya sea el elemento principal de la narración, como ocurre en «El beso» (*Hora once*, 22 de agosto de 1970, Enrique Brassó y Luis Sánchez Enciso), inspirado en el cuento homónimo de Gustavo

Adolfo Bécquer, o en «El rostro de Venus» (*Ficciones*, 11 de mayo de 1972, José María Carreño y Luis María Güell), adaptación del cuento «La Vénus d'Ille» (1837), de Prosper Mérimée; o bien se trate de un elemento secundario, como sucede en la adaptación del cuento de Bram Stoker «The Judge's House» (1891) («La casa del juez», *Hora once*, 5 de diciembre de 1970, Enrique Brassó y Josefina Molina) o en el episodio «El guardián del signo amarillo» (*Ficciones*, 3 de junio de 1974, José María Latorre y Sergi Schaaff), inspirado en el relato de R. W. Chambers «The Yellow Sign» (1895).

Entre estos clásicos, las narraciones de Edgar Allan Poe tuvieron una presencia constante en la televisión española, tanto en las series citadas como en otras que incurrieron en lo fantástico, como *Cuentos y leyendas* (TVE, 1968-1969; 1972; 1974-1976), *Los libros* (TVE, 1974-1977) y *El quinto jinete* (TVE, 1975-1977). Destacan las adaptaciones de Poe «El hundimiento de la casa Usher» (*Hora* once, 30 de abril de 1970, José Manuel Fernández y Josefina Molina), «Eleonora» (*Hora once*, 27 de mayo de 1970, José Manuel Fernández y Josefina Molina), «El gato negro» (*Hora once*, 27 de mayo de 1972, Agustín de Quinto y Miguel Picazo) y «William Wilson» (*Ficciones*, 3 de febrero de 1972, Juan Tébar y Luis María Güell). También merece mención la biografía «Poe o la atracción del abismo», tercer episodio de *Los libros*, emitido el 18 de febrero de 1974, con guion de Juan Tébar y dirección de Enrique Martínez. Se trata de un interesante formato en el que cada una de las vivencias *ficcionalizadas* del escritor enlaza con uno de sus relatos, ya sea por medio de la representación de algún pasaje del texto original, siempre protagonizado por el mismo actor que interpreta a Edgar Allan Poe, o bien incluyendo en el guion algún motivo que, en forma de guiño, evoca alguna de las creaciones del escritor. En ambos niveles, ficcional y metaficcional, recorre el episodio de manera transversal la idea que le da título, *la atracción del abismo*, rasgo esencial de la poética de Poe que está ausente en las adaptaciones inmediatamente anteriores.

La prosa de Gustavo Adolfo Bécquer también tuvo una presencia destacada en los programas de Televisión Española dedicados a la adaptación de textos literarios. En su paso a la pantalla, los relatos del escritor sevillano conservan siempre su carácter sobrenatural de origen legendario, así como los elementos prodigiosos derivados del imaginario cristiano, donde el fenómeno sobrenatural es interpretado como un milagro (improbable, pero no imposible). Sin embargo, en aquellos relatos en los que Bécquer utiliza los elementos legendarios simplemente como pretexto para construir un relato terrorífico, enmarcado en el género fantástico en su versión más moderna (Roas, 2011b: 132), estas adaptaciones televisivas suelen quedarse en el ámbito del cuento legendario más tradicional, sin aprovechar todo el potencial que los textos de Bécquer ofrecen en cuanto a la construcción de la atmósfera terrorífica.

Entre las adaptaciones televisivas de Bécquer en la televisión española cabe señalar la serie de cinco capítulos inspirada en «El rayo de luna», realizada por Pilar Miró a partir del guion de José María Rincón y emitido entre diciembre de 1968 y enero de 1969; «El monte de las ánimas» (*Hora once*, 20 de junio de 1970, Alfredo Muñiz y Antonio Chic); «El beso» (*Hora once*, 22 de agosto de 1970, Enrique Brassó y Luis Sánchez Enciso); «La cruz del Diablo» (*Ficciones*, 14 de julio de 1973, Gregorio Corrales y Esteban Durán); «El Cristo de la calavera» (*Ficciones*, 5 de agosto de 1974, Gregorio Corrales y Antonio Chic); «La promesa» (*Cuentos y leyendas*, 3 de diciembre de 1974, Josefina Molina y Rafael J. Salvia); «Maese Pérez el organista» (*Cuentos y leyendas*, 2 de enero de 1975, Enrique Brassó y Antonio Chic); «Desde mi celda» (*Cuentos y leyendas*, 30 de enero de 1976, Rafael J. Salvia y Luis Sánchez Enciso); y «La bruja» (*El quinto jinete*, 9 de febrero de 1976, Juan G. Atienza y José Antonio Páramo), que toma algunos de los motivos legendarios a los que se refiere el escritor en las cartas VI, VII y VIII recogidas en la obra *Desde mi celda*.

Nuevas formas de lo fantástico

En paralelo al progresivo aumento de adaptaciones televisivas de textos fantásticos clásicos, algunos autores apostaron por argumentos originales que, con una ambientación cotidiana y plenamente reconocible por los espectadores, lograsen aterrorizar y conmover el ánimo del público. El director y guionista Antonio Mercero y el escritor, guionista y realizador José Luis Garci fueron pioneros en la experimentación con nuevas formas de lo fantástico en la televisión española, con un mediometraje que obtuvo importantes premios internacionales y una gran repercusión en la audiencia: *La cabina* (1972).

Considerando la presencia creciente de lo fantástico y la ciencia ficción en la televisión española, Garci y Mercero se plantean el argumento de *La cabina* como algo más que una obra aislada. Según Juan Carlos Ibáñez (2006: 46), «en su origen se piensa como un episodio de una serie ideada por ambos», cuyo hilo conductor debía ser «la irrupción de situaciones insólitas en un entorno cotidiano, por el que desfilan personajes próximos al espectador». La serie, que iba a llamarse *Trece pasos por lo insólito*, no llegó a materializarse, si bien dos de sus argumentos previstos sí fueron llevados a la televisión como piezas unitarias: *Los pajaritos* (1974) y *La Gioconda está triste* (1977).

Cuando Mercero y Garci presentaron el guion de *La cabina* a TVE, la cadena decidió dar un gran apoyo a la propuesta para poder presentarla en concursos internacionales. No es de extrañar que los responsables de la corporación televisiva advirtieran el potencial de un guion que tenía mucho en común con otras obras ya premiadas, como *Un mundo sin luz* y *El asfalto*. Estas ficciones comparten, además del carácter no mimético, un espíritu crítico, basado en una moral universal que agradaba a los jurados de dichos festivales. Con esa clara intención de obtener repercusión y reconocimiento, la cadena proporcionó «medios de producción inusuales como el rodaje en color y un presupuesto de cuatro millones de pesetas» (Ibáñez, 2006: 46). Además, la emisión de esta obra fue precedida por una «intensa campaña de promoción, inédita hasta el momento (antes de su emisión es proyectada a la prensa en salas de Madrid y Barcelona)» que «convierte su estreno televisivo en la noche del miércoles del 13 de diciembre de 1972 en un acontecimiento social» (Ibáñez, 2006: 46).

En este mediometraje, donde el diálogo es prácticamente inexistente, el efecto fantástico depende en gran parte de la realización y de la interpretación de los actores, cuyas reacciones ante el hecho insólito que narra la película son esenciales para calibrar la creciente angustia que atormenta al protagonista y, por empatía, a los espectadores. Como es bien sabido, las circunstancias en las que el anónimo personaje al que interpreta José Luis López Vázquez queda irremediablemente encerrado en una cabina evolucionan, magistralmente, de lo anodino al horror, desembocando en la secuencia de la macabra galería de cabinas donde muchos han encontrado una muerte absurda. En ese proceso, en ese viaje, el cristal de la cabina se convierte en una ventana a otra realidad, una perspectiva desesperanzada del sistema en la que pueden señalarse influencias kafkianas como las que ya se advertían en *El asfalto*.

Tal y como pretendían sus autores y los responsables del medio que apoyaron su producción, *La cabina* logró importantes reconocimientos internacionales: ganó el primer Premio Emmy de la televisión española, el Premio Marconi en el Festival de Milán y el de la Crítica y Mejor Director en el Festival de Montecarlo, un certamen que ya había premiado otras propuestas no miméticas de TVE.

El éxito de este mediometraje a todos los niveles impulsó una interesante evolución en el desarrollo del género en esa primera mitad de los 70, un proceso que llegó a su punto culminante en 1974. El número de ficciones fantásticas emitidas en televisión nunca fue tan elevado como en ese año, en el que los realizadores más interesados en el género (Sergi Schaaff, Luis María Güell, Jaime Picas, Esteban Durán, Gerardo Miró) apostaron por guiones originales más cercanos a lo fantástico cotidiano.

En este contexto, la serie *Ficciones* experimenta una transición hacia los guiones no miméticos originales de autores contemporáneos, dejando progresivamente en un segundo plano el formato que había caracterizado el espacio durante sus cuatro años en antena: la adaptación de clásicos. En esta nueva —aunque breve— etapa, no podían faltar los guiones de ciencia ficción, dirigidos por Gerardo Miró, que exploran los riesgos del progreso científico falto de ética. En cuanto a los episodios que se aproximan a lo fantástico cotidiano, destacan los del guionista Joaquín Amichatis: «La muerte es un sueño» (1 de julio de 1974, Sergi Schaaff), «Cinco en profundo» (22 de julio de 1974, Gerardo Miró), «Amarillo» (2 de septiembre de 1974, Jaime Picas) y «El barco dentro de la botella» (21 de octubre de 1974, Gerardo Miró). Estos guiones son, exceptuando quizás el primero,[11] variaciones de un mismo tema: un hombre soltero de mediana edad, que se dedica profesionalmente a contar historias (un periodista o un escritor), está cansado del tipo de estímulos que le ofrece su moderno entorno, y se aburre profundamente, a pesar de las muchas actividades físicas e intelectuales que realiza cada día. Ante esta situación sin salida aparente, alguien le aconseja realizar un viaje a otra dimensión, un lugar diferente donde podrá realizar el cambio que su vida necesita. Pero los episodios concluyen con un giro que impedirá que el protagonista logre plenamente su objetivo, ya sea por no haber creído que el viaje fantástico pudiera llegar a producirse —como sucede en «Cinco en profundo» y en «Amarillo»— o porque, aun produciéndose, no sea este como imaginaba —tal es el caso de «El barco dentro de la botella»—.

En paralelo a los primeros episodios que Amichatis escribe para *Ficciones*, y ocho años después de haber finalizado la segunda temporada de *Historias para no dormir*, Ibáñez Serrador vuelve al terror audiovisual. Su regreso se materializó en dos propuestas enmarcadas en lo fantástico cotidiano y, por tanto, ya alejadas del estilo de sus primeras obras terroríficas: en primer lugar, el mediometraje *El televisor* (1974), uno de los proyectos más arriesgados de toda su carrera televisiva, que comparte con las ficciones fantásticas coetáneas el reflejo de una sociedad consumista y deshumanizada que acaba destruyendo al individuo; en segundo lugar, la película *¿Quién puede matar a un niño?* (1976).[12]

El televisor obvia esas premisas del terror moderado que Ibáñez Serrador había defendido hasta la fecha para el medio televisivo, y presenta una perspectiva inédita en la poética de lo fantástico del guionista: si hasta entonces introducía elementos críticos en sus obras por medio del humor y lo grotesco, en *El televisor* ofrece una denuncia mordaz y terrorífica de la programación televisiva y de su consumo en exceso (Madrid Brito, 2012) desde una seriedad absoluta. Esa decisión responde, en gran medida, a la decepción que experimentó el director ante el incumplimiento de ciertos cambios en el contexto social, político y mediático que habían sido anunciados por las instituciones.[13] Ibáñez Serrador estrenó el mediometraje el 4 de julio de 1974, a las 23 h., tan solo un mes después de dimitir como director de Programas de TVE.

---

[11] En este episodio, la mayor parte del metraje transcurre durante el sueño del protagonista. Lo fantástico reside en que, al despertarse, un macabro elemento del sueño irrumpe en la realidad.

[12] Esta película surge a partir de una idea original de Juan José Plans, que el escritor gijonés desarrollaría paralelamente en la novela *El juego de los niños* (1976).

[13] Véase Palacio (2012: 20), Rodríguez Pastoriza (2010: 29), Mendíbil (2001: 42), Cruz Tienda (2015: 144-145).

El televisor, cuyo argumento surge a partir de una idea de Joaquín Amichatis, describe cómo Enrique —un padre de familia de unos cuarenta o cincuenta años— se obsesiona con el monitor de televisión que decide comprarse después de largo tiempo ahorrando y anteponiendo las necesidades y deseos materiales que cree advertir en su familia. Enrique, su mujer y sus dos hijos representan una cierta «normalidad» —o, mejor dicho «mediocridad», tal y como se refiere a ellos más de una vez el narrador en *off*— en la que los espectadores podían verse fácilmente reflejados. A partir de esos personajes tan reconocibles, situados en el presente y el contexto del espectador, Ibáñez Serrador construye una trama de suspense en la que todos los elementos parecen orientados a desembocar en la pérdida de la razón del protagonista, que sustituye paulatinamente su realidad por el universo ficcional que ofrece el televisor. Pero lo sorprendente de este guion es que su desenlace es plenamente fantástico, constituyendo la primera vez que Ibáñez Serrador no ofrece previamente ninguna pista que garantice, inequívocamente, la naturaleza imposible de los extraños fenómenos descritos en la obra. Si bien esta pieza no fue muy bien recibida por la dirección de TVE, sí obtuvo buenos comentarios de la crítica, y volvió a ser emitida en diversas ocasiones.[14]

Tras el estreno de *El televisor* y de los guiones originales de Amichatis, a finales de ese mismo año 1974, cinco directores que ya habían experimentado con lo fantástico en la televisión española (Schaaff, Picas, Durán, Güell y Miró) toman las riendas de un nuevo espacio para la segunda cadena: *Crónicas fantásticas*, un programa de breve trayectoria —solo constó de seis episodios— que, sin embargo, constituye una relevante muestra del desarrollo que experimenta el género fantástico en la España de mediados de los años 70.

Crónicas fantásticas fue anunciado como una continuación de la desaparecida *Ficciones* en la programación de la revista *Tele Radio* (Mariñas, 1974). No obstante, se acabó distanciando de su predecesora por el carácter exclusivamente no mimético de sus guiones, la ambientación de todos ellos en el presente del espectador, la búsqueda de una gran calidad formal y porque todos sus argumentos son obra original de un escritor contemporáneo, el gijonés Juan José Plans.

La mayoría de los episodios de la serie son adaptaciones de textos de los dos primeros libros de relatos de Plans: *Las langostas* (Azur, 1967) y *Crónicas fantásticas* (Azur, 1968). De *Las langostas* escogió el único relato fantástico del libro: «La mancha». De *Crónicas fantásticas*, los relatos «Míster Parkinson», «Llegó con el otoño» y «Halloween». Por su parte, «El último sueño» y «El nido» fueron creados expresamente para la serie, aunque Plans los recogería después en forma

[14] El tema de la pantalla sobrenatural influyó en producciones televisivas posteriores, como uno de los episodios de *Crónicas del mal* titulado «El ojo que te ve» (1993) y el telefilme de Antonio Mercero, *La habitación blanca* (2000).

de cuento en su antología *El último sueño y otros relatos* (Alsa, 1986). Los episodios «La mancha» (6 de noviembre de 1974, Sergio Schaaff), «El último sueño» (13 de noviembre de 1974, Jaime Picas) y «Míster Parkinson» (27 de noviembre de 1974, Esteban Durán) pertenecen al género fantástico; mientras que «Llegó con el otoño» (20 de noviembre de 1974, Luis María Güell), «Halloween» (4 de diciembre de 1974, Sergio Schaaff) y «El nido» (11 de diciembre de 1974, Gerardo Miró) se enmarcan en el género de la ciencia ficción.

«La mancha», episodio con el que se estrenó la serie, describe la obsesión de un padre de familia por la extraña aparición e insólita evolución de una mancha en una de las paredes de su dormitorio. «El último sueño» presenta a un personaje atormentado por la culpa de algo que no puede controlar: desde hace unos meses, cuando sueña que asesina a alguien, la víctima muere en la realidad del mismo modo que en el sueño. En cambio, en «Míster Parkinson» es el protagonista quien *provoca* el acontecimiento fantástico, pues pretende transformarse en un perro para asesinar a su antigua amante, partiendo de la idea de que un animal no puede ser condenado ni por la justicia terrenal ni por la divina, porque no tiene moral. Si bien Parkinson logrará transformarse en un *fox terrier*, finalmente será incapaz de matar a la mujer que le abandonó y que ahora, creyéndolo un perro, vuelve a prestarle atención.

Los episodios de Juan José Plans comparten con *La cabina*, *El televisor* y los guiones fantásticos de Amichatis una íntima relación con el contexto sociopolítico en el que se crearon, pues la protagonizan individuos o familias de clase media que disfrutan de las comodidades derivadas del desarrollismo de los años 60, hasta que un fenómeno imposible y amenazador destruye los cimientos que sustentaban su idea de lo real, revelando la fragilidad de un entorno en el que creían tenerlo todo controlado.

El declive de las formas clásicas del género

A partir de 1975 se percibe una cierta regresión en la trayectoria de lo fantástico televisivo cuando surge la serie *El quinto jinete* (1975-1976), un espacio en color que, si bien tiene la particularidad de especializarse totalmente en el género fantástico, se centra en la adaptación de relatos del XIX y de principios del XX en un momento en el que empieza a advertirse el desgaste de las formas más transitadas de lo fantástico hasta entonces. Esta propuesta televisiva fue dirigida por José Antonio Páramo, a partir de los guiones de Ángela Duerto, Juan García Atienza y Enrique Brassó.[15]

[15] Ángela Duerto escribió los guiones de los episodios «La familia Vourdalak» (20 de octubre de 1975), «La renta espectral» (3 de noviembre de 1975), «El ladrón de cadáveres» (1 de diciembre de 1975), «El fantasma de Madame Crowl» (12 de enero de 1976), «Coppelius»

Los vínculos de esta serie con el desarrollo de lo fantástico en el ámbito editorial se hacen evidentes si tenemos en cuenta que una gran parte de los textos de referencia de la serie se habían publicado unos años antes en España en una misma colección antológica: *Narraciones terroríficas* (Acervo, 1961-1974) (Gómez Rivero, 2011). Y el hecho de que la mitad de los episodios de *El quinto jinete* se inspirasen en relatos contenidos en esta colección demuestra el importante papel que tuvo la editorial Acervo en la difusión del género fantástico en el tardofranquismo (Roas y Casas, 2008: 45). Ya en la primera selección de la colección, del año 1961, aparecen las traducciones de tres de los cuentos de partida de *El quinto jinete*: «Der Sandmann» (1817), de E. T. A. Hoffmann, traducido como «Coppelius»; «The Black Cat» (1843), de Edgar Allan Poe, y «Sem'ya vurdalaka» (1839), de Alexei Tolstoi. En las selecciones posteriores se encuentran: «Lokis» (1869), de Prosper Mérimée (tercera colección, 1963), «Mr. George» (1947), de August Derleth, (quinta, 1964), «The Dream Woman» (1874), de W. W. Collins (séptima, 1966), «El misterio», de Leonid Andréiev (octava, 1968), y «The Dice» (1823), de Thomas de Quincey (décima, 1974).

Casi todos los escritores compendiados en *El quinto jinete* habían sido seleccionados previamente por los directores y guionistas de *Historias para no dormir*, *Hora once* y *Ficciones*.[16] En algunos casos, incluso partían de los mismos relatos, como «The Ghostly Rental» (1876), de Henry James, «The Body Snatcher» (1884), de R. L. Stevenson, «Madame Crowl's Ghost» (1870), de J. Sheridan Le Fanu, y los ya citados «Lokis» y «The Black Cat», aunque en *El quinto jinete* las versiones de estos dos últimos textos («El aullido» y «El gato negro», respectivamente) se alejan considerablemente de los originales.

Teniendo esto en cuenta, es evidente que las vías de lo fantástico más frecuentadas en *El quinto jinete* son también las más habituales de la televisión española hasta la fecha, unos temas y arquetipos que se basan sobre todo en una revisión de las formas más clásicas de la literatura fantástica. Pese a la adscripción literaria de la serie, sus autores también buscaron sus referentes en adaptaciones cinematográficas de algunos de los relatos que inspiraron sus guiones, como la película episódica de Mario Bava *Las tres caras del miedo* (*I tre volti della paura*, 1963), que se había estrenado diez años antes en los cines españoles.

Lamentablemente, la serie no obtuvo una buena acogida. Algunos críticos vieron frustradas sus expectativas al comprobar que ciertos episodios se alejaban

(23 de febrero de 1976) y «Míster George» (8 de marzo de 1976). Juan G. Atienza escribió «El misterio» (6 de octubre de 1975), «El aullido» (29 de diciembre de 1975), «La bruja» (9 de febrero de 1976) y «Los dados» (2 de septiembre de 1977). Enrique Brassó escribió «El demonio» (15 de diciembre de 1975) y «La mujer del sueño» (26 de enero de 1976). Y José Antonio Páramo solo escribió el guion de «El gato negro» (17 de noviembre de 1975).

[16] Exceptuando a August Derleth, cuyo relato «Mr. George» sí había sido llevado a las pantallas estadounidenses, en el marco de la serie televisiva *Thriller* (NBC, 1961-1962).

considerablemente del argumento de los textos originales, cuando la prensa la había anunciado subrayando su carácter marcadamente literario. Además, varios episodios presentaron una edición confusa, atribuida por algunos críticos a una realización demasiado precipitada (Marimón, 1976). A todo ello hay que añadir el desgaste de las formas del género que se llevaban cultivando en televisión desde la década anterior.

No obstante, en los años inmediatamente posteriores tampoco aparece un mediometraje que, desde una forma modernizada de lo fantástico, pueda compararse con *La cabina* o *El televisor* en términos de calidad y repercusión en el público. Algunos autores que ya habían empezado a experimentar con lo fantástico cotidiano seguirán incurriendo en esa categoría estética, pero con menor éxito. Así lo hacen, por ejemplo, José Luis Garci y Antonio Mercero en su mediometraje *La Gioconda está triste* (1977). El guion consiste en una adaptación de un relato que Garci había publicado en 1970 en su libro *Bibidibabidibú*, cuyo argumento iba a formar parte del abandonado proyecto de serie *Trece pasos por lo insólito*. El telefilme narra cómo en el célebre cuadro de Leonardo da Vinci y en todas las reproducciones existentes la famosa sonrisa se transforma en una mueca de tristeza, tras lo cual la población mundial empieza a darse cuenta de que ya nadie es capaz de sonreír y ello acaba conllevando la destrucción de la vida sobre la Tierra. Podría decirse que esta obra está más próxima a relatos como *Un mundo sin luz* que a ficciones como *La cabina*, en tanto que la irrupción de lo imposible afecta a toda la sociedad y no a un solo individuo.

Por su parte, Ibáñez Serrador, tras el estreno de su película *¿Quién puede matar a un niño?* (1976) se embarcó en otros proyectos televisivos de entretenimiento que le privaron del tiempo necesario para continuar cultivando el género fantástico. No obstante, en los 80 y 90 ejerció de anfitrión del programa *Mis terrores favoritos* (TVE2, 1981-1982; 1994-1995), donde presentaba una selección de películas clásicas del género, fundamentalmente extranjeras —*Rosemary's Baby* (1968, Roman Polanski), *Psycho* (1960, Alfred Hitchcock), *Invasion of the Body Snatchers* (1956, Don Siegel), entre muchas otras—, aunque con alguna incursión en la producción cinematográfica española, como ocurre con *No profanar el sueño de los muertos* (1974, Jorge Grau), *La noche de Walpurgis* (1971, León Klimovsky) o *La residencia* (1969), del propio Ibáñez Serrador.

Los nuevos episodios de *Historias para no dormir*, emitidos en 1982, quedaron lejos del éxito que obtuvo Ibáñez Serrador con las primeras temporadas de la serie, ya que la única novedad que aparentemente aportaban con respecto a sus primeras obras televisivas era el color. Si bien el proyecto incluía trece historias, al final solo llegaron a rodarse cuatro: el *remake* del episodio fantástico inspirado en «The Facts in the Case of M. Valdemar» (12 de junio de 1982); el sangriento *thriller* «Freddy» (6 de septiembre de 1982); el episodio de ciencia ficción «El fin empezó ayer» (20 de septiembre de 1982); y la terrorífica pieza inspirada en el universo de Edgar Allan Poe «El trapero» (4 de octubre de 1982). Estos programas, tal y como explica Ibáñez Serrador en el prólogo de «Freddy», se crearon como una experimentación técnica, más que por un verdadero interés en el desarrollo del género.

Todo ello sucede en un contexto en el que se produce una evidente deceleración en el desarrollo de lo fantástico en la televisión, que coincide con el nuevo contexto sociopolítico de la Transición democrática y con el declive del género que se advierte en la industria del cine (Sala, 2010; Pulido, 2012; Gómez y De Felipe, 2014). Así, a diferencia de lo que ocurre en narrativa, donde continúa aumentando el cultivo de forma exponencial, alcanzándose lo que Roas y Casas (2008) denominan su fase de *normalización*, en el medio televisivo habría que esperar hasta los 90 para que volviera a producirse una coyuntura igual de favorable.

Como muestra del renovado interés en lo fantástico que se percibe a principios de los 90, entre 1991 y 1993 coinciden en la parrilla televisiva varias propuestas diferentes enmarcadas en el género, si bien no alcanzarán la repercusión que obtuvo en su día *Historias para no dormir*. Se trata de varias series especializadas en el terror, compuestas por una reducida selección de historias autoconclusivas realizadas y protagonizadas por reconocidos profesionales del medio que encabezarán unas producciones muy ambiciosas, con grandes presupuestos y, en algunos casos, con la colaboración de productoras extranjeras. Esas nuevas obras televisivas abandonan definitivamente a los clásicos literarios del siglo XIX y principios del XX, estando mucho más cerca de las primeras ficciones de TVE que incurrieron en lo fantástico cotidiano en la primera mitad de los 70. Merecen mención los espacios *Historias del otro lado* (TVE2, 1991; 1996), una serie de trece episodios dirigidos por José Luis Garci; *Crónicas del mal* (emitida en TVE entre 1992 y 1993), un formato muy similar que contó con directores como Iván Zulueta, Ricardo Franco y Pedro Costa; y *Los cuentos de Borges* (estrenada en TVE2 en 1993),[17] una coproducción de TVE con la BBC, la productora Iberoamericana Films y la francesa Cinétévé, que contó con los directores Jaime Chávarri, Carlos Saura, Gerardo Vera, Héctor Olivera, Benoit Jaequot y Alex Cox.[18]

Tal y como se ha podido advertir, hasta los años 90, el formato dominante en las producciones fantásticas televisivas españolas fue el de la serie de episodios autoconclusivos, siguiendo aún de cerca la estela de *Historias para no dormir*. Por el contrario, ya en el siglo XXI lo fantástico se integra en tramas complejas

---

[17] Si bien algunos de sus episodios ya habían sido emitidos anteriormente en la televisión argentina (Olmo, 1992).

[18] Véase al respecto el capítulo del presente libro dedicado a la producción televisiva española en el periodo 1990-2015.

desarrolladas a lo largo de varios capítulos consecutivos —con la notable excepción de *Películas para no dormir* (Filmax, 2007)—. Y si durante las primeras décadas de existencia de la televisión española lo fantástico bebía, sobre todo, de los clásicos literarios, en el nuevo siglo predomina el texto original, ambientado en el tiempo y en el espacio que habita el espectador. Como precedente directo de ese nuevo paradigma, cabe señalar las piezas televisivas que Mercero, Garci, Ibáñez Serrador, Plans y Amichatis realizaron durante los primeros años 70. En ellas, exploraron nuevas vías de cultivo de un género cuyas formas más clásicas ya empezaban a agotarse, en lo que, por otro lado, constituyó uno de los periodos más fértiles de la producción fantástica televisiva española del siglo xx.

9.

NARRATIVA 1980-2015

David Roas
Universitat Autònoma de Barcelona

Natalia Álvarez
Universidad de León

Patricia García
University of Nottingham

1. AUGE Y NORMALIZACIÓN DE LO FANTÁSTICO (1980-2000)[1]

1980 es una fecha para recordar en la historia reciente de la literatura fantástica española. En ese año se publican tres excelentes volúmenes de cuentos: *Mi hermana Elba*, de Cristina Fernández Cubas, el primer libro de una de las grandes voces del género, y *La pirámide de Khéops* y *Tiempos*, de Ricardo Doménech, autor vinculado en sus inicios al realismo social pero que ya en 1977 había dado un giro a su obra con la colección de relatos *Figuraciones*, donde apostaba por lo fantástico y el absurdo kafkiano.[2]

---

[1] Una primera versión de lo expuesto en este apartado puede leerse en Roas (2010c). Sobre este periodo véanse también: Carrillo (2002), Roas y Casas (2008: 41-52) y Roas y López-Pellisa (2014).

[2] El propio Doménech, en un artículo aparecido en 1989, justificaba su evolución en los siguientes términos: «En 1967, en 1968, sufrí una profunda crisis literaria: un replanteamiento de mi manera de escribir. La relectura sistemática de Kafka y el descubrimiento de la novela y el cuento hispanoamericanos, sobre todo, vinieron en mi ayuda [...] Puede decirse que *Figuraciones*, *La pirámide de Khéops*, *Tiempos* y *El espacio escarlata* responden a un tirón imaginativo, a una búsqueda sostenida a lo largo de seis años. [...] En los cuatro hay un mismo ánimo de experimentar, de probar, de ensayar; a veces, incluso imitando deliberadamente a algún narrador, desde mi lectura de él (por ejemplo, Kafka, en "La visita al Ministerio de

A estos libros seguirán en 1982 otros tres que, como los antes citados, también se han convertido en hitos fundamentales de la historia reciente de lo fantástico: *Cuentos del reino secreto*, primer volumen de relatos de José María Merino, reconocido especialista en el género, e *Incidente en Atocha* y *El increíble hombre inapetente y otros relatos*, de José Ferrer-Bermejo. Asimismo, en ese año 1982, Alfonso Sastre, que ya había demostrado su habilidad con lo fantástico en décadas anteriores, publica *El lugar del crimen*, volumen formado por tres novelas cortas relacionadas, en las que su autor combina lo fantástico con lo macabro y lo grotesco.

En 1983 aparece otro libro importantísimo: *Los altillos de Brumal*, de Cristina Fernández Cubas. De ese mismo año es también la primera edición de *Galería de enormidades*, de Pedro Zarraluki (ampliado en 1989). Y en 1984 se publican, entre otros, dos volúmenes de cuentos de Javier García Sánchez, *Mutantes de invierno* y *Teoría de la eternidad*, así como la novela *Las joyas de la serpiente*, de Pilar Pedraza, texto de clara inspiración gótica, camino por el que su autora ha seguido transitando en sus novelas y cuentos posteriores.

Como vemos, en solo cinco años, varios escritores, algunos ya de reconocido prestigio y otros que inician en ese momento su carrera literaria (y que con el tiempo ocuparán un lugar central en el canon literario español) apuestan por la narrativa fantástica, una forma literaria hasta entonces minusvalorada por la crítica y el mundo académico. De ese modo se inauguraba lo que hemos denominado «años de normalización» de la historia de lo fantástico (Roas y Casas, 2008), puesto que si bien el género —como hemos visto en capítulos anteriores— no había dejado de cultivarse ni en los momentos de máxima presión realista, en ese periodo alcanza un reconocimiento que nunca antes había tenido, tanto por la atención que recibe de los escritores como por la positiva acogida que le deparan los lectores, buena parte de la crítica y, sobre todo, el mundo editorial.

Así, como muestra de dicho éxito, y sin ánimo de exhaustividad, merecen citarse aquí los siguientes volúmenes, en los que se incluyen relatos fantásticos: *Alguien te observa en secreto* (1985), de Ignacio Martínez de Pisón; *Necrópolis* (1985), de Pilar Pedraza; *El espacio escarlata* (1988), de Ricardo Doménech; *El asesino en la muñeca* (1988), de Laura Freixas; *Primavera de luto* (1989), de Juan José Millás; *Cuentos del origen del mono* (1989), de Juan Pedro Aparicio; *Retrato de familia con catástrofe* (1989), de Pedro Zarraluki; *El viajero perdido* (1990), de José María Merino; *El ángulo del horror* (1990), de Cristina Fernández Cubas; *Mientras ellas duermen* (1990; edición ampliada, 2000), de Javier Marías; *Los días subterráneos* (1991), de Ángel Olgoso; *La música de Ariel Caamaño*

Justicia"; Cortázar, en "Los vecinos"; Borges, en "La sombra")» (Doménech, 1989: 140-142). Acerca de lo fantástico en la obra de Doménech, véase Roas (2011d).

(1992), de José Ferrer-Bermejo; *Misterios de las noches y los días* (1992), de Juan Eduardo Zúñiga; *Cuentos del Barrio del Refugio* (1994), de José María Merino; *Ella imagina* (1994), de Juan José Millás; *La hélice entre los sargazos* (1994), de Ángel Olgoso; *Con Agatha en Estambul* (1994), de Cristina Fernández Cubas; *Oposiciones a la Morgue y otros ajustes de cuentas* (1995), de Luis García Jambrina; *El silencio del patinador* (1995), de Juan Manuel de Prada; *Des-cuentos y otros cuentos* (1995), de Carmela Greciet; *Cuando fui mortal* (1996), de Javier Marías; *Frío de vivir* (1997), de Carlos Castán; *Maneras de perder* (1997), de Felipe Benítez Reyes; *El vigilante de la salamandra* (1998), de Félix J. Palma; *Cuatro Nocturnos* (1999, novelas cortas), de José María Merino; *Nubes de piedra* (1999) y *Granada, año 2039 y otros relatos* (1999), ambos de Ángel Olgoso; *Arcano trece. Cuentos crueles* (2000), de Pilar Pedraza; y *El que espera* (2000), de Andrés Neuman.

Una importante cantidad de títulos y autores, a los que hay que añadir varios volúmenes de microrrelatos, una forma narrativa muy proclive a lo fantástico (como ya demostró Casas, 2008b) en la que no nos detendremos, pues el capítulo 10 de este libro está dedicado por entero a esta forma narrativa.

Por último, cabe citar algunos títulos de novelas fantásticas publicadas en este periodo, aunque fue un género menos cultivado que el relato breve. Entre ellas, destacan *La orilla oscura* (1985) y *Los invisibles* (2000), de José María Merino; la ya mencionada *Las joyas de la serpiente* (1984), *La pequeña Pasión* (1990) y *Paisaje con reptiles* (1996), las tres de Pilar Pedraza; *El columpio* (1995), de Cristina Fernández Cubas; *El orden alfabético* (1998) y *No mires debajo de la cama* (1999), de Juan José Millás; o *El viajero de Leicester* (1998), de Juan Pedro Aparicio.

Factores de normalización

El primero de los factores que explican esta normalización en el cultivo y consumo de lo fantástico tiene que ver con la importante transformación que se produce en la narrativa española a principios de los años 80, manifestada en tres ámbitos esenciales: el cambio de actitud respecto al género cuento (se habla explícitamente de un «renacimiento» de la narrativa breve); la reivindicación de la fantasía y la imaginación frente al realismo social y testimonial; y lo que podríamos denominar la recuperación del gusto de narrar, un tanto olvidado por el experimentalismo de la década anterior. Sobre estos elementos planea otra idea fundamental: el rechazo de esa restrictiva concepción de nuestra literatura que, durante demasiados años, trató de limitarla a lo puramente realista.

Un segundo factor que contribuye a este importante desarrollo de lo fantástico tiene que ver con la decisiva influencia que ejercen los relatos de Borges y Cortázar. Por un lado, la obra de estos autores (y la de otros maestros hispanoamericanos del género, muchos de ellos recuperados o «descubiertos» en los años 70, como Horacio Quiroga, Leopoldo Lugones, Juan José Arreola, Felisberto Hernández, Adolfo Bioy Casares o Silvina Ocampo) hizo evidente la calidad y profundidad que podía alcanzar lo fantástico español, la dignidad y complejidad de un género tradicionalmente minusvalorado por su (supuesto) alejamiento de lo real. Y, por otro lado, con la obra de dichos autores llegan nuevas formas, motivos y recursos, que fueron decisivos para la renovación del cultivo de lo fantástico en las letras españolas.

Junto a esas influencias hay que destacar también la que pudieron ejercer, de forma directa o indirecta, los grandes maestros europeos y estadounidenses de los siglos XIX y XX, cuya obra es recuperada e, incluso, vertida al español por primera vez a partir de mediados de los 50. A los que se unen otros autores contemporáneos, sobre todo anglosajones, de gran éxito a finales de los 70 y principios de los 80, como Stephen King o Clive Barker. En dicho proceso desempeñan un papel fundamental varias editoriales especializadas en el género: Minotauro, Siruela, Martínez Roca y, algo más tarde, Valdemar; a lo que habría que añadir la importante presencia que tiene el género en los catálogos de Acervo, Alianza y Bruguera, editoriales que difundieron en los 60 y 70 a Lovecraft, a Machen, a los clásicos de la novela gótica y a tantos otros autores fundamentales.

Finalmente, hay que añadir un doble factor de carácter extraliterario, cuya influencia también resultó, a nuestro entender, decisiva: por un lado, el cine fantástico y de terror, tanto extranjero como de producción española, y, por otro, las series emitidas en televisión durante las décadas de los 60 y 70, como *Historias para no dormir*, *The Outer Limits*, *Twilight Zone*, *Night Gallery*, *Ficciones* o *Doce cuentos y una pesadilla*.[3] Por un lado, influyeron en la forma de enfrentarse literariamente al género (lenguaje, estructura, motivos) y, por otro, contribuyeron a su popularización entre los lectores y espectadores españoles.

La suma de estos factores, en fin, rescató a lo fantástico del cajón de la subliteratura, otorgándole el lugar que merecía en el panorama literario español. Y no solo en lo que se refiere a escritores, lectores, críticos y editores, sino también en relación con el mundo académico, que empezó a mostrar un creciente interés a partir de la década de 1980.[4]

---

[3] Para no repetir aspectos que serán analizados con detalle en otras partes de este libro, véanse los capítulos 8, 12 y 13, dedicados al cine y la televisión fantásticos del periodo.

[4] Entre los primeros trabajos sobre lo fantástico realizados en España, cabe citar los de Llopis (1974), Risco (1982) y (1987), el monográfico de la revista *Camp de l'Arpa* (1982), Martínez Torrón (1983), el volumen que recoge las conferencias pronunciadas en el célebre Coloquio sobre Literatura Fantástica celebrado en 1984 en la Universidad de Sevilla en el que participaron, entre otros, Borges, Calvino o el citado Llopis (Siruela, 1985).

Junto a todos los elementos señalados, hay otro aspecto más que resulta esencial en esa dignificación de lo fantástico: la asunción de que se trata de un magnífico medio expresivo para explorar y representar todo aquello que se nos escapa de la realidad y de la compleja psicología humana.

Hacia una poética de lo fantástico

Para empezar a caracterizar de un modo general la forma en que se cultiva lo fantástico en la literatura española de los años 80 y 90, comparándola con lo que ocurrió en décadas anteriores, hay que destacar dos aspectos esenciales: en primer lugar, lo que podríamos denominar la «nueva» concepción de lo real y del individuo, y, en directa relación con ello, la incorporación de nuevos motivos y recursos fantásticos para expresar dicha visión.

Los avances de la física einsteiniana y de la mecánica cuántica, la neurobiología, la filosofía constructivista y las nuevas tecnologías han acabado con la idea de una realidad supuestamente objetiva, que existía por sí misma más allá del ser humano (reducido a ser un simple inquilino de esta). Frente a una realidad regida por certezas matemáticas y, por ello, ordenable, incluso predecible (la visión newtoniana), este nuevo paradigma concibe la realidad como una entidad inestable, caótica, inexplicable por sí misma y, lo que es esencial, vinculada a la interrelación que el individuo establece con ella. No percibimos la realidad, la *construimos* (véase al respecto Roas, 2011a). Así, vivimos en un universo descentrado, sin verdades generales, sin puntos fijos desde los cuales enfrentarnos a la realidad (y a nuestra propia identidad), lo que se traduce en un permanente cuestionamiento de esta.

Así, por ejemplo, Millás parte de una concepción de la realidad como construcción arbitraria de nuestra imaginación: «El problema es que pensamos que la realidad es algo estable, algo fijo, algo que no se modifica, y no es así. La realidad no es más que aquello que decimos que es la realidad» (en Casquet, 2002). Como los anónimos artífices del Tlön borgesiano, hemos fabricado un mundo a nuestra medida, un mundo ordenado y falso («un laberinto urdido por los hombres») donde, he ahí la mayor de las ironías, vivimos —más o menos— felices y seguros. Hemos establecido unos límites puramente arbitrarios, pero sin los que nos es imposible vivir, puesto que no solo dibujan las coordenadas de nuestro mundo sino que, sobre todo, nos aíslan de lo otro, lo incomprensible, lo desconocido.

El objetivo de la literatura fantástica es, precisamente, desestabilizar dichos límites, cuestionar la validez de los sistemas de percepción de lo real que todos compartimos. Pero ahora ya no se trata simplemente de postular excepciones al orden de lo real (como en la narrativa fantástica de otros periodos), sino de revelar su anormalidad, en muchos casos a través de mínimas alteraciones que provocan que lo que hasta ese momento se presentaba como normal, familiar, derive hacia la más pura e inquietante inestabilidad. Así sucede, por ejemplo, en «Dejen salir», de Ferrer-Bermejo (*Incidente en Atocha*, 1982), donde un tipo queda atrapado en los pasillos del metro y tome el camino que tome siempre vuelve al mismo lugar; en «La casa de los dos portales», de Merino (*Cuentos del reino secreto*, 1982), en el que la aventura de unos niños en un casa abandonada les lleva a cruzar a un espacio paralelo, una ciudad que es y no es la suya, degradada, ominosa; o, por citar otro texto más, «Los altillos de Brumal», de Fernández Cubas (*Los altillos de Brumal*, 1983), articulado mediante el choque entre la realidad cotidiana del personaje y el lugar brumoso e inhóspito del título, donde la protagonista recuperará su memoria, su verdadera (y fantástica) identidad.

Como hacen evidente estos cuentos, la fusión de las diversas y posibles realidades que circundan al personaje se revela imposible, porque tales realidades no pueden convivir: cuando esos órdenes —paralelos, alternativos, opuestos— se encuentran, la (aparente) normalidad en la que los personajes se mueven (reflejo de la del lector) se hace todavía más extraña, absurda e inhóspita.

Por ello, la cotidianidad es un requisito esencial para la creación del efecto fantástico: el personaje (y, a través de él, el lector) debe sentir que su realidad habitual se desfamiliariza, se subvierte al ser invadida por un fenómeno imposible. Un proceso que hace explícito el personaje de Carlos en «El ángulo del horror», de Fernández Cubas (*El ángulo del horror*, 1990), cuando describe lo que le está sucediendo, esa nueva percepción del mundo que ha adquirido sin saber cómo ni por qué (en sus palabras basta sustituir el término «casa» por el de «realidad»): «Era la casa, la casa en la que estamos ahora tú y yo, la casa en la que hemos pasado todos los veranos desde que nacimos. Y, sin embargo, había algo muy extraño en ella. Porque era exactamente *esta casa*, solo que, por un extraño don o castigo, yo la contemplaba desde un insólito ángulo de visión» (1990: 109). Dicho de otro modo, para hacer más evidente el conflicto fantástico que articula esa intención de cuestionar lo real, estos autores habitualmente ambientan sus historias en un paisaje reconocible por el lector (y donde este se reconoce), un mundo absolutamente cotidiano y anodino en el que los personajes —seres también anodinos— se ven sometidos a azares y fuerzas que los desbordan y trastornan: «relatos en los que se parte de situaciones muy familiares y en los que de repente basta el cambio de un adjetivo para modificar el punto de vista sobre esa realidad, que pasa así de ser cotidiana a ser inquietante» (Millás en Casquet, 2002).

El mundo resultante es un mundo carente de sentido, agobiante, desapacible... pero en el que deben habitar, porque no hay vuelta atrás. Aunque en muchas ocasiones, y ello revela la clara dimensión posmoderna de la narrativa fantástica de estos años, los protagonistas asumen lo que les ha ocurrido sin demasiado dramatismo, tratando de acomodarse a su nueva situación,[5] pero, claro está, sin poder explicar lo que ha ocurrido.

La desestabilización de nuestra idea de lo real —como eje de lo fantástico— suele ir acompañada de otro de los temas centrales de la literatura contemporánea: la crisis de la identidad. Las narraciones fantásticas ofrecen un retrato del individuo actual como un ser perdido, aislado, desarraigado, incapaz de adaptarse a su mundo, tan descentrado como la realidad en la que le ha tocado vivir (eso conduce también a explorar patologías oscuras y comportamientos excéntricos o ridículos que, en ocasiones, bordean lo kafkiano y humorístico). Son seres que buscan una identidad que no se puede alcanzar, pues se hace evidente que esta es siempre cambiante, provisional. Personajes que, perdidos en ese mar de signos indescifrables que es la realidad, tratan infructuosamente de acomodarla a sus ideas y deseos, de instaurar una apariencia de orden donde poder habitar con cierta tranquilidad. Como ha señalado Kunz (2009: 253-254):

> Los síntomas psicopatológicos que observamos en la narrativa de Millás revelan el progresivo disfuncionamiento de sus personajes en la rutina cotidiana (laboral, familiar, amorosa, etc.) y nos muestran un sujeto metafóricamente desencajado y agrietado, lleno de rupturas que intenta disimular con dificultad creciente, un individuo que se siente incompleto y que sufre perturbaciones de la cohesión de su yo. De ahí la borrosidad de los límites corporales, la precariedad de la consistencia, el deseo de «entrar y salir del propio cuerpo con la facilidad de los místicos» (*Cuentos [a la intemperie]*, 1997: 119), de allí también la obsesión por la mutilación, la prótesis, la trasplantación, o incluso la dispersión corporal.

Por eso, en casos extremos, se llega incluso a plantear la total disolución del yo, ya sea mediante la transformación en otro ser o bien debido a la pérdida de su entidad física, a su desaparición, como ocurre, por ejemplo, en dos inquietantes relatos de Merino: «Las palabras del mundo» e «Imposibilidad de la memoria», ambos recogidos en *El viajero perdido* (1990).

Todo ello justifica que el doble sigue siendo un motivo constantemente visitado. Pero también en este caso se ensayan nuevas formas de explorar un asunto tan viejo como el propio género fantástico: desde el individuo que es suplantado por su doble y, por tanto, expulsado de su vida («La canción de Lord Rendall», de Marías, *Mientras ellas duermen*, 1990; «El derrocado», de Merino, *Cuentos del Barrio del Refugio*, 1994), a relatos donde el motivo se combina con otras transgresiones de lo real («Servicio de socorro», de Carlos Castán, *Frío de vivir*, 1997, basado en un inquietante juego de realidades

---

[5] Una reacción que será todavía más habitual, como veremos en el siguiente apartado, en la producción fantástica del siglo XXI.

paralelas), pasando por encarnaciones más tradicionales (como «La mujer de verde», de Fernández Cubas, *El ángulo del horror*, 1990).

Recursos de lo fantástico posmoderno

Como hemos visto, lo fantástico contemporáneo no ha dudado en echar mano de formas y motivos ya tradicionales (el fantasma, el doble, la alteración de las coordenadas espacio-temporales...), eso sí, actualizados y adaptados para la expresión de las ideas sobre realidad e identidad que caracterizan/permean las últimas décadas del siglo xx. Formas y motivos que se combinan con nuevas vías de exploración de lo fantástico con las que seguir comunicando, despertando o reactivando los miedos del lector: así ocurre con la metaficción y la transgresión lingüística.

Como ya evidenciaron Borges y Cortázar, la metaficción es un excelente medio para provocar lo fantástico al postular la imposible confluencia entre realidad y ficción, dos órdenes irreconciliables entre los que —lógicamente— no puede existir continuidad. Buen ejemplo de ello lo tenemos en «En el hemisferio sur», de Fernández Cubas (*Los altillos de Brumal*, 1983), «Final absurdo» y «Joven promesa», de Laura Freixas (*El asesino en la muñeca*, 1988), o «El caso del traductor infiel», de Merino (*Cuentos del Barrio del Refugio*, 1994).

La vía de la transgresión lingüística tiene que ver directamente con la ruptura de la confianza en la relación lenguaje/mundo, rasgo esencial de la literatura posmoderna. Como advierte Rodríguez Hernández (2010: 4), lo que se pone en duda es la propia capacidad del lenguaje de significar el mundo, es decir, ser vehículo de expresión de una realidad que es postulada, en última instancia, como ajena e inalcanzable. La ruptura de dicha confianza o, al menos, su cuestionamiento, permite que lo fantástico se configure a partir de una transgresión esencialmente lingüística. Así puede verse, por ejemplo, en «Las palabras del mundo» (*El viajero perdido*, 1990), de Merino, donde el profesor Souto, personaje recurrente en varios relatos del autor (Roas, 2010d), sufre un extraño trastorno que se manifiesta en una progresiva pérdida de comprensión del sentido del lenguaje oral, lo que le lleva a utilizar el lenguaje escrito como única vía posible (y fiable) de comunicación. Una extraña teoría que deriva en una obsesión rayana —aparentemente— en la locura: «No olvidar las letras o todo desaparecerá» (Merino, 1990: 37). Una conclusión que recuerda a lo que ocurre en la primera parte de la novela *El orden alfabético* (1998), de Millás, donde Julio, su protagonista, se ve enfrentado, a través de sus ensoñaciones febriles, a un mundo que, debido a la progresiva desaparición del lenguaje, va perdiendo su consistencia y sentido. Tal y como afirmaba Wittgenstein en uno de sus más conocidos aforismos, «los límites de mi lenguaje son los límites de mi mundo». Si desaparece el lenguaje, herramienta fundamental para la comprensión y construcción de (nuestra idea de) lo real, el mundo también lo hará. Lo sorprendente es que, en el cuento de Merino, quien acaba desapareciendo es Souto. Así, después de asistir al progresivo olvido del que también es objeto el lenguaje escrito (en los textos que se conservan de esa etapa, las letras van perdiendo gradualmente su forma hasta convertirse en simples garabatos: ya no significan nada), el narrador refiere cómo fue hallado, junto a un acantilado de la Costa de la Muerte, el coche de Souto; en el asiento trasero estaban sus ropas y sus zapatos ordenados como si los vistiese una persona. Como si finalmente, al olvidar las letras que lo componen, se hubiera volatilizado en el aire, dejando tras de sí la piel vacía de su traje.

Así, jugando con el título de uno de los cuentos de Fernández Cubas, lo que estas obras nos muestran es un ángulo insólito de la realidad. O quizá habría que decir que lo que nos ofrecen es otro ángulo desde donde contemplar, aunque sea brevemente, la verdadera e inquietante cara de la realidad. Como dice significativamente la protagonista de «La mujer de verde», otro célebre relato de Fernández Cubas: «Vemos las cosas como nos han enseñado a verlas. [...] Una forma de medir, encasillar, sujetar o dominar lo que se nos escapa, lo que no comprendemos. Un ardid para tranquilizarnos, para no formularnos demasiadas preguntas» (1994: 93). El problema es que cuando logramos superar esa forma encasillada de ver la realidad, cuando nos asomamos a través de ese insólito ángulo de visión, lo único que contemplamos es el horror.[6]

2. NUEVAS VOCES DE LO FANTÁSTICO (2000-2015)[7]

En las dos últimas décadas, un amplio número de escritores, nacidos entre 1960 y 1975, ha optado por cultivar lo fantástico como vía de expresión privilegiada. No pretendemos hablar de 'generación' (un concepto desterrado ya por la historiografía literaria), sino de una apuesta común por el relato fantástico, manifestada a través de una amplia variedad de estilos, recursos y temáticas: desde

---

[6] Muchos de los autores citados en este apartado han seguido cultivando lo fantástico después del año 2000. Entre ellos, merecen destacarse las obras de tres grandes maestros del género: *Parientes pobres del diablo* (2006), *La puerta entreabierta* (2013, firmada como Fernanda Kubbs) y *La habitación de Nona* (2015), de Cristina Fernández Cubas; *Días imaginarios* (2002), *Cuentos de los días raros* (2004), *Cuentos del libro de la noche* (2005) y *La trama oculta* (2014), de José María Merino; y *Los objetos nos llaman* (2008) y *Articuentos completos* (2011), de Juan José Millás. Acerca de la obra fantástica de los tres autores citados, véanse, entre otros, Roas (2005a), (2007), (2009) y (2010d), Casas (2009b) y Álvarez Méndez (2001).

[7] Una primera aproximación a este asunto puede verse en Muñoz Rengel (2010) y Roas (2011c). Sobre la obra fantástica de algunos de los autores de este periodo, véanse, entre otros, Abello (2013), Patricia García (2013c), Marques (2013), Sánchez Aparicio (2013) y Sánchez Villadangos (2014).

los que optan por vías más tradicionales, a los que exploran formas y motivos directamente vinculados con las preocupaciones estéticas e ideológicas de una posmodernidad ya consolidada, asumida (y en algunos casos intensificada) en el nuevo milenio. Una nómina de autores formada por (y no los mencionamos a todos) Fernando Iwasaki, Ángel Olgoso, Manuel Moyano, David Roas, Félix J. Palma, Care Santos, Ignacio Ferrando, Jon Bilbao, Patricia Esteban Erlés, Ismael Martínez Biurrun, Juan Jacinto Muñoz Rengel, Miguel Ángel Zapata, Emilio Bueso y Santiago Eximeno.[8]

Un conjunto de nuevos narradores que conocen muy bien los entresijos del género y su historia, que han asistido a la dignificación del cultivo de lo fantástico en la literatura española gracias a las obras de Fernández Cubas, Merino o Millás, escritores que, a su vez, bebieron de Borges y Cortázar, las grandes referencias en español, que, por su parte, tanto deben a Poe, Maupassant y Kafka (la gran influencia, sin duda, para los autores del siglo xx).

Junto a su evidente educación literaria (española y extranjera), estas voces fantásticas se han formado también en el mundo audiovisual (cine y televisión), a lo que hay que añadir el importantísimo influjo del cómic y de los videojuegos.

Si bien este grupo de escritores coinciden en muchos de sus planteamientos con los autores de los años 80 y 90, en ellos se intensifican diversos aspectos en el cultivo de lo fantástico a la que vez que se desarrollan estilos y temáticas muy novedosos, lo que permite distinguir una poética propia.

Entre los diversos aspectos que definen lo que podríamos denominar la poética fantástica de los autores actuales, vamos a analizar cinco que consideramos esenciales: 1) la yuxtaposición conflictiva de órdenes de realidad; 2) las alteraciones de la identidad; 3) el recurso de darle voz al Otro; 4) la hibridación con otros géneros y categorías; y 5) el espacio como agente de lo fantástico.

Yuxtaposición conflictiva de órdenes de realidad

En los relatos fantásticos actuales la yuxtaposición de lo real y lo imposible (que define y distingue a lo fantástico) suele ser planteada sin demasiadas estridencias: mínimas alteraciones en el orden de realidad en el que habita el protagonista terminan por revelar que se ha producido el deslizamiento definitivo hacia otra realidad, que el protagonista debe asumir. En la mayoría de ocasiones, el personaje lo hace dominado por la inquietud de saberse ante lo incomprensible, pero, sobre todo, de saber que no hay vuelta atrás. A diferencia de los textos de otras épocas, la actuación de los personajes es, podríamos decir, menos dramática. Da la sensación de que están tan perdidos en una realidad como en otra.

[8] Cuentos de la mayoría de estos autores han sido recogidos en el volumen *Perturbaciones. Antología del relato fantástico español actual* (2009), editado por Juan Jacinto Muñoz Rengel.

Aunque, inevitablemente, y de ahí su efecto fantástico, ese deslizamiento entre realidades siempre resulta traumático, porque es imposible. Algo que el personaje debe asumir sin llegar nunca a poder comprenderlo.

Un ejemplo excelente de este tipo de narraciones lo tenemos en «Venco a la molinera», de Félix J. Palma (*El vigilante de la salamandra*, 1998). En este caso la alteración de la realidad en la que habita el protagonista parece producirse simplemente por la irrupción de una palabra desconocida —y, ligada a ella, un referente desconocido—, que solo él ignora: el «venco» del título. Evidentemente, esa nueva palabra (y ese nuevo referente) arrastrarán consigo un nuevo orden de realidad. Un fenómeno imposible (y como tal incomprensible) ante el que el personaje no tiene otra opción que asumir que ha ocurrido y que él debe habitar una nueva realidad.

Algo semejante ocurre, esta vez mediante el recurso de la metaficción, en el relato «Los habituales de La Brioche», de Juan Jacinto Muñoz Rengel (*88 Mill Lane*, 2005): el efecto fantástico surge de la intersección entre la realidad y la ficción, dos órdenes irreconciliables entre los que no existe continuidad posible. Cualquier explicación que trate de proponerse no conduce a ningún lado. Lo único cierto es que la vida del protagonista —un creador de historias— se ha visto sustituida por una nueva trama, por la ficción imaginada por otro personaje, al que él mismo ha dotado de los rasgos necesarios para hacerlo. Un bucle fantástico del que es imposible escapar. Y que destruye la realidad en que hasta ese momento habitaba el protagonista.

Las alteraciones de la identidad

Como vimos en el apartado dedicado al periodo 1980-2000, junto al cuestionamiento de lo real, la transgresión de la identidad es otro de los asuntos centrales en la narrativa fantástica contemporánea. Los autores del nuevo milenio continúan también explorando las diversas formas de alteración/transgresión de la identidad, entre las que sigue destacando uno de los grandes motivos fantásticos: el doble. Pero también en este caso los narradores actuales ensayan nuevas formas de explorarlo.

Una de las variantes más innovadoras y, por ello mismo, inquietantes, es aquella en la que el doble no es un reflejo idéntico del protagonista, sino que lo que encarna es una alternativa, como si la vida del personaje en cierto momento se hubiera dividido en dos caminos que se habrían desarrollado independientemente y a la vez. Más que seres desdoblados al estilo tradicional, podríamos decir que se trata de seres «bifurcados», tal y como se muestra en «Servicio de Socorro» de Carlos Castán (*Frío de vivir*, 1998), «La vida correcta» de Félix J. Palma (*El vigilante de la salamandra*, 1998) o «Roger Lévy y sus reflejos» de Ignacio Ferrando (*Sicilia, invierno*, 2008), que rompen el esperado binarismo de este tipo de historias, puesto que el protagonista no se enfrenta a un solo doble, a una sola bifurcación de la trama de su vida, sino a muchas, lo que intensifica su dimensión fantástica y, sobre todo, su efecto transgresor sobre la noción habitual de identidad. Ya no se trata, por tanto, del tradicional acoso de un alter ego malvado o que pretende suplantarnos (aquí podrían citarse desde «William Wilson», de Poe, a «El derrocado», de Merino, pasando por *Jekyll y Hyde*). ¿Cómo determinar quién es el auténtico y quién el impostor?

En otras ocasiones, como vuelta de tuerca irónica, ese doble bifurcado lleva una vida mejor, lo que, por comparación, le hace comprender al protagonista que su vida es un fracaso (ha tomado la bifurcación equivocada), como ocurre, por mencionar solo un ejemplo muy significativo, en el relato de Andrés Neuman «Abstracto, paisaje» (*El que espera*, 2000).

Como advierte Coates (1988: 35), en el siglo XX la divisibilidad del yo ya no se discute, lo que afecta inevitablemente a su representación; pero al mismo tiempo las fisuras en el yo se multiplican y se convierte en una multitud de impulsos que ya no es posible conceptuar en un solo otro: lo que habrá serán muchos otros, y, en todo caso, la aparición de la imagen de uno mismo será, más que una siniestra presencia, un hecho banal de la vida cotidiana. Por eso el doble, como añade Vilella (2007: 196), funciona muy bien en la narrativa posmoderna: por su carga de profundidad contra la integridad del individuo, y porque, en tanto que inconcebible, es un óptimo instrumento para hacer surgir dudas sobre lo que es (o consideramos) concebible.

Los cuentos sobre el doble se relacionan directamente con aquellos otros en los que también se reflexiona sobre la identidad y, sobre todo, sobre la pérdida de esta. Aquí también podemos encontrar nuevas variantes temáticas y formales que, partiendo de motivos clásicos, proponen otra vuelta tuerca sobre dicho asunto.

Así, por ejemplo, son muchos los relatos en los que los protagonistas experimentan metamorfosis (habitualmente manifestadas a través de un proceso de animalización) o bien intercambios de cuerpos (lo que implica, a su vez, un intercambio de identidades). Aunque hay ocasiones en que tales procesos no los sufren ellos, sino que son testigos de los mismos, lo que, en la mayoría de los casos, les conducirá a ser víctimas de esos monstruos. Patricia Esteban Erlés nos proporciona dos ejemplos muy reveladores del motivo del intercambio de cuerpos, ambos recogidos en su libro *Manderley en venta* (2008): «Habitante» y «Línea 40».

Voces del otro lado

Otro de los síntomas generales de esa exploración de nuevos caminos para la creación de lo fantástico, en directa relación con el paradigma de realidad y la visión posmoderna del sujeto a los que ya nos hemos referido, son los muchos cuentos en los que se le da voz al otro, al ser que ha cruzado al otro lado de los límites de lo real. Un recurso que ya aparece en relatos como el citado «Venco a la molinera», de Palma, o en el inquietante microrrelato «La cueva», de Iwasaki (*Ajuar funerario*, 2004), cuyos narradores nos cuentan sus historias desde la nueva dimensión que ahora ocupan. En este grupo de relatos también destacan aquellos que están narrados por seres que han regresado del más allá (habitualmente en forma de fantasma, vampiro o *revenant*) o por individuos que han perdido su entidad humana y se han metamorfoseado en monstruos.

Darle voz al ser imposible supone una radical transgresión de una de las convenciones tradicionales de lo fantástico, porque «el otro, tanto histórica como ficcionalmente, resulta afásico para los que lo juzgan a partir de la propia realidad» (Campra, 1991: 59). La historia fantástica siempre nos ha llegado desde la misma perspectiva: la voz humana, «la del protagonista —víctima de esos indeseables encuentros con las criaturas del otro lado— o la de un narrador externo y neutro, pero que de todos modos se coloca en un espacio homogéneo al de la humanidad, espacio metafórico al que pertenece también el lector» (Campra, 1991: 57). La razón es muy sencilla: el ser fantástico está más allá de lo real, más allá de lo humano, y, por ello, siempre ha sido la fuente del conflicto y del peligro. Su perspectiva de los hechos no nos interesaba, puesto que en quien nos reflejábamos era en el humano —el protagonista— que sufría el acoso del ser imposible.

Los relatos que estamos analizando invierten radicalmente esta situación. Y generan un doble efecto impensable en otras épocas: por un lado, darle voz al otro supone acercarlo al lector, humanizarlo, atenuar su «otredad»; y, por otro, algo mucho más inquietante: «Este cambio de punto de vista nos permite situarnos al otro lado, en la dimensión de lo oculto. Lo fantástico somos nosotros» (Muñoz Rengel, 2010: 10).

Todo ello justifica que los cuentos en los que la voz narradora pertenece al ser fantástico no sean habituales hasta fechas muy recientes (aunque hay precursores destacados, como Horacio Quiroga, Enrique Anderson Imbert o Muriel Spark). Solo a partir de la obra —hablo del panorama español— de Fernández Cubas, Merino, Millás o Marías, el recurso se ha hecho cada vez más presente en la narrativa fantástica actual, que suele explorarlo por dos vías esenciales:

1) Relatos que revelan el desconsuelo o la perplejidad del personaje ante su nuevo estado (del que tampoco hay vuelta atrás como en los cuentos antes comentados), como sucede en «Cantalobos» y «Hungry for Your Love», de Patricia Esteban Erlés (recogidos, respectivamente, en *Manderley en venta*, 2008, y *Azul ruso*, 2010), en «Los otros», de Andrés Neuman (en *El que espera*, 2000), o en la novela de Emilio Bueso *Diástole* (2011), narrada por el protagonista que desde un principio avanza que estará muerto cuando termine su historia y que en las últimas páginas se descubre transformado en vampiro, convertido en monstruo en el seno de la no-vida, escondiéndose del sol y formando parte del infierno durante siglos.

2) Narraciones en los que esas voces del otro lado nos relatan sus andanzas como monstruos terribles, perfectamente instalados (y a veces satisfechos) en su nueva situación: así sucede, por citar algunos ejemplos, con los fantasmas en «La mujer de blanco» o «La casa embrujada» (*Ajuar funerario*, de Iwasaki), el doble en «El precio del placer» (*Distorsiones*, 2010, de David Roas), el vampiro en «Querida Sharon» (*El oro celeste*, 2003, de Manuel Moyano), o el relato de Eximeno «Tu bebé diabólico (Un libro práctico de Raquel Estivill)» (*Obituario privado*, 2010), en el que la autora del libro de autoayuda que da título al cuento escribe desde el infierno y habla desde el Otro Lado para ayudar a las madres a criar a sus bebés engendrados con lobos negros, machos cabríos, íncubos o diablos menores, con el fin de que estos sepan enfrentarse a «este plano de la realidad».

Hibridaciones

Lo fantástico y el humor

A primera vista, el humor y lo fantástico no parecen combinar bien (y no hablamos solo de literatura). El choque entre lo posible y lo imposible que determina el efecto fantástico exige que el receptor experimente una empatía (no solo emocional sino sobre todo intelectual) con los personajes del relato: como estos, él también siente que su propia idea de lo real es transgredida por el fenómeno fantástico que irrumpe en la historia de ficción. Ahora bien, el humor descansa habitualmente en un proceso inverso: el que ríe necesita distanciarse del objeto de su risa para poder reír. Es decir, requiere que se atenúe o incluso desaparezca su empatía (su adhesión emocional) con el ser o situación que es objeto de su risa. Como dice Henri Bergson, para reír es necesaria «una anestesia momentánea del corazón».[9] El humor negro es un perfecto ejemplo de la necesidad y eficacia del distanciamiento en el texto humorístico: en él, lo cómico se combina con elementos propios de lo terrorífico, lo fantástico o lo trágico para provocar la risa del receptor.

Así pues, emplear el humor en los textos fantásticos entraría —aparentemente— en contradicción con los principales rasgos estructurales y pragmáticos que definen dicha categoría. En otras palabras, introducir esa distancia frente a los hechos narrados eliminaría la necesaria identificación que se establece en todo relato fantástico entre el lector y el personaje, tanto en lo que se refiere a la implicación emocional del primero, como a la proyección de su concepto de realidad en el texto (un concepto compartido por ambos). De ese modo, se

[9] Evidentemente, dejamos aparte el humor basado en el puro ingenio lingüístico, ajeno al proceso que acabamos de describir.

establecería lo que podríamos denominar una «distancia de seguridad» frente a lo imposible, que desvirtuaría el efecto fantástico de la historia narrada.

Sin embargo, en las dos últimas décadas un buen número de autores están combinando en sus cuentos lo fantástico y el humor (a través de la ironía y la parodia), demostrando que dicha combinación funciona, puesto que, pese a la presencia de elementos humorísticos, dichos relatos siguen teniendo la dimensión y efecto inquietantes que definen lo fantástico. Buen ejemplo de ello lo tenemos muchos de los microrrelatos de *Ajuar funerario* (2004), de Fernando Iwasaki, en varios de los cuentos que componen *Distorsiones* (2010) y *Bienvenidos a Incaland®* (2014), de David Roas, *88 Mill Lane* (2005) y *De mecánica y alquimia* (2009), de Juan Jacinto Muñoz Rengel, *Obituario privado* (2010) y *Bebés jugando con cuchillos* (2013), de Santiago Eximeno, o la novela *Diástole* (2011), de Emilio Bueso, donde lo fantástico se combina hábilmente con la ironía.

Esta fusión de fantástico y humor no es un fenómeno exclusivamente actual, pues existen algunos (pocos) precedentes célebres (todos ellos, significativamente, publicaron sus cuentos en la segunda mitad del siglo XX): Julio Cortázar (sobre todo en sus *Historias de cronopios y de famas*), Julio Ramón Ribeyro, Virgilio Piñera, Julio Garmendia, Augusto Monterroso, Frederic Brown, Italo Calvino, Sławomir Mrożek o Yasutaka Tsutsui, por solo citar algunos nombres muy representativos.

El uso cada vez mayor del humor tiene que ver con el escepticismo posmoderno ante la idea de una realidad estable y ordenada propia del siglo XIX. La hibridación de lo fantástico con el humor potenciaría su efecto de subversión e impugnación de nuestra idea de realidad (incluida la noción de identidad). Aunque hay que tener en cuenta un aspecto esencial: los relatos fantásticos a los que nos referimos no están construidos para provocar la carcajada, lo que supondría la anulación de la inquietud en beneficio de lo cómico. Lo que sus autores hacen es combinar lo fantástico con la ironía y la parodia para potenciar el efecto distorsionador de sus relatos, sin que, por ello, los fenómenos narrados pierdan su condición de imposibles, puesto que tales recursos nunca se imponen al objetivo central de lo fantástico: transgredir las convicciones sobre lo real del lector, proyectadas en la ficción del texto, y, con ello, provocar su inquietud.

Linda Hutcheon (1988) afirma que el escepticismo general que caracteriza a la posmodernidad se traduce retóricamente en el recurso a la ironía, la parodia y el juego, empleados para impugnar varios conceptos fundamentales: la autoridad de las instituciones, la unidad del sujeto y la coherencia y las fronteras entre discursos, géneros, artes y disciplinas. Se plantea, así, una ruptura y contestación frente a lo establecido. No es extraño que Hutcheon conciba la parodia como metonimia del arte contemporáneo. O que Baudrillard (2006: 29) afirme, a su vez, que la ironía se ha convertido en la «forma universal y espiritual de la desilusión del mundo».

A todo ello hay que añadir otro factor esencial que puede explicar el uso del humor como recurso de la nueva narrativa fantástica y que tiene que ver directamente con su propia evolución: la ironía y la parodia serían dos formas de dar nueva vida a recursos, temas y tópicos sobreexplotados tanto en la literatura como en el cine fantástico. De ese modo, motivos que tratados a la manera tradicional resultarían desfasados o demasiado vistos (y, por ello, previsibles), son renovados gracias al tratamiento irónico y/o paródico, sin que, como decía antes, ello implique la pérdida de su dimensión inquietante. Porque no son relatos humorísticos.

Fusión de lo fantástico con otros géneros

Diversos autores como Ismael Martínez Biurrun, Santiago Eximeno y Emilio Bueso, sin romper con la tradición, fusionan géneros con gran libertad en el ámbito de la literatura no mimética. Como grandes exponentes que son de la narrativa de terror española actual, ofrecen tramas en las que el miedo nos enfrenta a lo desconocido, en algunas de las cuales lo terrorífico alcanza un punto de encuentro con lo fantástico gracias a la presencia de lo ominoso. Así sucede en algunos relatos de *Obituario privado* (2010) y *Bebés jugando con cuchillos* (2013), de Eximeno, o en *Diástole* (2011), de Bueso, novela en la que el extraño encargo solicitado a un pintor entrelaza una persecución propia de la novela negra con la narración de terror fantástico a través de la descripción de un peligro que no se vincula exclusivamente a una amenaza radiactiva sino que, a su vez, se asimila a la monstruosidad vampírica. También lo fantástico se hibrida con el terror y la ciencia ficción, por ejemplo en *Mujer abrazada a un cuervo* (2010), de Martínez Biurrun, calificada como novela gótica y ficción científica, o en *Extraños Eones* (2014), de Bueso, que enlaza la fantasía y el terror con el horror cósmico.

En estas tramas híbridas, además, es recurrente el empleo del homenaje literario y de la intertextualidad. En este caso los ejemplos se multiplican pero pueden servir como muestra los guiños de *Diástole* a referentes de la tradición como Lovecraft y Stoker, incluso a otros más actuales como Matheson, y el tributo que constantemente rinde *Extraños Eones* a *Los mitos de Cthulhu*, de Lovecraft, a través tanto de citas literales como de alusiones.

A todo ello se suma la innovación formal que se refleja en el empleo de distintos cauces. Los relatos de Eximeno ofrecen una buena muestra de este interés. En «Tu bebé diabólico (Un libro práctico de Raquel Estivill)» (*Obituario privado*, 2010) la historia escrita desde el Infierno se configura como un auténtico libro de autoayuda dividido en secciones, curiosamente, como no podía ser de otro modo, en la simbólica distribución de tres veces seis, es decir, tres capítulos y cada uno de ellos divididos en seis apartados. Y en «La hora de la verdad» (*Bebés jugando con cuchillos*, 2013) el discurso narrativo se presenta como una traducción del informe oficial del Departamento de Salud de Estados Unidos titulado «Toma de decisiones acerca de la muerte», o, lo que es lo mismo, un manual de instrucciones para evitar que nuestros difuntos se conviertan en zombis.

También han aparecido en la última década obras que funden lo fantástico con tópicos relativos al diario personal. Ejemplo de ello son los volúmenes *La trama oculta* (Merino, 2014) y *Bienvenidos a Incaland®* (Roas, 2014). En ambos casos la trama fantástica implica una reflexión sobre la experiencia (inevitablemente) subjetiva del lugar. Lo fantástico es entonces un elemento inseparable del recuerdo y se vuelve el hilo conductor del recorrido geográfico del narrador. Poco importa cómo es el pueblo de la ribera de Esla en «El peregrino» (*La trama oculta*, 2014) o Cusco en «Welcome to Incaland®», sino cómo el narrador vive y recuerda estos lugares. Esta forma de «guía turística personal» (Merino, 2014: 164) renueva motivos típicos de lo fantástico (por ejemplo, el *revenant* es un peregrino recorriendo el Camino de Santiago o una niña que reaparece reclamando dinero a los turistas en Cusco) para destacar un lado algo más insólito de la geografía actual, en una época en la que —debido a nuestra saturación cartográfica y al turismo masificado— viajar ya poco sorprende.

Espacios revisitados

Una de las vías más transitadas en la nueva narrativa fantástica experimenta con la ambientación como ámbito de transgresión.

Así, una estrategia recurrente para sorprender al lector radica en trasladar lo sobrenatural a espacios que el lector no necesariamente asocia con la tradición fantástica: por ejemplo, el espacio virtual.[10] Fernando Iwasaki en «El dominio» (*Ajuar funerario*) juega con un cambio de contexto —contemporáneo y cotidiano— en el que se desarrolla el tradicional pacto con el diablo. El protagonista se hace con el dominio del Infierno www.infierno.com y lo revende al diablo a cambio de una suma considerable, además de su alma. Este intercambio se realiza al estilo capitalista: el protagonista, víctima del pacto, pasa a ser cliente del Diablo. La ejecución del pacto es comunicada por correo electrónico, enviado desde el Infierno, mediante las fórmulas estándar de cordialidad que identificamos con cualquier servicio de atención al cliente: «Estimado cliente, de acuerdo

[10] José María Merino también explora el uso de internet en algunos de sus relatos publicados en el nuevo milenio: «Intimidad cibernética» (*Días imaginarios*, 2002), relato que cuenta la metamorfosis del protagonista en el monstruo virtual que ha creado, o «Celina y Nelima», en el que el programa de inteligencia artificial que el profesor Souto ha creado se convierte en rival sentimental de la novia de este (*Cuentos de los días raros*, 2004).

con nuestros archivos su alma ya forma parte de nuestra base de datos. Reciba un cordial saludo» (Iwasaki, 2004: 109).

Además del dominio virtual, la ciudad (*locus amoenus* de lo fantástico desde finales del siglo XIX) cobra una importante dimensión crítica: la sobrepoblación, la automatización de nuestras prácticas espaciales, las privatopías y demás formas de segregación social y, en general, la deshumanización del entorno urbano son temas que aparecen narrados en clave fantástica. Un relato que refleja la sensación de claustrofobia urbana es, por ejemplo, «Overbooking» de Luis García Jambrina (en *Muertos S. A.*, 2005): en él la muchedumbre de resucitados reclama su derecho y espacio, saturando los sistemas de transporte público, vivienda, pensiones y ayuda al desempleo. Esta avalancha de *revenants* pone en cuestión la coexistencia entre el mundo de los vivos y el de los muertos en una ya abarrotada ciudad.

El tráfico urbano y el transporte público tampoco han escapado a la mirada fantástica. David Roas recurre a la física cuántica para explicar el imposible tráfico de la Lima contemporánea en «El efecto túnel» y la interminable estructura laberíntica de esta ciudad en «Universos paralelos» (ambos en *Bienvenidos a Incaland®*). Además, el fenómeno fantástico también funciona como crítica feroz a esos no-lugares contemporáneos que automatizan, esterilizan y por ello deshumanizan la experiencia de la realidad: aeropuertos, metro,[11] centros comerciales, urbanizaciones,[12] plazas públicas,[13] etc.

A la pérdida de orientación e identidad en los espacios urbanos se le suma una preocupación por el espacio como categoría abstracta. Se trata de una forma a través de lo fantástico de interrogar la naturaleza del universo y, por extensión, de plantear la duda sobre nuestro lugar en él (véase Muñoz Rengel, 2010: 8-9). Este tipo de fantástico que trasciende la singularidad del lugar para

[11] Algunos autores de la generación anterior también exploran este espacio tan habitual en la realidad del lector. En «Oraciones de metro a metro», de Millás (*Cuentos a la intemperie*, 1996), la rápida sucesión de paradas se convierte en una letanía que, rezada adecuadamente, permite realizar saltos en el continuo espacio-tiempo. En «Dejen salir», de José Ferrer-Bermejo (*Incidente en Atocha*, 1982), la estación madrileña de Sol se transforma en una especie de cinta de Möbius que atrapa al protagonista en un eterno retorno. Sol, centro neurálgico en Madrid y kilómetro cero de España, funciona como cárcel que pone de manifiesto nuestros hábitos diarios, robotizados e inconscientes, que nos llevan a hacer *siempre* (literalmente en este relato) los mismos recorridos y acciones.

[12] Así, el complejo de la urbanización en el que veranean los personajes de «Medusas» (2010), historia de terror de Martínez Biurrun, los enfrenta no solo a una maldición sino a un edificio laberíntico, de geometría neurótica que quebranta la lógica.

[13] Tal como ocurre con el pueblo maldito que atrapa a sus visitantes en «Todo lo que siempre quiso» (*Bebés jugando con cuchillos*, 2013), de Eximeno, en el que la plaza en la que se sitúa un singular mercadillo ofrece la imagen de una construcción imposible, al margen de los límites de la física.

enfatizar una consciencia global, cosmológica, coincide con el paradigma de lo real que Amy J. Ellias y Christian Moraro han denominado «The Planetary Turn» (2015).

Como ejemplo de esta vertiente citaremos la obra de Ángel Olgoso. Ya en libros como *Los demonios del lugar* (2007) y *Las frutas de la luna* (2013) se percibe una preocupación metafísica que deviene más visible en *Brevario negro* (2015). José María Merino acierta en el prólogo cuando escribe que este libro «manifiesta no la extrañeza ante lo cotidiano, sino ante lo cósmico, un desconcierto ontológico» (en *Brevario negro*, 2015: 9). La dimensión fantástica, casi alegórica (por ejemplo el relato «Nebulosa Rho Oph»), plasma el vértigo de un cosmos desordenado. Esta línea temática predomina en lo fantástico contemporáneo español y pone de manifiesto el profundo desconocimiento de nuestra realidad como efecto de las numerosas hipótesis (multiversos, teoría de cuerdas, etc.) que han surgido a raíz de la teoría de la relatividad y de la mecánica cuántica, postulados que cuestionaron conceptos físicos universalmente válidos hasta la fecha. Textos como el ya citado «Venco a la molinera» (Palma, 1998), «Los palafitos» e «Ignición» (*Los demonios del lugar*, Olgoso, 2007b), «Habitante» (*Manderley en venta*, Esteban Erlés 2008), «El proyecto» y «El Purgatorio» (*La máquina de languidecer*, Olgoso 2009) y «Duplicados» (*Distorsiones*, Roas, 2010) deconstruyen los cimientos de la realidad mediante la transgresión de tres categorías que aportan estabilidad a la construcción social de lo real: el lenguaje, el tiempo y el espacio.[14]

Otro buen ejemplo lo tenemos en la novela de Bueso *Extraños eones*, en la que la ciudad que contiene el templo del faraón negro alberga construcciones de dimensiones extrañas, deformantes y engañosas que no han podido ser obra de los hombres, que no son de este mundo, que tienen algo antinatural en su geometría y su volumetría. Bueso ubica la trama de esta novela en El'Arafa, el cementerio más grande del mundo, «La ciudad de los muertos» de El Cairo, enfrentando a una pandilla de niños de la calle a un plan apocalíptico del primer motor del caos, del sultán de los demonios. Precisamente el camino a esa otra dimensión de la realidad en la que ese ser maligno se encuadra es definido como alienígena. Los chicos abducidos que allí irán no avanzan de modo normal, siguiendo las leyes físicas de nuestra realidad: cuando se mueven lo hacen caminando en otro sentido que los aleja en lugar de aproximarlos, que los ubica en otro plano de la existencia y los lleva a una ciudad en la que la realidad conocida se desfigura.

El motivo de los universos paralelos reaparece a menudo con giros inesperados que se limitan a una pequeña alteración entre los dos mundos: una palabra

[14] En cuanto a estas tres categorías y su relación con lo fantástico, véanse Casas (2010), Roas (2012a), y Patricia García (2013a) y (2015).

en «Venco a la molinera», un mapa en «Los palafitos», una cortina de avión en «Das Kapital» (*Distorsiones*) y demás deslices que hacen que el umbral entre realidades sea prácticamente inapreciable.[15]

Todos los autores y relatos mencionados revelan la vitalidad del género fantástico, que lo convierte, sin lugar a dudas, en una de las vías de expresión fundamentales de la narrativa española actual.

[15] En cuanto a los nuevos umbrales de la narrativa fantástica, véase Patricia García (2013b).

10.

EL MICRORRELATO

Raquel Velázquez Velázquez
Universitat de Barcelona

I

La oportunidad de una primera aproximación a la historia del microrrelato fantástico en España es fruto de la constante imbricación y confluencia de dos fenómenos que han ido avanzando y adentrándose en el siglo XXI de forma paralela: por un lado, la clara revitalización del cultivo de la narrativa fantástica (en progresión ascendente desde la década de los 80);[1] y, por otro, la indudable voluntad de los narradores contemporáneos de explorar las posibilidades que ofrece la forma hiperbreve del microrrelato. Es con dicha exploración realizada por escritores atraídos por las posibilidades de lo real, como se desvelará, en efecto, la potencialidad de esta categoría narrativa para acoger temas y recursos de lo fantástico.

El interés que especialmente en las tres últimas décadas ha despertado en general el microrrelato entre los autores contemporáneos —lo que permite hablar de un verdadero *boom* del género en la actualidad— no sería posible sin el respaldo y la valoración que lectores, editores e investigadores le han procurado. Un estudio que intentara dilucidar las causas de carácter sociológico que han llevado a «la moda de lo breve» (también del cortometraje o del llamado microteatro) debería detenerse, sin duda, en los condicionantes de nuevos hábitos de lectura: no solo la vida de prisa que parece aflorar incompatible con los géneros largos, sino también la escritura/lectura en pantalla, o la cultura del hipertexto y su consiguiente necesidad de condensar la información, de destacar lo relevante, ante la seguridad de que el lector, con su lectura a saltos, abandonará, atraído por los hipervínculos, en cualquier momento. Por su lado, las editoriales han cumplido, innegablemente,

---

[1] Roas y Casas (2008) emplean el término «normalización» para referirse a lo ocurrido entre 1980 y 2000 con relación a la producción y el consumo de literatura fantástica en España.

un papel protagonista en la configuración del gusto del lector y de su predisposición a la brevedad, a la vez que se han visto abocadas ellas mismas a asumir los retos de la era digital y adaptarse a los nuevos hábitos de lectura, determinados por la revalorización de la literatura breve. En este proceso de dotar al microrrelato de una entidad autónoma con capacidad suficiente para captar al lector actual, ocupa un papel preponderante Páginas de Espuma (Madrid). Editorial de referencia en el género del cuento tanto en España como en Hispanoamérica, no ha dudado en apostar por la calidad de volúmenes tan ineludibles en cualquier historia de lo fantástico español como las múltiples ediciones de *Ajuar funerario* (2004), de Fernando Iwasaki; *La mitad del diablo* (2006) y *El juego del diábolo* (2008), de Juan Pedro Aparicio; *La glorieta de los fugitivos* (2007), de José María Merino; *La máquina de languidecer* (2009), de Ángel Olgoso; *Distorsiones* (2010), de David Roas; *Casa de muñecas* (2012), de Patricia Esteban Erlés; los *Cuentos completos* (2012), de Javier Tomeo, con un buen número de microrrelatos; *El libro de los pequeños milagros* (2013), de Juan Jacinto Muñoz Rengel; o *El que espera* (2015), de Andrés Neuman, edición revisada de la primera de 2000 en Anagrama. Asimismo, la editorial Menoscuarto (Palencia) constituye una nueva evidencia de la buena acogida que encuentra lo fantástico en el panorama editorial, como así revela la publicación de otros títulos imprescindibles: la amplia muestra de la narrativa breve (1994-2005) de Julia Otxoa que supone *Un extraño envío* (2006); *Horrores cotidianos* (2007), de David Roas; *Teatro de ceniza* (2011), de Manuel Moyano; o *Breviario negro* (2015), de Ángel Olgoso. Otras editoriales pequeñas se suman igualmente a esa inclinación general por la forma breve del microrrelato —y su rendimiento— y por su variante fantástica. Cabe siquiera mencionar Ediciones Traspiés (Granada), donde vio la luz en 2007 *Baúl de prodigios*, y en 2009 *Revelaciones y magias*, ambos de Miguel Ángel Zapata; o Cuadernos del Vigía (Granada), que Olgoso eligió en 2007 para dar a conocer su *Astrolabio*. Finalmente, y si bien se ha centrado sobre todo en la publicación de microrrelatos de autores latinoamericanos, no puede dejar de citarse Thule Ediciones (Barcelona), por lo que supone asimismo de ayuda a la naturalización del género del microrrelato, y de facilitación de las influencias de carácter bidireccional que se dan entre los autores de uno y otro lado del Atlántico.

Las antologías colectivas han contribuido de igual modo a implantar en cierta manera el microrrelato en el mercado editorial y a popularizarlo, más allá del papel, en otras plataformas, como los blogs[2] o la radio. La proliferación de antologías

[2] Con un número considerable de seguidores destacan *El síndrome de Chéjov*, dedicado al cuento, y administrado por el escritor Miguel Ángel Muñoz; o *La nave de los locos*, del profesor y crítico Fernando Valls. Este último seleccionó algunos de los microrrelatos que había dado a conocer en su blog para la edición de su antología de ámbito hispánico *Velas al viento. Los microrrelatos de La nave de los locos* (Cuadernos del Vigía, 2010), con voces de

ha ido acompañada, por otra parte, del nacimiento de decenas de concursos de minificción, de distinta temática y extensión, más o menos prestigiosos, que suelen concluir con la publicación de la correspondiente recopilación.[3]

Más allá de las publicaciones derivadas de concursos dirigidos al gran público, las compilaciones de textos, inéditos o no, procedentes de autores de ya reconocido prestigio, ayudan a perfilar los caminos de experimentación por los que transitan los cultivadores de esta forma narrativa (temáticas, formas, procedimientos), entre los que se cuenta, en un lugar destacado, el camino de lo fantástico. La mayor parte de estas antologías, que muestran la vitalidad del género en todas sus vertientes, abarcan todo el ámbito hispánico, pero un número considerable de ellas, partiendo de una concepción más internacional, abren sus fronteras geográficas y añaden, además, relatos de otras nacionalidades. Tal es el caso de la primera antología colectiva de microrrelatos publicada en España, a cargo de Antonio Fernández Ferrer, *La mano de la hormiga. Los cuentos más breves del mundo y de las literaturas hispánicas* (1990); a la que han seguido *Dos veces cuento: antología de microrrelatos* (1998), compilada por José Luis González; *Ojos de aguja. Antología de microcuentos* (2000), reunida por José Díaz; o *Mil y un cuentos de una línea* (2007), a cargo de Aloe Azid, también esta con autores de todas las geografías, aunque principalmente pertenecientes al mundo hispánico. Antes de 2010 el género del microrrelato cuenta —además de la ya clásica *La otra mirada. Antología del microrrelato hispánico* (2005), a cargo de David Lagmanovich— con otras dos antologías, ambas publicadas por Páginas de Espuma, circunscritas a España e Hispanoamérica, y cuya selección corre a cargo de la escritora y organizadora de talleres literarios de minificción Clara Obligado: *Por*

---

reconocidos cultivadores del género como de jóvenes escritores que se inician en él. Reveladora del poder y la influencia del blog en la difusión del microrrelato es la antología organizada por Rosana Alonso y Manuel Espada a partir de escritores de la llamada «generación blogger»: *De Antología: la logia del microrrelato* (Talentura, 2013). De cierto interés, por la difusión que supone del microrrelato, es el blog *Internacional Microcuentista. Revista de lo breve*.

[3] Cada año se convocan en nuestro país, a nivel local o nacional, y en distintas plataformas o soportes, concursos de minificción, que cuentan con gran popularidad, como demuestran las sucesivas ediciones de los certámenes organizados por la Cadena Ser, *El País*, *El Mundo* o el Círculo Cultural Faroni. En el ámbito específico de lo fantástico, puede citarse, por ejemplo, el Certamen Internacional de Microrrelato de Terror y Fantástico, que convoca el Magazine Walskium por tercer año consecutivo (2016). La abundancia de blogs y concursos de minificción ha provocado, dicho sea de paso, una sobreproducción de microtextos (que no siempre microrrelatos), que lógicamente (fruto de confundir brevedad con facilidad) no siempre se caracterizan por la calidad literaria. En este fenómeno puede hallarse una posible explicación al hecho de que el microrrelato no siempre haya recibido la atención de la «alta crítica», o haya sido incluso infravalorado por ella. En este sentido, Violeta Rojo establecía una relación entre la «banalización de la escritura mínima» y la proyección exponencial que le brindan las redes sociales (Rojo, 2014).

favor, sea breve. Antología de relatos hiperbreves (2001), y su secuela *Por favor, sea breve. Antología de microrrelatos, 2* (2009).[4] La vertiente fantástica española está representada —aún escasamente— en estas dos antologías, a través de motivos como el doble («El doble», de Juan Jacinto Muñoz Rengel); el vampiro («Meditación del vampiro», de Hipólito G. Navarro); las metamorfosis o los bestiarios, con animales a los que se les dota de rasgos humanos («El cóndor posa», de Hipólito G. Navarro; o «El sueño», de Luis Mateo Díez); el *revenant* o el fantasma («Tierra en los ojos» y «Fantasma», ambos de Patricia Esteban Erlés); el demonio («En una exposición», de Ángel Olgoso); las distorsiones de espacio y tiempo («El equilibrio del mundo», de Ginés Cutillas; «Rememoración final», de Juan Pedro Aparicio; «Transmigración», de Juan Gracia Armendáriz); el trasvase de las fronteras entre la vida y la muerte («Larga distancia» de Fernando Iwasaki); u otras dimensiones de lo real con poder para cambiar o eliminar el mundo cotidiano que nos parecía controlable («Agujero negro», de José María Merino; «De botellas y de barcos», de Miguel Ángel Zapata).

Más por menos. Antología de microrrelatos hispánicos actuales (2011), a cargo de Ángeles Encinar y Carmen Valcárcel, nacía con la intención de representar las distintas tendencias que revela el cultivo del microrrelato entre 1970 y 2010. De nuevo, España queda representada, entre otros, por los mismos nombres que recogen otras colecciones, y que los refrenda como máximos representantes del cultivo de la forma narrativa del microrrelato (y de lo fantástico): Luis Mateo Díez, José María Merino, Juan José Millás, Julia Otxoa, Juan Pedro Aparicio, Juan José Millás, Fernando Iwasaki, Ángel Olgoso, Miguel Ángel Zapata o David Roas; quienes siguen experimentando con las fronteras entre la vida y la muerte, la vigilia y el sueño, o la realidad y la ficción, a través del humor, las posibilidades del lenguaje y la intertextualidad. Aunque delimitada por un motivo temático muy concreto, cobra cierta relevancia por la destacada nómina de autores que participaron en ella, la antología compilada por David Roas y José Donayre, *201. Antología de microrrelatos* (2013), con la colaboración de 99 escritores del ámbito hispánico. Entre los participantes españoles se cuentan los asiduos en el cultivo de lo fantástico Patricia Esteban Erlés, Fernando Iwasaki, José María Merino, Manuel Moyano, Miguel Ángel Muñoz, Juan Jacinto Muñoz Rengel, Ángel Olgoso, Julia Otxoa o Miguel Ángel Zapata.[5]

[4] Entre una y otra, la misma editorial Páginas de Espuma ofrecía a sus lectores una nueva antología de carácter universal y con límites cronológicos muy amplios: *Los cuentos más breves del mundo. De Esopo a Kafka* (2008), de la mano del argentino Eduardo Berti.

[5] Un año después, la misma editorial publicaba el Lado B de la citada antología, con 102 escritores, para alcanzar así los 201 del número de la recurrente habitación que había originado el proyecto.

Curiosamente, aquellas antologías de microrrelatos que constriñen sus fronteras para ofrecernos lo más representativo del panorama exclusivamente español surgen ya avanzado el siglo XXI.[6] Así, la compilación de Fernando Valls *Mar de pirañas. Nuevas voces del microrrelato español* (2012),[7] con textos procedentes de autores nacidos a partir de 1960 en adelante, entre los que no se encuentran, sin embargo, nuevas voces ya reconocidas en el panorama del microrrelato español como David Roas o Patricia Esteban Erlés (si bien es cierto que su *Casa de muñecas* se publica contemporáneamente a la antología de Valls). Pese a que dominan los microrrelatos de carácter realista, la vertiente fantástica está igualmente incorporada, aun de forma mínima, gracias a los textos de Fernando Iwasaki (realidades que se amplían y revelan la existencia de otros mundos, en «La cueva»); de Antonio Serrano Cueto (el tema del doble, en «Dualidad»); de Hipólito G. Navarro (visión del personaje fantástico por antonomasia, en «Meditación del vampiro»); o de Luisa Castro (las fronteras entre la vida y la muerte, en «La pequeña muerte»).

La también especialista Irene Andres-Suárez proporciona con *Antología del microrrelato español (1906-2011). El cuarto género narrativo* (2012) su nómina de escritores, remontándose a los primeros volúmenes de microrrelatos publicados en España. Entre los autores que aportan a la antología micros pertenecientes al género fantástico se encuentran Antonio Fernández Molina, Juan Eduardo Zúñiga, Rafael Pérez Estrada, Juan Gracia Armendáriz, Hipólito G. Navarro, Francisco Rodríguez Criado, Ginés S. Cutillas, David Roas o Rubén Abella. Aunque todas las antologías son necesariamente reduccionistas, sorprende en esta selección de 2012 la gran ausencia de Fernando Iwasaki.[8]

---

[6] Interesante resulta la multiplicación asimismo de antologías circunscritas al ámbito regional. Ediciones Traspiés, aprovechaba el gran número de prestigiosos escritores que cultivan el microrrelato nacidos en Andalucía, para publicar *Ficción sur* (2008), con prólogo de Juan Jacinto Muñoz Rengel, y que incluye a Hipólito G. Navarro, Manuel Moyano, Fernando Iwasaki, Miguel Ángel Zapata, Miguel Ángel Muñoz, Ginés S. Cutillas, o Andrés Neuman, entre otros. Un año después, aparecía *Microrrelato de Andalucía* (Grupo Cultural Batarró, 2009), a cargo de Pedro M. Domene, que coincidía en no pocos nombres con la antología de Traspiés.

[7] Junto a Neus Rotger ya había presentado Valls en 2005 la antología *Ciempiés. Los microrrelatos de Quimera*, con textos procedentes de la sección que la revista de literatura *Quimera* le había dedicado al género. Entre la nómina de escritores representados (de uno y otro lado del Atlántico) se encontraban los españoles José María Merino, Juan Pedro Aparicio, Julia Otxoa, Ángel Olgoso, Carmela Greciet o David Roas, que volvían a encontrar, pues, el beneplácito de antólogos y lectores.

[8] En 2016, y con una meta parecida a la que presenta la antología de Cátedra, Darío Fernández publicaba en Menoscuarto *Un centímetro de seda. Antología del microrrelato español*, aunque centrada exclusivamente en el modernismo y la vanguardia.

Las compilaciones citadas, ya se circunscriban al ámbito hispánico o solo al español, presentan distintas tipologías de microrrelatos, en que la orientación fantástica es solo una de ellas, con mayor o menor presencia, dependiendo generalmente del gusto del antólogo. Sin embargo, la temática fantástica como eje exclusivo de colecciones colectivas de narrativa breve ha calado en compiladores y editoriales, y desde aquellos *Cuentos breves y extraordinarios* que recogieron Borges y Bioy Casares en 1953 se han sucedido algunos volúmenes en torno a la irrupción de lo imposible, o lo insólito en nuestra cotidianeidad familiar. Si nos circunscribimos a publicaciones españolas, cabe destacar en primer lugar, además de los dos volúmenes de Antonio Beneyto en la década de los 70 (*Narraciones de lo real y lo fantástico*, 1977), los poco más de doscientos *Grandes minicuentos fantásticos* (2004) a cargo de Benito Arias García, que abarcan desde el siglo XVIII al XX. Esta colección de carácter universal presenta la peculiaridad de presentarse agrupada —aun tratándose de una clasificación poco sistemática— por motivos temáticos prototípicamente fantásticos, como el *fantasma*, el *doble*, los *muertos*, la *fantasía metafísica*, el *terror*, las *cosas*, la *zoología fantástica* o los *lugares fantásticos*. Ya en el ámbito español, y a pesar de que la inclusión de la forma del microrrelato es menor que la del cuento breve (únicamente los textos de Juan Pedro Aparicio, Fernando Iwasaki y Miguel Ángel Zapata son microrrelatos), no puede soslayarse *Perturbaciones. Antología del relato fantástico actual* (2009), a cargo de Juan Jacinto Muñoz Rengel, quien delimita brevemente en la introducción los límites y la definición de lo fantástico.

Según avanzábamos más arriba, junto a lectores y editores, son los investigadores los que han contribuido, con su atención crítica, a dotar de cierta autonomía y consideración al microrrelato. Puede afirmarse que las aproximaciones teóricas al microrrelato (también por parte de los propios creadores), determinando sus límites, proponiendo su denominación más adecuada, argumentando su entidad, o no, como género literario independiente, y distinguiendo sus rasgos discursivos, formales, temáticos y pragmáticos[9], han proliferado en los últimos años con la misma progresión ascendente que lo ha hecho la propia escritura del microrrelato.

Determinada la poética del microrrelato cabe establecer cómo esta repercute en la disposición (procedimientos y recursos) de lo fantástico. Por las características intrínsecas y esenciales de la forma del microrrelato (en especial la brevedad y condensación, el comienzo *in media res*, la elipsis o el desenlace sorpresivo), hay temáticas que parecen convenir de manera más oportuna a la brevedad. Existe, por ejemplo, una conexión clara entre las formas breves y la intertextualidad;

[9] Véanse al respecto, sin ánimo de exhaustividad, Álamo (2009), Andres-Suárez (2007) y (2010), Brasca (2000), Gómez Trueba (2007), Lagmanovich (2006), Roas (2010a) y (2010b), Valls (2008b) y Zavala (2005).

pues en efecto, las revisitas y actualizaciones de los clásicos (bíblicos, helénicos, legendarios) aprovechan el conocimiento preexistente del lector para extender el relato más allá de sus límites textuales. De igual modo, parece darse un vínculo directo entre la organización de lo fantástico y sus procedimientos y la forma del microrrelato en que se enmarca. A ello se ha referido con anterioridad Ana Casas, quien en algunos de sus trabajos se ha ocupado específicamente de la conexión entre el microrrelato y lo fantástico, que la especialista define como relación de «idoneidad» a juzgar por el copioso número de textos de contenido fantástico incluidos en muchos de los volúmenes de microrrelatos publicados en los últimos años (Cf. Casas 2006, 2010). Pese a que numerosos rasgos que caracterizan el microrrelato fantástico se encuentran asimismo en el relato de mayor extensión, resulta evidente que la hiperbrevedad determina el tipo de tratamiento y recursos de los que se sirven los cultivadores actuales del género para acomodar lo fantástico. Así lo desvela el repaso por aquellos volúmenes que configuran la historia del microrrelato fantástico en España.

II

Es necesario tener en cuenta que, debido a la existencia de fronteras sinuosas en el seno de lo fantástico, es infrecuente la publicación de volúmenes de microrrelatos destinados exclusiva y enteramente al género de la literatura fantástica. La cercanía con la literatura de terror, con el realismo del «fantástico explicado», con la literatura maravillosa, o la ciencia ficción, propicia que, aun las obras que pueden clasificarse cómodamente dentro del género fantástico, como pueda ser, por ejemplo, *Ajuar funerario*, de Fernando Iwasaki, contengan microrrelatos de otras tipologías, como el terror puro o lo fantasmático.

Desde que en los años 90 se consolida, y se naturaliza, la forma breve del microrrelato, y al mismo tiempo empieza a acentuarse el interés en España por la literatura fantástica —que enlaza con una muy ligera tradición española, pero sobre todo con el influjo de los maestros hispanoamericanos del cuento y el microrrelato fantásticos (Borges, Cortázar, Marco Denevi, Horacio Quiroga, Juan José Arreola, Augusto Monterroso)—, se han sucedido en España volúmenes completos de microrrelatos (o que incluyen un buen muestrario de esta forma narrativa), en los que la temática fantástica —de forma gradual— despunta sobre el resto.

Es en la década de los 80, pero más aún en los años 90, cuando se produce el arranque definitivo del cultivo del microrrelato, y los escritores, lejos de relegarlo a ingeniosos ejercicios de escritura, empiezan a considerarlo una forma narrativa con el potencial suficiente como para dedicarle volúmenes completos. Y si bien es en Hispanoamérica donde el género estaba despertando, con mucha fuerza desde los años 50, la tradición española contaba igualmente con las experimentaciones de Ramón Gómez de la Serna, de Juan Ramón Jiménez, Antonio

Fernández Molina y los volúmenes clave de Ana María Matute (*Los niños tontos*) y Max Aub (*Crímenes ejemplares*), de 1956 y 1957, respectivamente.

Los primeros volúmenes de microrrelatos que se publican en la década de los 80 y 90 en España desvelan dos aspectos que no conviene sortear. En primer lugar, se observa cómo la temática fantástica parece tener dificultades para penetrar en los primeros años de la producción narrativa breve, mientras que dominan los itinerarios más realistas, con algunas excepciones, como *Misterios de las noches y los días* (Zúñiga, 1992), *Los males menores* (Díez, 1993) o *Cuentos de otro mundo* (Olgoso, aunque este ya con fecha de 1999). Así lo muestran los primeros volúmenes de microrrelatos de José Jiménez Lozano (*El cogedor de acianos*, 1993; o *Un dedo en los labios*, 1996, dedicado este último a la reescritura de las historias de mujeres bíblicas); los de Rafael Pérez Estrada, asiduo en el cultivo del microrrelato desde los años 90 o incluso los *Relatos mínimos* (1996), de Hipólito G. Navarro. En segundo lugar, y como consecuencia seguramente de estar dando los primeros pasos en el cultivo de las formas narrativas muy breves, los escritores experimentan con la hibridez y la heterogeneidad de géneros; reflejo de la progresiva aceptación y delimitación de las distintas variantes de la minificción.

Historias mínimas (1988), de Javier Tomeo, es uno de esos ejemplos iniciales de géneros fronterizos. Con sus 44 microtextos dialogados, recreaciones de distintas situaciones protagonizadas por personajes poco definidos, casi símbolos («microteatro psicopático»), Tomeo se sitúa en los límites de lo real, y al mismo tiempo, en lo que esos límites tienen de absurdo. Los libros que le siguieron apuestan por una de las líneas fundamentales de su obra, el descubrimiento de seres inusitados; como los que presentan *Bestiario* (1988), *Zoopatías y zoofilias* (1992) o *El nuevo bestiario* (1994). Estos volúmenes representan, además, una de las primeras evidencias de la inclinación contemporánea a desarrollar proyectos colaborativos entre escritores e ilustradores, que más allá de la mera voluntad estética o estrategia comercial, buscan establecer un diálogo entre texto e imagen. Debido a las limitaciones espaciales que impone el microrrelato, obligado a la condensación (y a que cada palabra y cada línea cuenten), la minificción fantástica ha recurrido (junto a los procesos de intertextualidad) a la comunicación con otros lenguajes que completen las elipsis o potencien el significado y el sentido del texto. En ocasiones, son los propios escritores los que han añadido de su propia cosecha el componente visual al relato, como es el caso de las deliciosas ilustraciones con las que Javier Tomeo acompañó sus bestiarios.

Noticias de la frontera (1994), de Juan Gracia Armendáriz, es una nueva muestra de esa hibridación tan proclive en el seno de la minificción, ya latente en el título del volumen. Algunos de los 71 relatos breves que componen esta colección podrían clasificarse como mera estampa, o sugerencia, más propio de la prosa poética que del microrrelato. No obstante, el volumen también incluye algunos textos modélicos dentro del género fantástico en los márgenes del microrrelato, como «La intrusa», elaborado a partir del cruce entre las fronteras de la vida y la muerte, donde los fantasmas consiguen arrastrar a los humanos «al otro lado de la existencia». Por lo temprano de su publicación, resulta llamativa, en el marco del cultivo del microrrelato fantástico, la obra de Juan Eduardo Zúñiga *Misterios de las noches y los días* (1992). El volumen, compuesto por 40 relatos breves (no todos son microrrelatos) explora algunos de los motivos fantásticos más clásicos, como los seres (amantes, en este caso) invisibles en «El secreto» o las estatuas que cobran vida en «El ángel».

El mismo año en que Rafael López Estrada da a conocer *La sombra del obelisco* (1993), Luis Mateo Díez publica *Los males menores* (1993), con una segunda parte (la que da título al volumen) compuesta únicamente por microrrelatos, y que más adelante, el propio autor trató como entidad independiente. Aunque la fecha de la publicación es 1993, algunos de los textos incluidos en el volumen se remontan hasta 1989 (lo que da una idea de su papel precursor dentro del género), y fueron publicados en prensa[10] y en la también precursora antología *La mano de la hormiga* (1990). El contacto de estos microrrelatos con lo fantástico se produce a través de la personal mirada e interpretación que extiende Mateo Díez sobre motivos temáticos clásicos: las distorsiones espaciales en «Destino»; el personaje del doble en «Persecución»; los contactos con el otro lado en «El pozo», o la humanización de animales en «El sueño».

Si bien la mayor parte de la producción de Julia Otxoa, aun ocupándose de lo excepcional y lo extraño que presenta la realidad, no puede clasificarse dentro del género fantástico, ocasionalmente la escritora vasca gusta de adentrarse en él, ya desde sus primeros libros. Así ocurre en *Kískili, Káskala* (1994), título que da la autora al camino que conduce al «paisaje de perplejidades» que constituyen los 39 microrrelatos donde se detiene en lo extraordinario, oculto entre la llamada normalidad («The right man in the right place», «Hijo», «Rebajas» o «Avenida Lincoln», fusión esta última pieza de cierta literatura del absurdo con la literatura de terror). Junto a estos microrrelatos, muy limítrofes, hallamos «Biblioteca», donde Julia Otxoa utiliza el recurso de la literalización de la metáfora («ser un ratón de biblioteca») para vehicular la metamorfosis sorpresiva que se inicia con el final del relato. Su obra de 1999, *Un león en la cocina*, que recoge algunas piezas del libro anterior, sigue esta misma línea, como demuestra «El tren de las seis» («Galletas» en el volumen de 1994), que en cierta manera recrea el tema del doble, y donde la autora sigue experimentando con los lugares fronterizos.

En esos mismos años, David Roas publica su primera obra narrativa, *Los dichos de un necio* (1996), volumen compuesto íntegramente por microrrelatos

---

[10] Su famoso microrrelato fantástico «El pozo», por ejemplo, fue publicado en el número 5 (1990) de la revista *Lucanor*, dedicada a la creación y a la investigación del cuento literario.

donde el humor, lo grotesco y lo fantástico —como será habitual en los siguientes libros del autor— se dan la mano para ofrecer una visión distorsionada del mundo y del individuo posmoderno.[11]

Ya a finales de la década de los 90, Ángel Olgoso saca a la luz una obra que ha tenido hasta el momento tres ediciones y que conecta directamente con el género de lo fantástico, como advierte su título: *Cuentos de otro mundo* (1999). El volumen, prologado por Miguel Ángel Muñoz, dedica al microrrelato la primera y última sección de las tres en que está estructurado. La reencarnación, las distorsiones temporales, los vampiros y otros seres del otro lado, o las sombras que se emancipan de sus cuerpos son algunos de los *topoi* de la tradición fantástica que Olgoso traslada respectivamente a «Samsara», «El bucle», «Bebe, esta es mi sangre» y «Querido desconocido».

Después de los primeros pasos en las dos últimas décadas del siglo XX, las nuevas voces del nuevo milenio tendrán un papel decisivo en el proceso de naturalización del microrrelato y su oportunidad para alojar lo fantástico. Andrés Neuman abre la década con *El que espera* (2000), donde lo fantástico es, sin embargo, fronterizo y aparece difuminado. El volumen alude a la inestabilidad de lo real propio de lo fantástico a través del encuentro con la propia muerte que *espera* al otro lado de la calle («Orillas»); sueños en que se conoce al futuro hijo, y donde las oníricas caricias cruzan el sueño («La convocatoria»); o realidades que copian historias inventadas en la literatura («Personaje»). Del año 2000 es también el volumen de Hipólito G. Navarro *Los tigres albinos: un libro menguante* (2000); un conjunto de 32 relatos, de extensión decreciente. Entre los dieciséis microrrelatos que componen el segundo de los dos bloques en que está estructurado el volumen —donde con grandes dosis de humor, lo imposible aflora entre lo cotidiano (si bien no todos los microrrelatos pueden inscribirse dentro de lo fantástico)—, encontramos piezas tan exquisitas como el microrrelato «Territorios», en el que el perro toma la palabra para exponer, en primera persona, y con toda lógica (y ahí el roce con la literatura del absurdo), sus ambiciones y sus proyectos de expansión a la hora de marcar territorio.

La experimentación con el género de lo breve que realiza Juan José Millás al combinar microrrelato y columna de opinión se materializa en volumen en el año 2001, con la publicación de sus *Articuentos*, muestrario bastante completo de su producción entre 1993 y 2000, que aún amplía Seix Barral en 2001. Mediante la hibridez genérica, Millás se sirve de las interacciones entre la realidad y la ficción para la elaboración de unos textos donde no siempre asoma la narratividad que exige el microrrelato. En la indagación que lleva a cabo el

[11] La mayoría de los textos que lo componen los recoge Roas —algunos de ellos reelaborados— en el volumen de microrrelatos *Intuiciones y delirios* (2012), publicado por la editorial limeña Micrópolis, especializada en el género.

autor de lo insólito (a veces solo extraño) que se esconde en los pliegues de la cotidianeidad, aflora en ocasiones también lo fantástico, unido al humor de Millás (que enraíza con la ironía, lo absurdo). «El galán», por ejemplo, está vertebrado a partir de una temática típicamente fantástica. El protagonista acaba, según sus temores, siendo devorado por el galán de noche que le ha regalado su mujer, quien ni siquiera ha notado su ausencia, porque el galán (Millás juega con las dobles acepciones) la colma de atenciones. «Nos gusta» constituye una muestra de literalización de la metáfora tan asidua en la literatura fantástica, esta vez en el seno de la metaficción, temática muy fructífera en Millás. En este articuento, rompiendo las barreras que separan realidad de ficción, el protagonista, que «recorre» un texto sobre la existencia, cae entre sus líneas, entra literalmente en el texto, y permanece perdido en un paréntesis, donde coincide con otras personas con igual destino. En 2002 se publican los *Cuentos perversos* (2002) de Javier Tomeo, un conjunto de 39 relatos (no siempre micros) que combinan el humor característico del autor con lo absurdo, lo raro, y a veces, lo fantástico, como en el ingenioso abordaje a la metaficción que supone «El asesino», donde el protagonista de una película de terror sale de la pantalla y se cuela entre las butacas del cine una vez acabado el film. Pedro Ugarte publica ese mismo año *Materiales para una expedición* (2002), versión ampliada de *Noticia de tierras improbables*, que su autor dio a conocer en 1992. El volumen experimenta con la minificción, y ello da lugar a que estos textos escritos a lo largo de veinte años, de entre dos líneas y tres páginas, se alejen del microrrelato y se acerquen a la noticia o al apunte. La hibridez formal se da también a nivel genérico, pues los textos incluidos en el volumen se encuentran en las fronteras de lo fantástico, lo maravilloso y el realismo mágico.

Un año después, Espido Freire da a conocer sus noventa y nueve *Cuentos malvados* (2003), clasificados en siete secciones que dan unidad temática a los microrrelatos que integran cada una de ellas. Las minificciones (no siempre fantásticas) de *Cuentos malvados* —que habían sido escritas en torno a 1997— serían revisadas, y reeditadas por Páginas de Espuma en 2010, en una edición ilustrada a la que se añadía una micropresentación por sección de mano de siete escritores españoles e hispanoamericanos, clásicos ya en el cultivo del microrrelato. En tercera persona, y en una prosa poética que da unidad —aunque también cierta monotonía— a todo el conjunto, Espido Freire nos ofrece personajes mitológicos y fantásticos envueltos en atmósferas siniestras y trágicas; fantásticas sirenas que contemplan hastiadas cómo los humanos se ahogan, ángeles que se revelan vampiros, muñecas de porcelana que lloran por una niña que murió hace años o la legendaria mujer de la curva, entre otros.

Luciano G. Egido edita en 2003 un volumen con textos de distinta extensión, y tipología temática heterogénea (lo fantástico es solo una de las variantes incluidas), bajo el título *Cuentos del lejano Oeste* (2003). Las formas hiperbreves (algunas cercanas al aforismo, al carecer de narratividad) recrean el tema de la identidad, y exploran otras dimensiones de lo real, como las fronteras entre sueño y vigilia. Los textos más extensos tratan temas ligados al Lejano Oeste (violencia, conflictos de tierras, pueblos aislados, muerte y maldad), en los que en ocasiones se introduce el ingrediente fantástico, como el agonizante al que le llega el sufrimiento del infierno mientras intenta recordar una buena acción que le redima («Agonía»), o la mujer que lleva varios años sentada a la puerta de su casa, recibiendo los saludos de los vecinos, y sin que nadie perciba que está muerta («Retrato de mujer sentada»).

Un volumen que se ha convertido ya en un clásico del género de lo fantástico en la narrativa breve es *Ajuar funerario* (2004), de Fernando Iwasaki. Nacido con la intención de contener «la brevedad de un escalofrío», en él dominan aquellas historias donde los protagonistas son muertos que no son conscientes de su nuevo estado («El salón antiguo»); espectros en los cementerios («La mujer de blanco»); resucitados por las plegarias de una madre y atrapados en sus ataúdes («El maldito milagro»); o espíritus de niños muertos que ocupan cuerpos de médiums («Ya no quiero a mi hermano»).

Después de *Días imaginarios*, José María Merino saca a la luz en 2005 un nuevo volumen dedicado a la minificción (esta vez con exclusividad), donde vuelve a indagar en los temas de carácter fantástico propios de su narrativa breve. Los relatos de *Cuentos del libro de la noche* (2005) se enmarcan, desde su título, en una atmósfera que predispone a la intuición de que la cotidianeidad se caracteriza por su realidad esponjosa, y sus agujeros insólitos, a la que contribuyen las ilustraciones con las que Merino acompaña sus relatos, que obligan a detenerse, y a repensar o reinterpretar los textos. El volumen nos posibilita el acceso al otro lado, donde los relojes, sin estar parados, marcan incansables la una de la madrugada («La una»); donde extrañas criaturas con forma de oscuros cangrejos se cuelan por las fisuras del metro y atacan a los últimos pasajeros adormilados («Madrugada»); o donde pueden descubrirse personajes imprecisos que solo habitan la oscuridad («Primera página»).

El mismo año de 2007, un año muy prolífico en volúmenes de microrrelatos fantásticos de calidad, proporciona al lector los *Horrores cotidianos* (2007) de David Roas, que aúna en dos palabras las bases de lo fantástico: lo inquietante, lo horrendo, encuadrado en la realidad cotidiana y familiar. Un padre de familia que ejerce su autoridad (espectral) al hijo que está aguando su fiesta de aniversario, un año después de muerto («Autoridad espectral»); un hombre que muestra un crucifijo inútil para salvarse del ataque de bestias mecánicas que arrasan la ciudad («Idiotez y religión»); o un Narciso que vive desdoblado («El rival») son los acontecimientos fantásticos que atraviesan las brechas de lo real en este volumen que incluye también cuentos de mayor extensión. Por su parte, Ángel Olgoso publica en 2007 dos nuevos volúmenes de narrativa breve. En primer lugar, los cuarenta y nueve cuentos y microrrelatos que reúne *Los demonios del lugar* (2007), título que ya avanza las atmósferas tenebrosas que van a atrapar al lector, en unos relatos donde lo fantástico y lo terrorífico van, especialmente aquí, de la mano, a pesar de que a veces lo fantástico desaparece para dejar paso a la literatura de terror de naturaleza más pura («El espanto»). En segundo lugar, *Astrolabio* (2007), con el que el autor sigue explorando las posibilidades que le ofrece lo fantástico, como refleja el micro «Árboles al pie de la cama», donde un hombre descubre, metamorfoseado, cuán equivocado estaba al desear la vida tranquila y despreocupada de una criatura silvestre; o «Los bajíos», una actualización de las míticas sirenas, ahora presentadas por Olgoso trágicas y lastimosas.

De 2007 es también el volumen de José Antonio Francés *Miedo me da. 78 relatos de humor y espanto* (2007). La colección de microrrelatos responde a las expectativas creadas por su autor, ya que el terror y el humor se mezclan la mayoría de las veces con lo fantástico, aunque algunos microrrelatos trabajan únicamente el terror natural. Las imágenes de José Luis Molina favorecen que el espanto no se produzca solo a nivel textual, puesto que acentúan el clima terrorífico (no siempre fantástico) que sobrevuela el volumen, con cuadros que cobran vida («El cuadro»); televisiones que parecen haber abducido a compañeros de piso («Abducido»); o telarañas de sueño que conservamos al despertar («Pesadilla»). También en 2007 Miguel Ángel Zapata Carreño se adentraba en lo fantástico, pero también en lo mágico y lo maravilloso con *Baúl de prodigios*. Del baúl de Zapata pueden salir todo tipo de posibilidades, materializadas en microrrelatos que el autor clasifica por ámbitos: *Manual de seres impares*, con dominio de las metamorfosis o de las criaturas extrañas y ajenas; *Dialéctica de lo inerte*, con abundancia de la animación de lo inanimado; *Frutos celestes*: donde se exploran otras realidades del espacio; *Necronología*, donde conviven muertos que resucitan, muertos que se despistan, muertos que quieren ser enterrados sin dilaciones; *Sueños de un loco dormido dentro de un baúl*, donde se confunden realidad y sueño. Dos años más tarde, Miguel Ángel Zapata continuaba por los senderos de lo mágico y maravilloso en *Revelaciones y magias* (2009), donde seguía ofreciéndonos su particular mirada, poética, sobre la cotidianeidad, en que la narratividad definitoria del microrrelato desaparecía en ocasiones, rasgo caracterizador ya del conjunto de sus microficciones de 2007.

Juan Pedro Aparicio publica en 2006 y 2008, fruto de su incursión en la literatura cuántica, dos volúmenes de microrrelatos en cierta medida complementarios: *La mitad del diablo* (2006) y *El juego del diábolo* (2008). El primero ofrece historias relacionadas con el infierno que preside el diablo, y en general con otros mundos más allá de la muerte; pero también están conectadas con el infierno como metáfora del mal y del lado oscuro de lo real: autorretratos más reales que el original al que sustituyen («La síntesis»); personajes de novela que se rebelan contra los burgueses que asisten a la charla del autor y, en consecuencia, contra su propio creador («Tomar partido»); grandes saltos temporales en la realidad, provocados por el cambio de unos calendarios en el lugar («El calendario»); o sueños que parecen haber traspasado la realidad («Ataque al corazón»). Con *El juego del diábolo* Aparicio sigue cultivando microrrelatos de todas las opciones genéricas, si bien lo fantástico sigue interesándole en tanto que ruptura de leyes físicas, que sabe combinar con el humor, como la historia hiperbreve de la cuñada que volaba, pero nunca robó una escoba («... Pero honrada»).

El mismo año de 2008, el escritor Federico Fuertes Guzmán publica *Los 400 golpes* (2008), volumen de minificción con presencia considerable de lo fantástico, que consigue, en efecto, golpear y sorprender al lector con microrrelatos como «Pesca», donde algo tan cotidiano como recuperar la manta de la que nuestra pareja se ha apoderado mientras duerme se convierte en un continuo rescatar todo tipo de cobertores, hasta dar con un gran banco de boquerones que ocupan el lugar del cónyuge; o como «El tiempo vuela», donde se produce la literalización de la metáfora que da título al microrrelato, y que resulta en los diez años de más que han pasado para unas protagonistas que miran cómo ese tiempo cruza el cielo.

Con el volumen de *La máquina de languidecer* que saca a la luz Ángel Olgoso en 2009 accedemos a otros estratos distintos a los que hemos aceptado ya en nuestra realidad extratextual: Ulises que regresan al tiempo del eterno lector para contar su verdadera historia («Ulises»); últimas cenas bíblicas con revelación de un nuevo, verdadero, final («Última cena»); sombras que son devoradas por sus dueños para paliar el hambre («Mi sombra»); actores de cine que al girarse pueden acceder al patio de butacas donde se proyecta la película («Claroscuros»), son algunos ejemplos que muestran cómo languidece, o muere lentamente, la idea convencional que tenemos de la realidad cuestionada aquí por Olgoso.

En esta primera década del siglo XXI se publican varias importantes recopilaciones antológicas realizadas por sus propios autores, en general aquellos nacidos antes de 1960, y que cultivaron el género del microrrelato ya en los años 90, o incluso antes, como es el caso del postista Antonio Fernández Molina, con varios libros de microrrelatos publicados ya por los años 60 y 70, cuando el género no estaba asentado. Así, en 2005 ve la luz la selección *Las huellas del equilibrista*. Si bien el punto de partida de la recopilación son obras que se han conectado con las vanguardias, la influencia de la minificción de Ramón Gómez de la Serna, y el postismo, también son evidentes las conexiones limítrofes con lo fantástico, y quizá aún más con lo maravilloso («Un día tranquilo») o el realismo mágico («Cuando alguien muere en Cejunta...»). Junto a creaciones de carácter surrealista, o que rozan el absurdo («A veces estoy muy cansado»), nos topamos con piezas que pueden clasificarse plenamente dentro de lo fantástico, como la recreación del doble en «Otro»; la *mise en abyme* con juego de muñecas rusas que supone «El huevo cascado»; la distorsión temporal que vertebra «El túnel del tiempo»; o la irrupción de lo peregrino e inesperado en «No era un hombre vulgar».

El mismo año Hipólito G. Navarro reúne en un solo volumen dos obras de narrativa breve anteriores (*El aburrimiento, Lester* [1996] y *Los tigres albinos* [2000]) al que suma el inédito *Los últimos percances*, título que recibe este conjunto de cuentos y microrrelatos de 2005. Julia Otxoa recopila en 2006 una extensa muestra de su mejor narrativa gestada entre 1994 y 2005 en *Un extraño envío*, prologada por José María Merino. Es el mismo año que elige Luis Mateo Díez para publicar *El árbol de todos los cuentos* (2006), donde reúne todos sus relatos escritos (también los más breves) entre 1973 y 2004. Fruto de su querencia por el minicuento, en 2007 José María Merino, otro clásico del género, publicaba una recopilación de su minificción completa bajo el título *La glorieta de los fugitivos*. De tintes fantásticos en su mayor parte, la base del volumen la constituyen sus dos libros anteriores *Días imaginarios* (2002) y *Cuentos del libro de la noche* (2005), que completa Merino con otros textos inéditos y dispersos. El mundo fantástico, con su temática del doble, las fisuras entre el sueño y la vigilia, la rebelión de los objetos, los fantasmas en todas sus manifestaciones, y las reescrituras bíblicas o mitológicas, dan coherencia al volumen recopilatorio.

Aunque con una intención compendiadora distinta, cabe mencionar en esta primera década del siglo XXI, la colección de minicuentos que publica Juan Gracia Armendáriz en 2008, *Cuentos del jíbaro. Compilación de microrrelatos heteróclitos*, cuyo origen es la difusión que de esos minicuentos hizo la editorial Demipage a través de correo electrónico. La experiencia, que se prolongó semanalmente durante un año, desembocó en la publicación de esta obra a la que pertenece esa mezcla de metaliteratura y fantástico que es «Muerte natural», en que el escritor de relatos brevísimos va menguando físicamente contagiado de las mismas facultades que, durante un año de trabajo, ha requerido su literatura; o la desautomatización del tópico de los seres intermedios «No es hora de fantasmas».

La segunda década del nuevo milenio se abre con una nueva publicación de David Roas; el volumen de cuentos y microrrelatos *Distorsiones* (2010). Bajo este título su autor reúne las asimetrías que oculta la realidad, que permiten que existan reflejos desacompasados en los espejos («Sincronía»); o versiones actualizadas de vampiros, encarnados en familiares abuelas («Tópicos»). Del mismo año es la propuesta híbrida de Felipe Benítez Reyes, *Formulaciones tautológicas* (2010). Buscando la interacción entre palabra e imagen, el autor recurría a recortes de revistas del siglo XIX para crear una serie de veintiún *collages* que dialogaran con los «informes» o microrrelatos a los que aquellas ilustraciones daban lugar. Si bien su autor relacionaba aquellos *collages* con el surrealismo, la irracionalidad, o el absurdo, algunos de ellos entroncan claramente con las raíces de lo fantástico (a veces con lo maravilloso); una fusión que se refleja en la existencia de algunos de los personajes extraordinarios que pueblan el volumen, como la iguana gigante devoradora de culpables, la novia invisible, el fantasma moribundo, o el niño bicéfalo protagonista del primer microtexto del volumen, «El mar». Como respuesta a la fascinación del niño por la vida marítima, su padre le construirá un mar artificial, donde un *maelström* también artificial (recuérdese el relato corto de Poe) provocará el ahogamiento del hijo.

El valenciano Ginés S. Cutillas se estrena en el género del microrrelato con el volumen de corte fantástico *Un koala en el armario* (2010). En él, como ya avanza el título, experimenta con la irrupción de lo desacostumbrado (objetos, seres fuera de su hábitat natural), a través de conexiones entre la realidad y el sueño, dislocaciones temporales, desdoblamientos o metaficción. Así, junto a las conexiones con el surrealismo que presenta «Un día cualquiera», Ginés S. Cutillas incluye en su volumen una original mezcla de metaliteratura y metaficción con «Mecánica de las novelas», y una visión apocalíptica con sorpresa fantástica con «El final».

Manuel Moyano nos proponía su personal incursión en el microrrelato fantástico en 2011 con *Teatro de ceniza*. En los textos del volumen se percibe el gusto de Manuel Moyano (compartido con Olgoso) por recrear de nuevo mitos cuya «verdad» está asentada en nuestra realidad cultural extratextual y que es puesta en entredicho a través de la actualización, lo que provoca la duda generalizada acerca de qué es realidad y qué es ficción. *Teatro de ceniza* propone la revisita de la leyenda del Minotauro («Origen del mito»), nuevos matices en la historia de la creación del mundo y las teorías de la evolución («El centinela»), pero también agujeros negros en ciertos rincones de la realidad cotidiana («Vórtice»), saltos temporales («Círculo»); u objetos que consiguen atravesar tiempos y espacios («Alfa y omega»).

El primer libro de microrrelatos de Manu Espada, *Zoom (Ciento y pico novelas a escala)* (2011), dedica a lo fantástico la primera de las tres secciones en que se agrupa. Gracias a ese *zoom* con el que contempla su autor la realidad, accederemos a la invasión de lo imposible. «La librería», donde Nemesio lee su inmediato presente en la novela que tiene entre las manos, en un curioso *mise en abyme*, es un ejemplo del trasvase de realidad y ficción que vehiculan muchos de sus textos. En su más reciente libro de microrrelatos, *Personajes secundarios* (2015), Manuel Espada explora lo que él denomina el género de lo «biofantástico», fusión de elementos fantásticos y biográficos. El autismo del hijo del autor y su proceso de alcanzar la palabra será el hilo conductor de los microrrelatos que acoge el volumen de 2015, protagonizados todos ellos por actores de reparto que reclaman también su espacio y su voz, como Sancho Panza o Watson. Con este planteamiento es fácil deducir que uno de los motivos temáticos centrales del libro será la metaficción, que nos deja micros tan interesantes como «El secundario», que narra el encuentro entre el actor Steve Buscemi y el personaje del Señor Rosa que encarna en *Reservoir Dogs* («Al llegar a casa, le había brotado un actor secundario en el suelo de la cocina» es el inicio de este microrrelato); o la original mezcla de metaficción y literatura de terror que es «Nosotros matamos a David Foster Wallace», donde los integrantes de una tertulia consiguen, inexplicablemente, que cada escritor criticado por ellos se suicide horas después.

En 2012, un asiduo de la literatura breve, en todas sus posibilidades fronterizas, como es Javier Tomeo, reunió en un extenso volumen de alrededor de mil páginas (*Cuentos completos*) su narrativa breve anterior. Ya póstumamente, Páginas de Espuma publicaba los microrrelatos inéditos del autor bajo el título *El fin de los dinosaurios* (2014), con el que Tomeo había vuelto a una de sus temáticas más fructíferas: los seres híbridos y los animales insólitos y maravillosos que toman la palabra. Junto a los motivos propios de los bestiarios, Tomeo ofrecía otros múltiples *topoi* fantásticos: la ruptura de las leyes físicas de la vida y la muerte en «Patíbulo»; la antropomorfización de animales o plantas en «Cocodrilo», «La tristeza del ficus» o «Las virtudes de la col»; la metaficción en «El asesino de la pantalla»; o las sombras que se independizan de sus cuerpos en «La sombra inmóvil» o «La sombra insensata».

Imprescindible en una historia del microrrelato fantástico español es el primer volumen de microrrelatos de Patricia Esteban Erlés, titulado *Casa de muñecas* (2012), fruto de la colaboración con la ilustradora Sara Morente, cuyos dibujos acentúan la pesadilla de los diez espacios que componen esa casa siniestra donde habita lo fantástico. Además de los relatos en que se experimenta con el terror natural más puro, a través por ejemplo de niñas diabólicas como las «Anas», Patricia Esteban Erlés propone historias donde la muerte atraviesa fronteras y consigue traspasar a este lado, como en el estremecedor «La niña sin madre» o «Primer plato».

Un año después, en 2013, veían la luz otros dos volúmenes de microrrelatos con predominio de temática fantástica, el de Juan Jacinto Muñoz Rengel, *El libro de los pequeños milagros*, y el de Araceli Esteves, *Fisuras en el aire*. Basta con leer el título completo de la obra de Muñoz Rengel y su portada para adivinar que el autor nos ofrecerá lo extraordinario e imposible, dentro y fuera de este mundo, que consiga sorprender al lector. Muñoz Rengel nos avisa que estamos ante *El libro de los pequeños milagros y los planetas ignotos, que contiene las pormenorizadas y muy veraces (micro)narraciones de los grandes hechos sobrenaturales y extraordinarios de este mundo, así como las (mini)epopeyas de otras tantas hazañas extraterrestres, y una recopilación de las más divertidas y memorables prácticas amatorias, venganzas y torturas, muertes reencarnaciones, espíritus y fantasmas, reptiles, monstruos, arquitecturas imposibles, las crónicas de la conquista del espacio y la búsqueda de Dios.*

La intención de Esteves, por su parte, es presentar las grietas que permiten conectar distintas realidades, ya sea la realidad y la ficción, la vigilia y el sueño, o la vida y la muerte. Así, la autora convierte un cotidiano y familiar ir al baño tanteando en la oscuridad, en el paso, a una dimensión desconocida donde el protagonista vaga perdido, «agarrado a mi espanto», sin encontrar el camino. Las grietas entre la vida y la muerte sorprenden al lector en una reescritura posmoderna de la resurrección de Lázaro en «El viaje», o en el relato de esa nieta que, cuando el resto de la familia está fuera, juega con su abuela, feliz de llevarse bien con ella, «mucho mejor que cuando estábamos vivas».

En 2014 José María Merino nos sigue dando muestras de su habilidad para la narrativa breve con *La trama oculta*, dividido en una primera parte de cuentos de corte realista, una segunda parte de cuentos de temática fantástica (titulada significativamente «De aquel lado»), y una tercera parte, «Silva mínima», constituida por quince nuevos microrrelatos. El año 2015 nos brindaba *Breviario negro*, la última obra publicada por Ángel Olgoso, con la que nos volvía a demostrar su maestría en el microrrelato actual. En su prólogo, Merino describía estas piezas breves como concebidas «desde lo fantástico, lo ominoso y hasta lo francamente terrorífico», reveladas a través del siempre cuidado de Olgoso por el lenguaje. Por su parte, ese mismo año, Sergi G. Oset ofrecía *El último vuelo del Microraptor* (2015), donde además de servirse del microrrelato para esbozar una literatura de cierto compromiso, ofrecía intersecciones entre los distintos planos de lo real, entroncando con lo fantástico y la ciencia ficción. Así, en las secciones «Micromonstruos ejemplares» y «Los Z comen (y muerden) aparte», desautomatizaba a aquellos personajes propios de la literatura fantástica y de terror más clásica (el hombre lobo, el vampiro, el zombi).

III

La atracción que despierta el género fantástico en los escritores referidos parte, por lo general, de una visión poliédrica de la realidad, que presenta caras ocultas o inaccesibles, de las que no podemos tener certeza alguna, o que no podemos controlar. A medida que nuestro conocimiento de lo real va ampliándose, va al mismo tiempo, paradójicamente, menguando, y esto es lo que, en gran medida, determina la evolución de temas y motivos de lo fantástico,[12] cuya base será siempre, no obstante, la realidad perturbada.

[12] En este sentido, tal y como apunta Roas, «lo fantástico está, por tanto, en estrecha relación con las teorías sobre el conocimiento y con las creencias de una época» (Roas, 2011a: 33). También Muñoz Rengel, en la misma línea, confirma que «la literatura fantástica es, por tanto, un género en debate con la ciencia de su tiempo» (2009: 9). Aunque trabajaba principalmente con un corpus de novela, Muñoz Rengel (2010) defendía para la primera década del

El concepto de lo real incluye en la actualidad, entre otros aspectos, la desorientación del individuo, la deconstrucción, y un entorno inestable en que se intuyen planos desconocidos y llenos de *imposibles.* Los autores de los microrrelatos fantásticos manejados trasladan a la literatura esa vacilación que ponen de manifiesto las nuevas teorías físicas y científicas. Relatos como «Duplicados», «Homo crisis», o incluso «Demasiada literatura», de David Roas; «Empirismo», de Ángel Olgoso; «Hipótesis de Borel», de Manuel Moyano, y «El azar», de Juan Pedro Aparicio, (estos dos últimos, recreaciones ambos del «Teorema de los infinitos monos»), ponen de relieve la limitación de nuestros sentidos; la existencia de resquicios inexplicables, la posibilidad de que todo pueda ser factible, en algún tiempo, en algún universo.

Los microrrelatos fantásticos se originan, pues, en la exploración que sus escritores realizan en el seno de la inestabilidad de lo real.[13] Los microrrelatos fantásticos son el resultado de haber atravesado las fronteras que separan unas realidades y otras, y que enlazan con otros multiuniversos, con el sueño, con la ficción literaria o cinematográfica, con el otro lado de la vida tal y como la conocemos, con personajes monstruosos o desdoblados, etc. Esta visión ampliada y curiosa de lo real se materializa en la práctica narrativa a través de los títulos que los autores dan a sus volúmenes, así como en los paratextos que acompañan a los microrrelatos, y que cumplen una función primordial en la unidad, progresión y creación de lo fantástico. En efecto, las dedicatorias cruzadas, ya sean de admiración, homenaje, o de carácter intertextual, contribuyen sin duda a crear una atmósfera global de lo fantástico entre los cultivadores del género, enlazando con sus universos fantásticos, en un diálogo que acentúa aún más una mirada compartida.

Antes de existir una temática fantástica posmoderna existe una temática fantástica. Los escritores que cultivan el género en la actualidad no renuncian a los logros que trae consigo lo fantástico, y tampoco reniegan ni de sus monstruos,

---

siglo XXI una «reestructuración» de los temas asociados comúnmente a la literatura fantástica, y ofrecía una lista que ya había adelantado, de manera menos metódica, en la introducción a su antología *Perturbaciones* (2009).

[13] Es importante dejar señalado la habitualidad con que los escritores de narrativa breve fantástica exploran lo fantasmático o «fantástico explicado», aunque más bien por el juego con el lenguaje que ello supone, ya que debido a la automatización que lleva consigo esta variante de microrrelato, exige que el escritor idee un final más imaginativo que el ya desgastado «y todo fue un sueño». En estos relatos, la fantasticidad se interrumpe hacia el final del relato, cuando se da una explicación racional a lo sucedido o descrito, o bien la pesadilla se interrumpe para alivio del protagonista y del lector. En este tipo de microrrelatos (es más fácil mantener la «mentira» por breve tiempo, de ahí que se dé menos frecuentemente en los relatos extensos), lo fantástico se va construyendo desde el principio, siguiendo una metáfora continuada, que se deshace al final del relato. Entonces se nos devuelve a la realidad cotidiana, momento en que comprobamos que lo fantástico existía solo a nivel discursivo.

ni de sus vampiros. No obstante, los tópicos clásicos que se revisitan surgen renovados en la nueva reescritura. Gracias a la desautomatización, los motivos temáticos clásicos cobran una nueva perspectiva que permite seguir inquietando a un lector demasiado familiarizado con ellos. Se recurre, pues, al imaginario colectivo de los lectores para recuperar lo que prototípicamente forma parte del género de terror y fantástico, y así reescribirlo con el fin de romper las expectativas que el lector tiene acerca de ello: casas encantadas, fantasmas, vampiros, monstruos, cementerios, enterrados vivos, resucitados, la figura del doble, la metamorfosis, objetos animados, así como leyendas urbanas, o formas de contactar con el más allá y los habitantes del otro lado. Todo colocado en un contexto cotidiano que el lector reconoce como el suyo propio y que cuestionará al comprender cómo lo imposible se vuelve posible.

Es imprescindible enfatizar que el asalto del «fenómeno imposible» del que habla Roas (y el desasosiego que ello puede provocar en el lector) surge *a posteriori*, como resultado del cruce de dos realidades, de las fracturas que se producen en el mundo a cuya apariencia accedemos. Es esta confluencia de planos lo que determina la configuración del relato fantástico y, en consecuencia, es la ausencia de una segunda realidad (al resultar fácilmente identificable, o altamente probable, el acontecimiento presentado) aquello que propicia que ciertos relatos, a pesar de provocarnos cierto desvelo, no se engloben dentro de lo fantástico, pues dicha sensación no está relacionada con una nueva realidad (el sueño; el más allá donde habitan los muertos; o los espacios límbicos) que interfiere en la nuestra, la que tomamos como «base», y de la que creemos conocer sus leyes. De ahí que los temas fantásticos más generales que acoge el microrrelato puedan sintetizarse partiendo de la intersección de realidades y el miedo que esta provoca.

Entre las fisuras que pueden rastrearse en la realidad, y que dan lugar a lo fantástico, se encuentra la que se deriva del choque entre realidad y ficción; es decir, la *metaficción*. La metaficción surge como uno de los recursos temáticos más característicos y frecuentes en el microrrelato posmoderno. Tiene dos posibles representaciones: la realidad que creemos sólida empieza a copiar la realidad ficcional (es decir, lo extradiegético copiando lo diegético), o los personajes salen de sus realidades ficticias y pasan a habitar nuestra realidad (personajes diegéticos en un universo metadiegético). Si el mundo en el que se cuenta y el mundo del que se cuenta se trastocan, todo se vuelve posible, y ahí aflora lo inquietante. «La partida», «Precauciones», de Juan Pedro Aparicio; «Personaje», de Neuman; «El libro», de José Antonio Francés; o «Crimen perfecto», de Olgoso son solo algunos ejemplos. El trasvase entre realidad y ficción se extrapola también al cine, en «Thriller», de Francés; o en el interesante «Claroscuros», de Olgoso, con evidentes ecos de *La rosa púrpura de El Cairo*, de Woody Allen.

Dentro de la metaficción, una de las direcciones más ricas y fructíferas de la superposición de niveles que aquella supone es la elaboración de un microrrelato a través de una reescritura, actualización, traslación o, de acuerdo con la terminología de Gerard Genette (*Palimpsestos*), una *hipertextualidad*. Esta variante, altamente fructífera entre los escritores contemporáneos, permite enriquecer con nuevas lecturas el original, desveladas en el seno de lo fantástico. Recurrir a las reminiscencias y ecos de otras obras carga al hipertexto resultante de parte de los motivos que el hipotexto contenía (con claras ventajas para la reducida extensión del microrrelato), dejando al lector que complete las elipsis y los sentidos no explicitados del original. Se fusiona así la reescritura (mitológica,[14] bíblica, legendaria, literaria) y lo fantástico en textos como «Ulises», o «Última cena», de Olgoso; «Mendicidad», de Egido; «Fábula», de Manuel Moyano; o «La última aventura», de David Roas.

La fisura que surge entre las fronteras del sueño y la vigilia es otro de los motivos que aprovecha el microrrelato fantástico. Los trasvases entre uno y otro plano son visibles en «Pesadilla», de José Antonio Francés; «Ataque al corazón», de Juan Pedro Aparicio; o «La una» de José María Merino. A este cruce hay que añadir el que se produce entre el más allá y el más acá; o las fronteras entre la vida y la muerte, que vehiculará muchos de los microrrelatos de estos volúmenes, en los que los protagonistas (a los que se les dará voz) podrán ser conscientes, o no, de su estado de fantasmas o espíritus que se han colado en una realidad que no es la suya. Aparte del ingenioso «666», donde el protagonista parece recibir una llamada de alguien que ha podido comunicarse desde el otro lado, en la obra de Iwasaki son numerosos los microrrelatos en que los niños protagonizan esta superposición de realidades, predominancia que se observa también en Patricia Esteban Erlés: «Ya no quiero a mi hermano» o «La ouija» plantean la posibilidad de contacto con otras dimensiones de lo real, mientras que «Abuelita está en el cielo» y «El deseo» elaboran no solo la vuelta a la vida de «la abuela» de estos niños, sino cómo se otorga a estos la capacidad de percibir más ángulos de la realidad que a los adultos. Asimismo, del mismo cruce de las fronteras entre vida y muerte surgirán los objetos, esculturas y *golems*, u otros seres que traspasan la frontera de lo inerte.

Un tema fantástico muy definitorio de la era de la posmodernidad es la fractura que da acceso a mundos paralelos, a través de la que accedemos a otras realidades. En ocasiones, el cruce cobra la forma de una especie de agujeros negros en la realidad, que se van como vinieron, como ocurre en el relato «Excepciones», *distorsión* de Roas, o en el microrrelato de Manuel Moyano titulado «Vórtice». Por estas rendijas de lo real se colarán también todos los personajes extraños y ajenos, los pequeños monstruos con los pies en la tierra, pero también los

[14] Véase Serrano Cueto (2015).

habitantes que vienen de otros universos, de otras capas más profundas de lo real, como los habitantes de la noche de Merino. También en el marco de los multiuniversos se producirán las alteraciones temporales y espaciales, que nos dará acceso a otras realidades en otro lugar y en otro tiempo, a través de los saltos temporales, como en «El calendario», de Juan Pedro Aparicio; o «El tiempo vuela», de Fuertes Guzmán.

La brecha en la identidad del individuo y el consecuente encuentro entre dos o más personalidades darán lugar a otro de los temas clásicos revisitados por el microrrelato, el del *doble*, con todas sus recreaciones («Persecución», de Mateo Díez; «El doble», de Muñoz Rengel; «Dualidad», de Serrano Cueto).

Finalmente, contamos con aquellos relatos en que los protagonistas se han quedado en las fronteras de lo real, en los bordes, incapaces de salir a uno u otro lado, habiendo perdido el marco de referencias. Así, los personajes de «No hay como el baño de casa» (que después de entrar a una casa para usar el baño nunca encontraron el camino de vuelta al pueblo), o el niño de «La cueva» (que se fue a explorar el fondo de la «cueva» construida bajo las colchas de la cama de sus padres y nunca supo regresar), ambos de Iwasaki, quedan atrapados para siempre, en esos espacios límbicos de lo real.

Los creadores del microrrelato fantástico actual organizan sus relatos teniendo muy presente esta mencionada interconexión, o conflicto entre las dos realidades, y por ello, el léxico, la estructura y la forma quedan supeditados a la expresión de este conflicto.

IV

El microrrelato fantástico se construye de acuerdo a ciertos patrones que no difieren demasiado de los del relato fantástico más extenso, aunque por sus límites de espacio distintivos debe condensarlos al máximo; tiene menos tiempo para confiar al lector, progresar, alcanzar la tensión narrativa y sorprenderle con un desenlace revelador que, en múltiples ocasiones, le incitará a una relectura del texto para recuperar las pistas a las que no atendió.

Los escritores contemporáneos siguen una fórmula bastante clara e identificable, desde el punto de vista estructural, que determina la organización textual del microrrelato fantástico. En primer lugar, la normalidad, la quietud (a través de la equivalencia entre realidad intratextual y extratextual), seguido en segundo lugar de la interconexión entre las dos realidades (lo real y lo inexplicable) que entran en conflicto; y, en último lugar, un especial cuidado por la búsqueda de la sorpresa ante lo atroz, el «miedo», a través de un final breve y contundente, una *punch line* no demasiado explícita (el humor o la ironía no refrena totalmente la perturbación), que suele replantear y reasignar un nuevo sentido a todo el relato.

Aparte de esta construcción dominante, los escritores también organizan sus microrrelatos a partir del contacto de lo fantástico desde el inicio de la diégesis. El final deberá suponer, por consiguiente, una nueva vuelta de tuerca con el fin de que el efecto inquietante siga apoderándose del lector, una vez que el contacto entre dos realidades se ha producido con anterioridad y lo inquietante no está ahí («El balberito», de Fernando Iwasaki). A veces, esa vuelta de tuerca viene dada por la adición del ingrediente humorístico, la ironía que se descubre ante la situación dada, el desmoronamiento de la tensión al focalizar la atención en el humor más que en el contenido fantástico que, aun así, el microrrelato conserva («Narváez», de Manuel Moyano).

Uno de los recursos de carácter estructural más atrayentes que detectamos en los microrrelatos en relación con la disposición de la trama es la tendencia a crear dobles finales, yendo un paso más allá del desenlace regresivo, ya comentado por Campra o Casas. La propuesta de dobles finales se deriva directamente de la voluntad de los creadores del género de desautomatizar presuposiciones ligadas a este y de romper, por tanto, las expectativas que el lector va asumiendo con la lectura. En cierta manera, el uso de este recurso es una manifestación de la habilidad del escritor para dejar esas pistas falsas que llevan al lector por el camino «equivocado», a un primer final, que será reformulado con el desenlace definitivo. Generalmente, tal efecto se consigue a partir de la ambigüedad (uno de los constituyentes vertebradores de lo fantástico) que ha ido permitiendo el microrrelato a través de la elipsis, la polisemia y los dobles sentidos; será la posterior desambiguación la que provoque en el lector esa segunda sorpresa o inquietud («En una exposición», de Ángel Olgoso). En ocasiones tal desambiguación no llegará y el lector terminará con la «incertidumbre» que proclamaba Todorov, sin poder decantarse con seguridad por una de las dos opciones interpretativas, la realista o la fantástica («Remordimientos», de Juan Pedro Aparicio).

La brevedad propia del microrrelato y su necesaria condensación determina muchos de los recursos, tanto estructurales como formales, que configuran los microrrelatos fantásticos contemporáneos. Los títulos, por ejemplo, dejarán de ser muchas veces simples síntesis de la temática dominante del microrrelato, para establecer una relación dialéctica con el texto al que dan paso. La diégesis se desprenderá de cualquier elemento prescindible, de manera que las historias serán protagonizadas generalmente por un solo personaje que se enfrenta a una sola transgresión de lo real, bastante acotada, que experiencia en primera persona. Si el tiempo permanece en la indefinición (aunque se reconoce como contemporáneo), tampoco los personajes ni los espacios —con excepción de pequeños anclajes que sitúan las historias en contextos cotidianos o reconocibles— se describen con detalle, pues el foco de atención lo tiene el acontecimiento que viene a romper las condiciones de lo posible en un entorno mimético de la realidad extratextual. No desaparecen, sin embargo, las secuencias descriptivas, ya que serán primordiales en aquellos microrrelatos en que el efecto fantástico y la interpretación dependan de los atributos ligados a un personaje, un objeto o un espacio («Veracidad de la trasmigración de las almas», de Miguel Ángel Zapata; «La bañera», de Ángel Olgoso).

A causa de la conexión obligada entre realidad intratextual y extratextual, el escritor de lo fantástico deberá poner en marcha mecanismos que contribuyan a la identificación, creando —en el seno del texto— *el efecto de lo real*, con el fin de que el lector reconozca en la realidad representada su familiar cotidianeidad. Se creará la ilusión (conectando enunciado y enunciación) de que la historia transcurre al mismo tiempo que se está relatando, y a la vez, al mismo tiempo que el lector la está leyendo, gracias a un predominio de los tiempos verbales de presente y pretérito perfecto. La atención prestada a cuestiones de modalidad redundará en la abundancia de léxico de carácter experiencial y de creencia. El uso mayoritario de la primera persona traerá consigo una nueva ilusión, la de la veracidad de los hechos, y la identificación con ellos por parte del lector, haciendo coincidir sujeto del enunciado y sujeto de la enunciación. Y, por último, el narrador se dirigirá al lector que accede a su historia, buscando su complicidad (función de comunicación) mediante vocativos, preguntas y el propio relato de los hechos, lo que acentuará el espejismo.

La progresión de lo fantástico también se da a través de los rasgos formales. Como en una novela policíaca, la disposición de los detalles y las pistas que conduzcan al desenlace lógico (lógico de acuerdo al desarrollo de la historia), sin que ese desenlace sea evidente antes de lo necesario, será extremadamente cuidadosa en el microrrelato fantástico. El léxico tendrá un papel fundamental en dicha progresión. Junto al uso casi obligado del vocabulario denotativo, intrínsecamente fantástico (habitual, puesto que está cargado ya de una carga inquietante que condensa los contenidos), los escritores se servirán de las potencialidades del léxico para acentuar la inconsistencia de lo real; tanto la connotación y los mecanismos de literalización de la metáfora, como la polisemia, y la ambigüedad.

El avance de lo fantástico se produce, asimismo, a través del procedimiento de anticipación; es decir, de adelantar algunas pistas al lector que le encaminan hacia la sorpresa final, y que remiten, por tanto, a la intromisión de lo extraño en la realidad cotidiana de los personajes. Se le suma el proceso de diseminación/recolección, mediante el que algunos elementos que se diseminaron al principio del relato cobran su significado completo, o uno nuevo, cuando se recolectan en las líneas finales (se deduce la importancia de la creación de isotopías semánticas que ayuden a dirigir el sentido).[15]

[15] Generalmente está relacionado con lo que Ana Casas (2010) ha denominado *resignificación*, recurso a través del que se reasigna un nuevo significado a un objeto que previamente carecía de él.

Es obvia la existente coincidencia de temas y recursos del género fantástico entre el microrrelato y el relato de mayor extensión. Pero de forma simultánea, lo cierto es que el escritor que decide cultivar el microrrelato (y las obras manejadas muestran cuán a menudo lo decide) lo hace buscando algo que el relato más extenso no puede ofrecerle. La obligada concisión supone en cierto modo un reto para el escritor, pues para alcanzar la condensación deberá dominar los recursos a nivel léxico (metáforas continuadas, polisemias, connotación, ambigüedad) y sintáctico (tiempos verbales, elementos que conforman la enunciación, elipsis), sin olvidarse del ritmo, o las tipologías de estructuras con las que cuenta para construir su texto.

El análisis —aún somero— tanto de los elementos de carácter temático, como estructural y formal, revela una forma narrativa que a pesar de su brevedad (o quizá por ella) está llena de posibilidades en su variante fantástica. La voluntad de los cultivadores del género de investigar continuamente recursos que ayuden a la progresión de lo fantástico en el relato, y a la consecución de su efecto, y el deseo de seguir probando nuevos procedimientos para continuar rompiendo las expectativas del lector conocedor del género, convierten al microrrelato fantástico en una forma claramente oportuna para este milenio, cuando la realidad parece más inestable que nunca.

11.

TEATRO 1960-2015

Teresa López-Pellisa
Universidad Autónoma de Barcelona

Matteo De Beni
Università degli Studi di Verona

Lo fantástico en la escena española contemporánea parece ser algo tan extraordinario e inverosímil como el propio género al que hace alusión, pero lo cierto es que podemos afirmar que en la cultura española existe una arraigada tradición no mimética en al ámbito cultural y artístico, y sin lugar a dudas, en el teatral. A continuación ofreceremos una visión panorámica de los autores y temas más relevantes del fantástico en la dramaturgia contemporánea española desde los años 60 hasta la primera quincena del nuevo milenio, continuando con el recorrido cronológico iniciado en el capítulo 5. La apertura sociocultural que experimentó la España de los 60 se percibe en escena. Esta es la época en la que el teatro independiente y estudiantil surge al margen del sistema oficial con grupos como Els Joglars (1962), Los Goliardos (1964), Los Cátaros (1966), Tábano (1968) o Els Comediants (1971) con espectáculos subversivos y experimentales. Es la época en la que se estrenan obras censuradas hasta el momento como *La buena persona de Sezuan* o *Madre coraje* de Bertolt Brech, y Valle-Inclán se estrenaba por primera vez en un teatro nacional gracias a Adolfo Marsillach (véase Berenguer y Pérez, 1998). Un periodo de cambios, apariciones y desapariciones, en el que lo fantástico siempre estuvo representado en escena.

1. Nieva, Sastre y Miras

A partir de los años 50, en España se produce un movimiento de renovación teatral que se caracteriza por el drama realista o social. La inclusión de aspectos fantásticos y sobrenaturales, empero, es un componente transversal respecto a generaciones o grupos («neorrealistas», «simbolistas», «neovanguardistas», etc.).

Francisco Nieva, Alfonso Sastre y Domingo Miras son dramaturgos nacidos en las décadas de 1920 y 1930 cuyas trayectorias artísticas se han desarrollado a partir del tardofranquismo, galardonadas las tres con el Premio Nacional de Literatura Dramática. Nieva es un dramaturgo que se ha venido encasillando como «neovanguardista» o «simbolista», mientras que el teatro de Sastre y de Miras se encauzaría en la tendencia «neorrealista». Todos ellos, más allá de las clasificaciones, han manejado a lo largo de su recorrido teatral elementos y aspectos de lo fantástico, aunque con modalidades distintas.

Francisco Nieva es un dramaturgo cuyo teatro se sustenta en lo sorprendente, lo antimimético y lo irracional. En ocasiones se ha reflexionado acerca de lo que tienen sus piezas de genuinamente fantástico (Paulino Ayuso, 2005), sobre los rasgos de la tradición de lo fantástico que él reelabora (De Beni, 2012a) o bien sobre un aspecto concreto —muy acusado en su dramaturgia— como lo monstruoso (De Beni, 2008). Cabe recordar, además, que Nieva es autor de una teatralización libre de una de las obras fundacionales de la literatura fantástica: *Manuscrit trouvé à Saragosse* (1805) de Jan Potocki. Para presentar la faceta fantástica de su teatro, hemos seleccionado dos ejemplos de su dramaturgia breve, ambos publicados en 1987, que representan sendas vertientes de lo fantástico: en *El espectro insaciable* los elementos turbadores se entroncan en una regresión cronológica amenazadora, mientras que *No es verdad* se puede considerar un retoño del género del terror fantástico con rasgos macabros.[1]

En *El espectro insaciable*, Rodrigo se empeña en descubrir por qué su amigo Rafael lleva tres días enclaustrado en su habitación: por las noches, a causa de un inexplicable bucle temporal, desde la ventana de la habitación ve la calle de su casa tal y como era medio siglo antes. Rafael descubre que también en el piso de abajo, donde vivían antaño su abuelo y su madre, ha habido una retrocesión en el tiempo: esto le ofrece la oportunidad de ver a su madre, todavía una jovencita, mientras duerme. La dimensión inexplicable se presenta como mortífera y fascinante a la vez. Rafael y Rodrigo visitan juntos el piso de abajo, donde encuentran a la madre, que había muerto cuando el protagonista era un niño, despierta. En el desenlace asistimos a la simultánea transformación de la mujer y de Rafael: él se expresa y actúa cada vez más como un niño, mientras ella va progresivamente asumiendo el papel de madre celosa y severa. Rafael le da la mano y de repente es atraído irresistiblemente hacia ella, en tanto que

[1] Prescindimos en esta ocasión de abordar otras obras fantásticas de Francisco Nieva, o pseudofantásticas según los casos, como cuando utiliza el recurso de difuminar la frontera entre el sentido figurado de una expresión y su significado literal. En *Es bueno no tener cabeza* (1966) el título hace referencia al poder que tiene uno de los protagonistas de quitarse la cabeza para intercambiarla con los demás, y en *Te quiero, zorra* (1987), la cola de raposa que le ha brotado inexplicablemente a Zoé, una prostituta, es también un estigma que la señala físicamente como «zorra».

Rodrigo intenta vanamente salvar al amigo del agujero temporal que lo atrapa y engulle.

El texto se presta a una lectura conforme a los moldes del psicoanálisis: de hecho, el protagonista siente una atracción edípica por la madre y ella le corresponde; asimismo, la aparición materna es la concreción de un espectro interior de Rafael, el de la madre difunta. Sin embargo, la regresión del protagonista hacia el seno materno no se limita a un proceso psíquico, a un retroceso metafórico debido a una tensión no resuelta, sino que adquiere corporeidad. El aspecto inquietante de la pieza radica en el hecho de que se enmarca en un contexto inicialmente corriente y cotidiano, la habitación de Rafael, para luego dar paso a una dimensión alternativa, con la que la primera entra en conflicto. El tema del trastorno cronológico se acentúa a lo largo de la pieza gracias a recursos sonoros (campanadas, tictacs de relojes) que remiten a la medición del tiempo y que, además, se oyen en la oscuridad, lo cual recalca la atmósfera de misterio.

No es una casualidad que este mundo que surge del pasado del protagonista se sitúe en espacios a los que se debe descender. Rafael para sumergirse en el pasado tiene que bajar por la ventana, y llegar así al inframundo en el que encuentra a su madre, Martina, y a Foch, un perro disecado (una especie de can Cerbero monocéfalo). Si en un primer momento Foch es «*impresionante y con el rojo brillo de la lámpara en sus ojos de cristal*» (Nieva, 2007a: 1094), al producirse el desenlace fatal cobra vida, mientras el viento y unas campanas acentúan el aspecto siniestro de la escena: «*El perro se anima y gruñe. Se encienden sus ojos satánicos. Las cortinas ondulan misteriosamente. Se escuchan profundas campanadas. Rumor de viento*» (1099). El joven es atraído «*irremisiblemente al pozo de sombras en donde gruñe el perro con sus ojos en ascua*», mientras Rodrigo queda al otro lado, en el plano cotidiano. El joven, al fin, podrá «*comenzar la ascensión hacia su presente*» (1099): nótese la relativización del elemento cronológico a través del uso del posesivo. Rodrigo queda, así pues, como testigo ocular del acontecimiento fantástico. Es el mismo acontecimiento al que ha asistido el lector-espectador de la obra, quien en un primer momento se percata de que algo raro está pasando a través de lo que los protagonistas relatan, y al final experimenta lo inexplicable *oculis propriis*.

No es verdad (1987) abunda en rasgos retomados de la literatura gótica y de terror: una mansión destartalada en la provincia francesa (posiblemente durante el siglo XIX), la nieve, juegos de luces y sombras, aspectos macabros y aullidos de lobos. Los tres jóvenes protagonistas son vástagos de familias aristocráticas venidas a menos que han crecido juntos: Blanche, su primo Elin y Eric. Este último afirma haberse incorporado a una manada de lobos, de la que habría incluso llegado a ser el macho dominante. Los demás personajes se debaten en la duda de si esto es cierto o si, al contrario, se trata de una patraña. En particular, Blanche empieza a obsesionarse con el tema y su deseo por descubrir la verdad cobra matices eróticos:

> Blanche.— [...]. Siento que ese bosque y esas fieras me reclaman con la voz de un amante. Sus aullidos, por la noche, dicen de manera muy clara lo que es el hambre, la muerte y el amor [...]. Ahora quiero saber si es verdad (Nieva, 2007b: 887).

A Eric se le atribuyen rasgos que le acercan a la condición animal: da «vueltas a la casa como un lobo que ronda» (886), en palabras de La grand Pippon, la gobernanta que vive con Blanche, y en las acotaciones se alude metonímicamente a su esencia lupina al describirlo como un «*pelirrojo, ligeramente vestido y despechugado bajo una peluda capa que arroja nada más entrar*» (889). Por su parte, Blanche parece cada vez más enajenada; ella misma elige las fieras como modelo y se propone, por imitación, acercarse cada vez más a su naturaleza salvaje. Por eso, a escondidas, come trozos de carne cruda. Incluso sus sentidos se van haciendo más finos: «lo he sentido llegar», afirma refiriéndose a Eric, «[h]e descubierto en mí esa facultad [...]. Está ahí, bajo esta misma ventana» (889). Blanche y Eric se van juntos, supuestamente para vivir con los lobos, y una noche, la gobernanta oye un ruido e intuye que los lobos han entrado en la casa. En la escena siguiente es de día y se pone al tanto el lector-espectador de lo que ha pasado: la grand Pippon ha sido devorada por unos lobos.

La acotación de la última escena nos avisa de que hay una elipsis temporal de ocho años. Elin está escribiendo una exposición sobre lo sucedido y la lee en voz alta para beneficio del lector-espectador: los tres jóvenes fueron internados en una casa de salud, en la que Eric murió delirando, mientras que Blanche desapareció hace tres años sin dejar rastro; gracias a las curas recibidas, Elin se convenció de que todo el asunto era una mentira y que la pobre Pippon fue víctima accidental de algunas fieras. Sin embargo, apenas deja de leer, aparece Blanche, que ha regresado para vengarse. Culpa a su primo de la muerte de Eric y le anuncia que va a ser devorado por una loba que espera en la sombra detrás de la puerta. La fiera no aparece en escena: solo se oye gruñir en la oscuridad.

Como apunta acertadamente Paulino Ayuso (2005: 156),

> La ambigüedad no resuelta y la indecisión acerca del punto central de la fábula, que resulta ser la relación entre unos seres humanos y los lobos, obedientes y asesinos, tiene ya su anuncio en el título, pues queda dudoso el tono aseverativo o exclamativo, según corresponda a la realidad misma de los hechos (que se negaría) o al horror y rechazo que esa realidad provoca.

En *No es verdad*, Blanche experimenta una metamorfosis psíquica, más que física. Sin embargo, el suyo no deja de ser un caso de licantropía, aunque interior, íntima. Esto siempre que nos decantemos por creer de verdad lo que la obra sugiere y nunca muestra: que Blanche, junto a Eric, viviendo con los lobos, ha llegado a tener una conexión mental con ellos hasta el punto de supeditarlos a su voluntad para que cometan delitos en su lugar.

A lo largo de su trayectoria, el dramaturgo y escritor Alfonso Sastre ha demostrado una especial devoción por el terror y el misterio. En la primera mitad de los años 50, escribió en colaboración con Alfonso Paso algunas piezas que él mismo define como «criminosas», a saber, *Los crímenes del Zorro*, *Un claro de luna* y una versión dramática de *El campanero* de Edgar Wallace. Más tarde, realizó el drama *El cuervo* (1956) —del que ya se ha tratado en el capítulo 5—, los cuentos recogidos en *Las noches lúgubres* (1964),[2] la colección de piezas teatrales breves titulada *Ejercicios de terror* (1970), el radiodrama *Las cintas magnéticas* (1971), el poema en alejandrinos *El evangelio de Drácula* (1976), la novela (constituida en realidad por tres novelas o partes distintas) *El lugar del crimen. Unheimlich* (1982), la novela *Necrópolis o Los amigos de Bram Stoker* (1994), la comedia *Lluvia de ángeles sobre París* (1994), la tetralogía dramática *Los crímenes extraños* (en la que se insertan *¡Han matado a Prokopius!*, de 1996, *Crimen al otro lado del espejo* y *El asesinato de la luna llena*, ambas de 1997, y *El extraño caso de los caballos blancos de Romersholm*, de 2006).

No es entonces una casualidad que Sastre demuestre ser un autor consciente de los recursos y mecanismos de la literatura fantástica y del terror, y que reivindique en repetidas ocasiones la importancia de lo *unheimlich*.[3] El dramaturgo añadió a su pieza *Lluvia de ángeles sobre París* (1994) un epílogo opcional, en que se descubre la naturaleza celeste de los ángeles del título. Sastre no quiso elegir entre manifestar abiertamente lo sobrenatural y, al contrario, explicar racionalmente el fenómeno extraño, pues le parecía que al hacerlo habría estropeado el drama:

> Si se trata de «ángeles obedientes, arcángeles amotinados» (Quevedo), será mejor, quizás, no despertarlos. ¿O sí? Es la duda que yo no he resuelto en este caso, y por eso ofrezco la posibilidad fantástica junto a la opción realista, quizás tan inverosímil una como la otra (Sastre, 1994: 11).

Por lo tanto, deja la solución a la interpretación del lector y a la elección de un eventual director de la obra:

> Eventuales interesados por representar la comedia podrán elegir, pues, entre *una y otra posibilidad* [la sobrenatural o la racional], para lo cual tienen todos los datos

---

[2] Véanse al respecto los capítulos 3 y 4 de este libro, dedicados a la narrativa fantástica de los años 50, 60 y 70.

[3] Sirva como ejemplo su obra teórica *Prolegómenos a un teatro del porvenir* (1992): «Nuestra *Taberna* [se refiere naturalmente a *La taberna fantástica*] es un experimento realista. Hemos pensado la realidad como fantasmagórica; solo que los fantasmas habitan el interior de lo cotidiano. Nos reclamamos del concepto de *siniestro* (*Unheimlich*), según Freud. ¡Mucha tela que cortar!» (Sastre, 1992: 60). Sobre lo *Unheimlich* véanse también las pp. 15-17 en la misma obra.

y textos en esta edición. En realidad, el lector de una u otra posibilidad apostará o no, por *un teatro de lo maravilloso o de lo fantástico puro* (Sastre, 1994: 11, cursiva nuestra).

En el radiodrama *Las cintas magnéticas* (1971),[4] Sastre utiliza un elemento fantástico para criticar los horrores de la guerra, a través de algunos episodios de licantropía entre los soldados estadounidenses en Vietnam. La obra tiene el subtítulo revelador de *Cuento de terror antiguo para una radio de nuestro tiempo*: de ahí que los tópicos trillados de las narraciones góticas y terroríficas se recuperen —como es frecuente en la producción sastriana— para proveerles de un anclaje en la realidad y, más en concreto, en la dimensión sociopolítica. Es lo que sucede en esta pieza con la licantropía. Sastre concibe sus obras como «realistas» en la medida en que son medios para ejercer una forma de crítica social. Es más, para este autor la literatura fantástica y las formas pictóricas no miméticas son realistas, porque abarcan cuestiones vinculadas con la realidad social y sus problemas.

El dramaturgo madrileño reunió *El cuervo* (1956), *Ejercicios de terror* (1970) y *Las cintas magnéticas* (1971) en el volumen *El escenario diabólico* (1973). La antología es puntualmente examinada a la luz del denominado terror fantástico por Carrera Garrido (2013), quien concluye su análisis de *Las cintas magnéticas* con el siguiente balance:

> en ella logra Sastre el equilibrio, la simbiosis, de muchas piezas de horror y fantasía a lo largo de la historia: aun cuando su contenido alude de manera crítica a la realidad facticia, se mantiene el respeto a los fundamentos de un género tan codificado y reconocible como el terrorífico, en el que una sencilla desviación en el tono, en la caracterización de los personajes o en las implicaciones de la trama puede conducir a su deconstrucción (Carrera Garrido, 2013: 51).[5]

En cuanto a *El cuervo*, ya se ha examinado esta obra en el capítulo 5 de este libro. Pero hay que destacar que otra pieza de Sastre está íntimamente relacionada con Poe y demuestra la afición especial del dramaturgo por el escritor estadounidense: se trata del drama *¿Dónde estás, Ulalume, dónde estás?* (1990), cuyo título remite al poema *Ulalume* (1847) del célebre escritor.[6] Conviene

---

[4] Sastre escribió esta obra para la Sociedad Española de Radiodifusión (SER).

[5] En cambio, como señala Carrera Garrido (2013: 43), *Ejercicios de terror* es un ejemplo de parodia de lo terrorífico, en el que «el registro [...] deconstructivo que recorre la mayor parte del discurso» se suma a las preocupaciones políticas del autor, una vez más presentes en el texto.

[6] Otros ecos de la admiración de Sastre por Poe rebasan su dramaturgia y residen, en cambio, en su producción poética: el escritor español escribió dos versiones en verso del poema *The Raven*, la primera, mucho más libre, en 1960, la segunda en 1979. La más antigua

detenerse en dicha pieza no solo por su relación con uno de los maestros del cuento fantástico y de terror —que en este caso protagoniza el texto— sino también porque la obra escenifica ciertos intersticios entre la realidad «real» y la realidad «otra», alucinada.

El argumento de *¿Dónde estás, Ulalume, dónde estás?* dramatiza los últimos días de la vida de Poe y su periplo entre los lupanares alcohólicos de Baltimore, antes de morir en esa misma ciudad, el 7 octubre de 1849. El drama no se vincula solo con la biografía de Poe, sino también, de modo intertextual, con su obra. Tanto la situación del poema *Ulalume*, como la muerte de Poe, tienen lugar en el mes de octubre, y de ahí que la pieza de Sastre se desarrolle a caballo entre este mismo mes y el anterior. El dramaturgo madrileño titula las dos partes en que se vertebra la pieza «Todavía en septiembre» y «Ya en octubre». Una referencia intertextual más sutil es la insistencia en los cipreses en la obra sastriana: dos veces Eddy (así se llama Poe en el drama) entra en la taberna El Ciprés rojo (Actos V y XVII), mientras que en el acto iv, al pasear el protagonista por las calles de Baltimore

> *a medida que la noche es más profunda se van produciendo unas extrañas metamorfosis: las farolas de gas están convirtiéndose en cipreses, de manera que la calle se transforma en una avenida de aspecto fúnebre: la avenida de un gran cementerio* [...]. *Camina Eddy hacia el foro o la chácena del escenario y van pasando los cipreses a derecha e izquierda, cuando empezamos a escuchar —es Eddy el que empieza a escucharlos— algunos versos del poema «Ulalume»* (Sastre, 1990: 39).

Además del papel del ciprés como símbolo fúnebre, cabe destacar que, en *Ulalume* de Poe, el yo anda por un *alley* («callejón») con cipreses. De ahí se colige que la escena sastriana en cuestión se hace eco de algunos versos del poema: «Here once, through an alley Titanic, / Of cypress, I roamed with my Soul – / Of cypress, with Psyche, my Soul» (vv. 10-12). Además, en su versión de *Ulalume* (1960), Sastre traduce *alley* como «avenida» y es la misma palabra que emplea en la pieza para denominar la calle con cipreses.

Otro rasgo llamativo es la presencia en el drama de algunos tópicos de los cuentos y el cine de terror, que destacan aún más por situarse justo en la mitad de la obra, cuando culmina la primera parte (actos X y XI): Eddy (esto es, Poe) llega a un parque de atracciones en el que «*un enano anuncia a un hércules*», en este momento «*El autor plantea la conveniencia de montar un número de* freaks *o un baile* ad hoc, *con lo cual terminará la parte primera de la obra*» y, por si fuera poco, en el reloj de la torre suenan las campanadas de medianoche (Sastre,

---

es la que aparece en un apéndice de la edición de *¿Dónde estás, Ulalume, dónde estás?* (Sastre, 1990). Además, Sastre inserta una referencia a Poe en la estancia quinta de su *El evangelio de Drácula.*

1990: 63 y 65). El protagonista se ha metido en una casa del terror, que presenta todo el bagaje trillado de brujas, fantasmas y esqueletos, y allí sucumbe a causa del alcohol. El abuso de licores, que provoca el *delirium tremens* del protagonista, es uno de los elementos destacados del drama, además de ser uno de los aspectos corrientemente vinculados con la biografía de Poe.[7]

En la pieza es precisamente el alcohol lo que provoca las visiones y alucinaciones de Eddy: por consiguiente, estas no se pueden en principio encasillar en lo fantástico. Sin embargo, se producen ciertas discrepancias relacionadas con uno de los personajes creados por los vapores espirituosos del protagonista: Barbarroja, el dueño de la taberna El Ciprés rojo. El doctor Snodgrass recibe un mensaje que le informa de que Poe se encuentra en la tasca mencionada y necesita ayuda; la nota la había escrito Barbarroja, aunque este es supuestamente una alucinación del protagonista. Además, la enfermera del doctor confirma que la taberna existió, pero ahora solo es una casa en ruinas, y añade que «El dueño de la taberna era un viejo marinero, al que llamaban Barbarroja. Su mujer lo engañaba con un contramaestre y el marinero la mató a puñaladas en el bar» (Sastre, 1990: 87). Lo referido por la enfermera corrobora lo que el mismo Barbarroja (en aquel entonces fruto supuestamente del ofuscamiento alcohólico) le había revelado a Eddy en el acto V. Por último, señalamos que el dueño de la taberna asiste, aunque desde un lugar apartado, al entierro de Poe (acto XXI), produciendo así otra grieta en la separación entre la dimensión de la realidad y la de las alucinaciones de Eddy.

En la dramaturgia de Domingo Miras se ponen en escena las vejaciones del poder, en tanto que los personajes emarginados se vuelven centrales. También ocurre así en *Las brujas de Barahona* (escrita en 1977-1978), donde Miras indaga la marginación social de un grupo de mujeres acusadas de practicar artes mágicas.[8] Y lo hace después de una investigación llevada a cabo en bibliotecas y archivos: el argumento del drama se basa en un proceso por brujería ejecutado por la Inquisición de Cuenca en 1527 (véase Serrano, 1992: 39-42).

Las brujas de Barahona no es la primera ocasión, ni la última, en que Miras aborda los temas de la brujería, de la magia y de lo demoníaco. Sirvan como ejemplos: *La Saturna*, en que la hechicera protagonista es la madre de don

---

[7] El propio Sastre, al reflexionar a propósito del alcohol en *¿Dónde estás Ulalume, dónde estás?*, recuerda que, en el prólogo de su obra *Los últimos días de Emmanuel Kant contados por Ernesto Teodoro Amadeo Hoffmann*, el autor de «El hombre de arena» aparece preparándose un ponche e incendiándolo: «allí había un recuerdo», comenta Sastre, «a las virtudes creadoras que para Hoffmann tuvo la ingesta de alcoholes» (Sastre, 1990: 113). Se trata de una reminiscencia de la conexión entre la ingestión de bebidas espirituosas y la imaginación creadora.

[8] Aunque la magia es un tema clásico, no para de (re)plantearse en el teatro de las últimas décadas, aunque a veces según los moldes de la comedia, como en *Sabina y las brujas o La noche de Sabina* (1985) de Ignacio del Moral.

Pablos, el Buscón quevediano; la *Venta del Ahorcado*, que pone en escena, con cierta dosis de humorismo, un conjuro diabólico por parte de la tía Conejita; *Las alumbradas de la Encarnación Benita*, que retoma un suceso del siglo XVII, a saber, la posesión demoníaca de un grupo de monjas. Además, «con el grupo Ditirambo comienza a preparar un espectáculo sobre el famoso nigromante renacentista Eugenio Torralba. El proyecto no llegó a realizarse, pero Miras, ganado ya por el personaje, siguió el trabajo, que culminará con *El doctor Torralba* (1982)» (Serrano, 1992: 16). En *Las brujas de Barahona*, la magia tiene especial alcance, como veremos a continuación. El tema se introduce ya con el epígrafe que encabeza el drama: una cita del *Macbeth* (I, 1) y no es una casualidad que en la primera escena de ambas obras intervengan unas brujas. El topónimo presente en el título está relacionado tradicionalmente con las prácticas de la brujería.

La escena II de la segunda parte del drama tiene lugar durante la noche de san Silvestre, momento tradicionalmente propicio para las reuniones de brujas. Se representa con ecos de los *Caprichos* goyescos, un aquelarre con el Gran Cabrón, íncubos, súcubos y otras figuras infernales y espantosas. Las acotaciones sugieren la participación emotiva de los espectadores en el aquelarre. Este efecto se busca haciendo salir del espacio convencional del escenario las apariciones fantásticas del aquelarre, que invaden la sala, lo cual supone no solo la ruptura de la convención ficcional de la representación, sino también un choque entre lo verosímil y lo irracional, un (des)encuentro aún más llamativo por el arraigo del argumento de la obra en la realidad histórica: «*En la oscuridad, comienzan a oírse algunas risas y rumores de procedencia indefinida aunque no del escenario, de manera que el público sienta como si le rodeasen*»; se emplean «*gasas flotantes que pueden subir y bajar incluso hasta rozar las cabezas de los espectadores*», mientras «*sobre el espacio escénico, aparece una luna redonda que derrama su claridad lechosa sobre la zona del público*». Una de las brujas aparece «*montada sobre un esqueleto de caballo que cuelga del techo, volando sobre los espectadores*» (144-145), y además:

> *Por entre el público, andando incluso sobre las espaldas y los hombros de los coléricos espectadores, avanzan hacia la escena enormes bestezuelas o sabandijas de gomaespuma [...]. Cada bicho va montado por un joven diablo desnudo [...] o por una linda diablesa [...]. Al tiempo que avanzan, van repartiendo entre el público antifaces o caretas que representan cabezas de extraños animales* (156).

Al señalar el comienzo del día, el canto del gallo hace acabar el aquelarre. Y marca, asimismo, la vuelta al plano de lo real.

A pesar de que la escena fantástica se desarrolla con aparatosa evidencia delante de los ojos de los espectadores, del texto asoman varios rasgos de ambigüedad. En primer lugar, entre las *dramatis personae*, Ana la Roa se señala como «bruja dudosa», y la misma definición acompaña el nombre de Teresa López, que figura entre los gozosos participantes en el aquelarre junto con su padre Juan, «posible brujo». Esto suscita dudas no solo acerca de la naturaleza *brujeril* de los personajes aludidos, sino también sobre si la mágica reunión nocturna se haya producido en la realidad o no. En segundo lugar, cabe señalar otro aspecto ambiguo que precede al aquelarre:

> Quiteria seduce a la Ansarona (personaje clave en la pieza) y la «unta» a la fuerza para el vuelo. La ambigüedad de lo que sucede después reside en que, en la oscuridad que propone el dramaturgo al final de la escena, no es posible vislumbrar si cuando llega Violante, la vecina, con el aviso de que ha dado comienzo la persecución, las dos mujeres están desvanecidas o vuelan hacia Barahona (Serrano, 1992: 44).

¿Las dos supuestas brujas han volado hasta Barahona o simplemente se han desmayado durante su (intento de) conjuro diabólico? El estatuto de los vuelos de las brujas (¿real o imaginario?, ¿físico o mental?) forma parte de un debate clásico, como nos recuerda la Cañizares cervantina de *El coloquio de los perros*:

> Hay opinión que no vamos a estos convites sino con la fantasía en la cual nos representa el demonio las imágenes de todas aquellas cosas que después contamos que nos han sucedido. Otros dicen que no, sino que verdaderamente vamos en cuerpo y en ánima; y entrambas opiniones tengo para mí que son verdaderas, puesto que nosotras no sabemos cuándo vamos de una o de otra manera, porque todo lo que nos pasa en la fantasía es tan intensamente que no hay diferenciarlo de cuando vamos real y verdaderamente. Algunas experiencias desto han hecho los señores inquisidores con algunas de nosotras que han tenido presas, y pienso que han hallado ser verdad lo que digo (Cervantes, 2003: 339-340).

Por último, otro aspecto que difumina la autenticidad del aquelarre se encuentra en la escena que sigue a este, cuando las brujas ya están presas y destinadas al castigo del fuego. A pesar de que la reunión demoníaca se perpetra delante de los ojos de los espectadores, las mujeres parecen no acordarse de la participación de algunos de los otros encarcelados en el conjuro y sucesiva orgía de la noche anterior:

> QUITERIA.— [...] ¿Y estos dos [Juan y Teresa López], qué hacen aquí?
> VIOLANTE.— Hay quien dice que son brujos el padre y la hija. No irás a decir que nunca lo has oído.
> QUITERIA.— A mí no me suelen venir con cuentos. [...] (Miras, 1992: 180)

Aflora en este fragmento la superstición del pueblo en contra de las (supuestas) brujas, un aspecto que se manifiesta a través de la insistencia en los campos semánticos del «decir» y del «oír»: una vez que la implacable *vox populi* señala a un individuo como «distinto», este lleva un estigma, y poco importa si lo que se murmura es cierto o una patraña. Cuando La Ansarona afirma «Muchos me señalan de bruja, y quise mostrar que no lo soy», la más experta Quiteria le contesta que «Si te tienen por bruja, ya casi lo eres. Lo más del camino tienes andado, y lo poco que queda lo andarás sin sentir» (Miras, 1992: 132). Es lo que Tobin Siebers define como «lógica de la superstición»: al ser señalado un individuo como diferente, como extraño por su propio entorno, los ruidos acerca de este se van haciendo cada vez más insistentes, hasta el punto en el que el desenlace trágico es frecuente (Siebers, 1985).

2. Los fantasmas de la memoria

El fantasma, el espíritu y el espectro que viene tras la muerte para visitar a los vivos es un personaje frecuente en la cultura popular, y en teatro se ha manifestado desde Esquilo y Shakespeare hasta las fantasmagorías de Étienne-Gaspard Robertson. También goza de cierta tradición en la dramaturgia española, como demuestran *El caballero de Olmedo* y *El duque de Viseo* de Lope de Vega o *El burlador de Sevilla* de Tirso de Molina, o las ánimas en pena de Valle-Inclán, además de otras manifestaciones a lo largo del siglo XIX y XX que vimos en el capítulo 5 (De Beni, 2012b). Pero en esta ocasión nos interesa detenernos en aquellos aparecidos que se presentan como testimonios del sufrimiento y de la guerra, nos interesan los espectros que vienen para hablar de las injusticias de la Guerra Civil y de la dictadura franquista y que se presentan en nuestro tiempo presente como seres imposibles que provocan el estremecimiento de los personajes con los que se relacionan.

> El teatro como una actividad humana con la dinámica de la memoria cultural misma. La atracción y el temor simultáneos a la muerte, la necesidad continua de ensayar y renegociar la relación con la memoria y el pasado, nunca son más específicamente expresados en una cultura humana que en las representaciones teatrales (Carlson, 2009: 150).

Tal y como sostiene Luisa García-Manso, «en el teatro español contemporáneo, la memoria de episodios traumáticos de la historia reciente como la Guerra CivilCivil, la dictadura franquista y el exilio republicano de 1939 aparece a menudo encarnada en la voz de personajes venidos del más allá» (2014: 89), ya sea mediante personajes históricos como Miguel de Unamuno en *Cantando bajo las balas* (2007), de Antonio Álamo, o María Lejárraga (María Martínez Sierra) en *Y María, tres veces amapola, María* (2002), de Maite Aguirre, o con personajes anónimos como *La tierra* (2000) y *Para quemar la memoria* (2000), de José Ramón Fernández, o *Bilbao: Lauaxeta, tiros y besos* (2002), de Maite

Aguirre (García-Manso, 2014: 89). Pero sin lugar a dudas, cuando hablamos de un fantasma de la Guerra Civil en escena, es obligado remitir a la celebrada *¡Ay, Carmela!* (1986)[9] de José Sanchis Sinisterra —llevada al cine por Carlos Saura en 1990 con una versión que eliminaba lo fantástico de la obra dramática al suprimir la figura del fantasma—.

Los años 80 son los años de la renovación en el ámbito de las artes escénicas, y se caracterizan por la experimentación, el teatro de calle, la proliferación de *performances*, los musicales y el teatro-danza en la escena contemporánea. En 1983 se establece el Centro de Documentación Teatral (CDT), se crea la Compañía Nacional de Teatro Clásico, bajo la dirección de Adolfo Marsillach, y se consolidan las funciones de un Ministerio de Cultura que se había fundado en 1978, y que comenzaba a subvencionar el trabajo de los artistas españoles fomentando un teatro público nacional, que recupera poco a poco la figura del autor. Tras los años de la dictadura y el posfranquismo, la Transición nos permitió conocer a una serie de dramaturgos que habían estado escribiendo con anterioridad, pero que por motivos ideológicos no habían podido ser representados, y entre esos autores se encuentra José Sanchis Sinisterra, además de José Luis Alonso de Santos o Fermín Cabal, entre otros (véase Vilches de Frutos, 2005, y Nieva de la Paz, 2004). Aunque el teatro de la Transición se ha caracterizado por ser un teatro comprometido socialmente, también se ha definido habitualmente como un teatro de marcado corte realista, obviando los autores y las obras que reflejamos en este capítulo, y que dan buena fe de la existencia de un teatro fantástico en la escena española.

> La política teatral aplicada en los años 80 destaca sobre todo por la abolición de la censura estatal, el enorme aumento de las subvenciones, el establecimiento de un sistema teatral público, la ampliación cuantitativa y regional de la oferta de edificios para el teatro, centros de producción y funciones teatrales, la apertura del teatro hacia el exterior, la mejora de las condiciones de producción y distribución, así como la recuperación de los espectadores perdidos en los años de la Transición y la obtención del favor de un público nuevo joven (Floeck, 1995: 15).

José Sanchis Sinisterra fundó el grupo Teatro Fronterizo en 1977, y su obra se caracteriza por una marcada preocupación política e ideológica. Ha sido Premio Nacional de Teatro (1990) y Premio Max de las Artes escénicas (1999), entre numerosos galardones (nacionales e internacionales), destacando tanto por sus reflexiones teóricas sobre la dramaturgia contemporánea, como por su labor como director, formador y pedagogo teatral. *¡Ay, Carmela! Elegía de una guerra*

---

[9] Estrenada el 5 de noviembre de 1987 en el Teatro Principal de Zaragoza bajo la dirección de José Luis Gómez, con Verónica Forqué como Carmela y el propio José Luis Gómez como Paulino.

civil (1986) es un claro ejemplo del teatro de la Transición democrática española con una clara preocupación por la recuperación de la memoria histórica y, en este caso, a través de la voz de los muertos. El título hace alusión al estribillo de una popular canción republicana sobre la batalla del Ebro y el tema de la obra «es la tragedia colectiva del pueblo español, la crónica sentimental de la memoria republicana, la complejidad de la condición humana que llega a naufragar en el dolor e incluso diríamos que es una propuesta de dignidad personal y colectiva. Todo ello urdido con humor, magia, drama y poesía» (Aznar, 1993: 63). La protagonista es una artista de variedades que vuelve desde la muerte para contarnos una historia que se construye a través de diversas analepsis entre el pasado de la artista y su presente como espectro. Carmela ha sido asesinada por las tropas franquistas y vuelve tres veces para ver a Paulino (que todavía está vivo). Poco a poco, se deja imbuir cada vez más por el más allá, donde se relaciona incluso con Federico García Lorca. Lo fantástico de la obra radica en que Paulino asiste estupefacto ante las apariciones de su compañera, ya que lo considera extraordinario y desconcertante y, por lo tanto, se problematizan los límites entre la realidad y la irrealidad en el texto. Una de las características del fantástico posmoderno, según David Roas, es la aparición de las «voces del otro lado». Si el fantástico moderno se caracterizaba por la aparición de fantasmas sin voz, ya que el encuentro con lo insólito nos lo narraba el protagonista humano, lo fantástico posmoderno nos permite escuchar la voz del Otro, del ser que ha cruzado al otro lado de los límites de lo real (Roas, 2011a: 168-171). Y si ese ser no está en nuestro mundo y podemos escucharlo, ¿dónde estamos nosotros?

> CARMELA.— *(Furiosa, desde el llanto.)* ¡No me grites!
> PAULINO.— *(Igual.)* ¡Tú eres la que no has de gritar!
> CARMELA.— ¿Por qué no?
> PAULINO.— ¡Porque estás muerta, y los muertos no gritan!
> CARMELA.— ¡Lo dirás tú, que no gritan! *(Grita.)* (Sanchis, 1991: 219).

El fantasma de la memoria histórica simboliza un pasado conflictivo que nos permite reflexionar sobre cómo se ha resuelto (o no) ese conflicto en la actualidad, y a finales del siglo XX y principios del siglo XXI, la Guerra Civil, el exilio y la dictadura franquista continúan siendo un tema de interés para el teatro y el público español. El recurso del muerto viviente permite reivindicar responsabilidades políticas y sociales de los desaparecidos, a través de la figura del aparecido, y de ahí que nos interese mencionar algunas obras de las dramaturgas Laila Ripoll e Itziar Pascual que tienen muy presente esta preocupación por la memoria individual y colectiva del pueblo y la cultura española.

La dramaturga y directora de escena Laila Ripoll obtuvo el Premio Nacional de Literatura Dramática en el 2015 (junto a Mariano Llorente) por la obra *El*

Triángulo Azul sobre la vida de los españoles republicanos en el campo de concentración de Mauthausen. Laila Ripoll es autora de la «Trilogía de la Memoria» compuesta por *Atra Bilis (cuando estemos tranquilas...)* (2001), *Los niños perdidos* (2005) y *Santa Perpetua* (2010), estrenadas por la compañía Teatro Micomicón, que dirige y produce la propia dramaturga. Laila Ripoll afirma que *Atra Bilis* es un «texto no realista en el que pretendemos indagar en el teatro fantástico y de terror, del que se ven poquísimos montajes porque tenemos una tradición literaria fantástica más pobre» (De Francisco, 2011: en línea). A partir de la herencia de Juan Rulfo, Poe, Valle-Inclán, Arrabal y Lorca, nos presenta unos textos que se caracterizan por lo grotesco, el horror, el terror, lo esperpéntico, lo obsceno, lo siniestro, lo monstruoso y el humor más descarnado, combinando ambientaciones fantásticas con fines de denuncia social. En *Los niños perdidos* (2005), estrenada en el María Guerrero de Madrid, Tuso es el único personaje vivo que percibimos en escena. Se nos presenta como un adulto de cincuenta años con un leve retraso y que recuerda los episodios vividos durante su infancia en un orfanato para los hijos de los rojos desaparecidos. El resto de los personajes son los espectros de sus tres mejores amigos de la infancia y de la Sor que los había maltratado, y a la que el propio Tuso había asesinado como venganza por la muerte de sus amigos (uno lanzado por la ventana y los otros dos encerrados y muertos por inanición). Laila Ripoll denuncia el papel de la Iglesia católica durante la contienda, representado en la perversa y diabólica figura de la Sor, cuyo fantasma todavía atormenta a Tuso y a los niños. Aunque el espectador permanece atónito ante la presencia de estos fantasmas que cuentan su historia, el efecto fantástico desaparece al final del texto, cuando Lázaro nos dice que «no existimos ninguno, solo estamos en la cabeza de Tuso... solo existimos en su memoria» (Ripoll, 2005: 181), por lo que todo ha sido fruto del recuerdo de Tuso y los fantasmas no existen... En *Santa Perpetua* (2010) nos encontramos con una ambientación siniestra y grotesca protagonizada por Santa Perpetua, una especie de médium con poderes para contemplar el pasado, el presente y el futuro, y sus hermanos Plácido y Pacífico. El sobrino de Zoilo vuelve para reclamar la bicicleta de su tío desaparecido en una fosa común, y a partir de ese momento se descubren las miserias de una guerra entre hermanos, que hacía que los vecinos se delataran y asesinaran unos a otros. El motivo sobrenatural se presenta a través de la posesión del espíritu del tío de Zoilo en el cuerpo de Santa Perpetua, para que la víctima pueda dar testimonio en primera persona de la verdad. Laila Ripoll introduce personajes insólitos, muertos vivientes, espíritus vengadores, aparecidos, asesinos, verdugos y víctimas en unas atmósferas asfixiantes en las que el sonido y la iluminación contribuyen a la generación de una escenografía fantástica y grotesca:

> Laila Ripoll, cuyo teatro indaga en lo impensable de las fosas comunes heredadas de la Guerra Civil y del Holocausto, en las atrocidades reactivadas en los años 90 hasta hoy (éxodos, masacres, genocidios, guerras civiles), no podía sino decantarse por lo grotesco, la única estética capaz de ofrecer el distanciamiento necesario para abordar a la vez de soslayo y directamente lo insostenible, lo indecible, «lo trágico absoluto» de un mundo que ha «bestializado la humanidad», sin caer en el sentimentalismo o el patetismo, para salvaguardar la eficacia de un teatro de denuncia (Reck, 2012: 61).

Isabelle Reck sostiene que hasta los años 80 del siglo pasado no emergen ejemplos de lo grotesco en la literatura dramática escrita por mujeres como Lidia Falcón o Carmen Resino, hasta llegar a Lluïsa Cunillé, Itziar Pascual, Gracia Morales, Angélica Lidell, Laila Ripoll o Marisa Ares (aunque no todas estén relacionadas con lo fantástico). Tal y como afirma David Roas «lo grotesco es una categoría estética que depende de la combinación de dos elementos esenciales: la risa y el horror» (2011a: 67), y en los casos que estudiamos, lo grotesco va unido a lo fantástico, el humor negro y lo absurdo. Lo cómico, la caricatura y lo terrible se muestran en lo grotesco como una forma de expresión que utiliza el efecto distanciador de la risa para mostrar la crudeza de la realidad, y esta es la poética que, sin duda, define las obras espectrales de Laila Ripoll (veáse Reck, 2012).

También es necesario mencionar otros textos de Laila Ripoll que trabajan con la figura del fantasma en el contexto de la Guerra Civil y del franquismo, como *La frontera* (2003), en la que el Joven debe cargar a cuestas con su abuelo muerto, como símbolo del peso de la memoria de un trauma familiar y colectivo (como el del exilio de los republicanos españoles en México). De este modo Ripoll incide en la responsabilidad de las nuevas generaciones sobre la herencia histórica y personal a partir de la posmemoria (Marianne Hirsch) —véase Guzmán, 2012—. En *Que nos quiten lo bailao* (2004), la dramaturga continúa con su reflexión sobre el exilio, a partir de una tercera generación de republicanos exiliados en Marruecos. Y *El Convoy de los 927* (2008) está inspirado en el testimonio *Sobrevivir al infierno* de Galo Ramos, como superviviente del campo de exterminio de Mauthausen. El texto se presenta como un drama testimonial a partir del personaje de Ángel Mayor como narrador y testigo de este viaje terrorífico, en el que los fantasmas de su familia se presentan en escena a través del recuerdo de su vida, diluyéndose el efecto de lo fantástico.[10]

[10] También conviene mencionar la obra *Víctor BEVCH* (2003), inspirada en *Hamlet*, en la que de nuevo utiliza el recurso del fantasma, pero en este caso dejando de un lado la temática de la Guerra Civil y el franquismo, para centrarse en la emigración y la xenofobia. En esta obra el Espectro (un padre muerto) pretende que su hijo se desprenda de prejuicios racistas, machistas y homófobos, pero la educación institucional y católica recibida se superpone a las influencias sobrenaturales de su padre muerto y de ahí que Víctor haga alarde

La denominada Generación Bradomín está conformada por aquellos autores y autoras nacidos entre los años 50 y 60 que recibieron el premio «Marqués de Bradomín» (creado en 1984) en los años inmediatos a su instauración. Aunque algunos autores de la Generación Bradomín no se consideran parte de un grupo homogéneo, lo cierto es que Itziar Pascual figura como la dramaturga de esa generación. En su producción dramática coincide con Laila Ripoll en la preocupación social y de denuncia en sus textos, así como en el uso de elementos fantásticos como recurso escenográfico y temático:

> La presencia de espectros, fantasmas, sombras, muertos. Seres irreales, enigmáticos, que trascienden los saberes comunes, que subvierten la dicotomía muerte-vida. (No acabo de creer en muchas dicotomías). Esto ocurre en *Fuga*, *El domador de sombras*, *Blue Mountains*, *Ciudad Lineal*, *Herida* y *Una noche de lluvia*. También hablan animales (Miauless) y objetos (Voz de un barco abandonado) (Pascual, 2002: 104).

Entre los textos de Itziar Pascual[11] en los que encontramos personajes imposibles para dar voz a las víctimas de la represión franquista destacamos *Fuga* (1994), con almas en pena tras una guerra que ha devastado la Isla del Sueño, y aunque la obra es más alegórica que fantástica, nos interesa citarla por su relación con las consecuencias de la guerra. Luisa García-Manso (2014) destaca la función que tienen los fantasmas de Itziar Pascual para la construcción de la memoria histórica y de la identidad, como se puede observar en *La paz del crepúsculo* (2003), donde la dramaturga recupera el tema de la guerra a partir de los personajes de unos soldados —Dombodán (soldado español de la División Azul) y la Sombra de Clark Gable (un espectro)—, durante la invasión nazi de la Unión Soviética en la II Guerra Mundial (1941-1942). La hipotermia que

---

de su apellido BEVCH (blanco, europeo, varón, católico y heterosexual); véase al respecto García-Manso (2011).

[11] Otros fantasmas y motivos fantásticos en la producción dramática de Itziar Pascual, pero que no están directamente relacionados con la Guerra Civil y el franquismo los encontramos en *El domador de sombras* (1994), ambientada en la cultura del circo y protagonizada por el espectro del payaso Grock. En *Blue Mountain (Aromas de los últimos días)* (1999) aparece Gerardo Diego y el fantasma de una cooperante asesinada; *Mascando ortigas* (2005) nos presenta a Pina Mujer y su enfrentamiento con la infancia a través de su yo-infantil como un doble fantasmal del pasado que le permitirá indagar en su propia identidad. Y en *Variaciones sobre Rosa Parks* (2008), obra con la que obtuvo el *Premio Valle-Inclán*, reflexiona sobre la situación de las mujeres a lo largo de la historia a partir de la figura de Rosa Parks, una activista de los derechos afroamericanos en los Estados Unidos. Esta obra no funciona con el motivo del fantasma, sino con otro tema clásico de lo fantástico como el doble. La protagonista se encuentra con una Rosa Parks que no cedió su asiento en el autobús en 1955 y, por otro lado, aparece una doble que no quiere luchar y que se rinde a la resignación: Rosa Parks y su sombra (García-Manso, 2014).

padece Dombodán nos sitúa en un espacio liminar entre lo real y lo irreal, y es allí donde aparece esta sombra que no sabemos si existe realmente, o si tan solo forma parte de la imaginación del soldado, por lo que la vacilación está presente, y la duda persiste hasta el final. «La Sombra actúa como conciencia de Dombodán y, con el fin de que este supere su traumática memoria personal, le regala un lápiz y un cuaderno, con los que dejar testimonio de su experiencia» (García-Manso, 2014: 96), ya que su padre fue ejecutado por las tropas nacionales por sus ideales anarquistas, y al final de la obra, Dombodán conserva en sus manos el lápiz y el cuaderno que le había dado la Sombra, como ¿producto de una alucinación?

Père Lachaise (2003) está ambientada en el cementerio parisino homónimo y consta de dos actos protagonizados por seis personajes, de los que tres son fantasmas que habitan el cementerio junto a una serie de espíritus, sombras y seres del inframundo. Entre los muertos se encuentra el espíritu de Secundino Pérez, un republicano extremeño exiliado a Francia tras la Guerra Civil; el espíritu de Isadora Duncan, bailarina y coreógrafa norteamericana; y el de El Ilustre Anónimo. Entre los humanos se cuentan Carlota y Cundo, nietos de Secundino Pérez, que viajan al cementerio de París para visitar la tumba de su abuelo republicano exiliado, donde conocen a Michel, el enterrador del cementerio. El lúgubre espacio en el que se desarrolla la acción dramática nos sitúa en el lugar donde se encuentran los vivos y los muertos y en el que los espíritus se sienten con fuerzas para poseer los cuerpos de Carlota, Cundo y Michel. Solo hay tres actores en escena y las posesiones se indican mediante diferentes coreografías y espasmos de los cuerpos a través de los cuales estos espíritus pueden hablar en primera persona para que conozcamos sus historias. El desenlace de la obra es tranquilizador, ya que fantasmas y humanos resuelven sus conflictos y los traumas del pasado, por lo que su «búsqueda identitaria culmina así con un reconocimiento de la memoria individual que en algunos casos, como el de Secundino, forma parte de la memoria colectiva, en lo que respecta a su experiencia como combatiente de la Guerra Civil española, el exilio, la II Guerra Mundial y la vindicación de exhumar los cuerpos de las fosas comunes del franquismo» (García-Manso, 2014: 98-99).

El Ilustre Anónimo.— Los espíritus de Père Lachaise están muy preocupados. Oyen tus gritos cada amanecer. Hace tiempo que podrías haberte marchado.
Secundino.— Tengo que quedarme
El Ilustre Anónimo.— ¿Por qué te aferras a seguir aquí?
Secundino.— No es por mí. (Pausa). Es por los compañeros. Siguen allí, junto al castañar. Allí los fusilaron. Amasijo de huesos sin nombre.
El Ilustre Anónimo.— ¿Qué puedes hacer por ellos?
Secundino.— Yo fui el único que sobrevivió. Conseguí huir. Después la frontera, Francia, el exilio. Después los nazis. Yo sé dónde están. Si yo les olvido nunca

> les encontrarán. Los vivos olvidan con facilidad. Ya nadie se acuerda de la guerra. (Pascual, 2003b: en línea)

El último texto que nos interesa destacar, *Despedida* (2005), está protagonizado por tres mujeres: el fantasma de Mónica y la familia de su amiga María (fallecida tras exiliarse a Francia). Marina y Águeda son las dos nietas de María, cuyos encuentros conflictivos presenciamos cuando visitan a su madre moribunda en el hospital. La madre se nos presenta a través de una voz en *off* y es la única que puede interactuar directamente con el espíritu de Mónica, porque se encuentra en la frontera entre la vida y la muerte. La función del espectro es de ayudante (Greimas) y «las alusiones a la vida de Mónica y María, la generación ya desaparecida, le permiten al público considerar una parte de la intrahistoria de la Guerra Civil y el exilio republicano de 1939 y profundizar en la memoria colectiva de aquellos hechos» (García-Manso, 2014: 101). La necesidad del compromiso de una dirección de escena no ilustrativa ni literal, no mimética y más poética o sugestiva, que necesita de lo fantástico para subvertir los códigos de la realidad y mostrarla desde su más clara crudeza, es la clave del teatro de Itziar Pascual:

> Me gusta el teatro que descree, que interroga a sus personajes, que desoye la Historia Oficial (hoy Pensamiento único), que cuestiona. Me gusta el teatro y la danza que rebusca en el arcón de su historia, abriendo la puerta a los mitos, a los héroes y antihéroes, antiguos y contemporáneos, que da voz a los que no la tuvieron, que recupera a los figurantes de la vida y les permite dar su visión del mundo. Me gusta el teatro que da voz a las mujeres (Pascual, 2002: 104).

Consideramos como un gran acierto el uso de la figura del *aparecido* para hablar de los *desaparecidos*, recordando a los seres que ya no están a partir de un ejercicio de reconstrucción de la memoria, como método de reflexión ética para la construcción del presente. El fantasma en la escena española contemporánea aparece como la consecuencia del trauma histórico de una nación, que no ha resuelto sus conflictos político-histórico-familiares, ni a través del recuerdo, ni de la historia, ni de las instituciones, y ni tan siquiera desde la legalidad que presupone una democracia.[12]

---

[12] Las obras que hemos revisado están marcadas por la temática de la Guerra Civil y la dictadura franquista, pero el teatro actual también ha hecho uso del *revenant* para denunciar otras injusticias como la catástrofe de aviación del Yak 42 en Turquía el año 2003, tal y como refleja la obra *El que fue mi hermano* (*Yakolev*) (2004), de José Ramón Fernández, o para tratar otros temas como en *Interview de Mrs. Muerta Smith con sus fantasmas*, de Agustín Gómez Arcos, estrenada en el en el Teatro Olimpia de Madrid en 1991 (aunque fue escrita en 1972), donde se nos presenta a la señora Smith tras resucitar después de una operación de cirugía estética. Julio Checa también señala la importancia de la influencia de los espectros

3. Otras dramaturgias del nuevo milenio

Autores como Juan Mayorga, Itziar Pascual, Gracia Morales, Ignacio García May, Alberto Miralles, Alonso de Santos, Ignacio del Moral, José Ramón Fernández, Ernesto Caballero, Laila Ripoll, Alfredo Sanzol, Paco Becerra, o Angélica Lidell (entre otros y otras), transitan entre lo fantástico, lo simbólico, lo alegórico, lo distópico y la ciencia ficción, con obras comprometidas y de hondo calado social, que se sirven de lo insólito para generar atmósferas poéticas e inquietantes. Como muestra, nos interesa resaltar la labor del Teatro del Astillero (fundado en 1993) como un grupo de investigación y laboratorio teatral fundado por José Ramón Fernández, Luis Miguel González Cruz, Raúl Hernández Garrido y Juan Mayorga, para discutir y analizar los textos propios y ajenos, a través de diversos cursos y talleres de dramaturgia. Durante la primavera de 2001, el Teatro del Astillero organizó un taller de escritura dramática en el Ateneo de Madrid con el título «*Unheimliche*/Lo siniestro», como referencia al texto de Sigmund Freud que se ha convertido en el paradigma de definición de lo fantástico como lo inquietante y extraño que puede resultar algo familiar, tal y como sucede con la Olimpia de Hoffmann. En este taller participaron autores como Inmaculada Alvear, José Ramón Fernández, Esther García, Luis Miguel González Cruz, Guillermo Heras, Juan Pablo Heras, Raúl Hernández Garrido, Juan Mayorga, Miguel Morillo y Silvia Nanclares, cuyos textos se publicaron en *Unheimliche/Lo siniestro* (colección Teatro del Astillero, n.º 8, 2002) y que tocan temas que van desde lo policíaco, a lo fantástico y la ciencia ficción.

Del Colectivo Teatral el Astillero nos interesaría destacar al dramaturgo Juan Mayorga por su relación con el teatro fantástico a partir de una clara intención

---

de Tadeusz Kantor en la compañía La Zaranda (Teatro Inestable de Andalucía Baja) —fundada en 1978—, tal y como se observa en *Perdonen la tristeza* (1993), *Obra póstuma* (1995), *Cuando la vida eterna se acabe* (1997), *La puerta estrecha* (2000), *Ni sombre de lo que fuimos* (2002), *Homenaje a los malditos* (2004), *Los que ríen los últimos* (2006), *Futuros difuntos* (2008) y *La patria de los espectros* (2010), «en cuyas obras nunca han faltado escenas de apariciones que surgen de la nada o que atraviesan espejos y marcos desvencijados, entierros contemplados por el propio difunto, juegos de intertextualidad con obras representativas del teatro de fantasmas como *El burlador de Sevilla* o *Don Juan Tenorio*, viajes a los infiernos y descendimientos, resurrecciones, ensoñaciones de carrusel, identidades confusas, aquelarres, escenas de cementerio, peleles personajes depositarios de dotes tradicionalmente sobrenaturales» (Checa, 2014: 246). El fantasma como un recurso para darle voz al otro, también se ha visto reflejado en la temática sobre la inmigración y la recepción de refugiados. Julio Checa menciona algunos ejemplos que bien merecen ser estudiados desde la perspectiva de lo fantástico y la actualidad política como *A tumba abierta* (1976) de Alfonso Vallejo, *La mirada del hombre oscuro* (1992) de Ignacio García del Moral, *La orilla rica* (1993) de Encarna de las Heras y *Los niños no pueden hacer nada por los muertos* (2003) de Alfonso Armada (Checa, 2014: 236).

de transgredir los convencionalismos de la representación en la línea del teatro de Samuel Beckett, Henrik Ibsen y Ramón María del Valle-Inclán. Nos interesa comentar *Últimas palabras de Copito de Nieve* (2004) y *La tortuga de Darwin* (2008), aunque la obra de Mayorga está plagada de otros animales insólitos como los que protagonizan los textos *Palabra de perro* (versión del *Coloquio de los perros* cervantino), *Animales nocturnos* y *La paz perpetua*, caracterizados por el uso de personajes animalizados o de animales humanizados, pero que se introducen en el terreno de lo alegórico, alejándose del fantástico. El propio Juan Mayorga considera que los animales en escena tienen un fuerte valor poético y político: poético, porque el animal supone una transgresión que permite una gran libertad al escritor, pero también al actor (ya que la transformación del cuerpo y la voz deben mostrar esa violación del código interpretativo y gestual). Además, confiesa que el valor político del animal «recoge, de algún modo, la herencia kafkiana: si a un hombre le llamas insecto, acaba siendo un insecto» (Vilar y Artesero, 2010: en línea).

Últimas palabras de Copito de Nieve (estrenada en 2004 en la Universidad Carlos III de Madrid y posteriormente en la Sala Apolo de Madrid, por la Compañía Animalario) toma como hipotexto *Informe para una Academia* de Franz Kafka.[13] La obra se desarrolla poco antes del fallecimiento de Copito de Nieve, el gorila albino que vivía en el zoo de Barcelona. En este caso, el autor utiliza el recurso de darle voz al Otro, al animal, ya que «darle voz al ser imposible supone una radical transgresión de una de las convenciones tradicionales de lo fantástico» (Roas, 2011a: 169). El gorila albino ya no debe ocultar su verdadera identidad y decide exponerse al mundo con su verdadera inteligencia y capacidades lingüísticas. Y mientras se desprende de su máscara interpela al público gritando: «¡Hipócritas! Y cuando digo "hipócritas" cada uno sabe por qué le llamo hipócrita. ¡Máscaras fuera! ¡Dejad de fingir! ¡Dejad de comportaros como profesio...!» (Mayorga, 2004: 42-43), sin poder terminar la frase, porque justo en ese instante en el que nos quiere desvelar el artificio, el simulacro y la hipocresía que caracteriza el mundo humano, el Guardián del zoológico le inyecta una dosis letal.

La tortuga de Darwin (2008), estrenada en el Teatro Abadía bajo la dirección de Ernesto Caballero, es un texto histórico y político, que permite al espectador recorrer alguno de los desastres más atroces de la historia de la humanidad a través de la memoria de Harriet, la tortuga que Darwin recogiera en las Galápagos

[13] «Informe para una Academia» se publica junto a «Chacales y árabes» bajo el título *Dos historias de animales* en la revista *Der Jude* (El Judío). Ambos textos a su vez, estaban inspirados en dos relatos de Hoffmann: «Noticias sobre un joven culto», el primero, y «Noticias de los últimos destinos del perro Berganza», el segundo (inspirado a su vez en *El coloquio de los perros* de Cervantes) (Barjau, 1998: xxvi).

y que ha evolucionado hasta tener la capacidad del habla y de convertirse en un ser bípedo. Este insólito quelonio acude al Profesor de Historia para narrarle algunos momentos de la historia que se desconoce. De este modo, Harriet se convierte en un archivo histórico parlante, que ha sido testimonio de las monstruosidades que puede llegar a hacer el ser humano. La anciana tortuga se ha adaptado a los tiempos y afirma con tristeza que «Charly no lo previó. No previó que los humanos evolucionarías hacia algo tan monstruoso. A ver si con el cambio climático mutáis y sale algo más decente» (Mayorga, 2008: 57). Los animales antropomórficos de Juan Mayorga transgreden el código realista de la representación alcanzando un valor político. Mayorga sube a escena a estos seres fantásticos para mostrarnos la cara más feroz de la sociedad contemporánea y colocar al ser humano frente a sus contradicciones para no decirles «ustedes son formidables» con una palmadita en la espalda, sino para que tomen conciencia de que las bestias son humanas y de que quizás, nosotros somos las bestias.

4. (Re)visitaciones a los clásicos del fantástico

Durante los años en que Nieva, Sastre y Miras escriben sus obras e intentan conseguir que se representen en escena, en España se montan espectáculos de otro talante que reutilizan aspectos y personajes fantásticos: espectáculos vinculados a la inmediatez del escenario comercial que ambicionan atraer a un público variado y no necesariamente aficionado al teatro. Se proponen, por ejemplo, dramatizaciones de un texto exitoso, conocido por los potenciales espectadores: *Drácula*. En el capítulo 5 tratamos la versión de Rambal de los años 40. El personaje creado por Bram Stoker vuelve a las tablas también en los años examinados en el presente apartado. En 1972, Carlos Ballesteros realiza una adaptación, que va también a dirigir, con José Ruiz Lifante como conde-vampiro. Sabemos que se montó en el Teatre Espanyol del Paral·lel en Barcelona. Se trata de un espectáculo que inserta elementos cómicos en el enredo terrorífico; además, según el modelo del primer plano cinematográfico, emplea proyecciones para acercar el público a los personajes, con el intento de acicatear su participación emotiva. Más adelante, 1978 es el año del estreno en España de la versión en castellano, dirigida por Jaime Azpilicueta, de la exitosa dramatización de Hamilton Deane y John L. Balderston (1924-1927), que se representa en el Teatro de La Comedia (Madrid), con Narciso Ibáñez Menta en el papel de Van Helsing. Esta misma versión volvió a las tablas españolas en 2012 (Teatro Marquina de Madrid) con Emilio Gutiérrez Caba como Van Helsing, César Sánchez como Dr. Seward, Martiño Rivas como Jonathan Harker y María Ruiz interpretando a Mina bajo la dirección de Eduardo Bazo y Jorge de Juan. Entre otras adaptaciones del clásico de Bram Stoker, destaca el *Drácula* de Ignacio García May, estrenado en el 2009 en el Teatro Valle-Inclán de Madrid; García May es autor de otros textos como *El dios tortuga* (1990), en el que juega con elementos del realismo mágico y la ciencia ficción para denunciar los sistemas totalitarios, el drama fantástico *Lalibelá* (1997), con misteriosos viajes y seres imposibles, o la obra de ciencia ficción *Los años eternos* (2002), sobre viajes en tiempo.

Otro de los clásicos de la literatura fantástica es *Frankenstein o el Moderno Prometeo* (1818) de Mary Shelley. Tal fue el éxito de la novela que pronto se adaptó al teatro, con una modificación en el título que criticaba la moral del texto: *Arrogancia, o el destino de Frankenstein* (*Presumption or Frankenstein's Fate*, 1823). Se trata de un texto que ha sido adaptado y versionado en numerosas ocasiones a lo largo del tiempo, tanto en el cine, como en la literatura, y otras artes. Nos interesa mencionar la adaptación para marionetas y actores de la dramaturga Angélica Lidell[14] *Frankenstein y la historia es la domadora del sufrimiento* (1998), estrenada en la Sala Cuarta Pared de Madrid y muy alejada de las puestas en escena del teatro comercial. El espectáculo está inspirado en la técnica japonesa del *bunraku* para la manipulación de las marionetas, y nos presenta «una versión horrorosa que convierte al ser humano (creador de monstruos) en sujeto capaz de controlar no solo el destino del resto de la comunidad, sino también de otro cuerpo para manipularlo a su antojo —muestra de ello es la elección, justamente, del títere—, lo que se asemeja, a su vez, a la figura de Prometeo» (Rovecchio, 2014: 125). Lo cierto es que las marionetas y los muñecos generan un potente efecto de lo «siniestro» en escena, por la sensación que nos provoca contemplar la animación de un ser aparentemente inerte, tal y como sucedía con Olimpia en «El hombre de arena» de Hoffman (véase Freud, 2010: 2231). Además de esta versión alternativa, se ha estrenado un *Frankenstein* (2010) dirigido por Gustavo Tambascio, con una adaptación de Sarah Wallace en la que se incluyen algunos personajes nuevos: un anarquista, un miembro del partido conservador, una feminista y el personaje de Polidori. Además, contamos con la adaptación de Alberto Conejero bajo la dirección de Juanma Gómez de *Frankenstein* (2012), estrenada en el teatro Arenal.

También se han adaptado al teatro piezas sobre obras del escritor norteamericano Edgar Allan Poe, como indican el musical *Poe, un cuento musical de miedo* (2002), de Dagoll Dagom, estrenada en el Teatro Polirama de Barcelona con la dramaturgia de Joan Lluís Bozzo, Anna Rosa Cisquella y Miguel Periel, y la música de Òscar Roig; *La maldición de Poe* (2010), inspirada en los cuentos del autor estadounidense, dirigida por Jesús Peña e interpretada por títeres de la compañía Teatro Corsario; *Poe ante el espejo* (2010), de la compañía Tío Venancio bajo la dirección de Santiago Alonso; *Desaparecer* (2011), en la

[14] En este contexto también cabe mencionar la obra de Angélica Liddell, *Perro muerto en tintorería: los fuertes* (2007), estrenada en el Centro Dramático Nacional de Madrid, ambientada en un escenario insólito y distópico que se encontraría en los límites de lo fantástico.

que se conjugan varios relatos de Poe bajo la dirección de Calixto Bieito y la interpretación de Juan Echanove junto a Maika Makovski (Checa, 2014); o la adaptación de Santiago Alonso de *William Wilson* (2013), estrenada en la Sala Margarita Xirgu de Alcalá de Henares. El fenómeno de los musicales ha tenido un gran éxito entre el público español, y las adaptaciones literarias a la escena de los clásicos del fantástico del siglo XIX, pasan a versiones musicales con formatos de Broadway en el siglo XXI, como vimos en la mencionada versión de *Poe, un cuento musical de miedo* de Dagoll Dagom, o la versión de *Jeckyll and Hyde* (2000) con el cantante Raphael como protagonista junto a la actriz Marta Ribera, bajo la dirección de Juan José García Caffi, estrenada en el Teatro Nuevo Apolo de Madrid, sin olvidar la presencia de lo fantástico en la teatralidad y las *performances* de las Casas de Terror, que con tanta agudeza ha sabido analizar Miguel Carrera (2014a).

Los espectros, los licántropos, las ánimas en pena, los humanos metamorfoseados en bestias, los animales que se convierten en humanos, los vampiros, los bucles temporales, los monstruos y otro tipo de horrores fantásticos forman parte de la tradición teatral española. Tal y como se ha demostrado en estas páginas, la literatura dramática española no se define tan solo por el realismo, aunque sí se pueda caracterizar por mostrar la realidad política y social de un país que ha atravesado guerras, dictaduras, crisis y movimientos migratorios que han generado conflictos todavía hoy sin resolver. Lo interesante de la dramaturgia española de los siglos XX y XXI es que se sirve de lo mimético, pero también de lo no mimético, para representar su realidad.

12.

CINE 1990-2015

Rubén Sánchez Trigos
U-tad (Universidad Camilo José Cela)

1. Crónica y disección de un relevo generacional

Probablemente no exista en la historia del cine fantástico español un relevo generacional tan acusado como el que tiene lugar a principios de los años 90. Justo es señalar que dicho relevo no constituye, ni mucho menos, el único aspecto de interés (o la única singularidad importante con respecto a décadas anteriores) que reviste esta forma narrativa en España a lo largo de dicho periodo; sin embargo, sí constituye necesariamente el centro a partir del cual basculan sus principales señas de identidad en su historia más reciente. Para entender dicha renovación parece necesario no solo tener en cuenta los diversos factores culturales, industriales y sociológicos que, de un modo o de otro, propician este nuevo y de alguna forma insólito (en el contexto de la cinematografía española en general) escenario; metodología que, en el pasado, ha servido tanto para desvirtuar el peso que lo fantástico puede detentar en el canon histórico y crítico del cine español como para justificar, desde posiciones en principio más benevolentes, limitaciones y carencias relativas a los valores de producción de las películas analizadas, así como para eludir la relación que buena parte del llamado cine de género producido en este país ha mantenido con la aparentemente inamovible noción de «cultura española» (relación problemática que, por otra parte, excede el ámbito cinematográfico y se remonta a otras artes precedentes como la literatura o el teatro, véase Roas, 2006a, o López Santos, 2010). Antes bien, para abordar la etapa más reciente de nuestro cine fantástico parece pertinente tener en cuenta también la relación que el espectador (o los diferentes tipos de espectadores), la crítica y la propia industria han mantenido y mantienen con esta forma narrativa a lo largo de los últimos veinticinco años, pues si de una renovación hablamos esta atañe tanto a los cineastas involucrados como a estos agentes, integrantes en definitiva de la denominada comunidad cinematográfica.

En este sentido, ya los trabajos que autores como Antonio Lázaro-Reboll (2012), Andrew Willis (2008), Jay Beck y Vicente Rodríguez (2008) le han dedicado a la cinematografía fantástica española en los últimos años (casi siempre desde la universidad anglosajona), han puesto de relieve la necesidad de emplear los estudios culturales como un medio más adecuado para acercarse a este aspecto del cine español. En parte esto es debido a las muchas maneras en que la tan mentada globalización ha cambiado la forma en que los nuevos cineastas y las nuevas generaciones de público se acercan a determinados géneros (desde la hibridación, el culto y/o la familiaridad/ironía para con sus convenciones), pero también (y en directa relación con esto mismo) a la idea de que el moderno cine fantástico producido en España invita, probablemente como ninguna otra forma narrativa, a cuestionar, desafiar y examinar la tradicional noción de cine español aceptada durante mucho tiempo por el *establishment* crítico y por una parte importante de los espectadores. Dicho de otra manera: si algo va a homologar el fantástico cinematográfico producido en España desde los años 90 hasta hoy, más allá de sus muchos modelos y/o de las singularidades expresadas por cada una de las propias películas, es la rotundidad con que, desde la recepción (y por ende, desde la creación), se han confrontado el peso de aquellos valores tradicionalmente asociados a la noción de «cultura española» con las inercias impuestas por un modelo de producción cinematográfica sometido a las inercias de la globalización. Algo de lo que fenómenos recientes como la serie *Rec* (Jaume Balagueró y Paco Plaza, 2007-2014) o incluso un éxito internacional como *El laberinto del fauno* (Guillermo del Toro, 2006) pueden dar constancia.

En primer lugar, hay que considerar que a principios de los años 90 el cine fantástico en España acababa de abandonar lo que podríamos denominar un periodo de transición (con todos los matices necesarios), ya abordado en el capítulo 7, durante el cual, por un lado, entra en crisis el modelo de producción de bajo coste que dominara el género durante la eclosión de los años 70 y, por otro (y como consecuencia de esto), abandonan paulatinamente su actividad la práctica totalidad de los cineastas que protagonizaran dicha eclosión y encontraran en ella algunos de sus mayores éxitos.[1] La década de 1990 se inaugura, pues, sin genuinos especialistas en activo (obviando, por supuesto, a francotiradores

[1] Excepción hecha de nombres como Juan Piquer Simón, que a finales de los años 80 y principios de la década siguiente entrega dos de sus títulos *exploitations* más representativos: *Slugs, muerte viscosa* (1988) y *La grieta* (1990); Jesús Franco, que sigue desgranando en este periodo, casi siempre en co-producción europea, su prolífica filmografía —*Los depredadores de la noche* (1988), *La bahía esmeralda* (1989)—; o Jacinto Molina/Paul Naschy, quien a finales de los 80 aún intenta prolongar las señas de identidad del modelo que le dio la fama con una película que prácticamente no conoce distribución: *El aullido del diablo* (1987).

cuyas incursiones en el género resultan bien esporádicas, bien estrictamente personales, como Gonzalo Suárez, Pedro Almodóvar, Agustí Villaronga, Bigas Luna, Pedro Olea o Eloy de la Iglesia). Esta circunstancia contribuye probablemente a magnificar la recepción que público, crítica y, sobre todo, aficionados al género deparan a las óperas primas (o, por lo menos, a las dos o tres primeras películas) de nombres como Álex de la Iglesia, Alejandro Amenábar, Jaume Balagueró o Paco Plaza. En otras palabras: no es que éxitos cinematográficos de público y/o crítica como *El día de la bestia* (Álex de la Iglesia, 1995), *Tesis* (Alejandro Amenábar, 1996) o *Los sin nombre* (Jaume Balagueró, 1999) acaparen por sí mismos toda la atención del género (por más que solo el primero de estos títulos mantenga algún tipo de vinculación con el efecto fantástico), sino que el modelo que cada uno de ellos encarna va a resultar en cierto modo dominante en el panorama cinematográfico que va a desarrollarse a partir de entonces; un modelo referencial, por así decirlo, para productores, directores y guionistas, pero también para el público y buena parte de la crítica. Así, junto a estos y otros destacados debuts podemos hablar también de títulos de menor impacto en la taquilla y en la comunidad cinematográfica en general, pero cuyo tratamiento de lo fantástico resulta igualmente válido si de lo que se trata es de trazar una historia local del género: desde películas que asumen conscientemente los postulados formales de la clásica serie B como *La mansión de Cthulhu* (1991) o *La isla del diablo* (1994), ambas de Juan Piquer Simón, a propuestas más intelectualizadas, de fuerte raíz literaria, que prolongan cierto modelo de fantástico iniciado en los 60 y 70: *Don Juan de los infiernos* (1991), *El detective y la muerte* (1994) o *Mi nombre es sombra* (1996), todas escritas y dirigidas por Gonzalo Suárez.

El segundo aspecto a tener en cuenta que propicia e intensifica la idea de una «renovación generacional» tiene que ver con las nuevas condiciones que moldean no solo la industria y el mercado cinematográficos españoles en este periodo, sino el resto de la comunidad audiovisual. Condiciones que en cierta forma preparan y alientan la emergencia de estos nuevos cineastas y del aparato crítico/*fandom* que los va a acoger. Así, junto a la práctica inactividad de los grandes nombres del género ya mencionada, hay que destacar, por un lado, el buen momento que experimenta el universo del fanzine, caldo de cultivo de toda una renovación crítica encargada no solo de abrazar e impulsar la carrera de nombres como De la Iglesia, Santiago Segura o Balagueró, sino de implantar una nueva sensibilidad, una nueva forma de relación con el género que va a terminar por trasladarse a medios de comunicación generales, e incluso, finalmente, a la propia relación que la Academia va a mantener con ciertas expresiones de lo fantástico (ratificada por los triunfos en los Premios Goya de Álex de la Iglesia o Alejandro Amenábar); por otro lado, desde la propia industria audiovisual española convergen varios fenómenos que alientan el acceso de nuevos y jóvenes cineastas a la dirección, entre ellos una política cinematográfica (acuñada por el Gobierno del PSOE y prolongada por el del PP) que va a promover los incentivos a la realización de óperas primas, apoyada por la fundación de nuevas e importantes escuelas de cine. De la primera mitad de los años 90 datan, no por casualidad, dos de los centros de formación españoles de mayor proyección del periodo reciente: ECAM en Madrid y ESCAC en Barcelona, ambos fundados en el mismo año, 1994.

En cuanto a lo primero, es necesario tener en cuenta la correlación que el cine fantástico español ha mantenido con las publicaciones especializadas en el género, más o menos profesionales, a lo largo de su historia; relación que hasta cierto punto ayuda a dibujar un mapa de aquellos puntos de inflexión experimentados por el fantástico autóctono en las últimas cinco décadas, industrialmente hablando. Así, si la eclosión de títulos experimentada durante la primera mitad de los años 70 se vio correspondida por una (primigenia) generación de revistas y fanzines hechos por y para aficionados al fantástico (de *Dossier Negro*, *Delta 99*, *Vampus* o *Nueva Dimensión* a la justamente emblemática *Terror fantastic*), la nueva ola de publicaciones que va a tener lugar entre los últimos años 80 y los primeros 90 va a preceder, acompañar e incluso impulsar entre cierto segmento del público las primeras películas de los cineastas emergentes españoles especializados en la forma narrativa que nos ocupa. Más importante aún: van a constituir un decisivo caldo de cultivo de personalidades del medio cinematográfico que pronto pasarán a incorporarse al universo fantástico español en diferentes calidades profesionales: desde cineastas (Jaume Balagueró, Nacho Cerdá, Álex de la Iglesia, Borja Crespo) a críticos y/o editores (Jordi Costa, Jesús Palacios, Marcos Ordóñez, Carlos Díaz Maroto, Rubén Lardín, Borja Crespo) hasta llegar a actuales directores/programadores de festivales especializados (Sitges, San Sebastián, Nocturna) como Ángel Sala o Jordi Sánchez-Navarro. Por citar solo algunas de las cabeceras más importantes: *Freddy Magazine*, retitulada más tarde *Fantastic Magazine* (1990-1991), *Sueño del Fevre* (1990), *Vértigo. Fanzine de cine* (1992), *Quatermass* (1989), *Zineshock* (1991), revista dirigida por el propio Balagueró, o la muy influyente y longeva *2.000 maniacos* (1989). Lázaro-Reboll cifra en cinco puntos el peso de estas publicaciones (y, en general, de la totalidad del denominado universo *fandom*) con relación al reciente cine fantástico español. En primer lugar, afirma, constituyen un documento cultural que proporciona «ejemplos reales de las actividades discursivas de los usuarios del género»; en segundo lugar, proporcionan una valiosa información de las distintas (sub)culturas en que se inscribe el *fandom*; en tercer lugar, editores y colaboradores revelan un «fructífero» atlas de las intervenciones culturales y subculturales en el campo de la cultura del horror española; en cuarto lugar, su (importante) relación con dos festivales señeros como Sitges y San Sebastián subraya el papel que este tipo de interacciones provenientes del *fandom* desempeñan a la hora de contextualizar la ficción de horror en España; y, en quinto lugar, como ya se ha señalado, su emergencia se corresponde invariablemente con periodos de gran vitalidad cultural del fantástico a través de medios como el cómic, el cine o las mismas revistas y fanzines mencionados (Lázaro-Reboll, 2012: 156-157).

Respecto al segundo fenómeno apuntado, la renovación generacional que tiene lugar a lo largo de la primera mitad de los años 90 (no solo en el fantástico, sino en el cine español como tal) constituye un proceso paulatino que encuentra su origen en la Carta Magna de la Ley Miró (1983), quien, con su política cinematográfica, alentara el debut de un buen puñado de directores entre otras medidas[2] (apoyando, con una subvención especial, los tres primeros largometrajes de un realizador).[3] Así, cuando el PP llega al poder en marzo de 1996 (en un momento en que *El día de la bestia* ha triunfado en las taquillas y el fenómeno Amenábar está a punto de eclosionar) pone frente a la Dirección General de Cinematografía a José María Otero, quien, entre otras medidas destinadas a fortalecer el tejido industrial español, prolonga las ayudas a los directores jóvenes y a las óperas primas instauradas por la etapa socialista, si bien (y esto es importante) se esfuerza por no privilegiar el carácter autoral-literario de los proyectos que sí favoreciera la etapa Miró y, a cambio, pasa a premiar aquellas películas inscritas en cierto modelo de éxito de clara inspiración norteamericana. Como resultado, a lo largo de la década de los 90 debutan 140 nuevos directores, quienes firman 125 largometrajes de entre un total de 414 producidos. Una cifra que ilustra hasta qué punto dichas políticas cinematográficas intervinieron en la configuración de un renovado (y joven) paisaje audiovisual.

Sin embargo, probablemente mucho más determinante que las cifras en sí resulta la recepción que buena parte de la crítica oficial depara a este fenómeno, agrupando el grueso de estos debuts (al menos de aquellos que gozan de cierto o gran impacto entre el público) bajo una nueva etiqueta generacional (la de un nuevo cine español), mediante la homologación de las señas de identidad de sus directores más representativos. Como recordaba Caparrós al respecto:

> Los jóvenes cineastas tienen muy pocas conexiones —insisto— con la generación del NCE de los 70 [...] no pertenecen a ningún movimiento —o «nueva ola»—, ni de reivindicación práctica ni teórica [...] su formación no se adscribe a ninguna escuela

---

[2] Miró introdujo la subvención anticipada sobre la base de la presentación del guion, el equipo profesional, el presupuesto y el plan de financiación, un sistema de subvención estatal que, a grandes rasgos, sigue rigiendo la política cinematográfica de hoy.

[3] Como consecuencia de esta política, disminuye considerablemente la producción de películas (de 146 en 1982 pasa a 49 en 1989) a la vez que no aumenta, más bien al contrario, la asistencia del público a las salas. Como contrapartida, entre 1984 y 1989 debutan hasta 62 realizadores de un total de 391 producciones; tendencia esta última que irá prosperando en la siguiente década.

> oficial —inexistente a principios de los años 90— [...] Se ha formado dentro de la era de la electrónica, con los nuevos códigos que provienen también del cómic, la publicidad, las series televisivas... Todo un universo creativo asentado en pilares interdisciplinares y multiformes: del internet a la realidad virtual, propios de la comunicación sin fronteras inscrita en el concepto de globalización que nos amenaza o —mejor dicho— nos atenaza y es «contestado» mundialmente (Caparrós, 2006: 55).

¿Significa esto que el cine fantástico español de principios de los años 90 se encuentra monitorizado en su práctica totalidad por el fenómeno que constituye la renovación aquí apuntada? Solo desde el punto de vista de la recepción. Antes bien, el fantástico español de este periodo constituye, como veremos en el siguiente epígrafe, un mosaico de diferentes modelos (algunos de los cuales dialogan entre sí), tan heterogéneo a su manera como lo pudiera ser el género en la España de los años 70; solo el éxito de determinadas películas, en la taquilla, pero en muchos casos también de cara a la crítica y la Academia, ayuda a disponer el escenario que va a transitar esta forma narrativa en las dos primeras décadas del siglo siguiente. Dicho de otro modo: el tan mentado relevo generacional de este periodo no hace sino disponer las principales bases (conexión/ recuperación de un público joven y urbano para el género, formas narrativas heredadas del cine fantástico norteamericano moderno, ambición internacional) por las que lo fantástico va a transitar en las dos primeras décadas del siglo XXI, sino de un modo absoluto, al menos sí en forma de modelo dominante, y desde luego marcando la distancia con los modelos de cine de género popular e intelectualizado que se había cultivado en España en las décadas anteriores.

2. Las tres caras del fantástico español en la década de 1990

Del mismo modo que resulta limitado leer la totalidad de la cinematografía fantástica que España produjo entre finales de los años 60 y la primera mitad de la década siguiente desde la siempre problemática noción de «cine mimético», el cine de género que se produce durante los primeros años 90 ofrece también una compleja variedad de modelos difícil de homogeneizar. Lo importante para nuestros propósitos es que el tratamiento que va a obtener lo fantástico en cada uno de estos modelos resulta también claramente distinto, al tiempo que prefigura las distintas ramificaciones en que el género se va a escindir a partir de entonces. En este sentido, Andrew Willis (2004) ha sugerido aplicar al cine de género español que emerge en este periodo la categorización dual propuesta por Jim Collins para el cine de terror tiene lugar en los años 90 en los Estados Unidos (Collins, 1993). Categorización que si bien Collins y Willis circunscriben al género de horror, con algunos matices puede resultarnos operativa también para abordar la forma fantástica.

Collins sugiere dos tendencias perfectamente delimitadas (si bien permeables entre sí) en que las películas fantásticas estadounidenses se reagrupan durante esta década: en la primera, a la que denomina «hibridación irónica», los filmes involucrarían en su discurso recursos de otros géneros, colapsando «juguetonamente» las fronteras entre los mismos y creando «nuevas y extraordinarias mezclas». Esta forma abarcaría títulos como la serie iniciada por *La familia Addams* (*The Addams Family*, Barry Sonnenfeld, 1991) o *La muerte os sienta tan bien* (*Death Becomes Her*, Robert Zemeckis, 1992); a la segunda categoría la denomina «nueva sinceridad», y atañe a aquellas películas que mantienen relativamente aislados los elementos canónicos del cine de terror, buscando, por así decirlo, una «pureza perdida» y evitando la ironía de la primera forma: *El silencio de los corderos* (*The Silence of the Lambs*, Jonathan Demme, 1991) o *Candyman: el dominio de la mente* (*Candyman*, Bernard Rose, 1992) serían dos buenos ejemplos contemporáneos —ratificados por el posterior y muy influyente éxito de una película como *Seven* (David Fincher, 1995)—. De acuerdo con Collins, ambas formas surgen en esta década como reacciones al mismo medio cultural, el paisaje mediático saturado de la cultura americana contemporánea (Collins, 1993: 204). En lo que respecta a nuestro campo de estudio, uno y otro modelo abarcan algunas de las manifestaciones de lo fantástico más importantes que se dan en este nuevo cine español, a la vez que acogen los debuts de algunos cineastas, como Amenábar o Balagueró, que si bien en sus primeras producciones no van a abrazar este efecto como tal, sí lo van a hacer con posterioridad en sus respectivas carreras. Ahora bien, aquí añadiremos un tercer modelo a la categorización dual propuesta por Willis/Collins: no un modelo claramente codificado como pueden tratarse los dos anteriores, sino que se trata, en todo caso, de aquellas películas que, especialmente en la primera mitad de la década, prolongan muchas de las formas en que el cine español del pasado se ha aproximado al género: desde la comedia fantaterrorífica al fantástico de raíz más o menos literaria, más o menos pura, cultivado por directores como Gonzalo Suárez. Una prolongación que, salvo casos excepcionales, va a conocer en estos primeros años sus últimos ejemplos (si bien los rasgos cardinales de su semilla germinarán de algún modo en títulos futuros).

Empezaremos abordando la forma «hibridación irónica». Dicha forma expresiva resulta, hasta cierto punto, inédita en el panorama cinematográfico anterior a 1990; decimos inédita porque si bien existen ejemplos consistentes de hibridación comedia-fantástico en el pasado —quizás la tradición más clara sea la de la comedia fantaterrorífica encarnada por títulos como *Un vampiro para dos* (Pedro Lazaga, 1965) o *Las alegres vampiras de Vögel* (Julio Pérez-Tabernero, 1975)—, lo que las películas de Álex de la Iglesia, precursor y máxima personalidad de esta corriente, constituyen es la respuesta cinematográfica española a cierta sensibilidad *freak*, contracultural y multirreferencial que sin embargo asume, a su modo, tantos marcadores locales como la más costumbrista de las películas españolas (por decirlo de este modo: acusa influencias de fuentes tan distintas como el esperpento *valleinclanesco* o el sentido de la maravilla del primer Spielberg), a la vez que encuentra en el universo *fandom* ya mencionado buena parte de su identidad y centro de operaciones. Sin entrar a valorar todavía la manera en que estos filmes se relacionan con lo fantástico, son *Acción mutante* (1992) y, sobre todo, la canónica y popular *El día de la bestia* (1995) las películas que sientan las bases de esta tendencia en la primera mitad de la década. Posteriormente, su escuela es prolongada por títulos no necesariamente adscritos al género como *Airbarg* (Juanma Bajo Ulloa, 1997), *Torrente, el brazo tonto de la ley* (Santiago Segura, 1998) y sus secuelas, *Asesino en serio* (Antonio Urrutia, 2002), *Una de zombis* (Miguel Ángel Lamata, 2004), *La máquina de bailar* (Óscar Aibar, 2006) o *Sexykiller* (Miguel Martí, 2008). Pero, sobre todo, será el propio Álex de la Iglesia el cineasta que de forma más coherente hará de la forma «hibridación irónica» el epicentro del resto de su filmografía, desarrollando las posibilidades de la fórmula que él mismo ayudara a popularizar/asentar en este periodo.

De acuerdo con Willis, el exceso connatural a este tipo de filmes parece diseñado para distanciarse de aquellos críticos y aquel segmento del público tradicionalmente asociados con la noción de «buen gusto», esto es, la siempre discutible noción de «calidad». De esta forma, explica, se rechazan las fórmulas tradicionales genéricas para alterar el discurso oficial del *establishment* crítico, con sus nociones inamovibles de buena o mala película; frente a este discurso, añade, la «hibridación irónica» encuentra un público natural entre una nueva generación de espectadores para quienes las convenciones de los géneros han dejado de resultar operativas. El resultado son películas que celebran el exceso como un mecanismo de identificación con este mismo público, hijo natural del cómic, los videojuegos o el cine *mainstream* de Hollywood de los años 70 y 80 (Willis, 2004: 140). Significativamente, el éxito de *El día de la bestia* en la edición de los premios Goya de 1995 (donde recibió, entre otros, el galardón a Mejor Director) ratificó que la fórmula tenía también potencial para conciliar a una nueva generación de críticos y espectadores con los viejos valores tradicionales del cine español.

Ahora bien, conviene detenerse en una paradoja nada trivial para nuestro estudio: por incongruente que resulte, aunque la obra de Álex de la Iglesia ha sido tradicionalmente calificada como una de las puntas de lanza más importantes del nuevo fantástico español que eclosionara a principios de los años 90, su vinculación con lo fantástico es solo tangencial. De hecho, en sentido estricto, solo *El día de la bestia* sugiere la inclusión de recursos asociados a este efecto, como veremos ahora, mientras que, por el contrario, *Acción mutante* (1992) es un filme claramente inscrito en un imaginario de ciencia ficción. De hecho, habrá que esperar a *Las brujas de Zugarramurdi* (2013) (nada menos que el largometraje número once de su director) para que una película de Álex de la Iglesia incursione de forma clara en los terrenos del género.[4] ¿De dónde viene pues la asociación del director con la noción de cine fantástico?[5] Fundamentalmente, del papel decisivo que un éxito como *El día de la bestia* influye a la hora de romper ciertas inercias que venían condicionando el desarrollo del género en España: hablamos, entre otros hallazgos, de aplicar unos códigos que sintonizasen con las nuevas generaciones de espectadores, pero también de revisualizar determinados motivos tradicionales españoles y/o populares desde un prisma distante, descreído, provisto incluso de cierta mortecina ironía. En otras palabras: *El día de la bestia* adelanta ya en este periodo algunas de las principales señas de identidad del reciente cine fantástico español. Por ejemplo, el tratamiento que el imaginario nacional-católico va a recibir en la serie *Rec*.

Sin embargo, si hablamos estrictamente de la relación que la película de De la Iglesia mantiene con la forma fantástica, encontramos que esta se revela compleja y muy reveladora del futuro desarrollo del género. Esto se debe a que el desarrollo de la cinta va a bascular entre la distancia irónica propia de la vertiente narrativa en que se encuadra y la ambigüedad que caracteriza lo fantástico en su forma digamos más pura (la que va de los cuentos de Machen al cine de Tourneur, por poner dos ejemplos). Así, De la Iglesia y su coguionista Jorge Guerricaechevarría vehiculan cualquier irrupción del demonio a través de recursos narrativos que hacen dudar al espectador, obligado a compartir siempre el punto de vista de los personajes, de la realidad de lo que está viendo: sucede de este modo con la aparición de la cabra demoníaca justo después de que los protagonistas hayan consumido sustancias estupefacientes, o con la irrupción del mismo Satanás en el clímax que se desarrolla en la azotea de las Torres Kio (¿es el demonio quién arroja al vacío a José María o el propio personaje quien se precipita por sí mismo bajo los efectos de las drogas?). Este tratamiento de lo fantástico no solo resulta coherente con la cáustica visión de la realidad que, en conjunto, parece arrojar *El día de la bestia* (el verdadero Apocalipsis ya está aquí y emana de nosotros mismos en tanto sociedad enferma, parece sugerir la película), sino que resulta representativo de la forma «hibridación irónica», tal y como van a revalidar y desarrollar, cada una a su modo, posteriores películas, ya plenamente fantásticas, como *Una de zombis*, *Sexykiller* o *Lobos de Arga* (Juan

---

[4] Obviamos, por tratarse de un producto para televisión, su episodio para la serie *Películas para no dormir* (2006), titulado «La habitación del niño»: curiosamente, la obra de Álex de la Iglesia que de forma más rotunda se inscribe en lo fantástico: una genuina historia de fantasmas que aborda el motivo del *Doppelgänger*.

[5] Asociación que incluso le ha conducido a ser galardonado con el premio Maestro del fantástico en la edición de 2015 del festival Nocturna de Madrid.

Martínez Moreno, 2011), o incluso, con algunos matices, *Rec 3: Génesis* (Paco Plaza, 2012). *El día de la bestia* funciona así, de algún modo, como una película pionera a la hora de modular la relación fantástico-marcadores locales españoles desarrollada por buena parte del género español a partir de este momento.

Frente a esto, si algo distingue la forma «nueva sinceridad» —cuyas películas empiezan a copar las pantallas en paralelo a los estrenos de De la Iglesia, con *Tesis* y *Los sin nombre* como los títulos más influyentes— es la manera en que implica cualquier forma de exceso solo dentro de lo genéricamente convenido por la tradición del horror. En efecto, uno de los aspectos unificadores de las dos tendencias cinematográficas sugeridas por Collins es que el imaginario colectivo es central, universal y ejerce presión por parte de los guionistas, directores y sus colaboradores a la vez que es reconocido por el público. Sin embargo, en el caso de la «nueva sinceridad», este imaginario es asimilado mucho más fácilmente por los agentes legítimos del gusto (cierto sector de la crítica, segmentos del público no especializado), ya que respetan la unidad genérica en su empeño por alcanzar una forma que se perciba como pura. De este modo, alineándose con autores de culto como David Cronenberg, Darío Argento o John Carpenter (a la vez que asumiendo actualizaciones contemporáneas como la estética neoindustrial de *Seven*), cineastas como Balagueró, Nacho Cerdá, Paco Plaza o ya en las décadas posteriores, J. A. Bayona, Guillem Morales o Juan Carlos Fresnadillo exhiben una suerte de pedigrí genérico que refuerza el vínculo con una parte del público capaz de percibir en cada fotograma el esfuerzo por regresar a la pureza original del género que caracteriza esta tendencia. De forma coherente, será esta misma tendencia la que, progresivamente, irá deslocalizando sus valores de producción (escenarios, tramas, reparto, fórmulas narrativas) hasta devenir, a partir de la década de los 2000, en toda una nueva generación de películas fantásticas que, al menos aparentemente, diluyen sus códigos locales para abrazar una suerte de homogeneización internacional compartida por buena parte de las cinematografías europeas contemporáneas.

¿Cuál es, entonces, la relación estricta de estos filmes con lo fantástico? Será una relación mucho menos tangencial, basada en el conocimiento, más o menos instintivo, siempre cinéfilo, del efecto fantástico forjado a lo largo de décadas de tradición (aunque con una rotunda predilección por las películas del Nuevo Cine de Terror Norteamericano estrenadas durante los años 70 y la primera mitad de los 80). Dicho de otro modo: lo fantástico en la «nueva sinceridad» responde siempre a una suerte de pacto extratextual cuyo epicentro es el respeto por el imaginario colectivo del horror y lo fantástico, estrategia que le posibilita, por un lado, un nicho de mercado más definido en el extranjero y, por otro, un espectro más amplio de espectadores, capaces de reconocerse en dicho imaginario.

De forma aún más acusada que en *El día de la bestia*, ni *Tesis* ni *Los sin nombre* van a incurrir en el efecto fantástico. Su importancia para nuestro estudio es otra: en el caso de la ópera prima de Amenábar, inocular en el espectador y la propia industria la idea de que un *thriller* ambientado en Madrid, filmado y escrito de acuerdo a las fórmulas narrativas estándar del género en el Hollywood moderno puede conectar con el público de la misma manera que lo había hecho un año antes la película de De la Iglesia.[6] *Los sin nombre*, por su parte, certifica el éxito de la fórmula, pero al mismo tiempo aporta, por un lado, una especificidad genérica más genuina (la película de Balagueró se postula como una experiencia terrorífica sin fisuras, empezando por su fuente literaria: una novela del icono británico del horror Ramsey Campbell) y, por otro, una sólida factura post-*Seven* que, desde entonces, va a quedar irresolublemente asociada al fantástico español, entregado a la producción de títulos con el suficiente empaque visual como para competir en el mercado internacional de género. Son, pues, dos películas no fantásticas (aunque asociadas con esta forma narrativa en su vertiente más popular) las que con su éxito y/o influencia preparan el camino para una nueva edad de oro del género en España, siempre en términos de producción y recepción: resultado directo de su triunfo pueden considerarse títulos que, esta vez sí, van a incurrir en tramas de carácter abiertamente sobrenatural como *El arte de morir* (Álvaro Fernández Armero, 2000), *Intacto* (Juan Carlos Fresnadillo, 2001) o *El segundo nombre* (Paco Plaza, 2002), que apuntalan, ya en la siguiente década, el camino del modelo fantástico internacional que domina el género en nuestros días.

El tercer y último modelo que tiene lugar en esta década englobaría las producciones que, a fuerza de prolongar aquellas formas ya exploradas y explotadas en el cine fantástico español del pasado, encuentran en la primera mitad de los años 90 algunas de sus últimas expresiones (aunque nombres como Paul Naschy o Jesús Franco prologan su actividad hasta el nuevo siglo). Dichos modelos van desde la comedia fantaterrorífica de títulos como *Aquí huele a muerto (pues yo no he sido)* (Álvaro Sáenz de Heredia, 1990) o *Don Juan, mi querido fantasma* (Antonio Mercero, 1990) a la evocación honesta y relativamente consciente de la ya desaparecida serie B y del *exploitation* internacional por parte de J. P.

[6] *Abre los ojos*, el siguiente largometraje firmado por Alejandro Amenábar en 1997, tampoco incurre en lo fantástico como tal, pues su resolución explicita la naturaleza fantacientífica del relato (César, el protagonista, se encuentra crionizado en una realidad futura desde la que es inducido a tener los sueños por los que él mismo ha pagado). No obstante, su desarrollo sí emplea estructuras narrativas y dramáticas propias de lo fantástico, como el motivo del doble o la confusión realidad/sueño a la que se ven abocados personajes y espectadores. En mayor medida incluso que *Tesis*, esta es una película que termina de afianzar entre los espectadores el modelo de película fantástica urbana, joven y que dialoga abiertamente con el cine de género norteamericano contemporáneo que se desarrollará en España en la siguiente década.

Simón en *La grieta* (1990), *La mansión de Cthulhu* (1991) y *La isla del diablo* (1994). Es, pues, tanto un modelo como la constatación de la profunda crisis que experimentan las dos señas de identidad cardinales que articularan el grueso del cine de terror español hasta ese instante: la capitalización de arquetipos clásicos del género (licántropos y vampiros van a atenuar drásticamente su presencia en el nuevo cine fantástico español) y la explotación consensuada por parte de público y cineastas de aquellas convenciones, estéticas y narrativas, que caracterizan la serie B y el *exploitation* (a partir de esta década, como veremos, el cine español fantástico acusará, como norma general, una factura solvente, acorde con lo demandado por el mercado internacional). Prueba de ello es la deriva natural por la que discurren la última etapa de dos iconos esenciales del fantaterror español como son Jacinto Molina y Jesús Franco (por más que la obra de Franco, filmada casi siempre en coproducción internacional, guarde una compleja y problemática relación con la llamada edad de oro del fantástico en el tardofranquismo). En cuanto a Naschy, solo entregará dos películas como director en este periodo: *La noche del ejecutor* (1992), *thriller* de venganza sin elementos sobrenaturales como tal, y *Empusa* (2010), cinta que empieza dirigiendo Carlos Aured (director de la emblemática *El espanto surge de la tumba*) y cuya filmación culmina Molina a modo de significativo testamento no solo de él o Aured en tanto cineastas, sino de una manera de entender el horror ya clausurada (la película apela al mito del vampirismo a través de dos personajes, un actor retirado y un viejo lobo de mar, que obviamente se saben fuera de su tiempo). Respecto a su faceta de actor, esta se va a escindir entre películas sin vinculación con lo fantástico y títulos que, de algún modo, aluden o recuperan, a veces con intenciones miméticas y a veces como eventual mecanismo referencial dentro de un marco de expresión mayor, las desprejuiciadas formas del fantaterror del pasado. Entre estos últimos estarían *Licántropo: el asesino de la luna llena* (Francisco R. Gordillo, 1996), *School Killer* (Carlos Gil, 2001), *Mucha sangre* (Pepe de las Heras, 2002), *Rottweiler* (Brian Yuzna, 2004), *Rojo sangre* (Christian Molina, 2004) o *La herencia Valdemar* (2009) y *La herencia Valdemar II: la sombra prohibida* (2010), de José Luis Alemán. Jesús Franco, por su parte, se mantiene fiel a la actividad frenética que caracteriza toda su carrera y a los presupuestos de guerrilla, prácticamente amateur, en los que encalla su obra a partir de los años 80. Solo *Killer Barbys* (1996) le devuelve momentáneamente al circuito comercial normalizado, mediante el concurso de Santiago Segura (natural continuador de buena parte del espíritu anárquico de su cine) y del grupo musical que da título al filme. Desde entonces hasta su fallecimiento en 2013, Franco rueda (ya casi siempre en formato vídeo) hasta veinticuatro títulos más, una etapa que bien puede entenderse como la sublimación, coherente y febril, de un universo fílmico que, tomando prestadas referencias de todos los estratos culturales posibles, empieza y acaba en sí mismo, y cuya especificidad, en el conjunto de la historia del cine español, la Academia reconoce con el Goya de Honor que el director madrileño recibe en 2009.

Como cineasta que iniciara su filmografía en los años 60 y que encuentra su ocaso con la llegada del nuevo siglo y las nuevas generaciones de directores fantásticos, cabe destacar, siquiera como un caso aparte y provisto de su propia singularidad en el conjunto de este último modelo, a Gonzalo Suárez y las películas que dirige en este periodo: relatos que, al menos en principio, no toman como referencia la tradición más popular del género, presente o pasada, sino que se postulan deudores de un fantástico más genuino, en el sentido más teórico del término, con fuertes marcadores locales-españoles (tanto en lo que se refiere a las fuentes narrativas como a la localización geográfica de sus tramas). Nos referimos a la trilogía virtual compuesta por *Don Juan de los infiernos* (1991), *El detective y la muerte* (1994) y *Mi nombre es sombra* (1996). Dichas películas constituyen, a grandes rasgos, la prolongación de una concepción de lo fantástico de complejo encaje en un hipotético canon autóctono (siempre asumiendo que dicho canon esté consensuado no tanto desde la teoría como desde los intereses del público). Títulos en los que podrían acomodarse la emblemática *Arrebato* (Iván Zulueta, 1979), la enfermiza *Caniche* (Bigas Luna, 1979) o la abiertamente fantástica *¡Feroz!* (Manuel Gutiérrez Aragón, 1984). El hecho de que esta vertiente encuentre en la trilogía que Suárez filma en la primera mitad de los 90 una suerte de carta de defunción (su impacto crítico se diluye en las inercias generadas por la irrupción de los dos modelos antes analizados) sugiere, una vez más, el divorcio entre lo que podríamos denominar un fantástico genuinamente español y la percepción, casi siempre distante, que una parte importantísima del público mantiene de este concepto; percepción que, como ya se ha señalado, responde a tensiones culturales que exceden en mucho el ámbito de este género.

En lo que respecta a las tres películas como tal, Suárez explota en ellas su muy codificado y personal universo, inaugurado en producciones también fantásticas como *El extraño caso del doctor Fausto* (1969) o *Aoom* (1970). En palabras de Ana Alonso Fernández (2004: 124), «si la producción de Gonzalo Suárez presenta concomitancias temáticas y formales con el fantástico (...) en todas ellas (excepto en *Aoom*) aparece como tema principal la introducción en el mundo cotidiano de un elemento que provoca la ruptura con ese universo regido por la razón, y cuyo efecto en el espectador es la sorpresa y la vacilación o duda entre una explicación racional y otra sobrenatural». Aplíquese esto a los motivos de un hombre decidido a desafiar los designios divinos mediante el pacto con las sombras (*Don Juan de los infiernos*), alguien capaz de convocar y regalar espectros (*El detective y la muerte*) o alguien que da rienda suelta a sus instintos mediante la proyección de un doble monstruoso (*Mi nombre es sombra*). La diferencia que existe en el tratamiento de lo fantástico entre estas producciones y las que pudieran encarnar, por ejemplo, el modelo de «nueva sinceridad» dominante en el cine español en los últimos tiempos es que mientras este propone una solución más o menos tranquilizadora al conflicto fantástico/razón (decantando la balanza de un lado o de otro), las películas representadas por Suárez se instalan en la ambigüedad, un estado connatural de extrañeza que los personajes perciben no tanto como una confrontación con sus propias convicciones racionales como un nuevo paradigma de realidad.

Los años 90 se cierran así señalando a la industria el camino que debe seguir si quiere capitalizar el efecto fantástico como una herramienta con el potencial suficiente como para conciliar los intereses de una nueva generación de espectadores con las inercias cada vez más acusadas de un mercado tendente a la globalización y a sus operaciones homogeneizadoras. Un contexto en el que el tradicional concepto de «cine español» ve aparentemente limitado su campo de expresión frente al diálogo abiertamente genérico que proponen aquellos cineastas cuyo imaginario central se nutre de los grandes éxitos norteamericanos del horror moderno. En el camino quedan rarezas, películas que, a fuerza de apelar a muy diversas fuentes, se significan del resto y al mismo tiempo prefiguran una nueva vía. Es el caso, por ejemplo, de *Fotos* (Elio Quiroga, 1996) o *Memorias del ángel caído* (Fernando Cámara y David Alonso, 1997). El primero modula el efecto fantástico en su forma más ortodoxa mediante una estrategia psicológica que la crítica de su momento vinculó a obras mayores del canon fantástico como *Arrebato* (una mujer que, noqueada por el pasado como prostituta de su madre, desarrolla un fantasmal apego por las imágenes religiosas). De manera significativa, su potencial impacto en el futuro devenir del fantástico español quedó ensombrecido por el fenómeno sorpresa que supuso *Tesis* (sugiriendo así la posible animadversión del público de entonces, pero también incluso de la propia industria, a una concepción del género más específicamente local). El filme de Cámara y Alonso, por su parte, es una propuesta híbrida que en su planteamiento de producción mira al pasado (factura costumbrista, reparto asociado a un periodo del cine español ya clausurado), mientras que narrativa y cinematográficamente propone una interesante dialéctica entre lo local y lo foráneo, mediante una trama que involucra tropos asociados a un hipotético concepto de identidad cultural (la Iglesia católica y su día a día en pleno Madrid) con un conflicto sobrenatural habitual del cine de género norteamericano contemporáneo a su producción (el subgénero de sectas). En última instancia, lo que hace *Memorias del ángel caído* no es sino prolongar el gótico español de fuerte raíz nacional-católica de películas aparentemente tan dispares entre sí como *Marcelino pan y vino* (Ladislao Vajda, 1954) o *Una vela para el diablo* (Eugenio Martín, 1973). Una semilla que *Rec* recogerá y explotará a conciencia justo una década más tarde, en un contexto y en una forma probablemente más propicios a estas operaciones.

3. Primeros años del siglo xxi: ¿Una nueva edad de oro?

Si existe algún rasgo que caracterice la producción española fantástica que va a darse en este nuevo siglo ese es la manera en que la propia industria cinematográfica acaba por autorregularse, potenciando, por una parte, aquellos modelos que durante el relevo generacional operado en la década anterior arrojaron una mejor recepción entre el público y, por otra, sancionando aquellas formas fantásticas que más desapercibidas pasaron (siempre de cara a la taquilla, no necesariamente a la crítica o al público especializado). Como resultado de este proceso, a lo largo de la década de los 2000, la forma que hemos identificado como «nueva sinceridad» va a imponerse frente a otras propuestas como la «hibridación irónica» o el fantástico gótico-local que practicara, por ejemplo, *Memorias del ángel caído*. Esto no significa que en este periodo no se hayan producido películas adscritas a estos últimos modelos, sino que estos filmes no obtendrán el calado popular (o los hitos, para ser más exactos) de las primeras, así como tampoco trascenderán, en general, fuera de las fronteras españolas. No de la manera en que lo harán las películas de Amenábar, Bayona, Fresnadillo o Balagueró/Plaza.

No obstante, antes de describir de qué manera van a evolucionar estas formas, es preciso reseñar una anomalía que se localiza en los primeros años de la década y que adquiere la forma de una nueva productora especializada en el género. Se trata de la *Fantastic Factory*, la primera compañía española consagrada a lo fantástico desde que Profilmes decidiera concentrar el grueso de su producción en el denominado fantaterror ibérico durante los años 70. Nacida bajo el auspicio de la productora y distribuidora Filmax, y participada tanto por Julio y Carlos Fernández, presidentes de esta, como por Brian Yuzna, director de culto para los aficionados de los años 80 y 90, la efímera pero muy productiva trayectoria de la *Fantastic Factory* (de 2000 a 2006, si nos atenemos a los años del primer y el último estreno) nos sirve tanto para glosar algunas de las manifestaciones de lo fantástico más genuinas, y también más desprejuiciadas, dadas por el reciente cine español como para contrastar hasta qué punto han evolucionado los intereses del espectador moderno con respecto a sus homólogos del tardo-franquismo.

Como apunta Willis (2013), aunque las primeras películas de la *Fantastic Factory* —*Faust. La venganza está en la sangre* (Brian Yuzna, 2000), *Arachnid* (Jack Sholder, 2001) y *Beyond Re-Animator* (Brian Yuzna, 2003)— compartieran con la referida Profilmes el grueso de sus rasgos cardinales (vocación internacional por medio de actores y directores extranjeros localizados en los siempre difusos márgenes del *low-cost* y/o el circuito *direct-to-video*, rodajes en inglés, presupuestos modestos, énfasis en argumentos vinculados a la serie B, una cantera de veteranos cineastas de culto especializados en el horror), pronto tuvieron que abandonar la radical desnacionalización de estos filmes para introducir elementos que, tímidamente, delataran la idiosincrasia española de sus orígenes. Esta evolución, regida por la respuesta comercial de sus estrenos, posibilita, por ejemplo, que una película como *Dagón. La secta del mar* (Stuart Gordon, 2001) partiera del codificado universo de H. P. Lovecraft[7] para convertir una comunidad de pescadores gallegos en una secta de mutantes adoradores de un dios cósmico en la que, siguiendo la lectura de Willis, no es difícil ver una alegoría del fanatismo religioso en el periodo de la Guerra Civil española, un tema presente en buena parte de nuestra cinematografía fantástica a lo largo de su historia. Fanatismo religioso sobre el que versa también la trama de *Darkness* (Jaume Balagueró, 2002), por mucho que sus protagonistas encarnen a una familia estadounidense que se traslada a España, y que lleva incluso a reimaginar un motivo católico tradicional como una amenaza sobrenatural post-*slasher* en *La monja* (Luis de la Madrid, 2005). Del mismo modo, *Romasanta. La caza de la bestia* (Paco Plaza, 2003) mantiene una constante tensión entre la sofisticación internacional de sus recursos narrativos y el hecho de estar abordando el caso de licantropía más famoso de la historia de España.[8] En definitiva, hasta su disolución a mediados de la década de los 2000, la relativamente frustrada experiencia de la *Fantastic Factory* arroja como conclusión una interesante paradoja: por un lado, el público interesado en el género solo parece capaz de conectar con imaginarios pretéritos (como el gótico más ortodoxo o la apelación a las fuentes clásicas) desde la ironía y/o los presupuestos posmodernos —las películas referidas contienen apuntes cómicos, pero, con alguna excepción como *Beyond Re-Animator*, se mantienen dentro de cierta gravedad—;[9] por otro, este mismo

---

[7] El filme, en realidad, adapta (o reimagina) dos relatos del autor de Providence: «Dagón» y «La sombra sobre Innsmouth».

[8] Tensión ratificada, por ejemplo, por el hecho de que, mientras la acción transcurre en España, la película está filmada en inglés.

[9] Prueba de la distancia que separa la producción española moderna del fantástico con raíz literaria clásica son las dificultades de concepción y recepción que atraviesa una propuesta de naturaleza anacrónica como es el díptico formado por *La herencia Valdemar* (2009) y *La herencia Valdemar II: la sombra prohibida* (2010), ambas dirigidas por José Luis Alemán: dos películas (o una sola, dividida en dos metrajes) que, ya desde su mismo título, demandan la complicidad de un público conocedor de las fuentes a las que apela. Fuentes, por otro lado, tratadas sin el menor asomo de ironía. Resulta coherente, por lo tanto, la presencia de Paul Naschy en uno de sus últimos papeles, probablemente el representante español más icónico de esta manera de aproximarse a la tradición del género. En esta misma línea se sitúan también títulos como *Wax* (2014) y *Vampires* (2015), ambas dirigidas por Víctor Matellano: dos producciones de bajo coste que establecen un vínculo cómplice con los grandes hitos del denominado fantaterror. Lo limitado de su distribución (reducida a circuitos especializados) confirma que entre los intereses de las nuevas generaciones de espectadores no está el homenaje o el *revival* de la tradición del género en España (lo que parece limitarse a una

público premia aquellas películas fantásticas que adaptan marcadores locales específicos (aquellas apelaciones, más o menos veladas, a la cultura española) a las fórmulas narrativas y estéticas instauradas por el moderno cine de género norteamericano. Dos interesantes excepciones a esta máxima serían *El laberinto del Fauno* y la serie *Rec*, precisamente, y para mayor complejidad, dos de los mayores éxitos del reciente fantástico español.

Consecuencia de la compleja relación que el público mantiene con la identidad cultural de las nuevas películas fantásticas es el desarrollo que el género ha experimentado en España en lo que llevamos de siglo XXI. Como ya se ha señalado, es la forma «nueva sinceridad» la que, de manera más ostensible, va a dominar la producción fantástica, mediante la sublimación de aquellas constantes que ya apuntaran películas fundacionales en este sentido como *Tesis*, *Abre los ojos* o *Los sin nombre*. Como resultado de esto, la forma «hibridación irónica», que conociera su mayor éxito con *El día de la bestia* y con películas no adscritas a este género, va a conocer un efímero repunte durante esta década, para finalmente acabar diluyéndose a medida que éxitos como *Los otros* (Alejandro Amenábar, 2001), *El orfanato* (Juan Antonio Bayona, 2007) o *Rec* apuntalen la conexión del público con una concepción de lo fantástico digamos menos genéricamente adulterada. De este modo, películas que hibridan lo sobrenatural con la comedia, o que encuentran en el exceso su principal forma de expresión, como *Una de zombis*, *Sexykiller*, *Promoción fantasma* (Javier Ruiz Caldera, 2012) o *Lobos de Arga*, van a obtener una respuesta comercial más discreta que títulos más genéricamente centrados como los que acabamos de referir. Solo *Las brujas de Zugarramurdi* y *Rec 3: Génesis* consiguen un impacto semejante al de otras propuestas genéricamente menos ambiguas, en conformidad con el impacto mediático obtenido por cada nuevo estreno de Álex de la Iglesia y con la popularidad de la saga en que se inscribe la última. En otras palabras: desde la industria, y a la vista de la respuesta del público, las películas encuadradas en la «hibridación irónica» constituirán, por lo general, una manera de abordar lo fantástico mucho menos transitada.

Todas estas últimas son obras que, al contrario de lo que ocurría con el filme de De la Iglesia en 1995, rehúyen de cualquier ambigüedad para postular una noción de lo fantástico como fenómeno más o menos incomprensible por parte de los personajes y los espectadores (fantasmas, licántropos o zombis aparecen representados como anomalías que entran en conflicto con lo socialmente convenido como real, pero con las que, merced al registro cómico, irónico o paródico de la narración, los personajes acaban cohabitando). Su principal

comunidad muy específica de aficionados); algo que contrasta, por ejemplo, con la oleada de *remakes* del Nuevo Cine de Terror Norteamericano que han experimentado las pantallas globales en la última década.

rasgo en común es, por lo tanto, su voluntad por difuminar las fronteras entre lo popularmente previsto para los distintos géneros; máxima, no obstante, que cada título aprovecha para explotar sus propios intereses. *Una de zombis* y *Sexykiller*, por ejemplo, se inscriben en el subgénero de zombis y se caracterizan por deconstruir las convenciones que han regido al personaje a lo largo de ocho décadas de historia: mientras que la primera mezcla arbitrariamente autómatas propios del periodo pre-Romero con *ghouls* rabiosos heredados de la etapa más moderna, la segunda desafía la esencia misma del monstruo como individuo cuyos procesos mentales conscientes han sido escindidos para postular zombis que, en gran parte, prolongan su identidad personal prezombificación más allá de la muerte (para un análisis más detallado del zombi en el cine español moderno, véase Sánchez Trigos, 2013b). Parecida estrategia adopta *Lobos de Arga*, esta vez con licántropos, en una trama donde, estableciendo un puente con la filmografía de Jacinto Molina/Paul Naschy y con la tradición fantaterrorífica de títulos como *Un vampiro para dos*, confronta una antigua leyenda local con la (descreída) modernidad que representan los protagonistas, extranjeros en el pueblo donde tiene lugar la acción. Resulta significativa a este respecto la escena, de diálogo hilarante, en que dos guardias civiles enfrentan a toda una manada de hombres lobo: incluso en el año 2011, *Lobos de Arga* necesita de la coartada pseudoirónica para confrontar símbolos configurados como netamente españoles con monstruos todavía percibidos como foráneos. *Promoción fantasma*, por el contrario, apela a fuentes esencialmente norteamericanas, la comedia universitaria de los años 80, para articular un discurso generacional-nostálgico en el que lo fantástico (una pandilla de amigos fallecidos en esta década e incapaces de aceptar el paso del tiempo) puede leerse como recurso autorreflexivo: la infantilización de toda una generación congelada en una eterna juventud.

Así pues, son las películas genéricamente centradas en el horror y lo fantástico en su forma más grave y rigurosa las que, de una manera rotunda, van a obtener el favor no solo del público, sino también, y por lo general, de la crítica (nacional e internacional), e incluso de la Academia. He aquí, por lo tanto, un primer rasgo que distancia abismalmente a esta nueva generación de cineastas de aquellos profesionales, especializados o no, que nutrieran el fantaterror ibérico en su llamada edad de oro: aunque en el siglo XXI lo fantástico sigue ocupando un espacio normalmente localizado en los márgenes de un hipotético canon crítico español, los últimos quince años han arrojado, cada vez con mayor frecuencia, casos de títulos capaces de trascender dicha barrera: así ocurre con los premios Goya obtenidos por Álex de la Iglesia, Juan Carlos Fresnadillo, Juan Antonio Bayona, Guillermo del Toro y, sobre todo, Alejandro Amenábar, reconocimiento que hubiera resultado impensable en el pasado, incluso entre cineastas entonces bendecidos por buena parte de la crítica como Jorge Grau o Narciso Ibáñez Serrador. Una operación de reasignación crítica que, como vimos al inicio de este texto, encuentra su origen en la buena recepción que directores entonces debutantes como Amenábar, De la Iglesia o Balagueró obtuvieran por parte de la comunidad cinematográfica en la primera mitad de los años 90. Fruto de este cambio de paradigma es, por ejemplo, un incremento en el presupuesto medio de las películas y en la manera en que estas son lanzadas al mercado, mediante campañas de promoción que rehúyen el público especializado y las homologan a otros géneros y formas narrativas tradicionalmente mejor consideradas. Pero, sobre todo, debe reseñarse la natural movilidad profesional que va a llevar a estos cineastas (siempre con especial querencia por lo fantástico) a transitar entre la industria española y la industria internacional, difuminando las fronteras entre unas y otras, adoptando recursos narrativos de carácter estrictamente global (apelando a cierta homogeneización de producción, en esencia) y redefiniendo, por lo tanto, aquella noción de cine español más o menos vigente, más o menos oficial, hasta ahora.

Nombres como Fresnadillo, Francisco Javier Gutiérrez, Álex y David Pastor, Bayona, Luiso Berdejo o Paco Cabezas van a construir el grueso de sus carreras sobre la constante de filmar indistintamente bien bajo producción española —caso de óperas primas, algunas participadas por compañías foráneas en la distribución, como *Intacto*, *Aparecidos* (Paco Cabezas, 2007) o *El orfanato*—, bien plenamente integrados en el mercado estadounidense —*Infectados* (*Carriers*, Alex y David Pastor, 2009), *La otra hija* (*The New Daughter*, Luiso Berdejo, 2009)—, bien en régimen de coproducción —*Los otros*, *Luces rojas* (Rodrigo Cortés, 2012), *Intruders* (Juan Carlos Fresnadillo, 2011), *Extinction* (Miguel Ángel Vivas, 2015)—. El contexto global en el que tiene lugar este cine explica, al menos de una manera sustantiva, la homogeneización de rasgos que caracteriza esta vertiente dominante en la producción fantástica española: la adopción de fórmulas narrativas heredadas de un imaginario común nutrido fundamentalmente de los grandes éxitos del género durante los años 70 y 80 (aunque también con importantes conexiones con escuelas contemporáneas como el nuevo cine de horror francés), la deslocalización geográfica de sus tramas, siquiera de forma virtual —ciudades como Madrid o Barcelona pueden ser filmadas de forma que se atenúen sus elementos más distintivos, así ocurre con *Darkness* o con *Los últimos días* (Álex y David Pastor, 2013) al contrario de lo que va a ocurrir con las películas de De la Iglesia, por ejemplo—, rodajes en inglés (si bien no en la totalidad de los casos), empleo de estrellas extranjeras, no necesariamente de segunda fila o en el ocaso de su carrera, y un tratamiento del efecto fantástico por lo general clarificador, aunque esta cualidad bascula en función del título. Por ejemplo, los desenlaces de *El orfanato* o *Rec* no terminan de aclarar nunca la naturaleza sobrenatural de los acontecimientos que narran y se instalan en un espacio liminal entre lo fantástico y lo extraño. En definitiva:

en el (todavía) complejo ecosistema en que se escinde el fantástico español del nuevo siglo, encontramos que la recepción del público sigue premiando, con muy pocas excepciones, aquellas producciones cuya concepción formal, y casi siempre temática, navega a la contra del tradicional concepto de «cine español», una tendencia que, de forma de significativa, no se reproduce en géneros igualmente populares como el policíaco o la comedia.[10] No deja de resultar paradójico, en este sentido, que sea una coproducción entre España, Francia y Estados Unidos, dirigida por un director extranjero de prestigio y basada en una novela del español Arturo Pérez Reverte, *La novena puerta* (Roman Polanski, 1999), una de las películas que más específicamente explote la geografía española como potencial fuente de espantos locales (en concreto, la ciudad de Toledo). Del mismo modo, cabe destacar aquella sección nada tangencial de la producción fantástica española que, sin anular totalmente sus rasgos identitarios, asumen de forma consciente modelos de éxito bien foráneos, bien contemplados ya como universales (y connaturales a toda una generación de espectadores) en el codificado universo del género de horror. Nos referimos a *slashers* (algunos sobrenaturales, otros no) como los encarnados por *Tuno negro* (Pedro Barbero, Vicente J. Martín, 2001), *Xp3D* (Sergio Vizcaíno, 2013) y *Afterparty* (Miguel Larraya, 2013), o a *thrillers* en los que la amenaza adquiere un carácter sobrenatural entre los que cabe destacar *E. S. O.* (*Entidad Sobrenatural Oculta*) (Santiago Lapeira, 2009) o *Ouija* (Juan Pedro Ortega García, 2004).

Ahora bien, junto a la geografía cinematográfica en común, más o menos estandarizada, de estos títulos, es necesario señalar la coexistencia de una corriente compuesta por películas más o menos aisladas (y con mayor o menor prestigio crítico y éxito entre el público según el caso) que, en su especificidad, apuntan la posibilidad de un fantástico español genuino y, sin embargo, en permanente diálogo con las tradiciones internacionales del género. Así, producciones como

[10] Basta glosar el éxito de títulos encuadrados en los géneros policíaco y negro —*No habrá paz para los malvados* (Enrique Urbizu, 2011); *La isla mínima* (Alberto Rodríguez, 2014)— o en la comedia —la saga *Torrente* (Santiago Segura, 1998-2014); *Ocho apellidos vascos* (Emilio Martínez-Lázaro, 2014)—. Películas que, en mayor o medida, y a partir de sus muy diversos registros, van a apelar a un imaginario codificado dentro de los parámetros previstos para el término «cultura española», por ejemplo, releyendo, desde las convenciones narrativas y estéticas de sus distintos géneros, aspectos historiográficos como el terrorismo de la banda armada ETA, las desigualdades de la Andalucía profunda, las tensiones intranacionales o, en general, el devenir de la sociedad española bajo la sombra de la crisis geoeconómica que tiene lugar desde 2008. Una estrategia que, en lo que se refiere al cine fantástico español, debe ser rastreada exhaustivamente. Por ejemplo, la saga *Rec* va a articular de forma abierta un discurso que convierte el actual papel de la Iglesia católica en España en materia de relato de horror, mientras que *El espinazo del diablo*, *El laberinto del fauno*, *Insensibles* o *El bosque* toman lo fantástico como motor desde el que abordar nuevos puntos de vista de la Guerra Civil española.

The Birthday (Eugenio Mira, 2004) o la práctica totalidad de la obra de Nacho Vigalondo —*Los cronocrímenes* (2006), *Extraterrestre* (2011), *Open Windows* (2014)— llevan a cabo una operación de hibridación genérica que, incluso en aquellas películas filmadas en inglés que emplean actores foráneos, se autosingularizan y evitan adherirse a una corriente o modelo específicos, integrando así mismo el efecto fantástico como elemento desestabilizador/transgresor de la realidad de los personajes en la tradición literaria del mismo; tradición que también asume la muy local *Fuera del cuerpo* (Vicente Peñarrocha, 2004), relato metaficcional sin apenas referencias de peso en la historia del reciente cine español. En igual medida, *Fausto 5.0* (Àlex Ollé, Isidro Ortiz, Carlus Padrissa, 2001) propone una relectura del mito que le da el título única en el contexto de la cinematografía mundial; *El cebo* (Antonio Aloy, 1999), adaptación del clásico *Otra vuelta de tuerca* de Henry James, *Nos miran* (Norberto López, 2002), *Ausentes* (Daniel Calparsoro, 2005), *Los abandonados* (Nacho Cerdá, 2006) o *Vulnerables* (Miguel Cruz, 2012) encierran, al margen de los resultados artísticos dispares entre sí y del impacto de su recepción, atmosféricos relatos de fantasmas (cuasi) canónicos (de hecho, la película de López escapa de esta categoría para adentrarse en terrenos mucho más abiertos); *La caja Kovak* (Daniel Monzón, 2006), *El habitante incierto* (Guillem Morales, 2005), *Los ojos de Julia* (Guillem Morales, 2010), *Agnosia* (Eugenio Mira, 2010) o *Verbo* (Eduardo Chapero-Jackson, 2010) constituyen ejercicios de género limítrofes con la forma fantástica, referenciales y a la vez con no poca ambición formal; mientras que *La biblia negra* (David Pujol, 2001), *Trece campanadas* (Xavier Villaverde, 2003), *Pacto de brujas* (Javier Elorrieta, 2003), *Eskalofrío* (Isidro Ortiz, 2005) o *Intrusos en Manases* (Juan Carlos Claver, 2008) explotan el folklore local específico para, en ocasiones, (véase la película de Ortiz), hacerlo dialogar con el peso de fórmulas genéricas más estandarizadas.

Junto con ellas, coexiste también una modalidad que no solo obtiene el beneplácito del público en no pocas películas sino que, de forma clamorosa, va a brindar al cine fantástico español algunos de sus mayores éxitos en los últimos tiempos. Se trata de aquellos filmes que toman la historia reciente española para, a través del más elemental efecto fantástico (la quiebra ontológica de aquellas convicciones que los personajes y el espectador han dado en llamar realidad), reiluminan sus aspectos socioculturales más problemáticos. Esta es precisamente la estrategia de títulos como *El espinazo del diablo* (Guillermo del Toro, 2001), *El laberinto del fauno*, *NO-DO* (Elio Quiroga, 2009), *Insensibles* (Juan Carlos Medina, 2012) o *El bosque* (Óscar Aibar, 2012), todos ellos ambientados en la Guerra Civil española (o en la inmediata posguerra), todos dados a gestionar el conflicto identitario-cultural de las dos Españas a través de tropos sobrenaturales, ya sean fantasmas, criaturas maravillosas, entidades demoníacas silenciadas por la Iglesia católica durante la dictadura franquista, niños monstruosos incapaces de experimentar dolor físico o espacios de poder mágicos con la facultad de comunicar este mundo con otro plano de realidad cuasilovecraftiana. Relatos, en definitiva, que exploran la posibilidad de lo que podría denominarse un fantástico histórico. No obstante, si existe algún producto reciente capaz de ejercer lo que podríamos denominar una función bisagra entre el modelo global antes apuntado y la especificidad sociocultural que estos filmes asumen a modo de distintivo, esas son las cuatro películas que componen la saga *Rec*, junto a *Los otros* o *El orfanato* una de las producciones que mejor ha sabido exportar al mercado internacional el moderno cine de terror español como una escuela específica del resto.

Su condición de obra-puente se expresa ya desde la estructura de la primera entrega: como apunta Víctor M. Pueyo, durante la mayor parte de su metraje la película de Balagueró y Plaza sintoniza con algunas de las ansiedades sociales más claras de los años precrisis, como es la identificación de la amenaza con el espacio interior de la edificio en que tiene lugar la trama o la problemática del encierro (los personajes no pretenden esconderse en la casa para huir de los muertos vivientes, sino huir de ella, del mismo modo que para muchos españoles las viviendas adquiridas en los años de bonanza han acabado por constituir una suerte de peso ominoso) (Pueyo, 2013: 38-39); sin embargo, hacia el último acto, la narración experimenta un quiebro genérico que sustituye (o contamina) ese horror doméstico, costumbrista, por un horror que podría calificarse de naturaleza abiertamente sobrenatural, y más específicamente religiosa. Es decir, se pasa de una estructura que dialoga con el cine de zombis biológico internacional post-*28 días después* (*28 Days Later*, Danny Boyle, 2002) a un imaginario gótico-católico, netamente español, que afianza el carácter «glocal» e insólito de la película. Como ya advertí en un artículo anterior (Sánchez Trigos, 2013c), el cariz netamente católico que reviste la fuerza zombificadora en las cuatro entregas posibilita que los personajes enfrenten el fenómeno de la posesión de dos maneras: por un lado, estarían aquellos personajes religiosos cuyo sistema de creencias integra y asume la posibilidad de que un demonio pueda habitar a una persona, es decir, que ejemplifican el maravilloso-cristiano: el padre Albelda de la película original, el padre Owen de la segunda entrega y el sacerdote que oficia la boda de Koldo y Clara en la tercera, capaz de detener a los zombis con sus salmos, caerían en esta categoría. Dichos personajes contemplan lo que está ocurriendo no tanto como un fenómeno imposible, que entra en contradicción con las leyes del mundo, sino como un fenómeno inédito: su creencia en Dios y en el demonio desactiva, por lo tanto, el carácter fantástico del relato y representa la vertiente local de la franquicia, en tanto remite a un inconsciente colectivo atávico español de posesiones y exorcismos. Inconsciente plenamente visualizado en el sótano del padre Albelda, a través de esos recortes de periódicos atrasados que aluden a la niña Medeiros y a la posición de la Iglesia frente a su caso. En contraposición a ellos, tenemos el resto de personajes de las películas: cámaras, presentadoras de televisión, GEO, adolescentes, etc. Dichos personajes no comparten el código del maravilloso-cristiano de los otros, sino que se limitan a huir/enfrentar a los monstruos por medio de su condición material: sencillamente, en su esquema valorativo son individuos infectados que pueden contagiarlos y contra los que hay que disparar (no rezar o entonar salmos) para operar su destrucción. Encarnan, por lo tanto, la vertiente más transnacional o moderna.

La saga *Rec* se postula así como uno de los intentos modernos más consistentes por explorar la posibilidad de un *Spanish Gothic*, una categoría problemática que, de existir, afirma Ángel Sala, bebería tanto de Goya como de la crónica de la llamada «España negra» y se nutriría de motivos estéticos y temáticos como las matanzas animales, la represión sexual y religiosa, los claro-oscuros de la España rural contrapuesta al desarrollismo franquista y, sobre todo, de esa iconografía nacional-católica capitalizada en obras aparentemente tan dispares entre sí como *El extraño viaje* (Fernando Fernán Gómez, 1964), la tetralogía de los templarios zombis filmada por Amando de Ossorio (1971-1975) o la ya referida *Memorias del ángel caído*, entre otras. Una forma de expresión que, merced a los éxitos de Balagueró, Plaza o Guillermo del Toro, abre la puerta a una conciliación aparentemente viable: la que nace del encuentro no conflictivo entre un imaginario común, global, producto de varias décadas de tradición fantástica, y la sombra de una herencia cultural e histórica que, solo tras casi cuarenta años de democracia, los nuevos cineastas fantásticos españoles se han atrevido a abordar en toda su compleja contradicción.

Precisamente es un fenómeno no nuevo, pero potenciado por la crisis económica (el de las películas *low-cost*), donde encontramos una emergente e interesante vía de expresión para lo fantástico en España, despojada virtualmente de aquellos compromisos globales que Balagueró y Plaza consiguieran resolver en *Rec*: un fantástico casi siempre soterrado, modulado por tramas irresolublemente vinculadas a la reciente realidad social poscrisis. Se trata de títulos como *Gente en sitios* (Juan Cavestany, 2013), *Neuroworld* (Borja Crespo, 2014), *Faraday* (Norberto Ramos del Val, 2013) o *Sueñan los androides* (Ion de Sosa, 2014); un fenómeno todavía en vías de emergencia pero que, por el momento, al menos ha dado ya dos títulos llamados a ser capitales en el reciente canon fantástico español: por un lado, *Anabel* (Antonio Trashorras, 2015), ejercicio formal que convoca los fantasmas de cineastas como Roman Polanski o Ti West en un contexto urbano específicamente español; por otro, *Magical Girl* (Carlos Vermut, 2014), obra costumbrista y atmosférica que, en su condición de resonante anomalía, señala la posibilidad de un fantástico español definitivamente conciliado con el peso de su pasado. Un fantástico, de momento, connatural al ecosistema creativo en los márgenes de la industria.

13.

TELEVISIÓN 1990-2015

Paul Patrick Quinn
Universidad de Alcalá

1. Introducción

Para analizar lo fantástico televisivo en España entre 1990 y 2015[1] hemos dividido este capítulo en dos grandes bloques: «La evolución de un (sub)género» televisivo y «Temas y motivos de lo fantástico». En el primer bloque, desde una perspectiva diacrónica, hacemos un recorrido por los factores que han desempeñado un papel decisivo en la proliferación y consolidación de la teleficción fantástica española, junto con una relación de las principales series. El segundo bloque, que adopta una aproximación tanto diacrónica como sincrónica, atañe a: los cronotopos del terror, la *mise en abyme*, el juego con la temporalidad y las figuras fantásticas e históricas: fantasmas, vampiros y «mestizos», ángeles y demonios y personajes transmundiales.

---

[1] Como señala James Walters, a la hora de analizar ese elemento frágil, efímero y volátil en el cine, el crítico y teórico corre dos riesgos: el de abandonar el término fantástico por ser demasiado amplio como para abarcar cualquier relato audiovisual o, a la inversa, el de reducir su aplicación a un número reducido de ejemplos a costa de excluir a muchos otros (2011: vi). Por una parte, Walters describe el efecto de lo fantástico sobre el espectador: *sentimos* que estamos experimentando lo fantástico mientras se produce y, mientras que en una película o serie de ficción verosímil, presenciamos una serie de circunstancias y hechos que se podrían producir en mi mundo, en lo fantástico, dichos sucesos *jamás* tendrían lugar en mi mundo (2012: vii-viii). De este modo, el cine fantástico, y por ende la teleficción fantástica, puede entenderse como una «expansión» del mundo diegético, que parte de los principios que rigen la construcción de mundos en cualquier película o relato audiovisual (2012: 5). Por otra, la porosidad de lo fantástico le permite invadir otros géneros tales como la ciencia ficción, lo policíaco o el terror (2012: 1-7) de acuerdo con la hibridización genérica actual. Estas consideraciones nos han permitido incluir dentro de nuestro estudio a series como *El internado* (Antena 3, 2007-2010), *El Barco* (Antena 3, 2011-2013) o *El Ministerio del Tiempo* (TVE, 2015).

2. Evolución de un (sub)género televisivo

2.1. *Los años 90*

Como advierte Manuel Palacio (2008: 165), este periodo marca un hito en la historia de la televisión española gracias a la «aparición de tres televisiones privadas de cobertura estatal; dos de ellas de emisión en abierto y de programación generalista (Antena 3 y Tele 5) y una tercera de pago, Canal +». Esta expansión de la industria de la producción independiente consolidó «la hegemonía en la programación de las series de producción propia» e impulso el papel del género tanto en la oferta televisiva en general como en la producción independiente en particular (García de Castro, 2012: 132). Como veremos a continuación, ya en los años 2000, tanto Antena 3 como Tele 5 influirán de forma decisiva en la ampliación de la oferta y de la temática de lo fantástico en televisión. Sin embargo, frente a otros géneros como la comedia y la ficción doméstica, el género fantástico ocupa un papel periférico en la última década del siglo xx.[2]

Será a partir de 1995, cuando empieza un nuevo ciclo de producción de ficción nacional:

> Va a ser durante la segunda parte de la década de 1990 cuando las series de producción propia compartan con el cine y el fútbol los horarios estelares de la programación televisiva. El auge de la ficción televisiva local o de producción propia caracteriza las temporadas televisivas desde el 95-96. A partir de esta fecha se inicia un veloz desarrollo de la ficción televisiva local (García de Castro, 2012: 110).

Significativamente, en esa época se sentarán las bases de gran parte de las series de ficción españolas que llegarán a componer el *boom* de la televisión fantástica del siglo xxi.[3] Entre dichas bases, podemos hacer hincapié en: «el nuevo

[2] Podemos identificar, pues, cuatro grandes líneas de evolución de las programaciones de TV en los 90: 1) 1990-1992: telenovelas latinoamericanas; concursos; especiales de humor a cargo de grandes estrellas; 2) 1992-1994: *Reality shows*, cine norteamericano; 3) 1994-1999: series de producción española, fútbol; 4) 1999-2000: introducción de *docushows*: «una nueva modalidad de realismo televisivo» [García de Castro, 2012: 102 y Grupo de Investigación G.E.C.A. (Género, Estética y Cultura Audiovisual), Ciencias de la Información, Universidad Complutense, *1996-2000, Anuario de la Televisión Española*)].

[3] Entre los rasgos de la ficción televisiva de producción propia a partir de 1995, García de Castro (2012: 110) destaca: 1) producción en estudio; soporte videográfico y desarrollo de la edición y posproducción electrónica (mayor rentabilidad); 2) fragmentación de audiencias, diversificación de los gustos y formatos y géneros de la ficción; 3) herencias: telecomedias españolas anteriores, culebrones latinos, series norteamericanas; 4) estructura narrativa: registro multicámara, montaje posterior, mayores y más fuertes ritmos narrativos a través de escenas breves, diálogos, «picados» y montaje con profusión de insertos.

realismo costumbrista», la introducción de la multitrama, la hibridización de los géneros, «la revolución de la puesta en escena», sobre todo en cuanto a la dirección de actores, la aproximación al lenguaje cinematográfico y el surgimiento de un público juvenil —el denominado *target comercial*, joven y urbano— (García de Castro, 2012: 153-164; 165-171; 119).

En lo que se refiere a las tendencias temáticas, sobresale la de «la disgregación de la realidad familiar». Ambientadas en hogares desestructurados y en precario, las series representan las transformaciones en curso de la familia española: la inestabilidad matrimonial y sus consecuencias sobre los hijos; la crisis del clan nuclear y las nuevas fórmulas convivenciales emanadas de dicha crisis (García de Castro, 2012: 177, 179, 191).[4]

2.2. *Lo fantástico en la televisión española en los años 90*

En primer lugar, hay que distinguir entre género y formato. El primero atañe al contenido y a la temática. Como veremos a lo largo de este estudio, lo fantástico no deja de ser un género poroso, híbrido, que puede hermanarse con modalidades tales como la ciencia ficción o el terror. El formato, en cambio, se define según los siguientes términos:

> Conjunto de características formales específicas de un programa determinado que permiten su distinción y diferenciación con respecto a otros programas sin necesidad de recurrir a los contenidos de cada uno como criterio de demarcación (Carrasco Campos, 2010: 184).

De ahí que el formato por excelencia de lo fantástico televisivo en España en los años 90 sea la antología o series de antología. Es decir, «un tipo de serie que, en cada capítulo, cambia de personajes de escenarios e, incluso, de equipo de producción».[5] Suele tener un elenco diferente para cada relato, aunque en algunos casos, emplea un conjunto permanente de actores. Por tanto, las tramas son cerradas o «autoconclusivas»,[6] es decir, comienzan y terminan en el

[4] En este sentido la serie *Compañeros* (1998, Antena 3) es paradigmática. Además de abordar el desorden familiar, incorpora el tratamiento de temas sociales de actualidad: el racismo, la droga, la violencia juvenil, el sida, el problema de los refugiados y la proliferación de las sectas (García de Castro, 2012: 173-189).

[5] <http://es.slideshare.net/Susarawr/sin-ttulo-1-7596709> (consultado en noviembre de 2015).

[6] En cuanto a las tramas abiertas o «no autoconclusivas», «en cada capítulo se abren y se cierran determinadas tramas auxiliares y subtramas, pero la trama guía o central seguirá desarrollándose hasta el final de la misma» (Cortés Lahera, 2008: 80).

mismo episodio (Cortés Lahera, 2008: 80). Habrá que esperar una década para la aparición y auge del formato de multitramas y tramas horizontales.

Las series de antología, formato particularmente adecuado para el terror y el misterio, se remontan a la radio y a la llamada «Edad de Oro» de la televisión norteamericana de los años 50, con su mayor exponente en *The Twilight Zone* (CBS, 1959-1964). En España, el antecedente es, inevitablemente, *Historias para no dormir* (TVE, 1966-1982), de Narciso Ibáñez Serrador, quien presentaba cada episodio al estilo de Hitchcock en *Alfred Hitchcock Presents* (CBS y NBC, 1955-1965). La serie contenía adaptaciones de textos complejos de Poe y Ray Bradbury y ocupa un papel trascendente en la historia de la televisión española.[7]

Entre dichas series, merecen destacarse: *Sabbath* (TVE, 1990), centrada en la brujería; *Crónicas del mal* (TVE, 1991), en cuyos trece relatos se movilizan varios motivos inherentes a lo fantástico: el tema del doble diabólico, un ascensor que cobra vida propia en un viaje al pasado y a la muerte, los peligros mortales metaficcionales, la puerta condenada, la casa embrujada, el hombre lobo y el zombi (Carmona, 2009: 104 y 108); *Historias del otro lado I* y *II* (TVE, 1991-1996), sobre cadáveres que se levantan de la tumba, vidas paralelas, alteraciones del espacio y del tiempo, profecías de muerte, cuadros malditos (Carmona, 2009: 177 y 179); *Los cuentos de Borges* (TVE2, 1992), en la que se adaptan varios relatos del autor de *El Aleph*, con guiones de Fernando Fernán Gómez y Víctor Erice, entre los que destaca «El sur» que combina la trama del relato original —que vacila el sueño y la vigilia— con alusiones a la vida del escritor argentino; *Me alquilo para soñar* (TVEM, 1992), miniserie basada en uno de los *Doce cuentos peregrinos* (1992) de Gabriel García Márquez con una clara orientación mágico-realista.

Aunque es notable la escasez de series fantásticas de producción propia en los años 90, resulta evidente que ya existía un público hambriento de historias terroríficas. Por un lado, se produce el *boom* del cine español de temática fantástica, el cual, según Martínez Rodríguez (2004: 244), obedece a dos cambios decisivos: el relevo generacional de los realizadores y la caída de los prejuicios contra el cine fantástico por parte de los jóvenes espectadores (18 a 30 años). Estamos hablando de una transformación semiótica binaria crucial —que atañe al enunciador y receptor— y que necesariamente allanará el terreno para la proliferación de las series televisivas que manejan, funden y confunden los temas relacionados con el suspense, el miedo, el terror, lo policíaco y lo fantástico. Cabe añadir que el *boom* de las series del siglo XXI no deja de ser el producto de dos impulsos culturales dialogísticos: uno centrífugo —la americanización, influencia y presencia

[7] Véase al respecto el capítulo 8 de este mismo libro, dedicado a la televisión en el periodo 1960-1990.

de los patrones estético-temáticos generados por la maquinaria de la industria audiovisual norteamericana— y otro centrípeto —el acercamiento costumbrista e inevitablemente ideológico a la «realidad» española—.

Por otro lado, proliferan los ciclos televisivos dedicados al cine de terror: *Noche de lobos* (Antena 3, 1991-1992), *La casa del terror* (Antena 3, 1991), *Cine mítico. Un terror universal* (TV2, 1990), *Cine de miedo* (Canal Sur, 1991), *Viernes miedo* (Tele 5, 1991), *Noche de miedo* (Tele 5, 1991), *Alucine* (1991, TVE), *Una de miedo* (Telemadrid, 1992) y *La nit del terror* (Canal 9, 1991).

Todo ello permite que se asienten las condiciones que propiciarán el enorme éxito de la ficción fantástica televisiva a partir del año 2000.

2.3. *El nuevo milenio*

Las características del cine fantástico español a partir de los años 90, y que explican en cierta medida su auge, arrojan mucha luz sobre la aparición de las series que estamos comentando durante los inicios del nuevo milenio: la preocupación formal; la ubicación del relato en escenarios reconocibles y próximos para el receptor; el rechazo de la autoparodia y del cliché; la hibridización genérica y estilística que conecta lo fantástico con el costumbrismo, la comedia y la crítica social; la pluralidad de historias y temas escogidos; el «eclecticismo en el tratamiento visual de la imagen»; la ausencia notable de connotaciones sexuales y/o aspectos significativos ajenos a la narración; y, por último, la ya mencionada «renovación generacional en los directores tradicionalmente vinculados al género» (Martínez Rodríguez, 2004: 246-247). Entre las virtudes del llamado nuevo fantástico español, González Laiz pone de relieve «el no ocultar la españolidad de la historia sino, más bien al contrario, subrayarla para aumentar la cercanía con el espectador» (2013: 272), virtud que encontramos precisamente en la ficción televisiva fantástica española en la actualidad.

Junto con el auge de las series de producción propia en general y el renacimiento del nuevo fantástico en el cine español, entra en juego un tercer factor, esta vez de carácter «externo»: la presencia e influencia de las series de televisión norteamericanas. Frente al regreso al «cine de atracciones» de la era digital, el formato televisivo viene a llenar un hueco narrativo:

> Cuando el cine contemporáneo no cesa de reformular la mayoría de sus códigos narrativos, la televisión reconfigura —con las innovaciones introducidas en las nuevas series como *Los soprano* (*The Sopranos*, 1999-2007), *24* (2001-2010), *The Wire* (2002-2008), *Perdidos* (*Lost*, 2014-2010), *Dexter* (2006-2011), *Mad Men* (20007-2011) o *Treme* (2010-2011)—, la estética del serial de Louis Feuillade [...] Mientras las imágenes propias del cine de atracciones dominan en una cultura del espectáculo en que la imagen no cesa de buscar sensaciones límite, las series de televisión se han

convertido en el refugio de las narraciones bien articuladas, de la dramaturgia que pone en juego múltiples capas de tensión y de la psicología compleja (Quintana, 2011: 22-23).

La madurez y mayor complejidad narrativa y psicológica de las series de televisión norteamericanas viene acompañada por un énfasis sobre «el lado oscuro de los grupos humanos»: «la endogamia, la traición, la descomposición y la muerte se convertían en el hilo argumental omnipresente» (Balló y Pérez, 2007: 27). En suma, el «círculo de la felicidad» tradicional es reemplazada por el círculo «infernal» en un vertiginoso «descenso hacia los infiernos» (Balló y Pérez, 2007: 27).

Por último, habría que destacar la proliferación de series de talante fantástico destinadas en gran medida a un público juvenil con todas sus variantes temáticas e icónicas, desde las «invasiones extraterrestres» al «terror terrorífico» (Merelo, 2007),[8] entre los cuales podemos subrayar los ejemplos de *Buffy the Vampire Slayer* (WBC, 1997-2003) y su *spin-off Angel* (WB,1999-2004), *The X Files* (FOX, 1993-2002), *Lost* (ABC, 2004-2010), *Battlestar Galactica* (ABC, 1978-1980 y 2000-2010), *Supernatural* (ABC, 2005), *The Walking Dead* (AMC, 2010-), *The Vampire Chronicles* (CW, 2009-), *Sherlock* (BBC, 2010-), *The 100* (CW, 2014), *Fringe* (FOX, 2008-2013), *Teen Wolf* (MTV, 2001-), *American Horror Story* (FX, 2011-), *Dark Angel* (2010) o *Heroes* (ABC, 2006).

Indudablemente, dichas series estadounidenses se vinculan con las de producción propia de varias maneras: establecen las estructuras narrativas, proponen y marcan las pautas argumentales, construyen modelos y arquetipos y, de forma decisiva, crean a un público ávido de relatos fantásticos protagonizados por jóvenes (super)héroes y antihéroes y dispuesto no solo a aceptar nuevas propuestas, seguir fielmente los episodios y consumir los productos relacionados con las series, sino también a interrelacionarse mediante soportes como blogs, fanzines y redes sociales. No obstante, las series españolas del nuevo milenio poseen sus propias características fomentadas en gran parte por un costumbrismo que a su vez ha participado en el éxito que ha obtenido la teleficción fantástica española tanto a nivel nacional como internacional.[9]

---

[8] Merelo (2007) categoriza las series dentro de nueve bloques o isotopías temáticos: «Las invasiones extraterrestres», «Los fenomenales superhéroes», «Las guerras espaciales», «Las aventuras de ciencia ficción», «El terror terrorífico», «Brujería, magia y fantasía», «Viajando por el tiempo», «Los robots» y «La comedia fantástica». Las de producción propia se relegan a un pequeño capítulo: «España cañí».

[9] Significativamente, el acercamiento a la actualidad española ha sido una de las razones del éxito de las teleseries fantásticas. En ellas, la sociedad española aparece inmersa en los procesos de la globalización posmoderna de principios del siglo XXI: inmigración, burbuja inmobiliaria, redes sociales, internet, nuevos roles y modelos de familia, las transformaciones relacionadas

2.4. *Lo fantástico en la teleficción española: 2000-2015*

Estructuralmente, la mayor parte de la ficción televisiva española de tipo fantástico reciente consta de varios capítulos, con una duración media de entre 75 y 90 minutos, organizados en temporadas. Estas teleseries combinan las tramas «autoconclusivas» con las «multitramas» abiertas. En menor medida figuran los telefilmes o miniseries como *No soy como tú* (Antena 3, 2010), *Películas para no dormir* (Telecinco, 2007) y *Cuéntame un cuento* (Antena 3, 2014). La primera consta de dos capítulos que forman una trama «autoconclusiva» central acompañada por varias subtramas. Las dos últimas, de género muy dispar —el terror y el cuento de hadas, respectivamente— y con formato de antología, disponen de varios capítulos marcados por tramas «autoconclusivas».

En la teleficción fantástica española del periodo 2000-2015 contamos con las siguientes series:

1) *Ala Dina* (TVE 1, 2000): inspirada en *Bewitched* (ABC, 1964-1972), narra en clave humorística los avatares de un genio en el seno de una familia española.

---

con la mayor visibilidad de la homosexualidad, el surgimiento de sectas de toda índole, la denuncia de la violencia contra la mujer, y, frente a estos cambios, el feroz regreso premoderno del fundamentalismo religioso cristiano. Estos elementos sirven para establecer el «contrato narrativo» entre el texto audiovisual y el espectador y preparan el camino para la resquebrajadura de «lo real» televisivo producido por la presencia y violencia de lo fantástico. Además, en muchos casos los fenómenos sobrenaturales, paranormales, o simplemente irracionales, arrojan una sombra alegórica sobre el «mundo real» y las grietas y fisuras que lo permean amenazando su estabilidad y existencia. Paralelamente, hay que hacer hincapié en la referencialidad pop, es decir, los guiños a numerosos elementos de la cultura popular y, en particular, al cine y a la televisión. Así, por ejemplo, *Ala Dina* (TVE 1, 2000) incluye alusiones a figuras de actualidad como la Pantoja, Spielberg, Cayetano Rivera o Paquirrín y un cameo del presentador del telediario José Ribagorda, que se interpreta a sí mismo; en *El inquilino* (Antena 3, 2004) surgen referencias jocosas a *V* (NBC, 1984-1985), *Alien* (Ridley Scott, 1979) y *The Matrix* (Lana y Andy Wachovski, 1999); en el capítulo 2 de *La chica de ayer* (Antena 3, 2009), en el año 1977, el protagonista encuentra a un joven Luis Aragonés tomando copas la noche anterior a un partido y le recomienda que en el futuro se fije en Torres y Villa, y en el capítulo también encontramos referencias a la televisión —*Starsky y Hutch* (ABC, 1975-1979)— y al cine de la época —*Taxi Driver* (Martin Scorsese, 1976) y *Star Wars* (George Lucas, 1977)—. En el caso de esta última, Samuel, aprovechando su ventaja de haber visto todo el ciclo de las siete partes, deja estupefacto a sus compañeros al alabar las tres primeras. Por último, *El Ministerio del Tiempo* resulta sintomática en este sentido, y al ser una serie tan saturada de alusiones tanto a la cultura popular como a la «alta cultura» —o lo que Pérez Iglesias denomina «la referencialidad pop y la referencialidad compleja» (2015: 233-240)—, solamente podemos enumerar algunas citas identitarias: Chiquetete, Bertín Osborne, *Terminator* (James Cameron, 1984), *Superman*, y las series *Curro Jiménez* (TVE, 1976-1979), *Isabel* (TVE, 2012-2014), *Cuéntame cómo pasó* (TVE, 2001-) y *Hospital Central* (Telecinco, 2000-2012); véase Pérez Iglesias (2015: 233-240).

2) *El inquilino* (Antena 3, 2004): telecomedia paródica que cuenta la historia de un extraterrestre anclado en la tierra.

3) *Películas para no dormir* (Telecinco, 2007): serie de antología compuesta por seis relatos fílmicos que tratan de muertos que vuelven de la tumba, vampiros, zombis y casas embrujadas.[10]

4) *El internado* (Antena 3, 2007-2010): serie de suspense dramático ambientada en el internado Laguna Negra, donde pronto comenzarán a producirse extraños acontecimientos: la aparición de personajes misteriosos, oscuros pasadizos, muertes, cadáveres y animales mutantes, con una intriga sobre la clonación humana como telón de fondo.

5) *Plutón B. R. B. Nero* (TVE, 2008-2009): inspirada en la serie británica *Red Dwarf* (1988-1993, 1997-1999, 1999-2012), es una parodia de las series de ciencia ficción y, en concreto, de las de viajes espaciales.

6) *Hay alguien allí* (Cuatro, 2009-2010): serie de terror sobre una familia que se traslada a una casa en la que sufren experiencias paranormales relacionadas con los inquilinos anteriores (véase Quinn, 2013).

7) *La chica de ayer* (Antena 3, 2009): basada en la serie británica *Life on Mars* (BBC 1, 2006-2007); el inspector Santos, de la Policía Nacional, tiene un accidente en el presente del espectador y despierta en 1977, donde es inspector de primera de la Dirección Nacional de Seguridad.

8) *Los protegidos* (Antena 3, 2010-2012): los protegidos forman un grupo de superhéroes que se hace pasar por la familia Castillo Rey con el objetivo de huir de una extraña organización que les busca, llamada el Clan de los Elefantes.

9) *No soy como tú* (Antena 3, 2010): película española, divida en dos capítulos, sobre dos vampiros adolescentes, Lucía y Raúl, que deben luchar para controlar sus instintos.[11]

10) *El Barco* (Antena 3, 2011-2013): combinando drama, misterio y acción, la serie distópica relata las aventuras y desaventuras de los jóvenes pasajeros del buque-escuela *Estrella Polar*.

11) *Ángel o demonio* (Telecinco, 2011): Valeria es una joven estudiante que tras matar a sus padres e huir de casa una noche, descubre que es un ángel atrapado en medio de una batalla entre el bien y el mal.

---

[10] Destaca la película *Para entrar a vivir* de Jaume Balagueró que puede considerarse la semilla diabólica del ciclo *REC*.

[11] En este sentido, la saga *Crepúsculo* —tanto las novelas de Stephenie Meyer (*Twilight* , 2005; *New Moon*, 2006; *Eclipse*, 2007; y *Dawn*, 2008) como las adaptaciones cinematográficas de la misma realizadas por Catherine Hardwicke (*Twilight*, 2008), Chris Weiz (*Twilight Saga: New Moon*, 2009), David Slade (*Twilight Saga: Eclypse*, 2010) y Bill Condon (*Twilight Saga: Dawn I*, 2011 y *Twilight Saga: Dawn II*, 2012)— establece un precedente puritano al abogar tanto por la abstinencia sexual prematrimonial como por el papel activo del varón frente a la pasividad de la mujer.

12) *Luna. El misterio de Calenda* (Antena 3, 2012-2013): relato televisivo sobrenatural sobre una serie de asesinatos rodeados de leyendas.

13) *Cuéntame un cuento* (Antena 3, 2014): serie de antología que adapta libremente cinco cuentos de hadas —«Los tres cerditos», «Blancanieves», «Caperucita roja», «Hansel y Gretel» y «La bella y la bestia»— ambientados en la España actual.

14) *El Ministerio del Tiempo* (TVE, 2015): teleserie costumbrista sobre los viajes en el tiempo.

15) *Refugiados* (La Sexta, 2015): tres mil millones de seres humanos huyen de una supuesta epidemia ocurrida en un futuro próximo. Han logrado retroceder en el tiempo e instalarse en una época indefinida que se asemeja a los años 80.

3. Temas y motivos de lo fantástico

3.1. *Los cronotopos del terror*

Muchos de los argumentos de las series que nos ocupan se desarrollan dentro del hogar familiar. Sin embargo, el idilio doméstico puede convertirse en un infierno. La casa que habitamos, «gran cuna», es «nuestro rincón del mundo» (Bachelard, 1998: 34 y 27). No obstante, cuando irrumpe lo siniestro en este lugar provoca un parpadeo epistemológico y ontológico entre lo que Freud (1972: 2499) denomina *heimlich* —lo familiar o lo oculto— y *unheimlich*, es decir, lo espeluznante, lo que ha salido a la luz, cuando tenía que haberse mantenido oculto. En suma, el parpadeo del miedo. De ahí el estatus canónico del cronotopo de la casa encantada en el arte fantástico que va desde «La caída de la casa de Usher» (E. A. Poe, 1839) hasta la «Casa tomada» cortazariana (1946). El motivo de la casa embrujada que acaba devorando a sus habitantes vuelve a figurar en varios episodios de *Crónicas del mal* y *Películas para no dormir*, tal vez debido a la naturaleza tradicional de los argumentos caracterizados por el terror sobrenatural. Más interesante, si cabe, nos parece el caso de *Hay alguien allí*.

Lo que en principio va a ser «la casa de tus sueños» —frase cursi que emplea tanto Diego en el primer capítulo de la serie cuando llegan a su nuevo hogar, como el padre de la familia que va a ocupar la casa de los Pardo bajo la atenta mirada de Irene, en la ventana, muerta, en plano contrapicado, durante la última secuencia del último capítulo— se convierte en un escenario de pesadilla. Nicoleta, involucrada en misas negras, galvanismo —realiza el viaje de ida y vuelta ontológico que va de la vida a la muerte— e incluso asesinato, cuyo marido está enterrado vivo en el pozo maldito de la casa, llega a afirmar: «Esa casa, el odio, el dolor y el miedo. Todo se mezcla» (1.ª Temporada, cap. 13). Efectivamente, los vivos —la familia Pardo— conviven con los muertos —Elisa y Raúl—. Estos últimos habitan otra dimensión, otro mundo, pero no deja de ser la misma casa, «pero es más vieja y más triste» (Ana, 2.ª Temporada, cap. 2). Como veremos a continuación, el umbral entre los dos mundos lo constituye el armario de la habitación de Ana.

Dentro de las casas, la cocina —«centro neurálgico de desahogo de emociones» (Gómez Manteiga, Íñigo Jurado y Recio Delgado, 2012: 69)— ocupa un lugar central en *Los Protegidos*, *El Internado* y *El Barco*. También cobra importancia en esta última la cabina de mando donde se toman las decisiones sobre el destino del resto de los tripulantes (Gómez Manteiga, Íñigo Jurado y Recio Delgado, 2012: 69). Pero, dentro de un análisis de lo fantástico, quizás resulten más interesantes los recovecos ocultos y misteriosos: el armario del cuarto de Ana en *Hay alguien allí* —portal de lo fantástico que une el pasado con el presente, los vivos con los muertos—; la buhardilla tras el armario y los rincones ocultos y pasadizos que se esconden en *El internado*; el camarote 31 —tapiado y empleado como antigua enfermería— que junto con las trampillas y escondites ocupados por polizontes o, incluso, por un cerdo, se albergan en *El Barco*, así como los portales temporales en *El Ministerio del Tiempo*.

Huelga decir que la naturaleza claustrofóbica del colegio residencia Laguna Negra de *El Internado* y el buque-escuela de *El Barco*, que según Gómez Manteiga, Íñigo Jurado y Recio Delgado (2012: 61) se asemeja a la isla de *Lost*, sirve para aislar a los personajes.

En las cuatro series mencionadas, el espacio exterior también desempeña un papel determinante cuya trascendencia lo convierte casi en un personaje más de la historia (Gómez Manteiga, Íñigo Jurado y Recio Delgado, 2012: 68). Si la casa de los sueños adonde se traslada la familia Pardo acaba convirtiéndose en el escenario de las pesadillas en *Hay alguien allí*, otro tanto se podría decir sobre el «mundo» en el que viven: la urbanización La Roseta. Lo que antes era «un paraíso en la tierra» (2.ª Temporada, cap. 7) alberga «algo podrido y oculto» (2.ª Temporada, cap. 3) y termina transformado en un «cosmos pervertido» (1.ª Temporada, cap. 8), la «urbanización de los secuestros» (2.ª Temporada, cap. 7). Esta última frase alude al hecho de que varias muchachas jóvenes han sido secuestradas y asesinadas dentro de una oscura trama relacionada con una secta. De este modo, la violencia contra la mujer se funde y se confunde con una conspiración satánica. De la misma manera, «la idílica urbanización de Valle Perdido sorprende a *Los Protegidos* con misteriosos pasadizos bajo los chalets y una casa abandonada —Villa Dorita— que esconde los secretos de origen» (Gómez Manteiga, Íñigo Jurado y Recio Delgado, 2012: 68-69).

Hay que destacar los espacios naturales —que alternan sus funciones entre ser escondites, lugares de revelación y trampas mortales— como los bosques que rodean a los personajes de *La chica de ayer*, *Hay alguien allí*, *El internado* y *Los Protegidos*, o el océano infinito por donde navega el *Estella Polar* en *El Barco*.

Pero aparecen otros espacios, otros lugares. Fuera del hogar, se nos presentan nuevos escenarios como el lugar del trabajo o la escuela. En este sentido, *La chica de ayer* resulta ser un caso muy ilustrativo. Mientras gran parte de las multitramas básicas y horizontales se desarrollan en la comisaría —las tensiones entre Samuel y su jefe Gallardo junto con la evolución de su relación con Ana—, las tramas autoconclusivas tienen lugar en varias localizaciones —bares, discotecas, un estadio de fútbol o una fábrica—.

Como observamos en el apartado sobre el tiempo (3.4), en *El Ministerio del Tiempo*, el desarrollo de la acción se produce en dos dimensiones espaciotemporales paralelas, presente y pasado, en las oficinas secretas del Estado y en los cronotopos históricos adonde viajan los protagonistas: «fondas, tabernas, monasterios y ministerios» (Gorostiza, 2015: 189-199).

3.2. *La* mise en abyme

La serie *Hay alguien ahí* arranca con un plano-secuencia de poca duración (33 segundos) cuya primera imagen es la de una maqueta de la casa donde va a vivir la familia Pardo.[12] En ese momento Diego y Luis sellan la compra y un puente sonoro acompañado por un corte directo nos lleva a la secuencia de la muerte del albañil rumano, Bela Csaba, marido de Nicoleta, que es engullido por una fuerza misteriosa que brota del pozo y acaba enterrado vivo.

Nos encontramos entonces ante el mecanismo metaficcional de la *mise en abyme*: un «enclave que guarda relación de similitud con la obra que lo contiene» (Dällenbach, 1991: 16).[13] En concreto, se trata de un reflejo sencillo —bajamos un peldaño narrativo— y metadiegético[14] de la casa de los Pardo, cronotopo del terror y lugar donde confluyen todas las tramas horizontales que se despliegan a lo largo del relato. Este primer plano-secuencia, que incluye de forma irónica un *travelling* de izquierda a derecha,[15] al invocar la «fenomenología de la similitud» o «metafísica miniaturizante» (Bachelard, 1998: 185 y 197) abre las puertas al abismo de lo fantástico.

---

[12] La casa en miniatura también forma parte de la secuencia de apertura de la serie.

[13] La *mise en abyme* se divide en tres tipos —el reflejo sencillo, el infinito y el apriorístico—. Paralelamente, puede reflejar el enunciado, la enunciación y el código (Dällenbach, 1991). Cfr. McHale (1987), Slomith Rimmon-Kenan (1999), Stonehill, (1988) y Waugh (1984).

[14] En lo que se refiere a los enunciados metadiegéticos que interrumpen la diégesis, toman la forma de los relatos traspasados al estilo indirecto, los sueños y las representaciones visuales o auditivas (Dällenbach, 1991: 66).

[15] Según las leyes de la composición, leemos la pantalla como si fuera una página, de izquierda a derecha. Por tanto, el borde izquierdo sirve como un muro, mientras el borde derecho dirige nuestra mirada hacia fuera de la pantalla, espacio de la libertad.

Otro ejemplo de la *mise en abyme* lo encontramos en el cuadro del bar de la urbanización, la Roseta. En dicho cuadro aparece una doncella muerta dentro de una barquita. Cuando encuentran el cuerpo de Amanda, amiga de Íñigo raptada por Luis/Iván dentro de la trama paralela de los secuestros y asesinatos de muchachas en la urbanización, esta se halla en una barcaza con un aspecto idéntico al de la joven del cuadro: la misma cara, la misma ropa y la misma postura. La pintura se revela como una *mise en abyme* prospectiva metadiegética que anticipa y enmarca la muerte de la muchacha.

Tal vez el empleo de la *mise en abyme* alcance su apogeo[16] como «cortocircuito ontológico» (McHale, 1987) o metalepsis audiovisual, en el capítulo 11 de la primera temporada, en el que, mediante un montaje alternado, se combinan planos del bosque de la urbanización y de Amanda amordazada en el laberinto, con los de Ana leyendo un cuento a su padre. El medio televisivo visualiza el metarrelato de forma que la voz en *off* de la narración de Ana acompaña a las imágenes «reales» que aparecen ante el espectador en un nivel diegético superior:

> Ana.— «Érase una vez en un reino no muy lejano, donde al caer la noche el bosque se convertía en un lugar peligroso. Allí vivía un monstruo tan malvado que muchos temían por la vida de la princesa a la que hacía días que no se veía por su palacio. A menudo, se escuchaba desde las profundidades del bosque un escalofriante grito de terror. Aunque nadie lo había visto nunca, todos sabían que aquella horrible criatura era capaz de cualquier cosa y no tenía piedad de sus prisioneros». Y el final te lo cuento otro día, ¿vale?
>
> Diego.— Claro que sí, princesa.

La metalepsis como ruptura de las fronteras ontológicas es precisamente la fuente de lo fantástico en varios relatos de *Crónicas del mal*. En «El ojo que te ve» (cap. 3), la protagonista observa en televisión el asesinato frustrado de una chica, solo para acabar siendo ella misma la víctima; Daniel se convierte en asesino en serie dentro de un libro que aparece en la película que está viendo en «Matar el tiempo» (cap. 7), mientras que el guionista protagonista de «Compañeros en el crimen» (cap. 5) se somete a la invasión de la ficción —sus películas— por la «realidad» (los crímenes cometidos por su cómplice fáustico).

Un ejemplo paródico de la metalepsis lo hallamos en *Ala Dina*, cuando el genio torpe envía a Eva, la hija de la familia, al plató del telediario, *dentro del televisor* (Temporada 1, cap. 1). Lo que sigue es un diálogo imposible entre los personajes que se ubican tras la pantalla y los que se encuentran en el salón delante del monitor —Dina, Tomás y Álvaro—. Finalmente, al frotar el mando

---

[16] En la posmodernidad, surge otro fenómeno sociocultural como vehículo de la *mise en abyme*: la «pantallización» (Gubern, 2003: 124) —televisores, ordenadores, monitores... que pueblan la serie televisiva que nos ocupa—.

a distancia —cual lámpara mágica—, Dina logra sacar a Eva de la televisión y devolverla a su nivel ontológico y diegético.

3.3. *El juego con la temporalidad*

Junto con la espacialidad, la dimensión temporal cobra un enorme protagonismo en la narrativa literaria, cinematográfica y televisiva. En su estudio, «Las claves de la apuesta española por la ciencia ficción», Íñigo Jurado, Gómez Manteiga y Recio Delgado (2012) analizan los rasgos narrativos y temporales de las series de ciencia ficción españolas. En primer lugar, destaca la utilización de la llamada «multitrama» o encadenamiento de varios hilos narrativos —cuatro o cinco tramas pueblan cada capítulo— que en muchos de los relatos audiovisuales que nos ocupan acaba convirtiéndose en una especie de pandeterminismo argumental. Como afirma Jorge en el capítulo 9 de la segunda temporada de *Hay alguien ahí*: «Todo está conectado». Además, la extensa duración de los capítulos —entre 70 y 90 minutos— favorece precisamente la incorporación de una multitud de tramas y subtramas.

En segundo lugar, los inicios y finales de cada capítulo —los paratextos— influyen de un modo decisivo en la temporalidad: «cada capítulo comienza con un amplio resumen de los capítulos anteriores y termina con un avance de lo que veremos la siguiente semana» (Íñigo Jurado, Gómez Manteiga y Recio Delgado, 2012: 67). La analepsis inicial sirve para recordar al espectador los sucesos más importantes con el objetivo de facilitar la comprensión del capítulo que se emite a continuación. A su vez, la prolepsis final desempeña la función de incrementar tanto el interés de la audiencia por la historia como su fidelización. Pero el juego de la temporalidad —la distancia que mide entre la historia y el discurso— no termina allí. Dentro de cada capítulo, podemos encontrar *flashbacks* y *flashforwards*.

Como lectores y espectadores, estamos acostumbrados a reconstruir lo que en la narratología se denomina la historia- en orden lineal, a partir del discurso permeado por elipsis, analepsis y prolepsis, mecanismos textuales que, como podemos comprobar en este apartado, la teleficción explota al máximo. Incluso, cuando la acción se desarrolla en un futuro lejano, como en *El Barco* o *Refugiados*, la integridad de la historia permanece intacta.

Pero, ¿qué sucede cuando se altera la temporalidad de la historia? ¿Cuándo el tiempo se vuelve reversible, poroso y líquido? Por una parte, tenemos el caso muy extendido de los fantasmas que vuelven del pasado para irrumpir en el presente. Pero cuando un personaje puede realizar viajes de ida y vuelta entre pasado y presente, nos encontramos ante dos posibilidades: la historia fantástica

—cuando no hay explicación alguna del fenómeno—[17] o la historia de ciencia ficción —en concreto lo que en la actualidad teórica se denomina la posmodernización de la ciencia ficción—, McHale, 1987).

Unas de las primeras series españolas en contemplar los viajes en el tiempo es *La chica de ayer.*[18] Tras pasar por una especie del túnel del tiempo, el inspector de policía Samuel Santos se encuentra arrancado de su presente —el año 2006— y trasladado al año 1977, convertido en inspector de primera de la Dirección Nacional de Seguridad bajo las órdenes de un jefe energúmeno, Joaquín Gallardo. A partir de ese momento se van desplegando un conjunto de tramas y subtramas: los intentos de Samuel de cambiar el pasado para influir en el presente; su deseo de volver al año 2006; la ventaja que le proporcionan sus conocimientos del futuro; la relación que entabla con su familia del año 1977; su desesperación ante los problemas y obstáculos provocados por las carencias de la tecnología y metodología criminalísticas de la época de la Transición; su relación con su compañera Ana. Gran parte del drama y del humor surge de las anacronías suscitadas por la situación en la que se encuentra el protagonista. El costumbrismo, pues, se bifurca en dos direcciones antagónicas: los usos, costumbres y actitudes de la España de finales de los años 70 —machismo, racismo, homofobia, tabaquismo rampante— frente a los cambios ya asentados en 2007 —la relativa emancipación de la figura de la mujer, la libertad de expresión, la sociedad *light*, «lo políticamente correcto», la globalización e internet—.

Tal vez la máxima expresión de lo fantástico en *La chica de ayer* se produce cuando el Samuel Santos mayor —el que ha venido del año 2007— se enfrenta consigo mismo de niño (cap. 7, «El abandono»). En este momento, se funden y confunden dos motivos básicos de lo fantástico: el viaje en el tiempo y la figura del doble.[19]

---

[17] Véase Roas (2012a).

[18] En el año 2012, Íñigo Jurado, Gómez Manteiga y Recio Delgado la describen como «la única serie española que contempla viajes en el tiempo» (2012: 58). No obstante, en el mismo año en que se emite la serie —2009— los personajes de *Hay alguien ahí* cruzan el puente entre pasado y presente en varias ocasiones. Asimismo, en el tercer capítulo de la segunda temporada de *Plutón B. R. B. Nero,* «Pasajero en el tiempo», presenciamos la aparición de un astronauta lanzado al espacio 600 años antes. Para volver a viajar en el tiempo, tendremos que esperar hasta el año 2015 con el lanzamiento de *El Ministerio del Tiempo.*

[19] Según Borges, los dispositivos básicos de lo fantástico son cuatro: la obra dentro de la obra —*mise en abyme*—, la contaminación de la realidad por el sueño, el viaje en el tiempo y el doble (1981: 18). Un proceso parecido se moviliza en *Hay alguien ahí.* En el capítulo 8 de la segunda temporada, Raúl aparece en el presente cuando todavía está vivo en el pasado. Al bajar al sótano se encuentra con el fantasma del Raúl muerto. El Raúl vivo le pregunta al fantasma del Raúl muerto, «Hola. ¿Tú eres yo? ¿Por qué estás aquí?». Acto seguido, el fantasma del Raúl muerto se degüella recreando su asesinato. Por otra parte, en el primer capítulo de *El Ministerio del Tiempo,* al volver al año 2012, Julián ve a su mujer antes de morir y a sí mismo.

Dentro de la posmodernización de la ciencia ficción ocupa un lugar estelar *El Ministerio del Tiempo*, que ha despertado un enorme interés entre espectadores, *ministéricos*, usuarios de internet, Twitter, Facebook y demás redes sociales, e incluso entre críticos y teóricos.[20] Posiblemente, una de las razones de ser de su buena acogida se halle en la fusión que logra entre la ciencia ficción y la ficción histórica, o, mejor dicho, la reescritura posmoderna de la narrativa historiográfica.[21] Como en el relato borgesiano, «El jardín de los senderos que se bifurcan», se entrelazan y sobreimponen distintos hilos temporales:

> Sin duda, el gran hallazgo de *El Ministerio del Tiempo* no es otro que la narrativa en coexistencia con múltiples temporalidades. El hecho de que personas de distintas épocas tengan que intervenir sobre la suya propia o sobre otras que, lógicamente desconocen, además de suponer una base inagotable de posibilidades dramáticas, plantea nuevos enfoques a problemas que se discuten y trabajan actualmente, como debe hacer siempre la buena ficción (Mora Gaspar, 2015: 77).

En cuanto a estas «múltiples temporalidades», a juicio de Francisco Sáez de Adana, las leyes físicas que gobiernan la serie corresponden a los sistemas tanto de la física clásica, incluyendo las teorías deterministas, como a la teoría del caos. Sin embargo, un análisis más profundo nos permite constatar su relación con la teoría de los universos paralelos, con la novedad de que la diferencia dimensional entre los mundos paralelos no se muestra de forma espacial sino temporal (2015: 248).

A lo largo de la primera temporada, tres de sus ocho episodios transcurren en un arco temporal que va de 1491 a 1588, dos en el siglo XIX (1808 y 1844) y otros tres en el siglo XX (1924, 1940 y 1981) (González Camaño, 2015: 61). Junto con el protagonismo de Madrid y Castilla (Romero Santos, 2015: 71), la crítica ha percibido cierto «nacionalismo banal» que sirve para construir la identidad española en términos de la «negación del otro» (Romero Santos, 2015: 70 y 76). Además, se crea un conflicto o tensión entre los objetivos generales del Ministerio, que, como recuerda el subsecretario Salvador Martí, consisten en «evitar que alguien reescriba nuestro pasado y preservar nuestra memoria histórica» (cap. 8) y los objetivos experienciales y subjetivos de los personajes (Mora Gaspar, 2015: 88 y 90). Es decir, entre la historia oficial y la intrahistoria.

Tres personajes intentan cambiar el pasado: Alonso, Julián y Lola Mendieta. El primero lo logra, salvando la vida de su hijo en el hundimiento de su barco como parte de la flota del Armada Invencible (cap. 2),[22] mientras que el segundo

---

[20] Véase Cascajosa (2015).

[21] Véase McHale (1987) y Hutcheon (1988).

[22] Alonso viaja del Flandes del año 1569 al ministerio de 2015. En el segundo capítulo, regresa al Lisboa del año 1588 donde conoce a su hijo de mayor. Este dice haberlo visto antes.

fracasa. Incluso existe la posibilidad de que provoque el accidente mortal que sufre su mujer (cap. 8). Pero es sobre todo Lola Mendieta —posiblemente la figura más interesante de la serie—, el personaje que más esfuerzos hace para cambiar el tiempo y mejorar la historia de España.

Inevitablemente, los vínculos que la serie mantiene con la ciencia ficción en su vertiente especulativa parecen alejar *El Ministerio del Tiempo* de lo fantástico puro como transgresión de lo real. El poder viajar en el tiempo no parece suponer ninguna anomalía para sus protagonistas (pero sí para los personajes secundarios de otros tiempos, maravillados ante la presencia de armas de fuego modernas y teléfonos móviles). No obstante, varios factores influyen a la hora de incluir la serie dentro del presente capítulo.

Por un lado, el universo temático de lo fantástico en cine y en televisión «es un terreno propenso a incorporar aspectos asociados a otros géneros como la comedia o el suspense» (Martínez Rodríguez, 2004: 250).[23] Por otro, dentro de este mestizaje o hibridización genérica característica de la ficción posmoderna, *El Ministerio del Tiempo* participa de lo que Brian McHale denomina «lo fantástico histórico» (1987):

> In postmodernist revisionist historical fiction, history and fiction exchange places, history becoming fictional and fiction becoming «true» history —and the real world seems to get lost in the shuffle (1987: 96).

La ficción posmoderna —literaria, cinematográfica y televisiva— absorbe elementos de lo fantástico, al convertir las posibilidades inherentes al género de establecer un diálogo ontológico en un vehículo de la poética ontológica posmoderna (McHale, 1987: 79). En *El Ministerio del Tiempo* hay un tránsito constante entre distintos mundos temporales. Los personajes de «nuestro mundo» entran en otro mundo del pasado, mientras que figuras del pasado —los soldados nazis del capítulo 3— irrumpen en el Ministerio en pleno año 2015. Se produce una «ontología dual», confrontación entre dos mundos separados por las puertas del tiempo.

3.4. *Figuras fantásticas e históricas: fantasmas, zombis, vampiros y «mestizos», ángeles y demonios y personajes transmundiales*

El personaje fantástico por excelencia, el fantasma, aparece brevemente en *Crónicas del mal* («Ritesti») y de forma significativa en *Hay alguien ahí*. En dicho

---

Alonso vuelve otra vez al presente (2015). De allí se traslada a 1579 (Sevilla) donde ve a su hijo de niño. Mediante un *flashback*, recuerda las palabras del hijo: «Yo te he visto antes».

[23] Véase nota 1.

relato televisivo, esta transición de lo inanimado a lo animado (Campra, 2008: 40) se debe a la muerte violenta de Raúl y Elisa a manos del inspector Poveda y sus secuaces Fredo y Costa. El cuarto responsable de los crímenes es Iván, amante de Elisa que la abandonó a su suerte a última hora y que resulta ser Luis, el oscuro hombre de negocios turbios. Estos sucesos se produjeron treinta años atrás, pero los fantasmas siguen habitando la casa en busca de venganza y reposo. No se irán de ahí hasta el último capítulo, cuando las cuentas están saldadas e Irene ocupa su lugar. Raúl es un fantasma benévolo, amigo invisible e íntimo de la pequeña Ana. No solamente juega con ella, sino que incluso ayuda a la familia en los momentos críticos como el apuñalamiento de Clara, la madre. En cambio, Elisa, su hermana mayor, está llena de odio, odio que se traduce en violencia y usurpación de la personalidad. Ambos poseen poderes sobrenaturales que les permiten desplazar objetos, cerrar puertas y apagar luces. En definitiva, como manifestación «antropológica» de lo fantástico, Raúl y Elisa salen del armario —umbral entre la vida y la muerte— para irrumpir en la «realidad» de los vivos. Los otros fantasmas que se materializan en la serie —la inspectora Ruth, Luis/Iván y Justo— vuelven a la vida con la misma sed de venganza y justicia.

A su vez, el zombi hace acto de presencia en ambas series. Rubén Sánchez Trigos, experto en la temática de los zombis, define ese ser híbrido monstruoso como «un cuerpo privado de sus procesos mentales conscientes, que mantiene, en mayor o menor medida, sus funciones motoras más o menos intactas y que es controlado por algún tipo de fuerza o influencia, exterior o interior» (2013b: 14). El zombi, pues, está de moda al constituir uno de los paradigmas de la posmodernidad posapocalíptica, como demuestra su protagonismo en series norteamericanas como *The Walking Dead* (AMC, 2010). En el capítulo de *Crónicas del mal* titulado «No habrá flores para los muertos», los difuntos vuelven a la vida protegidos por gafas de sol. Por otra parte, en los capítulos 9 y 10 de la primera temporada de *Hay alguien ahí*, Javier, que fue arrojado por la ventana durante la sesión de la *ouija*, despierta de un coma convertido en zombi. Ostentando una fuerza sobrehumana, ataca a su padre y a una mujer que lo atropella con su coche. Es entonces cuando descubrimos que debe cumplir una misión: vengar la muerte de Raúl y Elisa y la traición del misterioso Iván. De ahí que intente matar a Luis (en realidad Iván) antes de fallecer en los brazos de Íñigo.

Durante el nuevo milenio cobrarán protagonismo los vampiros posmodernos. Por una parte, el vampiro tradicional decimonónico ostenta unas características bien definidas. Según David Roas, es un «monstruo terrorífico» en un sentido físico —porque mata para alimentarse— y metafísico —por ser una figura imposible—. Se vincula con el miedo a la muerte y el temor hacia un ser que transgrede el tabú de la muerte y se relaciona con el deseo de inmortalidad y con la alteridad. Al ocupar en la memoria colectiva el lugar de la irracionalidad, constituye un desafío para nuestra idea de lo real. Simboliza, pues, la transgresión a todos los niveles.

> Por todo ello, el vampiro es un ser absolutamente subversivo: altera el orden «natural» y es una amenaza para los seres humanos. Es un monstruo (Roas, 2012b: 442).

Por otra, frente a la figura tradicional del vampiro surge la vertiente posmoderna del mito. En primer lugar, se ha producido un cambio de focalización. Según Campra, si hay algo ha caracterizado tradicionalmente a la figura de la criatura fantástica, en general, y del vampiro, en particular, es el silencio (2008: 141-169). Siempre tenemos la versión de las víctimas o del narrador. El que viene «del otro lado», «el otro», carece de voz. Sin embargo, dentro de lo que Campra denomina «los intentos de renovación de la literatura fantástica» (2008: 147), podemos constatar un cambio de perspectiva con respecto a la otredad: se da la palabra a estos marginales de la realidad. Además, al darle voz al vampiro, se añade «un grado más de imposibilidad —de fantasticidad— al relato» (Roas, 2012b: 448) ya que viola la frontera ontológica entre la vida y la muerte. En segundo lugar, la figura misma del vampiro ha evolucionado. Aunque sigue existiendo el «vampiro depredador», en la mayoría de las series de televisión el ser vampírico aparece «humanizado», «domesticado» y «naturalizado» (Caro Oca, 2011; Roas, 2012b).

A partir de *Buffy the Vampire Slayer*, la ficción vampírica televisiva mezcla el drama adolescente con aventuras en torno a lo sobrenatural. Los adolescentes se identifican con el vampiro, en virtud de su aislamiento e incapacidad de encajar en el mundo actual (Caro Oca, 2011: 203). Hoy en día, los vampiros se visten con vaqueros, se enamoran, van al instituto y tienen problemas al relacionarse con sus padres. Han normalizado sus costumbres, apariencia y moralidad. Incluso existe el «vampiro autorreferencial» que comenta y ridiculiza los tópicos del género (Caro Oca, 2011: 199).

Tras el enorme éxito de la saga *Twilight*[24] han surgido varias teleficciones españolas protagonizadas por adolescentes vampiros y «mestizos»[25] —*No soy como tú*—, ángeles y demonios —*Ángel o demonio*— y superhéroes —*Los protegidos*—. Aunque todas estas series se fundamentan de forma maniquea en la lucha eterna el bien y el mal, entre la luz y la oscuridad, varios de sus personajes fantásticos denotan una marcada ambigüedad. Transitan entre dos mundos, entre lo animado y lo inanimado, entre el aquí y ahora y el más allá. Tienen deseos erotizados, inquietudes, incluso temores y están llenos de contradicciones. Como en la serie

---

[24] Ver nota 13.

[25] Un «mestizo» es el fruto de la unión entre un vampiro y un humano.

española, *No soy como tú*, el mayor reto del buen vampiro consiste en controlar a la bestia que lleva dentro (Caro Oca, 2011: 203). Dirigidas a un público o *target* predominantemente juvenil, la trama amorosa suele ocupar un lugar privilegiado: *l'amour fou* que une a Lucía y Raúl en *No soy como tú*, o la relación contradictoria y autodestructiva que existe entre Valeria y Damián en *Ángel o demonio*.

En muchas series se presenta la lucha entre dos facciones dentro del mundo de los vampiros: aquellos que están a favor de la integración en la sociedad humana y los que consideran que los hombres no son más que presas a las que dar caza. Pero en el caso de *No soy como tú*, esta lucha se realiza en una dimensión menos trascendental. Se apartan los conflictos entre el mundo vampírico y el humano y en su lugar se centra en la enemistad personal que existe entre el padre de Lucía, Ismael, y su abuelo, un vampiro bueno que dirige una asociación que da cobijo a los niños mestizos. Ismael, aparentemente un ser cruel y malvado, se revela como una figura traumatizada que, llevado por sus instintos, asesinó a su propia madre. A partir de ese momento, queda convencido de que los vampiros son incapaces de controlar su naturaleza. A través del sacrificio, el amor se convierte en una fuerza redentora. Raúl, el enamorado de Lucía, acaba clavando una estaca en el corazón de Ismael con sus últimas fuerzas, y de esta forma evita que la muchacha caiga en las garras de su padre convirtiéndose en un ser vampírico (Caro Oca, 2011: 205).

No obstante, dentro de su evolución —«perversión» del mito original— parece que el vampiro posmoderno ha perdido parte de su esencia, de su sustancia fantástica. De ahí que Roas se pregunte si esta naturalización del vampiro no lo aleja de lo fantástico para situarlo en el ámbito del realismo mágico donde lo irreal aparece como parte de la realidad y no entra en conflicto con ella (2012b: 453). Es más, ante la saturación vampírica adolescente actual, algunas voces como las de Guillermo del Toro se han manifestado en contra de la excesiva humanización del vampiro contemporáneo, y han pedido la vuelta de su papel de monstruo y villano (Caro Oca, 2011: 208).

En lo que se refiere a los personajes históricos, estos siempre han poblado mundos diegéticos, incluso los más realistas como los de Tolstoi o Balzac. No obstante, dentro de la vertiente posmoderna de lo fantástico, estos seres «transmundiales» viajan en el tiempo y participan directamente en la acción codeándose con personajes ficticios: Cristóbal Colón en *Ala Dina* y un sinfín de figuras históricas en *El Ministerio del Tiempo*, desde los miembros del Santo Oficio, pasando por el Empecinado, Hitler, Franco, Velázquez, Lorca y un largo etcétera. Quizás el caso de la presencia de Isabel La Católica (Michelle Jenner) y del mismo palacio de la serie *Isabel* en *El Ministerio del Tiempo* sea el más escandaloso. La ironía metaficcional de este «*cross over* apócrifo» (Pérez Iglesias, 2015: 238) se agudiza aún más cuando Julián (Rodolfo Sancho) que a su vez interpreta a Fernando el Católico en *Isabel* exclama: «juraría que la conozco de algo» (cap. 4).[26]

4. Conclusiones: exportaciones y *fandom*

A partir de la década de los 90, España deja de ser un mero importador masivo de series de teleficción estadounidenses. Con la llegada de las televisiones privadas (Telecinco, Antena 3, Canal +), las teleseries españolas comienzan a ocupar el *prime time* y ya a mediados de la década se emite más ficción nacional que extranjera (Requeijo Rey, 2012: 203). Junto con los cambios estructurales e industriales, podemos señalar varios factores que explican el éxito de las series de tipo fantástico: mejores niveles de producción, la serialización de los relatos televisivos, la renovación de los argumentos y propuestas narrativas y un mayor acercamiento al público —y en particular al público juvenil— mediante un costumbrismo identitario atento a los cambios que está experimentando la sociedad española.

Resultado de todo ello ha sido la exportación y la buena acogida de las teleficciones fantásticas españolas en el extranjero. En líneas generales, podemos afirmar que España es el mayor productor de títulos en Iberoamérica (Requeijo Rey, 2012: 203). Entre las productoras que más han contribuido a la exportación, habría que destacar entre otras Globomedia (*El Internado* y *El Barco*) y Boomerang Televisión (*Los Protegidos*). Como casos concretos, cabe citar la difusión internacional de teleseries como *Los Protegidos* —Italia, Portugal, Rusia y EE. UU. (Requeijo Rey, 2012: 213)—; *El Internado* —Francia, Europa Central, Centroamérica, México, Puerto Rico, Perú y Chile—; *El Barco* —Bulgaria, Polonia, Hungría, República Checa, EE. UU., Eslovenia, Rumanía, Portugal, México, Chile y Perú—; o *Ángel o Demonio* —Francia y Rusia—.[27]

Además de la internacionalización de la teleficción española fantástica, habría que hablar de su globalización. La revolución que ha supuesto la aparición de internet, Facebook, Twitter y otros soportes digitales ha conducido a la creación de un público nuevo y dinámico. De telespectadores han pasado a ser seriéfilos (Rey, 2015: 3-7), usuarios-espectadores, navegantes, jugadores, consumidores-productores y productores-usuarios (Piñero Otero y Costa Sánchez, 2013: 926). Ante esta nueva cultura participativa, interconectada, la industria audiovisual ha respondido creando narrativas multiplataforma, es decir, «la narración de la misma historia en diferentes medios o soportes» (Piñero Otero y Costa Sánchez, 2013: 926), narrativas transmedia —«una historia puede ser introducida a través

[26] En una última vuelta de tuerca autorreferente, los creadores de *Isabel* —Juan y Pablo Olivares— son los mismos que idearon *El Ministerio del Tiempo*.

[27] https://es.wikipedia.org/wiki/el-internado, consultado en diciembre de 2015.

de una película, expandida a través de la televisión, novelas, cómics y su mundo puede ser explorado y experimentado por medio de un videojuego» (Piñero Otero y Costa Sánchez, 2013: 926)— y narrativas *crossmedia*, en las que el programa se realiza «con la contribución de numerosos participantes, en diferentes medios y con diferentes lenguajes» (Álvarez Berciano, 2012: 33).

Mientras que casi cada serie posee su propio *website*, página en Twitter y Facebook, este nuevo rol del receptor ha desembocado en la proliferación de redes sociales dedicadas a las series en cuestión, como el nacimiento de los *ministéricos* o seguidores internautas de *El Ministerio del Tiempo*. Los propios seguidores han creado y difundido sus propios contenidos creativos: *podcasts*, *fanarts*, *fanfics*, artículos de divulgación y/o históricos (Estables Heras y Rivera Pinto, 2015: 211 y 217). Tanto el entusiasmo como las exigencias de los habitantes de *fandom* (el reino de los seguidores o fanáticos) constituyen unas garantías sólidas de la vigencia y futuro de lo fantástico en las series de televisión de producción propias tanto en España como en el resto del mundo.

14.

NARRACIÓN GRÁFICA 1900-2015

José Manuel Trabado Cabado
Universidad de León

Homenaje y perversión del modelo onírico de Winsor McCay

Desde bien temprano el lenguaje del cómic se asomó al territorio de lo fantástico. Winsor McCay y su asedio al mundo onírico enseñó cómo podía aclimatarse a la retórica de la narración gráfica la representación de lo insólito. En 1905 empezó a publicar *Little Nemo in Slumberland* en el *New York Herald*: con esta obra no solo construyó un mundo cromáticamente hipnótico en el que se reproducía la maravilla de unos escenarios imposibles, sino que encontró en el molde de la página dominical un marco en el que flexibilizar la disposición de las viñetas, de tal modo que con la variación de tamaños podía provocar efectos emparentables, con lo que desde las filas del Formalismo Ruso se definió como desautomatización o extrañamiento o, desde una perspectiva psicológica, Freud acabaría por definir como lo ominoso (*unheimlich*). El hecho de que la esencia del dibujo le permita a McCay rehuir una representación fotográfica de la realidad no le impedía sin embargo trazar en sus páginas un lenguaje lleno de sutilezas que mostraban una transición del protagonista desde su realidad (acostado en su cama) hasta un escenario extraño (producto de la actividad onírica). Su novedad estaba en crear una sutura apenas apreciable entre la realidad y el sueño. De este modo, el lector se situaba en un lugar parecido al del niño y veía aquellos cambios con una sensación de malestar cuya resolución final instauraba la lógica en el relato. En la última viñeta, Nemo se caía de la cama y se despertaba. La conclusión era obvia. Todo había sido un sueño pero lo inquietante de todo era que el lenguaje gráfico no creaba ninguna brecha entre realidad y sueño sino que los mostraba con escenarios contiguos sin división alguna. Eran más bien una evolución del uno hacia el otro: una deformación que emparentaba la segura realidad con el sueño inquietante. Se partía, pues, de lo cotidiano para convertirlo en algo extraño. Bastaba con exagerarlo, dotar de vida a los objetos inertes y otras estrategias para crear ese clima de incertidumbre tan característico de lo fantástico. McCay creaba, así, las coordenadas de la representación gráfica de lo fantástico basada en un lenguaje de transiciones entre realidad y mundo onírico. La naturaleza secuencial del cómic le permitía plasmar el proceso de deformación de la realidad para ingresar en ese «otro» lado de la vida.

McCay no solo reflejó el mundo onírico desde la mente infantil de Nemo sino que también hizo lo mismo con los recovecos de las pesadillas del adulto. Surgieron así sus *Dreams of the Rarebit Fiend* que publicó en el *New York Evening Telegram* desde 1904 bajo el pseudónimo de Silas. En esa serie mutó la impresionante paleta cromática de *Little Nemo*, que funcionaba perfectamente como signo de una imaginación infantil desbocada, para adaptarla al carácter más adusto del blanco y negro. La aventura del niño dejaba paso a la pesadilla del adulto.

Fueron muchas las series de cómics que por entonces buscaron en el universo onírico el núcleo narrativo. Podrían verse intentos anteriores a los de McCay en obras como las de Ramón Cilla y su serie «Viajes extraordinarios» publicada en la revista *Madrid Cómico*. En la página del 8 septiembre de 1888, Cilla cae dormido y su maleta cobra vida echándole en cara su espíritu poco viajero. También anterior era la serie «Imagerie Quantin», de Claudet, quien sobre 1900 publicaba sueños de niños que salían volando sobre su caballo de madera. Sin embargo, la influencia de McCay parece poderosa en la obra de otros autores como Peter Newell en sus *The Naps of Polly Sleepyhead*. Las secuencias de transición entre realidad y sueño y ese efecto desasosegante sirven como elementos suficientes para crear una conexión entre ambos. De igual manera podría decirse que la sombra de McCay se encuentra en otras series como la de Frank King y su *Bobby Make Believe* (publicada en *The Chicago Tribune* desde 1915 hasta 1919) y en numerosos episodios de *Gasoline Alley*.[1]

La importancia de la obra de McCay pronto se ve reflejada en España, donde comienza a ser publicada desde 1907 bajo el título de «Los Sueños de Manolín» en la revista *La Semana Ilustrada*. La «españolización» del cómic de McCay no solo viene dada en el título y en el cambio onomástico de los personajes, puesto que no se traduce el texto de los bocadillos sino que se reinventa un nuevo discurso que encaje, aunque sea forzadamente, dentro de la secuencia narrativa proporcionada por las imágenes. En esa manipulación textual incluso se llegan

[1] Para examinar la influencia de McCay en otros autores de cómic remito al trabajo de Castelli (2007) y también al libro colectivo publicado en 2005 con motivo del centenario de su publicación: en él se pueden ver los homenajes de autores como David B, François Schuiten, Lorenzo Matotti, Moebius, Dylan Horrocks, Craig Thompson y Marc Antoine Mathieu (AA. VV., 2005).

a omitir bocadillos. Otro cambio evidente salta a la vista cuando se comprueba el empobrecimiento cromático al que someten a las páginas de McCay. En esta línea pudiera entenderse el hecho de que uno de los integrantes de la redacción de *La Semana Ilustrada*, Carlos Miranda, escribiera una obra de teatro basada en «Los sueños de Manolín» que se estrenó en 1907 en el barrio de La Latina. Así hablaba la reseña publicada, precisamente, en *La Semana Ilustrada*: «Los sueños del golfo *Manolín* sirven de pretexto al fecundo e inspirado "poeta de las multitudes" (...) para hacer desfilar por la escena, en forma de revista, una serie de interesantes tipos de los barrios bajos, que no solo son admirables por la exactitud de la copia, sino también por el arte con que mantienen el diálogo, siempre travieso, a veces atrevidamente picaresco». A juzgar por los términos «picaresco» y «golfo», se intuye que se ha llevado a cabo una profunda manipulación del texto de McCay y el trasunto fantástico parece haber derivado a una obra de carácter más costumbrista.

En todo caso la idea de introducir a McCay en las páginas de *La Semana Ilustrada* hizo reaccionar a otra revista que retoma la idea pero no para publicar las páginas de McCay sino para iniciar una serie autóctona basada en las premisas de lo onírico-fantástico creadas por el autor de *Little Nemo*. Esta serie se titulaba «Las pesadillas de Miguelín» y se anunció a bombo y platillo en el número 45 de la revista *Alegría* publicado el 15 de enero de 1908: «Seducidos por el éxito que otras revistas ilustradas consiguen con estos niños dormilones que sueñan cosas fantásticas mientras los lectores se van suscribiendo a dichas publicaciones, hemos decidido comenzar en el próximo número una serie de *pesadillas* que tendrán el mérito de ser originales y no fusiladas de periódico alguno del extranjero». Interesa observar la dialéctica que se establece entre el seguidismo estratégico para captar lectores debido al éxito y la crítica a la competencia por no ser originales. La necesidad de venta de estas revistas se colaba sin sutileza alguna en el propio texto: «Compren ustedes *¡Alegría!* y dénsela a los niños para que se entretengan con esta nueva sección». Sin embargo, si atendemos al contexto general de la revista, la publicación de este cómic puede funcionar como otra muestra paródica de las secciones al uso de los semanarios que constituía la base de su programa editorial (Ceballos Viro, 2010). Lo fantástico de *Little Nemo* se reconvierte en cierta manera en una forma humorística, en un discurso en segundo grado que tiene sus referentes en McCay, por un lado, pero también en las secciones de cómic de otras publicaciones como *La Semana Ilustrada*.

Sin embargo, y a pesar de que esa sección se prometía como la construcción de un discurso dirigido a los niños, podría pensarse más bien en una suerte de subterfugio retórico en el que lo fantástico de McCay aparece una vez más supeditado a los temas de la actualidad española vistos desde una distancia irónica. En el número 53 (11 de marzo de 1908), la doble página de «Las pesadillas de Miguelín» traza una historia en la que, por cumplirse un año de la publicación de la revista, se le conceden todos los deseos a Miguelín [Fig. 1].[2] Quiere entonces ver finalizada la Gran Vía, saber cómo acaba el conflicto en Marruecos, conocer la moda del futuro y, además, justo cuando despierta se lamenta porque iba a pedir el indulto de José Nakens, director de la revista *Motín*, acusado de haber ayudado al anarquista Mateo Morral que había atentado en 1906 contra Alfonso XIII. Sin duda alguna todo ello distanciaba el relato de aquellos receptores infantiles para los que se había prometido. Esas referencias pudieran hacerse eco de la ideología editorial de la revista, tal y como podría entenderse si acudimos a la sección titulada «Diccionario de alegría». En la entrada «indulto» figura lo siguiente: «cosa que pide un Obispo para un reo de muerte y se da. Cosa que pide todo el pueblo para Nackens y ¡piscis!». Podría decirse que si bien el entramado gráfico de esas historias siguen el rastro de lo aventurado por McCay y su propuesta de plasmación estética de lo fantástico, el discurso se decanta gracias al elemento verbal hacia la recuperación de ciertos temas de la realidad contemporánea y lo escoran hacia una deriva que parece hacerlo partícipe de un programa ideológico/humorístico asignable a la línea editorial de la revista. Lo universal de *Little Nemo* se ve diluido en pos del aquí y el ahora al que respondían aquellas revistas que radiografiaban su época aprovechando en ocasiones ejemplos como los de McCay para insistir en ciertos temas desde otra óptica.

En esta tendencia cabe inscribir también la obra de José Robledano, quien en 1910 inicia en la revista *Infancia* su historieta «El suero maravilloso». Gracias a ese suero maravilloso inventado por Severo, su hijo Severín conseguirá que cosas o seres inertes cobren vida: caballos de cartón, muebles viejos de la buhardilla, etc. Se aparta de la matriz temática de lo onírico para valerse del artificio del suero al tiempo que logra una profunda renovación en el lenguaje del cómic como el uso sistemático de bocadillos —lo que permitirá hablar con cierta naturalidad a los personajes— o la ruptura de la disposición simétrica de las viñetas. Todo ello le lleva a Antonio Martín (1978: 48) a afirmar: «"El Suero Maravilloso" es ya una historieta absolutamente moderna, que ha dado el paso definitivo para liberarse de las servidumbres decimonónicas y que ya no debe nada a la caricatura política, al pliego de aleluyas, al chiste o a cualquier otro modelo precedente».

En esta primera década del siglo XX lo fantástico dentro de la narración gráfica posee una aparición esporádica y marcada por una pretendida pertenencia al mundo infantil que, en realidad, no era tal. Atendiendo a la posible influencia de McCay como motor que activa la incorporación del cómic fantástico en los semanarios de principios del siglo XX, podría decirse que se trata de un proceso de importación, tergiversación y construcción autóctona de la noción de lo

[2] Las ilustraciones se reproducen al final del capítulo, pp. 342-349.

fantástico. La importación vendría de manos de la traducción depauperada en lo textual y lo cromático encarnada por «Los sueños de Manolín»; la tergiversación de naturaleza paródica estaría protagonizada por «Las pesadillas de Miguelín»; y la construcción autóctona correría a cargo de Robledano y su «Suero Maravilloso», teniendo como modelos la obra de McCay y sus mediaciones publicadas en los semanarios españoles.

No obstante, las revistas en las que aparecen estas series poseen una variedad temática en la que el cómic es solo un aliciente más para tratar de incrementar las ventas. Será a partir de 1915 cuando aparezcan las primeras revistas exclusivamente dedicadas al cómic como *Dominguín* (1915), *Charlot* (1916), *TBO* (1917) o *Pulgarcito* (1921). Todas ellas especializan su temática en el mundo infantil y versan sus estrategias discursivas en lo humorístico. Ya bien sea desde la variedad temática preconizada por *TBO* o desde el modelo del cuadernillo que desarrollaba una única historia parece que lo fantástico, que había tenido un desarrollo incipiente en las revistas de principios de siglo, no fue capaz de articular por entero una publicación y compartió su espacio con otras temáticas en revistas como *Pocholo* (publicada a partir de 1931) o *La risa infantil* (que comenzó a editarse en 1925) o *Don Tito* (1933). Será precisamente en los años 30 cuando destaque la labor del guionista José Canellas Casals que trabajó para la editorial Marco. Canellas escribe guiones y folletines en los que aparecen monstruos, dosis de misterio y aventuras exóticas que gráficamente serán concretadas por dibujantes como Farell, Alberto Mestre y Francisco Darnín. De entre sus obras de esta época cabe destacar *Los vampiros del aire* que se publicó a modo de folletín en los años 30 y que más tarde fue adaptado y transformado en cómic, primeramente en las páginas de la revista *Don Tito,* en 1935, y cinco años más tarde, en 1940, como colección independiente (Barrero, 2009a). También 1935 marcará un punto de inflexión en la evolución de una revista como *Pocholo*: en ese año se publica una historia como «La ciudad aérea» cuyo guion corre a cargo de King Wowes mientras que el dibujo será responsabilidad de Riera Rojas; y también aparece en las páginas de *Pocholo* la historia de Jaime Tomás, *El universo en guerra*, considerada una de las pioneras del cómic de ciencia ficción en España. Esta renovación en el seno de *Pocholo* tendrá tres líneas directrices en su temática: las aventuras de la selva, las aventuras policíacas y el universo temático de ciencia ficción (Martín 1978:124);[3] con ello pretendían dar la réplica a

[3] Un estudio detallado de la revista *Pocholo* como el realizado por Jaume Capdevila también muestra ese punto de inflexión en 1935: «la cantidad de cuentos e historias literarias disminuyó progresivamente, ganando espacio la historieta, que también redujo rápida y progresivamente los pies narrativos redundantes hasta prácticamente hacerlos desaparecer o integrarlos perfectamente en la viñeta; incrementó asimismo la proporción de historietas de aventuras, fantasía, intriga y acción» (2014: 147).

otra revista como *Yumbo*, creada por Lotario Vecchi, que importaban historias procedentes de Inglaterra y EE. UU.

Más tarde, el contexto bélico de la Guerra Civil propició la aparición de revistas como *Pelayos* o *Flechas*, que funcionaban como panfletos doctrinales en los que se esforzaban por mostrar al rojo como un monstruo. Bajo este prisma cabe leer las historias creadas por Canellas Casals para *Pelayos* como la titulada «Bajo tierra con los monstruos de la destrucción», publicada en el número 52 en diciembre de 1937.

La inserción de lo fantástico en las revistas infantiles. La madurez del medio al final del camino

Tras la Guerra Civil, el cómic parece haber cultivado tres núcleos temáticos: la narración humorística en la que destacan personajes como don Pío, los Ulises, los Cebolleta, Zipi y Zape, Jaimito, Tribulete, Carpanta, doña Urraca, Mortadelo y Filemón, etc.; a esta línea se le sumaba la historieta sentimental, destinada a una mirada exclusivamente femenina en una sociedad, la de la posguerra, en la que los roles de género parecían sólidamente compartimentados; y, cómo no, el cómic de aventuras, que posee un auge especial en los años 40 y 50 y especializa un formato como es el cuadernillo de aventuras. En ese contexto y observando esta matriz temática, la realización de lo fantástico se verá supeditada al género de aventuras y a sus relaciones con la ciencia ficción y el terror en la búsqueda de un público infantil,[4] y acabará funcionando como algo subsidiario que habrá de concretarse en elementos de índole sobrenatural que magnifican la figura del héroe.[5] No obstante, editoriales como Gradifea (afincada en Barcelona) publicaron cuadernos de tema fantástico como *El hombre invisible vuelve* (1945) o *La sombra de Frankenstein* (1945) y, en esta misma década, destaca una obra como *El ladrón de pesadillas*, de Angel Puigmiquel, publicada en la revista *Chicos* en 1948 entre los números 469 y 489 (reeditada por Glénat en 2006). En 1947 aparece en las páginas de la revista *Pulgarcito* junto con historias humorísticas la serie titulada «El inspector Dan de la patrulla volante» de corte terroríficopoliciaco creada por Eugenio Giner (dibujo) y Rafael González (guion) en la que, según Ludolfo Paramio (1974), la omnipresencia de lo fantástico es su rasgo más definitorio. Sin embargo, ese elemento fantástico tenderá a desaparecer a partir de 1952 debido a las Normas Sobre la Prensa Infantil y Juvenil

[4] Para un panorama del cómic de ciencia ficción remito al suplemento al número 7/8 de la revista *Bang* realizado por Antonio Martín bajo el título *50 años de historietas españolas de ciencia ficción* (Martín, 1972).

[5] Para un análisis en profundidad de este periodo remito a los trabajos de Antonio Martín (2010) y Altarriba (2001).

(Porcel, 2011: 130-131). Por esta razón, en la publicación en los cuadernillos de Bruguera, los villanos monstruosos de la serie lo eran solo en apariencia ya que la imaginería terrorífica era tan solo un disfraz (Barrero, 2009b). Ya en los años 50 las obras de *El mundo futuro*, de Boixcar, publicada por la editorial Toray en 1955, o la serie *Fantasías*, de Acedo y Ripoll, publicada a partir de 1957 en *Futuro. Revista de las rutas del Espacio* por Ediciones Cliper, siguen haciendo vigente el modelo de lo fantástico acoplado al desarrollo de la ciencia ficción. Fue en esta década en la que la ciencia ficción cobró cierta importancia dentro del panorama español. En 1953 aparecen colecciones como *Futuro*, de Ediciones Futuro, *Espacio*, de Toray y, sobre todo, *Luchadores del espacio* de la Editorial Valenciana. Allí publicará Pascual Enguídanos entre 1953 y 1958 *La saga de los Aznar*, bajo el pseudónimo George H. White, cuya importancia para el desarrollo de la ciencia ficción española ha puesto de manifiesto por la crítica (Saíz Cidoncha y García Bibao, 1999; García Bilbao, 2004). Esta saga será adaptada más tarde al cómic por el propio autor con el dibujo de Matías Alonso entre 1959 y 1960.

La ciencia ficción seguirá articulando parte del discurso fantástico en la década de los 60 que ven la publicación de series como *Delta 99* o *5 por infinito* creadas por el colectivo de autores Grupo de la Floresta compuesto por Luis García, Carlos Giménez, Esteban Maroto, Suso Peña, Ramón Torrents y Adolfo Usero. En ambas series se puede apreciar una sofisticación gráfica que hacía presumir la gran renovación del cómic que se iba a dar en los años 70 y, sobre todo, en los 80 con la eclosión de numerosas revistas que venían a hacerse eco de un nuevo tiempo. Un buen punto de articulación entre esa capa freática de la ciencia ficción que, sin ocupar el centro del canon del cómic de posguerra muestra un empuje expresivo a tener en cuenta, y los nuevos vientos que soplan en el terreno del cómic es la serie de *Dani futuro*, que se comienza a publicar en 1970 en el seno de la revista *Gaceta Junior*. El guion era de Víctor Mora y estaba acompañado por Carlos Giménez en el dibujo. Esta serie conseguía unos logros expresivos que presagiaban la madurez en un lenguaje que paulatinamente iba dejando atrás al público infantil para ir virando hacia el público juvenil.

En los años 60 la editorial Vértice, que habrá de publicar las aventuras de superhéroes de la Marvel en España, también se hace eco de las historias de cariz fantástico de la editorial británica IPC. Destaca la publicación de historias como *Zarpa de acero* (*Steel Claw*), de Ken Bulmer y Jesús Blasco, o las historias protagonizadas por el robot Archie y las tituladas *Kelly el ojo mágico*, creada por Tom Tully y dibujada por Francisco Solano López, o *Max Audaz* (Maxwell Hawke en el original). También la editorial mexicana Novaro puso en distribución en los años 60 historietas de naturaleza sobrenatural, como las adaptaciones de la serie *Twilight Zone* publicadas por el sello norteamericano Dell Comics y más tarde Gold Key que llegaban a España en la colección *Domingos alegres* bajo el título de

«La zona fantasma», primero, y, más tarde, «Dimensión desconocida». Sin embargo, algunos hechos como el sucedido en marzo de 1962 y la promulgación de la Orden Ministerial por la que se regula la constitución de la Comisión de Información y Publicaciones Infantiles y Juveniles tendrán repercusión en la difusión de los cómics fantásticos traducidos. En marzo de 1964 se deniega el permiso de importación de las revistas de Novaro y esto afectará a colecciones como *Cuentos de misterio*, *Historias fantásticas* o *Relatos fabulosos* (Alcázar, 2012: 369). Los superhéroes serán vistos también como algo pernicioso para los jóvenes porque sus superpoderes los acercaban a seres sobrenaturales (Guiral, 2005: 120).

El programa editorial de Buru Lan y las revistas de terror en los años 70

Hay que esperar a una profunda renovación social, política y editorial que tiene lugar en los años 70 para poder entrever la emergencia del cómic fantástico.[6] La creación de revistas de cómic que surgen no tanto como una transición del cómic de la posguerra sino como una profunda ruptura con él (Altarriba, 2001: 312 y ss.) en busca de una exploración creativa junto con la relajación de la censura que permitía la entrada de aire nuevo produce una reorganización del mundo del cómic que tendrá su repercusión no solo en el cultivo de nuevas temáticas con nuevas gramáticas narrativas sino sobre todo un posicionamiento muy diferente dentro del entramado cultural del momento. La historieta sentimental cede su espacio a la fotonovela y la telenovela; los años 60 ven la desaparición de series como *El cachorro* (en 1960), *El Guerrero del Antifaz* y *El Jabato* (ambos en 1966) o *El Capitán Trueno* (en 1968). En los 70 cierran revistas como *Jaimito* y *Pulgarcito*; *TBO* lo hará en 1983. Concluye Altarriba (2001: 311): «El medio, prisionero de su propio gigantismo, atrapado por ciertas inercias de producción muy alejadas de la renovación de contenidos, no consiguió reciclarse». Así, frente a las tiradas de cientos de miles de ejemplares de las revistas humorísticas,[7] las nuevas cabeceras surgidas a partir de los 70 señalan

[6] Para una visión panorámica del cómic fantástico en España a partir de 1980 véanse las interesantes páginas de Rom Rodríguez (2010).

[7] Antonio Altarriba señala que *TBO* superó los 300.000 ejemplares a mediados de los 50. *Pulgarcito* y *Tío Vivo* más de 200.000 a finales de los 60, y *DDT* rebasaba los 100.000. Esas tiradas son impensables en el panorama de la transición. Si nos atenemos a los datos ofrecidos por Antonio Altarriba entre 1981 y 1985 se publican 150.000 álbumes con tiradas de unos pocos miles de ejemplares de cada álbum. *Totem* venderá sobre 70.000 ejemplares y *El Víbora* 50.000: «La reconversión del tebeo en cómic supuso la reducción del mercado a menos de una décima parte de lo que fue» (Altarriba, 2008: 10). El hundimiento del mercado editorial del cómic tiene que ver con la incapacidad de la industria de adaptarse a los cambios sociales al aferrase de manera insistente a las fórmulas y personajes que habían logrado éxito porque entonces sí servían

una trayectoria mucho más innovadora que entronca más con un espíritu experimental e innovador pero, ciertamente, más alejada de aquella aceptación popular. Entre las nuevas revistas pueden destacarse algunas como *Trinca* y, sobre todo, *Drácula*.[8] La primera, afincada en Valencia, se empieza a publicar en 1970 y supone una transición entre el público adulto y el infantil. Existen series humorísticas pero también comienza a tener cabida otro tipo de discursos que se escapaban del afán realista, ya sea deformante (humor), idealista (aventuras heroicas) o femenino (sentimental), para plantear la entrada de mundos futuros en los que se puede entrever una ciencia ficción asociada a un pequeño atisbo ideológico (en la crítica a la tecnificación y sociedad de consumo), como se puede comprobar en la historia titulada «Los mutantes del mañana». Será, sin embargo, *Drácula* —publicada por la editorial vasca Buru Lan a partir de 1971— la que permita la entrada de lo fantástico dentro de sus páginas. En esa revista tendrá cabida la obra de un autor de referencia como Enric Sió titulada *Mis miedos*. La presencia de vampiros, animales domésticos como los gatos que encierran algo inquietante («Krazy»), el hundimiento de la casa (en la historia titulada «Alicia»), que podría guardar cierta concomitancia temática con el relato de Poe, son variaciones sobre la presencia de algo maligno que está insinuado en una atmósfera inquietante. Esas presencias ominosas vienen acompañadas de una profunda renovación estética con páginas llenas de una saturación cromática muy del gusto del *pop art* y cercano en su propuesta a los cómics del francés Guy de Pellaert. En el montaje de página existe un desmenuzamiento de la secuencialidad narrativa que plantea un tiempo moroso, una mirada reposada que destaca el momento para goce estético y sensual del lector [Fig. 2]. Si en el tratamiento cromático se veía esa poética pop, en el montaje narrativo la confluencia con las obras de Guido Crepax es manifiesta. Esa amalgama de nuevas incorporaciones estilísticas y temáticas suponía la consecución de un lenguaje gráfico de lo fantástico de índole polifónica muy alejado de los aspectos visuales que incidían en el claro-oscuro para concretar visualmente el horror.[9]

---

para hablarle a la sociedad del momento: «De alguna manera puede decirse que el círculo se cerró víctima de su éxito» (Altarriba, 2008: 16). De igual modo se expresaban Remesar y el propio Altarriba en otro lugar: «el cómic actual [se refiere a 1987] no puede considerarse, cuantitativamente hablando, un medio de masas, las audiencias son realmente pequeñas y rápidamente alcanzan su techo» (Remesar y Altarriba, 1987: 140). Estos dos autores ofrecen un estudio en profundidad del mercado del cómic en España en los años 80 (1987: 137 y ss).

[8] Para un estudio de las revistas de cómics en el contexto de la transición remito al lector a los trabajos de Altarriba (2008), Lladó (2001) y Guiral (2011). Como complemento a lo anterior es valioso el trabajo de Pérez del Solar (2013) centrado en las revistas *El Víbora*, *Cairo* y *Madriz*.

[9] Enric Sió también protagonizará un interesante proyecto editorial como es la publicación de la revista *La Oca*. Tan solo se publicaron cuatro números que partían con una tirada

Buru Lan no solo renovó el panorama del cómic español a través del tratamiento de lo fantástico y del terror en una revista como *Drácula* sino que publicó otras como *Zeppelin*, que editó 12 números entre 1973 y 1974. En ella se publicaban regularmente páginas de *Little Nemo in Slumberland*, de McCay, junto a otra obra de enorme transcendencia dentro del cómic fantástico que llegaba de tierras argentinas: *Mort Cinder*, de Héctor Germán Oesterheld y Alberto Breccia.[10] Junto con esta revista, Buru Lan se encargó de publicar *El Globo* en la que, nuevamente, penetran en nuestro mercado editorial obras de tanta resonancia como *Spirit*, de Will Eisner, *Mafalda*, de Quino, *Corto Maltés*, de Pratt, o *El Eternauta*, en la versión dibujada por Breccia en la revista *Gente*. Oesterheld enseñaba cómo encajar la realidad contemporánea dentro del molde genérico de la ciencia ficción; la adopción de lo fantástico como extrañamiento de la realidad era, además, una estrategia para crear una metáfora inquietante de la situación argentina y la represión política. Su incorporación al repertorio temático estilístico viene facilitada por el talante profundamente aperturista de una editorial como Buru Lan en ese proyecto editorial multiforme como era *Drácula*, *Zeppelin* y *El Globo*. Estas dos últimas incluían secciones críticas sobre varios aspectos como la aventura, la ciencia ficción y el humor dentro del cómic pero será *El Globo* la que, a partir del número 9 publicado en noviembre de 1973, incluya una sección titulada «Lo fantástico en la cultura popular», a cargo de Enrique Martínez Peñaranda. No deja de ser importante el hecho también de que en *El*

---

inicial de 20.000 ejemplares. Poseía una periodicidad mensual y su publicación se inició en marzo de 1985. Buscaba un cómic de calidad. En ella se publicaron tiras como los *Peanuts* o *Krazy Kat* pero también las páginas de McCay y su *Little Nemo* además de la serie de *Dreams of the Rarebit Fiend* traducidas como *Sueños del adicto al queso fundido*. La publicación de *Little Nemo* (que se hizo en blanco y negro) iba precedida de un estudio firmado por Oreste del Buono en el que se glosaban las aportaciones de McCay y se establece la comparación con *La interpretación de los sueños* de Freud. En esta revista también aparecieron algunos relatos de su serie *Mis miedos*: «Boutique» (núm. 1, pp. 75-79); «Nacional 141» (núm. 2, pp. 61-65) y «Laberinto» (núm. 4, pp. 59-72). También la literatura tuvo un espacio en esta revista: en el número 1 se publicaba «El ahogado más hermoso del mundo», de García Márquez, y en el 4 «La loca», de Maupassant.

[10] *Mort Cinder* es una influencia clara en la obra de Víctor Mora y Luis García, *Crónicas del Sin Nombre*, que se publicó en la revista francesa *Pilote* a partir de 1973. En España esas historias aparecieron en las revistas *Totem* (que empezó a publicarse en 1977 y seguía el modelo de las europeas *Pilote, À suivre* o *Linus)* y *Rambla*, entre los números 26 y 33. Curiosamente en esta publicación coincidirá con la serie *Mort Cinder*. Más tarde fueron recopiladas en un volumen por la editorial Glénat. A través de un artificio como el uso de un narrador convertido en una suerte de conciencia errante (lo que le confería esa capacidad de desarrollo de lo fantástico), guionista y dibujante eran capaces de crear un grupo de historias sin personaje fijo variando así personajes y épocas. Lo fantástico reside no solo en esa capacidad del protagonista de vivir bajo nombres y épocas diferentes sino que también se instala en el núcleo narrativo de cada historia.

Globo se publiquen las adaptaciones que Dino Battaglia había realizado de relatos de Edgar Allan Poe: «El hundimiento de la Casa Usher» (núm. 17, julio de 1974, pp. 31-39) o «Lady Ligeia» (núm. 20, octubre de 1974, pp. 30-37).

No solo *Drácula* había renovado el tebeo español introduciendo lo fantástico asociado al terror. Otras revistas habían incidido en esa línea. Una de ellas —*Dossier negro*— incluso se había adelantado unos años. En concreto se comenzó a publicar en 1968 y alcanzó una gran longevidad, pues publicó a lo largo de veinte años y alcanzó los 217 números.[11] En ella se producía una mezcla genérica que buscaba un destinatario concreto —el público adulto— a través del manejo de una retórica común: el terror. Esa idea se plasmaba de forma manifiesta en la portada del primer número: «relatos gráficos de terror para adultos». Esa retórica narrativa basada en la recuperación temática y visual del terror lleva a ofrecer visiones sesgadas de textos previos. Muy ilustrativo de ello es el texto que inicia el relato titulado «Los infernales perros de Baskerville» incluido en el número 69: «Este es el primero de una serie de trabajos que ilustran gráficamente trozos elegidos de las mejores obras de literatura de ciencia ficción, policíaca, romántica y aventuras, pero siempre serán... fragmentos de horror». En este caso se incide en la aparición del perro satánico del relato de Conan Doyle al que el título se refiere. Visto así, el terror no solo se convierte en una matriz temática de la revista sino también en una forma de leer otros textos, destacando unas facetas y relegando otras. La lectura fragmentaria se impone como una tergiversación en la que se remodelan genéricamente los relatos de otros géneros que son vistos ahora desde una óptica del terror. En ese mismo número a partir de la página 27 se ofrece una adaptación del relato «Ligeia» de Edgar Allan Poe ilustrada por Jesús Durán. No será una práctica aislada esa estrecha relación con la literatura de terror: el número 70 incluye las adaptaciones de los relatos de Lovecraft «Aire frío», realizada por Berni Wrightson, o de Poe «El hombre de la multitud», por Fernando Sortes. En el número 71 será Alfonso Font el que adapte «El manuscrito en una botella», por poner solo una pequeña muestra. Desde el número 86 se publicó *The Swamp Thing* (*La cosa del pantano*), de Lem Wein y Berni Wrightson. En *Dossier negro* también se edita la versión de *El Eternauta* de Oesterheld y Solano López a partir del número 151. Al margen de que no se respetara la disposición de las viñetas alterando notablemente la planificación de página original, llama

[11] Ya antes se había editado la revista *Historias para no dormir*, que seguía de cerca el título de la serie de televisión creada por Narciso Ibáñez Serrador aunque no tenía nada que ver con ella. Comienza a publicarse en 1966 por el sello Semic. Sobre ella señala Javier Alcázar: «Aunque en los primeros números las historietas solo usaban los elementos clásicos del horror como coartada llamativa, dando una explicación racional al final de la misma al igual que se hacía en los cuadernillos de aventuras de la posguerra o en el Inspector Dan, a medida que avanzaba la serie el elemento sobrenatural justificaba por sí mismo la historia» (2012: 409).

la atención el hecho de que una historia asociada genéricamente al campo de la ciencia ficción pase a formar parte del elenco de narraciones de una revista dedicada al terror. Todo ello viene a demostrar cómo en ese momento no existe una delimitación clara de los terrenos del terror, la ciencia ficción y lo fantástico. Más bien podría hablarse de una serie de prácticas narrativas que parecen demarcarse del costumbrismo humorístico y del héroe épico del tebeo anterior y que conforman un discurso poliédrico y versátil en el que el miedo, lo anómalo, el monstruo y el erotismo conforman un paisaje al que el cómic español no estaba habituado.

También en esa misma línea temática de lo terrorífico se movieron otras revistas de especial importancia como son *Vampus* —que inicia su andadura en 1971—, *Rufus* (1973) o *Creepy*, que se comienza a publicar en 1979 de la mano de Toutain Editor y en cuyas páginas —más en concreto a partir del número 9— se publica la historia de Richard Corben *Bloodstar*. En *Creepy* destacan también autores nacionales como Alfonso Font con sus *Historias negras*, recopiladas más tarde por la editorial Glénat en 2003. Ya antes Alfonso Font había publicado regularmente en revistas como *Dossier Negro* y había adaptado al cómic relatos de Poe como «William Wilson» (núm. 67) o «El manuscrito en la botella» (núm. 71).[12]

Amalgamas: la ciencia ficción y lo fantástico

Junto con el programa editorial de Buru Lan y la aparición de las revistas de terror en los años 70, otras revistas propusieron una profunda renovación del cómic. Fueron las creadas por Toutain, *1984* en 1978, que cambia su título más tarde, precisamente en 1984, a *Zona 84*. En ambas se conjugaban el género fantástico y la ciencia ficción. Tal asociación venía en cierto modo dictada por la naturaleza de dos discursos no miméticos que desplazan cualquier atisbo de representación realista.

La revista *1984* publicó series como la de Josep María Beà, *En un lugar de la mente*, que apareció entre los números 29 y 39, espoleado por la visión de la película de David Lynch *Eraserhead*.[13] Existe una disparidad temática —todas las historias son autoconclusivas— que bascula entre el mundo absurdo de corte surrealista, basado en una deformación de la realidad en la que un suceso cotidiano desencadena una serie de hechos ilógicos, y otras que entrarían de lleno

[12] Para un análisis de los tebeos de terror en la década de los 70 remito al lector al análisis detallado de Manuel Barrero (2012).

[13] También entre los números 11 y 28 de esa revista se publica *Historias de Taberna Galáctica*. La cancelación de *Historias* y el comienzo de *En un lugar de la mente* está influido precisamente por el visionado de la película de Lynch.

dentro de las matrices temáticas de la ciencia ficción. Historias como «Zona A» o «Zona B» plantean ese mundo absurdo no exento de un humor negro y otras como «Zona G» (núm. 35) muestran tratamientos como el del robot que siente emociones al querer ser padre y que incluso llega a venderse a sí mismo para conseguir el dinero suficiente para rescatar a un joven muchacho que considera su hijo. Todas las historias parecen compartir un final anticlimático que rehúye el melodrama y plantea un distanciamiento irónico. Frente a estos dos polos opuestos (absurdo surrealista-ciencia ficción)[14] se encuentran otras historias que pueden actuar como narraciones de transición entre lo absurdo y la ciencia ficción. Buenos ejemplos de ello son «Zona E» (núm. 33), en la que el protagonista encuentra un huevo que eclosionará dando lugar al nacimiento de un extraño pájaro que progresivamente acabará metamorfoseándose en un humano para, finalmente, convertirse en una réplica exacta del protagonista que le robará su vida (una clara referencia a la figura del *Doppelgänger*); y «Zona D» (núm. 32), que parte de un marco narrativo que se puede adscribir a la ciencia ficción pero posee un desarrollo en la línea del relato fantástico que surge como una emanación de mundos ilógicos que provienen del subconsciente reprimido. El protagonista se ve asaltado en su casa por unos animales antropomórficos que le mutilan su mano y huyen en una nave espacial. En ese momento se despierta y comienza a realizar un autopsicoanálisis en el que deja explícita una explicación a sus propios sueños [Fig. 3]. Cuando abre la puerta de la habitación, el lector descubre que esos animales existen pero son amigos íntimos del protagonista en la realidad. Ciencia ficción y relato fantástico establecen un diálogo no solo como resultado de una propuesta editorial que lleva a cabo *1984* sino también como una poética híbrida aprovechada por autores tan versátiles en su estilo y temática como Josep María Beà, capaz de jugar con todo un universo amenazante del subconsciente. No hay que olvidar, sin embargo, que la obra de Beà se había introducido previamente dentro del perímetro de lo fantástico con la serie titulada *Peter Hipnos*.[15] En ella Peter, un joven muchacho, posee la

[14] El propio autor confiesa en una entrevista lo siguiente sobre su adscripción a la ciencia ficción: «No calificaría mi trilogía *Historias de Taberna Galáctica*, *En un lugar de la mente* y *La Esfera Cúbica* como obras de ciencia ficción propiamente dicha, yo no soy un científico para poder fabular rigurosamente con conocimientos que nacen de la ciencia. Utilizo el marco de una realidad fantástica que me permite potenciar los sentimientos discordantes de unos personajes aturdidos, siempre sorprendidos y atenazados por conflictos cuya naturaleza es conexa a la angustia y zozobra de nuestra existencia. Yo soy afecto al surrealismo como medio de reacción ante la vacuidad que nos rodea» (Barrero, 2009c, <http://www.tebeosfera.com/documentos/textos/bea_psiconauta_de_la_historieta.html> [4 de diciembre de 2015]).

[15] Tres de las historias de Peter Hipnos aparecieron en los números 72, 73 y 76 de la revista *Eerie* de la editorial estadounidense Warren. Corría el año 1976. Estas historias también fueron publicadas en las revista *Vampus* que publicaba material de la editorial

capacidad de encontrar puertas que le permiten el acceso a un mundo paralelo desde la realidad. Las referencias temáticas pueden remitir tanto a Lewis Carroll como al mundo onírico de Winsor McCay o a las teorías de Freud sobre el inconsciente, pero también pudieran estar presentes las huellas de Lovecraft tanto en nombre del personaje, que recuerda a uno de sus cuentos —el titulado «Hipnos»—, como en el título de otros relatos: caso de «La llave de plata». En el apartado gráfico, Beà llevó a la práctica la técnica de *collage* inspirándose en el ejemplo de Max Ernst, quien en una obra como *Une semaine de bonté* utilizó la misma estrategia para construir narraciones gráficas en mundos absurdos. El *collage* vendrá a ser una forma plástica de constatar la incongruencia gráfica que presenta el cómic fantástico[16] [Fig. 4].

En su continuadora —*Zona 84*— también aparecieron historias que forman parte del canon del cómic fantástico de los 80. Un buen caso sería *La enfermedad del sueño*, de José María Beroy. Un caso como este constituye un ejemplo de gran interés a la hora de examinar cómo se conforman algunas narraciones fantásticas dentro del cómic. La serie aparece en primer lugar a lo largo de varios números (del 39 al 44). Cada entrega posee un título propio: «Dinámica» (núm. 39, pp. 23-26), «Paraíso» (núm. 40, pp. 35-37), «Duelo» (núm. 41, pp. 27-33), «Enigma» (núm. 43, pp. 65-66) y «Signos» (núm. 44, pp. 35-40). Estas historias concebidas de forma autónoma que explotan el lado onírico de la realidad y se emparentan en su propuesta gráfica con el surrealismo son encajadas en una narración mayor e instaladas, de este modo, dentro de una lógica narrativa. Habrán de convertirse en sueños de un único personaje que se erige como el protagonista de una historia basada en una patología onírica por la cual el mundo de los sueños lo atrapa de tal modo que consigue hacerlo desaparecer del mundo real. Al crear ese marco narrativo, Beroy establece un contraste

---

Warren en España y, más tarde, *Peter Hipnos* apareció en la revista *Rambla* aunque con retoques. Posteriormente, en 1985, se realiza una recopilación de estos relatos por la editorial Interimagen de Barcelona. Para un mayor detalle sobre las andanzas editoriales remito a la entrada que se le dedica en la web Tebeosfera. http://www.tebeosfera.com/obras/creaciones/peter_hypnos___hipnos_bea_1976.html [fecha de consulta 15 de diciembre de 2015].

[16] No solo será Max Ernst quien ejerza una influencia gráfica. También habrá otros autores como Grandville, Klinger o Kley que funcionarán como referentes: «*Peter Hipnos* era una recreación psicoplástica como consecuencia del descubrimiento de una serie de artistas que, en un momento determinado me subyugan, cual es el caso de ilustradores como Isidore Grandville, Max Klinger, Heinrich Kley, pero sobre todo el pintor Max Ernst, que en su fascinante obra *Una semaine de bonté* me contagia la necesidad de usar el *collage* utilizando grabados extraídos de revistas del siglo XIX. La descontextualización e integración aleatoria de estos grafismos en la serie de *Peter Hipnos* me permite crear un clima que va conformándose por sí mismo, sorprendiéndome a medida que elaboro la viñeta. En ambas obras no soy totalmente consciente de cómo concluirán los experimentos, eso solo lo descubriré al finalizar el trabajo» (Barrero, 2009).

cromático entre la realidad (presentada en blanco y negro: fruto de ese universo asfixiante) y el sueño (una explosión de colores que parece definirse como una puerta de salida a esa realidad). En la creación de ese marco narrativo, Beroy ofrece de manera explícita a través de la cita textual y gráfica algunos modelos literarios y gráficos narrativos como son Edgar Allan Poe, Winsor McCay —que vuelve a funcionar como referente del cómic fantástico—, H. G. Wells o Franz Kafka. Así, el libro que está leyendo el protagonista en esa realidad aplastante es de Poe [Figura 5],[17] en la estantería de su habitación aparecen los libros de McCay, Kafka, Wells, y, además, en ese marco narrativo se cita el poema de Poe «Un sueño dentro de un sueño». Si aquellas historias iniciales parecían haber conformado una suerte de laboratorio narrativo que insinuaban cuadros sin lógica y se aventuraban a desarrollar incipientes argumentos (las más compleja y narrativa puede ser la que se titula «Signos», quizá un basamento ideal para desarrollar más adelante ese marco narrativo), la publicación en forma de álbum echa mano de un contraste de mundos (realidad/sueño) que sume a la narración de lleno dentro de la lógica de lo fantástico. El elemento maravilloso se reconduce hacia una ambigüedad en la que los límites entre realidad y representación onírica encuentran pasadizos desasosegantes. Esa insistencia en crear un marco de salida a la realidad ofrece un punto de fuga inquietante. Su amada pugnará por traerlo de nuevo a la realidad, aunque en ese combate desigual el protagonista parece haberse dado por vencido ante ese mundo paralelo que percute una y otra vez en su interior. Poe había dado el verso exacto: «Todo lo que vemos o parecemos / no es más que un sueño dentro de un sueño», pero también Gérard de Nerval podría haberlo hecho en su *Aurelia* al decir que «El sueño es una segunda vida». Curiosamente, Nerval hablaba de enfermedad: «Voy a tratar de transcribir (...) las impresiones de una larga enfermedad que sucedió totalmente en los misterios de mi espíritu». De este modo, podría ensayarse una relectura de Beroy desde presupuestos literarios. El propio autor ofrece esos modelos: la consecución de una historia fantástica incide en una apenas insinuada historia de amor que podría apuntalarse sobre el «tú» del poema de Poe y sobre otros relatos como el de Nerval.

---

[17] Poe junto con Lovecraft han sido referentes literarios que estaban presentes en la mente de Beroy según se puede ver en la entrevista que le hace Toni Boix: «Poe sigue siendo un autor que admiro, tanto por su calidad literaria como por la temática de sus cuentos. (...) De Lovecraft me siguen gustando muchísimo sus cuentos y alguna de sus novelas, especialmente aquellas en las que prescinde de tanta hipérbole de indescriptibles caos reptantes y pulpoides y se limita a explicar historias. *El horror de Dunwich* sigue pareciéndome un estupendo cuento fantástico lleno de descripciones entre costumbristas y terroríficas que en ocasiones he estado tentado de llevar al cómic» (Boix, 2011). No solo están presentes las referencias literarias sino también pictóricas. La presencia del cuadro de Klimt en la última viñeta viene a acentuar esa naturaleza profundamente intertextual del cómic que tenía como referencia a *Watchmen*».

No es este un caso aislado en el que la literatura ofrezca un bastidor argumental sobre el que instalar la narración gráfica de índole fantástica. En el seno de *Zona 84* se pueden ver otros ejemplos como el de Leopoldo Durañona que adapta el microrrelato de Kafka «Ante la ley» en el número 36 (pp. 79-82), Esteban Maroto construye su relato «La ciudad sin nombre» basándose en *Los mitos de Cthulhu* de Lovecraft (núm. 38, pp. 39-50). No solo destaca el papel de *Zona 84* como una intermediaria entre la literatura fantástica y el cómic sino que también publicó series de enorme calado dentro del género. Así, ya desde el número inicial se dedicó a publicar la serie de Paul Kitchner titulada «El bus»»: sobre un tema reincidente —la aparición del autobús— crea escenarios ilógicos y surrealistas que emanan directamente de la metamorfosis de una realidad cercana y reconocible. De igual modo aparecen en sus páginas series como *Crepúsculo*, de Pasqual Ferry (entre los números 52 y 88), que toma como referente posiblemente el relato de Cronell Woolrich «Un centavo por palabra»[18] y que será más tarde publicado en forma de álbum. En *Crepúsculo*, un escritor anónimo adquiere la fama escribiendo un relato a partir de las pinturas tenebrosas de un desconocido Woods que lo contrata para que narre sus imágenes. En ese relato, Miller, a lo largo de una noche y siempre en una habitación de hotel, tiene que convertir la pesadilla de esa imagen en una historia que la haga comprensible. Existe un nivel de lectura puramente argumental en esta historia pero, indudablemente, en ellas se pueden rescatar resonancias simbólicas en las que el poder creativo emerge de ese subconsciente oculto (Woods) que pugna por salir a la luz a través de un relato (Miller). Bajo ese elemento nuclear se crea una constelación temática que tiene que ver con la difícil frontera del sueño/ficción con la realidad, la figura del doble, la locura, etc. Esas reminiscencias temáticas del relato fantástico vienen apoyadas también en citas literarias como las de Ben Jonson («Sigue una sombra y huirá de ti. Mas si huyes de ella te seguirá»), Lewis Carroll, Ruyard Kipling o Kafka. Al margen de que los usos de citas literarias sirvan como una fuente de legitimación de un producto cultural asociado a una posición periférica, es posible ver en ello una poética emparentable con la posmodernidad y una huella de las maneras de hacer de Alan Moore y su *Watchmen*, aderezado de numerosas citas literarias y musicales, que lograban un compendio de géneros narrativos subsumidos en un mundo distópico.

Zona 84 dará cabida también a la serie *Sebastián Gorza* entre los números 59 y 64. La historia oscila entre la continuidad y el carácter autoconclusivo de cada capítulo. Ese carácter autónomo permite a Pasqual Ferry utilizar una misma estructura narrativa. El protagonista, Sebastián Gorza, se define por su capacidad imaginativa que utiliza como punto de fuga de su monótona vida. Esa fantasía la canaliza a través del dibujo pero cada vez que se vale de este para escapar de

---

[18] Así lo confiesa en el número 54 de *Zona 84*, p. 74.

su realidad surge un problema: amenazas de castigo en el colegio, posibilidad de ser despedido en el trabajo, desalojo de su casa por impago del alquiler, etc. Existe siempre un mismo esquema narrativo:

—Inicio con la representación de esbozos de los dibujos de Sebastián Gorza. Es concebido como una forma de escape de la monotonía

—Amenazas por parte de alguien para que abandone esos dibujos y se dedique a algo práctico y productivo.

—Suceso extraordinario que solo capta Sebastián Gorza y que cambia su vida para siempre.

—Final con Sebastián Gorza solitario admitiendo que ese hecho extraordinario ha influido en su vida de forma traumática.

Así, puede verse cómo el niño que fue Sebastián Gorza va creciendo y convirtiéndose en un adulto hasta llegar a la vejez y la soledad total. Su trayectoria vital es la de alguien que se bate en retirada ante la vida asediado por esos pasadizos de lo extraordinario que penetra de forma insistente en su vida para achicar el espacio de seguridad. La incursión de lo insólito en su vida acaba por minar su personalidad, despojarlo de sus seres queridos y de cualquier atisbo de normalidad. Existe algo de pesadilla recurrente que atenaza su espíritu. Pretendía huir a través de sus dibujos de una vida gris y repetitiva pero será finalmente esa capacidad para encontrarse con lo inesperado e irracional, que sobrevuela como nota inquietante, lo que en definitiva acabará borrando y transformando aquella realidad alienante para construir otra mucho más angustiosa. En su devenir vital acabará encontrando seres que encarnan sus miedos: el hombre del quiosco que regalaba caramelos, el hombre que se encontraba en el metro y llevaba artefactos extraños, el pájaro que dejaba un huevo mágico en su casa, el coleccionista de muñecas de porcelana en el psiquiátrico y también acabará comprobando cómo los resortes del tiempo acaban por saltar de sus goznes cuando experimenta desajustes entre la cronología externa y la experimentada por él en el bar Aquiles, algo que podría emparentarse con relatos como «Rip van Winkle», de Washington Irving, o «The Swimmer», de Cheever. Pueden verse al menos tres puntos de inserción de lo fantástico en una serie como *Sebastián Gorza*: en cada capítulo existe siempre un suceso anómalo que tendrá su repercusión traumática en Gorza; y también en cada final del capítulo existe un balance del protagonista en el que declara su inquietud. El lector no tendrá certeza nunca si se trata de algo que ha pasado en la realidad o si es tan solo el fruto de una imaginación sobreexcitada. El tercer punto de irrupción de lo fantástico tiene que ver con el final del personaje: en el último relato asistimos al entierro de Gorza que ha sido sufragado por una antigua amante; se descubre entonces que en el ataúd no está el viejo Gorza sino el cuerpo de un joven muchacho. Aquí se instalan varios niveles de lectura posible. Podría ensayarse una lectura de cuño realista: pensar que se trata de un error, una interpretación forzada desde dentro de la historia, pero sobre ella y sin anularla podrían construirse otras versiones que acudan a elementos fantásticos (transformación del cuerpo tras la muerte sin necesidad de acudir a la equivocación) o simbólicos (tras la muerte emerge el niño que siempre estuvo en el interior de Gorza y que pugnaba por vivir en otra realidad construida por su imaginación para escapar de la asfixia del mundo real), o incluso acceder todavía a un nivel más simbólico, pues el hecho de dejar vacío el mausoleo de Gorza podría entenderse como un corolario de aquella desposesión continua de la vida y las certezas de aquel niño imaginativo que acabaría por desaparecer. Ser nadie fue su destino y su tumba un monumento vacío.

Las revistas de cómics y las editoriales asociadas a ellas fueron también un vehículo efectivo de entrada del cómic fantástico extranjero, algo que ya se ha apuntado. Así sucede con autores asociados a lo fantástico, caso de Richard Corben en *1984*. También la editorial Toutain, que publicaba esta revista, editaba en un tomo aparte *El Extraordinario mundo de Richard Corben* en 1977 o las adaptaciones que de los relatos de Poe había realizado el mismo Corben en *La caída de la casa Usher y otros relatos de Edgar Allan Poe*.

Por su parte la revista *Totem* publicaba de forma asidua material procedente de la revista francesa *Metal Hurlant* creada en 1975 por el colectivo Les Humanoïdes Associés. El relato *Arzach*, de Moebius, fue publicado en los primeros cuatro números de *Totem*. También en el número 9 de esta revista fue publicada la historia que se convirtió en un referente dentro de la ciencia ficción: «The long Tomorrow», escrita por Dan O´Bannon y dibujada por Moebius, que puedo haber sido inspiración para Syd Mead, ilustrador que ayudó a Ridely Scott a configurar el universo visual de *Blade Runner*. En el número 3 de *Totem* se saludaba elogiosamente la obra de Philippe Druillet —uno de los creadores de *Métal Hurlant*— en un texto realizado por Antonio Martín. La obra de Druillet será publicada en revistas como *Star* o *Cimoc*, además de la propia *Totem*. La editorial Nueva Frontera, que se encargaba de la publicación de *Totem*, también publicará traducciones de la obra de Dionnet y Bilal, como *Exterminador 17* en 1981. En ese mismo año se encargará de editar también *Los cuentos de Maupassant* de Dino Battaglia y *Las murallas perdidas*, de Benoit Peeters y François Schuiten, primer tomo de la serie *Las ciudades oscuras*, que verá la luz en el mercado español en 1983. La obra de Pierre Crhistin y Enki Bilal, *La cuidad que nunca existió*, será publicada por la editorial barcelonesa Distritonovel en 1983. Por su parte, la editorial Eurocomic en los años 80 traduce series como *Los náufragos del tiempo*, de Jean Claude Forest y Paul Guillon, y *El Garaje Hermético*, todo un hito creado por Moebius y publicado originariamente en *Métal Hurlant* a partir de 1979. Todo ello conformaba un caldo de cultivo en el que autores como Corben o Moebius ejercían una poderosa atracción sobre los jóvenes creadores que renovaban el cómic en los años 80.[19]

[19] Este panorama parece haber influido también en autores de la revista de cómics vasca *Habebo Mik*, tal y como señala Díaz de Guereñu: «El contexto del cómic europeo de los años

Los lectores de cómics de esta década no solo tuvieron la oportunidad de degustar las renovadoras historias nacidas en el marco de *Métal Hurlant*, pues otras editoriales como Zinco tradujeron en los primeros años 80 series como *Martín Mistere*, creada por Alfredo Castelli y Giancarlo Alessandrini para la editorial italiana de Sergio Bonelli, que comenzó a publicarse en España en 1982. También Zinco editó otra serie de gran éxito procedente de Bonelli como es *Dylan Dog* concebida por Tiziano Sclavi en 1986 y publicada en España a partir de 1988 y, más tarde, por Ediciones B (1993) y Ediciones Aleta (2004).

Lo fantástico en los márgenes del género: *Cairo* y *Madriz*

Otra revista como *Cairo*, que inició su andadura en 1981 y venía a ser el engarce del cómic español con la tradición franco-belga, presenta también una permeabilidad al género fantástico. Entre los autores que más asiduamente cultivan lo que podría denominarse una poética de lo fantástico están Guillem Cifré y Pere Joan. Sin embargo, cabría decir que el tratamiento de lo fantástico es muy diferente al ofrecido desde las revistas como *Zona 84*. No existe esa visibilidad tan manifiesta de los artificios genéricos. Tampoco funciona el emparejamiento con la ciencia ficción y, por supuesto, está ausente esa tendencia panerótica que venía inscrita en la médula del relato de ciencia ficción y fantástico de *Zona 84*. Si aquellas propuestas editoriales buscaban de forma explícita un lector adulto, *Cairo* ampliará su espectro y, siguiendo la línea esbozada por Hergé, perseguirá un lector sin una edad tan claramente definida. De este modo podría describirse la obra de Cifré y Pere Joan en *Cairo* como una especie de poética de lo fantástico de autor que surge de la creación de un mundo propio, con un universo de personajes estrafalarios que pueden funcionar como emblema de un mundo interior muy característico: la omnipresencia del Michelín de Pere Joan o el gusto por los pulpos de Cifré marca una iconología que, junto con un grafismo singular, hablan un idiolecto muy determinado. Sus propuestas se desmarcan de las convenciones genéricas que en *Zona 84* servían para catalizar la huida del realismo costumbrista del cómic anterior. Ya en el número 1 de *Cairo*, Pere Joan publica una página titulada «Álbum» en la que se puede ver el personaje fetiche de Michelín y Guillem Cifré, por su parte, firma una página en la que se muestra el perfil de una figura anónima en medio de un laberinto gráficamente incongruente que está atravesado por escaleras en un afán por desfigurar la realidad. Inevitablemente parece estar patente la referencia gráfica que funcionaría como una propuesta excelente de la imagen fantástica: los grabados de Escher.

precedentes fue un caldo de cultivo adecuado para que los dibujantes de *Habebo Mik*, lo mismo que los de otras publicaciones peninsulares, se inclinaran masivamente por acudir a las posibilidades y a las exigencias del género fantástico» (2004:192-193).

Ese personaje recurrente en la obra de Cifré posee algo de universal e inquietante, enigma por descifrar de manera indefinida. Estas páginas-emblema del número inicial de *Cairo* pueden narrativizarse en historias de corte fantástico. En el número 7 se publica la historia de Cifré titulada «Simbología ciudadana», en la que un hombre en paro que busca trabajo llega a una lugar misterioso tras haberse internado en un laberinto de escaleras imposibles [Fig. 6]. Su trabajo será ser reducido y aplastado para convertirse en una anónima figura de peatón que sirve como señalización. El final dista de realzar el elemento inquietante y parece decantarse más del lado humorístico (aunque a la vez cínico) cuando una mujer reconozca en la señal de su barrio a Jordi. Podría definirse una historia como esta como el acta de nacimiento del personaje emblema de *El tío del final.* Es una narración que presenta una solución razonada (aunque inverosímil) a esas páginas enigma en las que Cifré aglutina un suceso inquietante e inexplicable. También Cifré asedia lo fantástico desde realizaciones profundamente ominosas como la historia de «Ser o no ser...», en la que el tema del doble se concreta en un personaje con dos cabezas. Una de ellas se cansará de la constante presencia del otro para acabar decapitando a su otra cabeza. Sin embargo y tras disecarla, será siempre una presencia continua en su vida que llevará consigo a todas partes. Existe una realización paradójica que tiene que ver más con el uso de humor absurdo que encaja perfectamente con estilo gráfico profundamente sintético y de corte minimalista de Cifré.

Cifré, dentro de su poética del minimalismo gráfico narrativo, es capaz de esbozar pequeñas historias de naturaleza inquietante, como las publicadas en el diario *Avui.* Los personajes viven en un mundo extraño, laberíntico, en el que existen recurrencias iconográficas como la aparición de los libros, la pintura, las imágenes de televisión que construyen otro mundo paralelo que acecha a la realidad. Suelen estar protagonizadas por lo que parece un mismo personaje que está a medio camino entre el Tío del Final (perfiles oscuros) y lo que podría ser una especie de trasunto autográfico: una forma de convertirse en personaje en lo que vendría a ser una nueva forma de autoficción gráfica en un mundo siniestro. El hecho de dibujar a un personaje con gafas era una tentación al pseudoautorretrato. Ya en el número 20 de *Cairo* contestaba así a la pregunta de por qué llevaban gafas sus protagonistas: «Por un reflejo de mí mismo, es un objeto que me atrae» (p. 11).

Aparte de esa naturaleza obsesiva que se traduce en las mencionadas recurrencias temáticas, se establece una profunda reflexión sobre la naturaleza de la imagen estrechamente relacionada con las citas a otras obras artísticas como las esculturas de Giacometti, la Gioconda, *La violación* de Magritte, etc.

Los objetos pueden convertirse en seres vivos o atraparlos en su interior [Fig. 7]. El «Tío del Final» supone una cosificación del hombre convertido en imagen, en un icono, y podría decirse que obedece, en cierta manera, a esa poética de la metamorfosis. Esas transformaciones encarnan un lado inquietante en el que lo inerte presiona sobre la atmósfera creando un halo ominoso.

En ese mismo número 7 de *Cairo* se encuentra otra historia de importancia dentro de la tradición del cómic fantástico español: «Pasajero en tránsito», escrita y dibujada por Pere Joan. El protagonista es una persona que ha nacido en un avión y que ha pasado toda su vida en vuelos de un lugar a otro. El mundo, y también su vida, se reduce a los aviones. No existe otra realidad externa. El aire naíf lo salva de ser una pesadilla al estilo de las de Kafka o Borges en su concepción del espacio aunque, evidentemente, ambos autores podrían ser modelos topográficos para la construcción narrativa de lo fantástico. Surge como una adaptación literaria del cuento del autor de ciencia ficción Barrington J. Bayley, quien en 1972 publicó con el pseudónimo de Alan Aumbry la historia titulada «Man in Transit» en la revista *New Worlds Quaterly* (núm. 4, pp. 156-164). Entronca perfectamente con otras realizaciones narrativas de pasajeros que se quedan anclados en esos no lugares definidos por Mar Augé como ubicaciones del anonimato por las que discurre la vida moderna. Ahí está «El Guardagujas», de Arreola, *El oscurecer*, de Luis Mateo Díez, *La terminal*, de Spilberg, o *Tombé du ciel*, de Philipe Lioret, sin olvidar los personajes de «Los viajeros perdidos», de José María Merino. En este caso podría afirmarse que lo fantástico provendría de una especie de *reductio ad absurdum* que crea espacios imposibles y laberínticos. Estos espacios hunden su raíz en una concepción anónima del continuo tránsito de la vida contemporánea convertida ahora, a través de la ficción, en lugares de gran profundidad simbólica.

La lluvia blanca, también de Pere Joan, se publica entre los números 26-30 de *Cairo*. En ella se conjuga la historia de misterio que tiene que resolver un detective con el entramado fantástico de las misteriosas metamorfosis que convierten a todo el mundo en un muñeco de Michelín: son las mixelizaciones.[20] Pere Joan se separaba del grafismo típico de la escuela franco-belga para conseguir su propio estilo al tiempo que incluía en el bastidor de la historia de aventuras y misterio (típica de la línea clara) el emblema temático de su obra: Michelín. Lo sobrenatural planea sobre el ambiente.

También en la revista *Cairo* verán la luz las páginas de la serie *Ajeno*, de José María Beroy. Resulta llamativo el entronque de lo fantástico con un anclaje en el elemento histórico: sobre un elemento melodramático que proporciona una historia amorosa, se instala una narración de índole fantástico-histórica en la que se narra la existencia de una logia secreta de alquimistas —«La reunión»—

[20] Remesar y Altarriba (1987: 47) hablan de un tipo de cómic que denominan «fábulas fantásticas»: «Este tipo de producciones que podría definirse como fábula fantástica-misteriosa y que partiendo de firmes anclajes en la realidad cotidiana desbarra hacia lo extraordinario o integra elementos inexplicables».

que tiene como misión preservar el orden y el poder de las clases privilegiadas. Tras el triunfo de la República, orquestan desde la sombra el levantamiento del ejército y la contienda de 1936. De esa logia secreta se desmarca un joven aprendiz al conocer a una joven de la que se enamora. Cuando su organización la mata, jurará una venganza y para ello traza un conjuro en el que habrá de resucitar a su amada 50 años después. Él regresará desde «el otro mundo» para volver a vivir su amor con ella. El escenario de esos encuentros amorosos de otras dimensiones será la ciudad de Barcelona: la línea clara había mostrado como seña de identidad esos fondos de lugares perfectamente documentados; aquí Beroy traslada parte de la geografía urbana de Barcelona para incluir parte de sus emblemas arquitectónicos en una trama fantástica: aparece la casa de La Pedrera junto con el dragón de la verja del Parque Güell que cobra vida. En la trama, además, existen lugares simbólicos como la estación del Norte, espacio abandonado en la época en la que llegará el joven rebelde en un tren fantasma o barcos fantasmas que llevan a esos seres de este mundo a otro paralelo. Libros mágicos que narran el futuro, barcos y trenes son parte de la tramoya escénica de una historia que no sitúa sus marcas espaciales y temporales en mundos del espacio exterior. El mundo onírico sigue estando vigente en los sueños de la protagonista femenina (Ana), atrapada por recuerdos de otra mujer (Julia) que acabarán por hacerle dudar de su cordura. Los informes del doctor también darán muestra del misterio que rodea a esa mujer y acabarán insinuando la posibilidad de que pueda haber algo de real en ellos: «Solo es un caso, una loca más entre muchas... Al fin y al cabo ¿por qué pensar que el suyo es un caso especial... que su locura no se debe a un caos interior... sino a un hecho externo, absolutamente extraño y desconcertante?» (Beroy, 2010: 198).

No solo lo fantástico tuvo cabida dentro de revistas como *1984*, *Zona 84* o *Cairo*. También la revista *Madriz*, impulsada desde el propio Ayuntamiento de Madrid entre 1984 y 1987, se mostró permeable a las formas de narrar de lo fantástico. Las colaboraciones de Juan Jiménez, con relatos como «Fotofin en el acto» u «Hora Cero», así como la serie «Bestiario Matritense», de OPS, en la que ofrecía un lado oscuro y monstruoso de la geografía urbana de Madrid, son ejemplos de la importancia de lo fantástico que no solo buscaba fórmulas genéricas sino que también tenía una gran incidencia en lo que podría denominarse el cómic de autor encarnado por las páginas de *Madriz*. En esa geografía inquietante que nos muestra OPS (pseudónimo de Andrés Rábago) se ha querido ver también la influencia de Max Ernst (Menéndez Muñiz, 2002: 290), que había sido capital para la obra de Beà y su *Peter Hypnos* y que también funcionará como un referente gráfico en la más reciente de Max y la concepción de las historias protagonizadas por Bardín el surrealista. La obra de LPO, como «Balada demencial» o «Balada del sortilegio» (núm. 18-19, pp. 10-13), construida sobre una ensoñación diurna, se ha comparado con la poética de McCay en su

Little Nemo (Menéndez Muñiz, 2002: 189). La intertextualidad literaria sigue estando vigente en relatos como el titulado «Palmeras en Madrid», de Federico del Barrio, incluido ya en el primer número, en el que aparecían versos enteros de «El Cuervo», de Edgar Allan Poe, dentro de una historia de cariz fantástico.

Trazo de tiza y el advenimiento de la novela gráfica

Otra de las obras que marca un punto de inflexión dentro del cómic fantástico en España es *Trazo de tiza*, publicada por Miguelanxo Prado en la revista *Cimoc* entre los números 134 (mayo de 1992) y 141 (noviembre de 1992) y reeditada más tarde en forma de álbum. El protagonismo de la obra recae sobre una peculiar concepción del espacio y del tiempo (Guy Abel, 2002; Trabado Cabado, 2008; Guzmán Tinajero, 2012). En *Trazo de tiza*, Prado crea una historia de desencuentros entre Ana y Raúl que tiene lugar en un espacio de indeterminación cartográfica: una isla que no aparece en los mapas y a la que llega Raúl tras una navegación extraviada. En esa isla se encuentra a una mujer que espera a alguien que no llega. La dueña de la taberna le pregunta si no ha estado ya antes en ese lugar creando, así, los cimientos de una atmósfera de misterio que sobrevuela todo el relato. Las citas literarias vuelven a crear un andamiaje para orientar al lector en la reconstrucción de los hechos. Raúl, sorprendido por el hecho de que Ana no pronuncie una sola palabra durante la primera comida que comparten, confiesa que la situación le recuerda a la *Invención de Morel* de Bioy Casares (Prado, 2003: 20). Junto al relato construido por la narración gráfica se solapa otro que se deja entrever fragmentariamente: el diario que lleva Ana y que fija las coordenadas cronológicas al tiempo que cifra su perplejidad ante los hechos que suceden en la isla, todo parece ser un puzle en el que las piezas encajan por su forma pero no componen una imagen lógica. Cuando Raúl abandone el lugar y, arrepentido, dé la vuelta volverá a esa misteriosa isla, comprobará con sorpresa cómo Sara (la mujer que regenta la taberna) no lo recuerda. Dejará su mensaje en el espigón del puerto destinado a Ana y será ese mensaje el que Ana lea y la decida a esperar a aquel hombre. De este modo podría deducirse que ambos personajes llegan a un mismo lugar en cronologías diferentes pero en ese deambular existe un posible encuentro. Ya antes Prado había realizado una serie de historias de encuentros amorosos entre personajes que volvían a encontrarse fugazmente a lo largo de su vida, publicadas conjuntamente con el título de *Tangencias*. En cierto modo podría pensarse en la posibilidad de ver *Trazo de tiza* como la trasposición de una de esas tangencias (de cuño realista) a una narración fantástica en la que ciertas obras literarias como las de Tabucchi y Bioy Casares ofrecen artificios narrativos muy eficaces (Marante Arias, 2009). La isla concebida como espacio simbólico desgajado del mundo, que vista desde el aire simula un «trazo de tiza», parece haberse convertido en una línea divisoria entre el mundo de la razón y lo posible y otro mundo contingente, lleno de casualidades y hechos que desafían nuestra forma de entender la realidad. Miguelanxo Prado consigue con esta obra un salto de calidad dentro del cómic fantástico recalibrando fórmulas genéricas y roturando nuevos temas. Se desliga de ese mundo onírico que estaba muy presente en las narraciones de Beroy, Ferry o Beà y aunque lo literario sigue estando presente, se encuentra muy diluido en la trama narrativa. La incongruencia temporal en un espacio simbólico le sirve para bucear en una atmósfera llena de misterio pero no tan opresiva como los mundos narrados en los relatos de los años 80. Los personajes no viven ya sumidos en la desesperación sino que saben ganar matices afectivos que tienen que ver con la espera, el silencio (que aprendió mirando los cuadros de Vermeer), la soledad, la melancolía, y ahí Prado sabe administrar sabiamente el tempo narrativo que busca la morosidad y la delectación estética en un paisaje natural. Esto le servía para alejarse de la tramoya onírica de la pesadilla y empezar a ver en el mar un trasunto simbólico de lo mágico que acabará desarrollando en otras obras como el largometraje de animación *De Profundis* que, más tarde, reconvierte en un álbum ilustrado. También allí se disponían encuentros amorosos, esperas infructuosas, un mundo oceánico preñado de maravillas y un profundo lirismo que bien podrían emparentarse con lo desarrollado en *Trazo de tiza.* Aun perteneciendo al mundo editorial de la revista de cómics y valiéndose del formato de publicación del álbum franco-belga, el relato de Prado estaba muy cerca de la sensibilidad de lo que es la novela gráfica. Desde ese punto de vista *Trazo de tiza* podría convertirse en una bisagra entre las narraciones fantásticas de Beroy,[21] Ferry y Beà, y las de autores plenamente asentados en el universo de la novela gráfica fantástica como son Paco Roca o Luis Durán.

Por otro lado podría ser productivo a la hora de ver cómo funcionan ciertos arquetipos simbólicos asociados a lo fantástico realizar una lectura comparativa del cómic de Prado con una película surcoreana como *Siworae. Il mare* (2000, Lee Hyun-seung), que sirvió como fuente para el *remake* estadounidense titulado *The Lake House* (2006, Alejandro Agresti). En ella también se superponen diferentes cronologías confeccionando una historia de amor de dos personas que viven en diferentes tiempos. La conexión de esas temporalidades dispares tiene lugar a través del buzón de correos de una casa dispuesta junto al mar.

Miguelanxo Prado consigue con su obra *Ardalén* la excelencia de lo que podría denominarse la novela gráfica fantástica. Siguen estando vigentes parte de los estilemas gráfico-narrativos de su obra: una paleta cromática llena de matices que emparenta su grafismo con el discurso pictórico y que le sirve como

[21] Podría resultar interesante establecer una comparación entre *Ajeno*, de Beroy, y *Trazo de tiza*, de Prado, para examinar la evolución de una historia amorosa tamizada por el relato fantástico y ver las diferencias entre la poética de los años 80 y la evolución hacia los 90.

una herramienta perfecta para la consecución de atmósferas llenas de misterio e indefinición, un apego a la naturaleza y sobre todo al mar como espacio de lo desconocido y la maravilla emparentado profundamente con nuestras emociones; todo ello, además, resuelto en una narración ambiciosa en la que los personajes poseen honduras psicológicas poco habituales: el mundo interior es tan importante como la realidad física llegando incluso a permearla y teñirla de escenas de enorme plasticidad. La realidad deformada presenta escenas que podrían haber virado hacia el surrealismo pero que en manos de Prado obedecen más bien a cristalizaciones metafóricas de un lenguaje poético: ballenas saliendo de los bosques, estancias inundadas de peces hablan de ese mundo mágico que se traduce plásticamente en imágenes de profundo lirismo [Fig. 8]. Precisamente, el preámbulo de la narración ofrece una representación gráfica del paisaje que va acompañada de un texto de una profunda naturaleza lírica. De tal modo se manifiesta esa intensidad lírica que en ese texto reaparecerá como una suerte de corolario lírico final en la libreta de Sabela (protagonista femenina) que funciona como una síntesis perfecta de la narración fantástica que es *Ardalén*. Sus referentes —advierte el propio autor— son Álvaro Cunqueiro y, más tarde, escritores latinoamericanos como Borges y Cortázar. En el origen de esta novela gráfica están cuadros del propio Prado en los que se podían observar criaturas marinas inundando las estancias de bebedores nocturnos, ballenas surcando bosques y el poema de un náufrago que jamás abandonó la tierra firme. Ese poema llevaba el embrión narrativo capaz de aglutinar las imágenes imposibles de aquellos cuadros que suponían la traducción plástica de un mundo paradójico. Así, la narración fantástica de Prado emana de un eclecticismo de lenguajes en el que lo lírico ofrece una gramática para unir lo incongruente y dar así expresión cabal a una investigación emocional que bucea en las profundidades abisales de los personajes. Con respecto a *Trazo de tiza* se puede observar cómo aquellas referencias literarias aparecen subsumidas y las voces ajenas forman ya parte de un lenguaje propio que redundan en la consecución de un cómic de profunda conciencia autoral, lejos ya de los registros genéricos de lo fantástico, la ciencia ficción y el terror de los años 80.

Desde el surgimiento de la novela gráfica, parece que la temática se encuadraba dentro de las lindes de la no ficción (la autobiografía, el reportaje periodístico, los diarios, los cuadernos de viaje, etc.) para conseguir una forma de narrar absolutamente novedosa que rehuía los artificios de los géneros narrativos hasta entonces establecidos. Con ello se buscaba la manera de contar los entresijos de lo cotidiano, muy lejos ya del tiempo de la aventura y de los escenarios exóticos. En ese contexto cabe pensar que el desarrollo de una novela gráfica fantástica implicaría la posibilidad de una nueva vía de desarrollo que se desmarcaría de las inercias más habituales de la novela gráfica. Sin embargo, la aparición de algo insólito dentro de lo cotidiano cuando se realiza desde el terreno de la novela gráfica permite un mayor desarrollo en los matices afectivos del personaje. La retórica narrativa de los relatos fantásticos, más breves, de los años 80[22] que se publicaban en las revistas era mucho más efectista, con decorados opresivos, mundos oníricos de pesadilla y personajes desgarrados en su sentir que podían hacen sentir el peso del cine expresionista, de las ciudades de Fritz Lang o Ridley Scott. La novela gráfica aporta una mayor pausa, una forma de narrar que actúa por una sedimentación paulatina en lo emocional y en la que lo insólito está en muchas ocasiones en relación estrecha con el crecimiento emocional del personaje, tal y como puede verse en la obra de Jiro Taniguchi *Barrio lejano* o en la serie centrada en *Palomar*, de Beto Hernández. *Trazo de tiza* crea esa bisagra que permite articular la cultura de las revistas de cómics de los 80 con la irrupción de un nuevo mercado editorial que buscaba, otra vez, la posibilidad de normalización del cómic bajo el marchamo de novela gráfica.

En 1995 cierra la revista *Cimoc* de Norma pero poco tiempo después la creación de editoriales como Sinsentido (1999), Astiberri (2001), Ponent Mont (2003) o Apa-Apa (2008) venían a constatar una nueva estructura editorial que incide en el cambio de la posición cultural que ocupa el cómic. En 2007 se crea el Premio Nacional de Cómic y son cada vez más habituales las reseñas de novelas gráficas en la prensa. Las librerías dedican un espacio propio para el cómic y estos comienzan a utilizar los mismos canales de distribución y venta que la literatura. Esta visibilidad y normalización que trajo consigo la novela gráfica tendrá también su repercusión en la recuperación de autores clásicos y, por supuesto, en la reedición de aquellos relatos fantásticos que había aparecido en el seno de revistas como *1984*, *Zona 84*, *Cairo*, *Rambla*, etc. A sabiendas de que aquellas historias podrían quedar sumidas en el olvido y sepultadas en el abigarrado universo temático de las revistas de los 80, en muchas ocasiones se optó por la publicación en formato álbum de aquellos relatos a modo de recopilación. Sin embargo, todavía podían seguir funcionando en un mundo periférico, culturalmente hablando. Será en época más reciente cuando las editoriales nacidas bajo el empuje de la novela gráfica puedan reivindicar aquellos clásicos y se reediten en un solo volumen en tapa dura trabajos como *Onírica*, de Beory (Glénat), en la que se llegan a modificar ciertas páginas, u *Octubre*, de Ferry (Astiberri), que le permite crear una historia que actúa como marco integrador de la recopilación: esa historia nueva se titula precisamente «Octubre». La consolidación de la novela gráfica (que había nacido a ras de tierra en su radiografía de la realidad) permitirá

[22] Pasqual Ferry afirmaba en una entrevista publicada en el número 54 de *Zona 84*: «El problema es que no lo puedes prever demasiado porque siempre has de centrarte en tus ocho páginas mensuales, que más adelante llenarán el álbum de 48». A ello añade José María Beroy: «Por ejemplo, Frank Miller y otros pueden desarrollar un potencial porque sus entregas no son de ocho, sino de más de veinte páginas por episodio» (p. 76).

paradójicamente la recuperación de historias más breves y de calado fantástico con las que establece ahora un diálogo eficaz.

Precisamente Paco Roca es un autor en el que ese diálogo entre la tradición del tebeo y las nuevas formas de la novela gráfica cobra un gran interés. El autor de *Arrugas* ha cultivado lo fantástico dentro de esa sensibilidad de la novela gráfica pero tampoco ha descartado la irrupción de temas de lo fantástico en páginas autoconclusivas publicadas en la prensa (y más tarde recopiladas en forma de libro) en las que lo humorístico atenúa el carácter inquietante de lo fantástico. Si bien es cierto que las obras que le han granjeado una posición central en el canon del cómic español no poseen esa relación con lo insólito (pienso en *Arrugas* y *Los surcos del tiempo*), otras encaran de forma decidida la poética de lo insólito. Así ocurre con *El faro* (2004) o *Calles de arena* (2009). En ambas puede verse un final que resulta epifánico y que tiene que ver en gran medida con un descubrimiento interior: la importancia de los sueños que pueden materializarse desmontando los goznes de la razón (caso de *El faro*) o la necesidad de liberarse de las ataduras absurdas de la vida cotidiana que acaban por asfixiar al protagonista de *Las calles de arena*. En una y otra los elementos literarios vuelven a estar presentes: en *El faro*, el final reproduce la historia de la noche 351 de *Las mil y una noches* que Borges había incorporado en su *Historia universal de la infamia* con el título «Historia de los dos que soñaron» y que también puede verse en los cimientos de *El alquimista* de Paulo Coelho; en *Las calles de arena* también son numerosas las referencias a lo fantástico desde el mismo título que hace alusión al cuento de Borges «El libro de arena», pero en el que se pueden ver arquetipos de lo fantástico como el motivo del *Doppelgänger*. No solo cabría la posibilidad de aludir a la intertextualidad literaria como fuente de la obra de Paco Roca, pues existen otros homenajes que esbozan lo que podría denominarse como una poética iconográfica de lo fantástico: la recuperación del motivo gráfico de las escaleras Penrose en los bocetos de portadas que, más tarde, fueron descartadas pero que dejan referencias en los espacios imposibles en los que se localiza la acción; el mundo claustrofóbico que podía tener su referente en las cárceles de Piranesi; o las propuestas del matemático David Hilbert basándose en una metáfora de un hotel con habitaciones infinitas. Todo ello conforma un acervo gráfico en el que concretar plásticamente la narración fantástica (Trabado Cabado, 2013). La concepción de las calles del barrio propio (espacio doméstico) como un dédalo en el que perderse (extrañamiento de lo doméstico) da pie al ingreso en un mundo absurdo e imposible preñado de constantes referencias a otros lenguajes. Como cada laberinto, las calles en las que se extravía el joven protagonista le ofrecen la posibilidad de encontrarse a sí mismo tras dejar atrás su vida anterior. En ese aspecto la obra de Roca presenta numerosas concomitancias con otra obra de profundas resonancias literarias que rescatan la presencia de la figura de Borges. Me refiero a la obra de los autores argentinos

Ricardo Barreiro y Juan Giménez. También en esta Jean, que tras una discusión con su novia (algo parecido ocurre con el protagonista de Roca) acaba perdiéndose en un maremágnum de calles. Ingresa así en un espacio caótico y absurdo, desfiguración del mundo urbano contemporáneo, en el que se pueden atisbar numerosos elementos simbólicos y referentes literarios. La obra de Barreiro y Giménez acaba con un poso nihilista, de tedio vital que encarna su encuentro con otro personaje central del cómic hispánico (El Eternauta, creado por Héctor Germán Oesterheld). La obra de Roca presenta una salida optimista a ese laberinto: el encuentro con Blanca, la cartera, le ofrece la posibilidad de reiniciar su vida de un modo diferente.[23]

Otro autor que ha transitado de manera asidua el territorio de lo fantástico desde la novela gráfica es Luis Durán. Posee una obra amplia y muy singular en su estilo y temática. *Una colmena en construcción*, una de sus últimas obras, presenta una concepción narrativa muy ambiciosa que se construye en torno a la importancia que posee la infancia y sus recuerdos. Estructuralmente se apoya en la repetición de varios motivos iconográficos como son las abejas[24] o las variaciones que existen sobre los bloques de madera que simbolizan la capacidad de la imaginación para construir otros mundos. Toda la obra está permeada de un halo fantástico que se concreta en la posibilidad de buscar en otra persona un trasunto de uno mismo (es lo que le sucede a Abel Chamorro, trabajador anónimo en un estudio de arquitectura) que comparte nombre con otro personaje del relato —psiquiatra de profesión— y que en la parte final del libro acabará por encontrar fugazmente tras haber creído toda la vida que era

---

[23] La presencia de lo fantástico en la obra de Paco Roca no solo se ciñe a este tipo de obra emparentada con la novela gráfica. También tiene cabida en otro tipo de historias más breves publicadas primero en la prensa y más tarde recopiladas en forma de libro. En ellas es habitual que vuelva en varias ocasiones sobre el motivo narrativo del cuento de Borges titulado «El otro», en el que el Borges ficcional se encuentra consigo mismo mucho más joven. Esto es explotado por Roca desde una perspectiva humorística en historias como «Las leyes (temporales) del mercado» incluida en *Andanzas de un hombre en pijama* (Trabado Cabado, 2015).

[24] El motivo de las abejas posee una profunda resonancia antropológica que tiene que ver con la muerte, como se puede comprobar en el capítulo 5 de la novela de Dolores Redondo, *Ofrenda a la tormenta*, en la que tanta importancia tiene la aparición de lo sobrenatural ligado al folklore vasco y navarro. Remito al trabajo de Fernando Alonso Romero (2000) sobre los ritos asociados a las abejas. El propio Luis Durán remitía a este valor simbólico de las abejas en una entrevista realizada por Jesús Jiménez con motivo de la publicación de *Una colmena en construcción:* «Son una metáfora poética que enlaza las distintas escenas y a los diferentes personajes del libro —comenta Luis—. En algunas culturas africanas las abejas simbolizaban el alma y también la resurrección. Así que pensé que representaban a la perfección ese momento de transformación en el que se hallan los personajes de este libro, desprendiéndose de su antigua alma, de su antigua identidad grupal, adocenada y dormida y transmigrando en individuos más conscientes» (Jiménez, 2012).

para él otra presencia casi fantasmal. También lo fantástico delimita la esencia topográfica del relato: el padre moribundo de Abel le confiesa que no existe el mundo, que no es sino un sueño que acaba en la calle de los círculos. Por su parte, Jacinto será otro personaje que construye una imposible catedral en la que lleva ocupado cuarenta años y que inició tras haber resucitado. Como en otras obras de Durán, se crea un idiolecto simbólico en el que el mundo de los sueños, la imaginación y la memoria (tema fundamental en otra obra como *El Martín pescador*) poseen una gran importancia. Su estilo gráfico recuerda la mirada infantil en lo que podría ser parte de su gramática narrativa: la recuperación de la mirada del niño hecha desde el territorio del adulto.

Precisamente esa mirada infantil como forma de ampliar el mundo racional está muy presente en otra obra destacable como es *El juego de la luna*, de Enrique Bonet y José Luis Munuera. Sobre el esquema narrativo de las narraciones folklóricas se cimenta un relato lleno de magia, temores, hechiceras para describir sentimientos atávicos como el amor, el odio, el recuerdo que permanecen vivos en un sustrato legendario que sobrevive al tiempo. Una topografía simbólica conformada por lugares como el bosque, el pozo y la torre del loco encajan perfectamente con el arquetipo de la luna asociada a la imagen femenina y al poder mágico. De ese modo la historia especifica la posibilidad de un doble lector: uno adulto que busque las sutilezas gráfico-narrativas de la historia y otro infantil que encontrará un aire de familiaridad en la retórica narrativa que conecta *El juego de la luna* con las tradiciones populares al tiempo que bucea en el interior del personaje.

No podría cerrarse este repaso apresurado sobre la esencia fantástica del cómic español sin recordar la obra de Max *Bardín el surrealista*, que recopila historias breves publicadas en diferentes lugares, que posee como hilo conductor la aparición del mismo personaje que encuentra el modo de acceder al otro lado de la realidad: una superrealidad. Sigue estando presente el mundo de los sueños que había dado lugar a una historia como *El prolongado sueño T.* y que aquí toma su referente del mundo surrealista. Aparecen las citas de Buñuel y Dalí pero también se toman referencias gráficas como el cuadro «La pesadilla», de Heinrich Füssli, reinterpretado en forma narrativa en un relato como «El ruido y la furia».

La traducción y pujanza de lo fantástico sigue estando vigente aun en estos tiempos en los que la novela gráfica parece haberse especializado en la vigilancia de lo cotidiano y en la asunción de registros autobiográficos que buscan una catarsis más o menos explícita. Por poner tan solo algunos ejemplos bastaría con recordar cómo a principios de los años 90 la editorial Norma traduce y publica álbumes como *El cementerio de las catedrales*, *Luz de estrella* y *Capricornio*, de la serie *Rork* de Andreas Martins, que había comenzado a publicarse en 1978 en la revista *Tintin*. En 2015 esta serie es de nuevo publicada íntegramente por la editorial ECC. Para seguir con el cómic de género medularmente fantástico podría destacarse el rescate de las historias de Steve Ditko, como las tituladas *El viajero misterioso* publicadas en el volumen III de *Los Archivos de Ditko* de la editorial Diabolo Ediciones. Desde la tradición oriental, la presencia de lo sobrenatural nos llega a través de los relatos compilados en el volumen titulado *3, calle de los misterios* de Shigeru Mizuki, publicado por la editorial Astiberri en 2011, donde se observa la pervivencia de la tradición folklórica japonesa. Mizuki había alternado ya la evocación autobiográfica con la aparición de un mundo sobrenatural en una obra como *Nononba* (Astiberri, 2010) y es precisamente ese mundo sobrenatural la esencia de los relatos que componen una obra como *Kitaro* (Astiberri). Por su parte, la obra de Jiro Taniguchi es capaz de aunar la finura emocional con que narra la tragedia de la pérdida del padre con una concepción temporal de índole fantástica en una obra como *Barrio lejano*, publicada por la editorial Ponent Mon en 2003 en dos volúmenes. Igualmente sugestiva es *La montaña mágica*, también de Taniguchi (la edición española es de 2005), en la que se puede entrever esa manifestación de lo fantástico de cuño oriental. Desde otra perspectiva, como la que ofrece Beto Hernández en su relación dialéctica entre el folklore mexicano y el *underground* norteamericano, nos ofrece una peculiar revisión del realismo mágico situado en un pueblo fronterizo como es Palomar, cuyas historias vieron la luz por primera vez en la revista *Love and Rockets* y que en España ha publicado la editorial La Cúpula. No es posible abandonar este apresurado paseo por lo fantástico en el cómic sin aludir a las recientes traducciones de clásicos como McCay que iniciaban estas páginas. Al margen de que *Little Nemo* fuera un modelo en las primeras décadas del siglo XX y que más tarde, bajo el impulso renovador de las revistas de los 70 y los 80, se consolidara como un referente perpetuo y digno de admiración constante, editoriales como Norma han publicado recientemente traducciones de la páginas dominicales de *Little Nemo* en un gran formato. A esto se ha sumado también Ediciones Kraken que en 2014 ha publicado las páginas de *Little Nemo* aunque en un tamaño más reducido. En 2015 la editorial Reino de Cordelia publica la traducción de *Dreams of the Rarebit Fiend* que McCay había publicado con el seudónimo de Silas y lo hace con el título *Malditas pesadillas indigestas*, siguiendo la estela de lo que había hecho ya con esta serie la editorial Laertes, que la había traducido también con el título *Pesadillas de cenas indigestas*. De todo ello parece que lo fantástico en el cómic en estos inicios del siglo XXI posee una trayectoria transversal, ofreciendo una arquitectura narrativa tanto a historias de género como cómics de autor. Sirve como punto de articulación y encuentro cultural en obras como las de Beto Hernández o Jiro Taniguchi y ofrece además una forma de profundizar en las emociones, tal y como demuestran las obras de estos autores anteriormente citados que, junto con Miguelanxo Prado, parecen haber entrevisto en lo fantástico otros resortes que van más allá del miedo y la perplejidad.

Parece, pues, que lo fantástico llega al cómic con fuerza a partir de los años 70 coincidiendo con la oxigenación que traían las revistas de cómics. La traducción de autores extranjeros como Corben o Kitchner (*1984*), Moebius (*Totem*), Dino Battaglia y de grandes clásicos como McCay y otros autores de referencia de la tradición argentina como Oesterheld con su *Eternauta*, o *Mort Cinder*, fueron importantes hitos en la construcción de lo fantástico. El mundo onírico fue asediado una y otra vez al tiempo que referentes cinematográficos y pictóricos colaboraban para dotar de una iconografía a ese mundo fantástico que se había colado con fuerza en las viñetas. Fue una presencia trasversal que buscaba puntos de conexión entre revistas tan dispares como *1984*, *Cairo*, *Madriz* o *Totem* (que le dedicaba el extra número 17 a lo fantástico). Más tarde, cuando el llamado *boom* del cómic adulto se desinfló a finales de los 80 hubo ejemplos como *Trazo de tiza*, que bien pudo actuar como articulación entre el género y el cómic de autor, entre las revistas y la consolidación de lo que años más tarde será la novela gráfica. Dibujar quimeras, mundos paralelos que se solapaban a la realidad y la desarticulaban quebrando la imagen fija de nuestra razón en un caleidoscopio de incertidumbres fue una labor que inició el cómic en las décadas de los 70 y 80 y que sigue estando vigente en la actualidad bajo otras pautas narrativas y otra respiración.

Figura 1. F. Ramírez, «Las pesadillas de Miguelín», *Alegría*, núm. 53, 11 de marzo de 1908.

Figura 2. Enric Sió, «Krazy» (serie *Mis miedos*), *Drácula*, núm. 2 (1971), p. 47.

Figura 3. Josep M. Beà, «Zona D» (serie *En un lugar de la mente*), *1984*, núm. 32, p. 71.

Fig. 4. Josep Mª Beà, «El final» (serie *Peter Hipnos*), Editorial Interimagen, p. 39. En ella se aprecia la técnica del *collage* tomada de Max Ernst.

Figura 5. José María Beroy, *La enfermedad del sueño*, Toutain, 1988, p. 37.

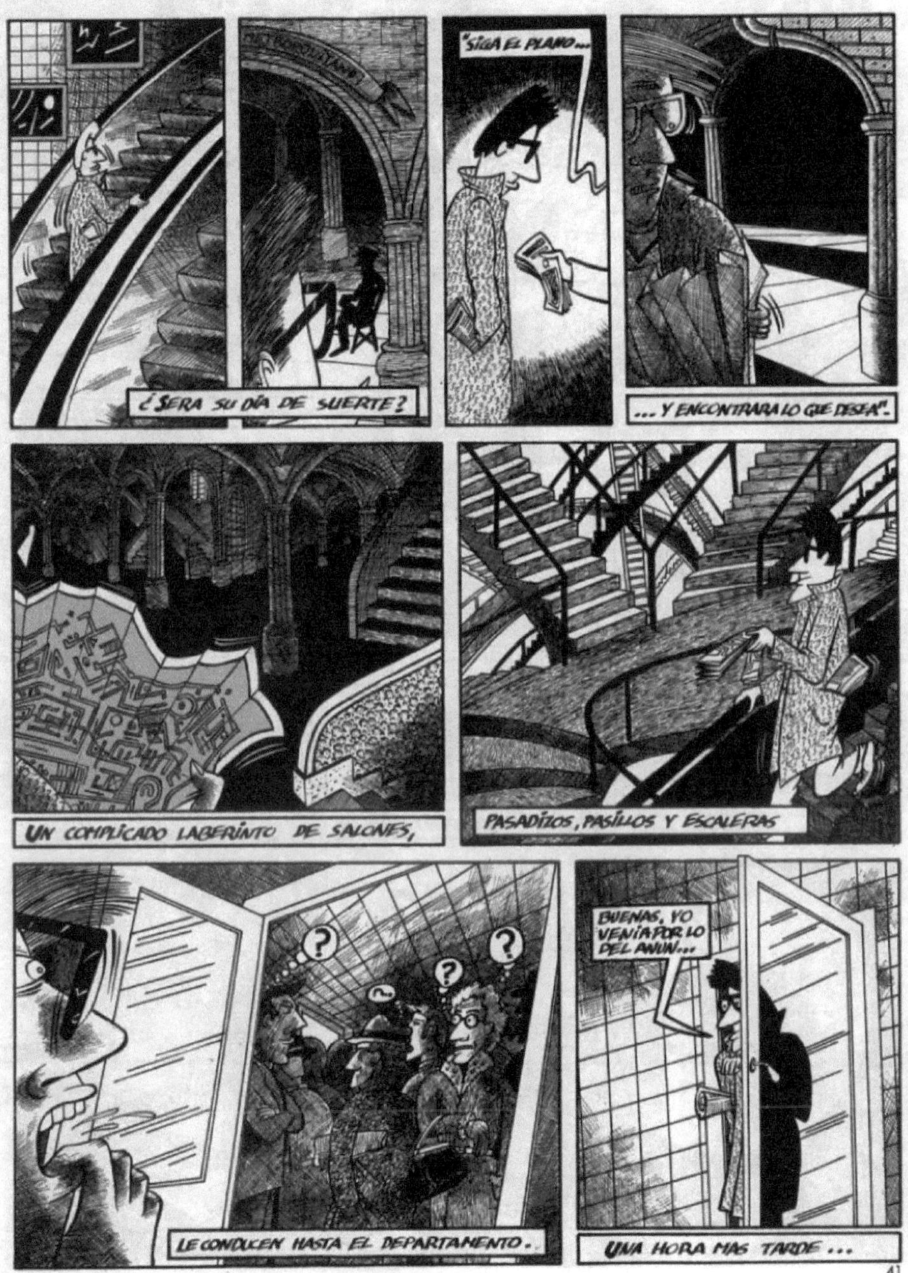

Figura 6. Página de Guillem Cifré, «Simbología ciudadana», *Cairo*, núm. 7, en la que se percibe un homenaje a los grabados de Escher.

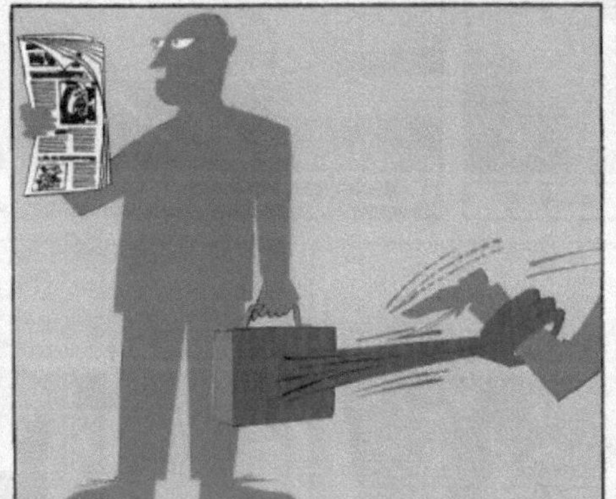

Fig. 7. Viñetas de Guillem Cifré publicadas en su recopilación *Artfobia II*.

Fig. 8. Miguelanxo Prado, *Ardalén* (p. 138), en la que se observan las ballenas saliendo del bosque.

BIBLIOGRAFIA

Obras citadas

Andres-Suárez, Irene (ed.) (2012): *Antología del microrrelato español (1906-2011). El cuarto género narrativo*, Cátedra, Madrid.

Aparicio, Juan Pedro (2006): *La mitad del diablo*, Páginas de Espuma, Madrid.

— (2008): *El juego del diábolo*, Páginas de Espuma, Madrid.

Arias García, Benito (ed.) (2004): *Grandes minicuentos fantásticos*, Alfaguara, Madrid.

Aub, Max (1954): *Algunas prosas*, Los Presentes, México.

— (1955): *Ciertos cuentos*, Antigua Librería Robledo, México.

— (1955): *Cuentos ciertos*, Antigua Librería Robledo, México.

— (1964): *El zopilote y otros cuentos mexicanos*, Edhasa, Barcelona/Buenos Aires.

Ayala, Francisco (1971): *El jardín de las delicias*, Seix Barral, Barcelona.

Baroja, Pío (1900): *Vidas sombrías*, s. n. [Imprenta de Antonio Marzo], Madrid.

— (1916): *La dama de Urtubi*, *La Novela Corta*, núm. 24.

— (1966a): «Médium», en *Cuentos*, Alianza, Madrid, pp. 18-22.

— (1966b): «El trasgo», en *Cuentos*, Alianza, Madrid, pp. 51-56.

— (1966c): «La sima», en *Cuentos*, Alianza, Madrid, pp. 110-118.

Beà, Josep Maria (1980): *En un lugar de la mente 1*, García y Beà Editores, Colección Rambla, Barcelona.

— (1983): *En un lugar de la mente 2*, García y Beà Editores, Colección Rambla, Barcelona.

— (1985): *Peter Hipnos*, Interimagen, Barcelona.

Beroy, José María (2010): *Onírica*, Glénat, Barcelona.

Berti, Eduardo (ed.) (2008): *Los cuentos más breves del mundo. De Esopo a Kafka*, Páginas de Espuma, Madrid.

Bonet, Enrique, y José Luis Munuera (2009): *El juego de la luna*, Astiberri, Bilbao.

Borges, Jorge Luis ([1944] 1989): «El jardín de los senderos que se bifurcan», *Ficciones*, en *Obras completas*, Emecé, Barcelona.

— (1981): *Labyrinths*, Penguin Books, New York.

Borges, Jorge Luis, y Adolfo Bioy Casares (eds.) (1955): *Cuentos breves y extraordinarios*, Raigal, Buenos Aires.

Bueso, Emilio (2011): *Diástole*, Salto de Página, Madrid.

— (2014): *Extraños Eones*, Valdemar Insomnia, Madrid.

Casona, Alejandro (2003): *La llave en el desván*, en Alejandro Casona, *El caballero de las espuelas de oro. La llave en el desván*, prólogo de Mauro Armiño, Edaf, Madrid, pp. 117-183.

— (2005): *Siete gritos en el mar*, en Alejandro Casona, *La barca sin pescador. Siete gritos en el mar*, prólogo de Mauro Armiño, Edaf, Madrid, 26ª ed., pp. 89-167.

— (2008): *La casa de los siete balcones*, en Alejandro Casona, *Prohibido suicidarse en primavera. La casa de los siete balcones*, prólogo de Mauro Armiño, Edaf, Madrid, 21ª ed., pp. 99-181.

Castán, Carlos (1997): *Frío de vivir*, Salamandra, Barcelona.

Castroviejo, José María (1945): *Los paisajes iluminados*, Destino, Barcelona; 2.ª ed. 1965.

Cela, Camilo José (1953): *Baraja de invenciones*, Castalia, Madrid.

Cervantes, Miguel de (2003): *El coloquio de los perros*, en *Novelas ejemplares II*, ed. Harry Sieber, Cátedra, Madrid, 20ª ed., pp. 297-359.

Chacel, Rosa (1952): *Sobre el piélago*, Imán, Buenos Aires.

— (1961): *Ofrenda a una virgen loca*, Ficción Universidad Veracruzana, Veracruz.

— (1971): *Icada, Nevda, Diada*, Seix Barral, Barcelona.

Cifré, Guillem (1990): *Modernas y profundas (1980-1990)*, Complot, Barcelona.

— (2003): *Historias de «El Tío del Final»*, Glénat, Barcelona.

— (2008): *Artfobia II*, Ediciones de Ponent, Alicante.

Círculo Cultural Faroni (ed.) (1996): *Quince líneas. Relatos hiperbreves*, Tusquets, Barcelona.

Company, Flavia (2011): *Trastornos literarios*, Páginas de Espuma, Madrid.

Cortázar, Julio (1951): «Casa tomada» [1946], en *Bestiario*, Editorial Sudamericana, Buenos Aires.

Cunqueiro, Álvaro (1955): *Merlin e familia*, Galaxia, Vigo.

— (1956): *El caballero, la muerte y el diablo, y otras dos o tres historias*, Colección El Grifón, Madrid.

— (1957): *Merlín y familia*, AHR, Barcelona.

— (1959): *Las crónicas del Sochantre*, AHR, Barcelona.

— (1968): *Flores del año mil y pico de ave*, Taver, Barcelona.

Cutillas, Ginés S. (2006): *El equilibrio del mundo y otros minicuentos*, Caja China, La Habana.

— (ed.) (2008): *Ficción sur*, Ediciones Traspiés, Granada.

— (2010): *Un koala en el armario*, Cuadernos del Vigía, Granada.

Dieste, Rafael (1926): *Dos arquivos do trasno*, Galaxia, Vigo.

— (1943): *Historias e invenciones de Félix Muriel*, Nova, Buenos Aires.

Díez, Luis Mateo (1993): *Los males menores*, Alfaguara, Madrid.

— (2006): *El árbol de los cuentos*, Alfaguara, Madrid.

Durán, Luis (2007): *El martín pescador*, Astiberri, Bilbao.

— (2012): *Una colmena en construcción*, Norma Editorial, Barcelona.

Encinar, Ángeles, y Carmen Valcárcel (eds.) (2011): *Más por menos. Antología de microrrelatos hispánicos actuales*, Dial, Madrid.

Espada, Manu (2011): *Zoom*, Paréntesis Editorial, Sevilla.

— (2015): *Personajes secundarios*, Menoscuarto, Palencia.

Espada, Manuel, y Rosana Alonso (eds.) (2013): *De antología, la logia del microrrelato*, Talentura, Madrid.

Esteban Erlés, Patricia (2008): *Manderley en venta*, Tropo, Zaragoza.

— (2010): *Azul ruso*, Páginas de Espuma, Madrid.

— (2012): *Casa de muñecas*, Páginas de Espuma, Madrid.

Esteves, Araceli (2013): *Fisuras en el aire*, Eugenio Cano Editor, Madrid.

Eximeno, Santiago (2010): *Obituario privado*, 23 Escalones, Madrid.

— (2013): *Bebés jugando con cuchillos*, Ediciones Cruciforme y Prema Ediciones, Madrid.

Fernández Cubas, Cristina (1983): *Los altillos de Brumal*, Tusquets, Barcelona.

— (1990): *El ángulo del horror*, Tusquets, Barcelona.

— (1994): *Con Agatha en Estambul*, Tusquets, Barcelona.

Fernández Ferrer, Antonio (ed.) (1990): *La mano de la hormiga. Los cuentos más breves del mundo y de las literaturas hispánicas*, Fugaz Ediciones Universitarias, Madrid.

Fernández Flórez, Wenceslao (1943): *El bosque animado*, Librería General, Zaragoza.

Fernández Suárez, Álvaro (1953): *Se abre una puerta...*, Sur, Buenos Aires.

Ferrando, Ignacio (2008): *Sicilia, Invierno*, J de J editores, Madrid.

Ferrer Bermejo, José (1982): *Incidente en Atocha*, Alfaguara, Madrid.

Ferry, Pasqual (2003): *Octubre*, Astiberri, Bilbao.

Fraile, Medardo (1954): *Cuentos con algún amor*, Colección Juglaría, Madrid.

— (1959): *A la luz cambian las cosas*, Cantalapiedra, Santander.

— (2000): *Cuentos de verdad*, ed. María del Pilar Palomo, Cátedra, Madrid.

Francés, José Antonio (2007): *Miedo me da. 78 relatos de humor y espanto*, Algaida, Sevilla.

Freire, Espido (2003): *Cuentos malvados*, Punto de Lectura, Madrid; reed. Páginas de Espuma, Madrid, 2010.

Freixas, Laura (1988): *El asesino en la muñeca*, Anagrama, Barcelona.

García Jambrina, Luis (2005): *Muertos S. A.*, El Gaviero Ediciones, Granada.

García Márquez, Gabriel (2014): «Me alquilo para soñar», en *Doce cuentos peregrinos* [1980], Debolsillo, Madrid.

Gironella, José María (1958): *Los fantasmas de mi cerebro*, Planeta, Barcelona.

— (1961): *Todos somos fugitivos*, Planeta, Barcelona.

González, José Luis (ed.) (1998): *Dos veces cuento: antología de microrrelatos*, Ediciones Internacionales Universitarias, Madrid.

G. Egido, Luciano (2003): *Cuentos del lejano oeste*, Tusquets, Barcelona.

G. Navarro, Hipólito (2005): *Los últimos percances*, Seix Barral, Barcelona.

Gracia Armendáriz, Juan (1994): *Noticias de la frontera*, Libertarias-Prodhufi, Madrid.

— (2008): *Cuentos del jíbaro*, Demipage, Madrid.

Granell, Eduardo F. (1970): *Federica no era tonta y otros cuentos*, Costa-Amic, México.

Hoyos y Vinent, Antonio de (1910a): *Del huerto del pecado*, s. n. [Imprenta de Primitivo Fernández], Madrid.

— (1910b): «El señor cadáver y la señorita vampiro», en *Del huerto del pecado*, s. n. [Imprenta de Primitivo Fernández], Madrid, pp. 83-101.

— (1913): *El pecado y la noche*, Renacimiento, Madrid.

— (1916): *Los cascabeles de Madama Locura*, s. n. [V. Rico], Madrid.

— (1995a): *El pecado y la noche*, Ágata, Madrid.

— (1995b): «El hombre de la muñeca extraña», en *El pecado y la noche*, Ágata, Madrid, pp. 49-84.

Ibáñez Serrador, Narciso (1998): *El regreso y otras historias para no dormir*, Ediciones Martínez Roca, Barcelona.
— (2008): «La oferta» [1966], *Historias para no dormir*, TVE y Vellavisión, Madrid, DVD 2.
Iwasaki, Fernando (2004): *Ajuar funerario*, Páginas de Espuma, Madrid.
Jardiel Poncela, Enrique (2003): *Un marido de ida y vuelta*, en *Angelina o el honor de un brigadier. Un marido de ida y vuelta*, ed. Francisco Javier Díaz de Castro, Espasa-Calpe, Madrid, pp. 191-311.
Lagmanovich, David (ed.) (2005): *La otra mirada. Antología del microrrelato hispánico*, Menoscuarto, Palencia.
Llopis, Carlos (1967): *Más acá de «El más allá»*, Alfil, Madrid.
López Rubio, José (1995): *La otra orilla*, introducción de José María Torrijos, Sociedad General de Autores y Editores, Madrid.
Marías, Javier (1990): *Mientras ellas duermen*, Anagrama, Barcelona.
Martín Gaite, Carmen (1955): *El balnerario*, Clavileño, Madrid.
— (1960): *Las ataduras*, Destino, Barcelona.
— (1997): *Todos los cuentos. El balneario y Las ataduras*, Destino, Barcelona.
— (2006): *El cuarto de atrás* [1978], ed. Lluís Izquierdo, Destino, Barcelona.
Martínez Biurrun, Ismael (2010): *Mujer abrazada a un cuervo*, Salto de Página, Madrid.
— (2010): «Medusas», en Antonio Rómar y Pablo Mazo Agüero (eds.), *Aquelarre. Antología del cuento de terror español actual*, Salto de Página, Madrid, pp. 203-235.
M. Domene, Pedro (ed.) (2009): *Microrrelato de Andalucía*, Grupo Cultural Batarró, Almería.
Martínez Ruiz, José [Azorín] (1966): *Cavilar y contar*, Destino, Barcelona, 3.ª ed.
Matute, Ana María (1961): *Historias de la Artámila*, Destino, Barcelona.
— (1995): *El río* [1963], Destino, Barcelona.
— (1997): *Los niños tontos* [1956], Destino, Barcelona.
— (1998): *Algunos muchachos* [1968], Destino, Barcelona.
— (1999): *Tres y un sueño* [1961], Plaza y Janés, Barcelona.
Maura, Julia (1952): *Siempre*, Alfil, Madrid.
Mayorga, Juan (2004): *Últimas palabras de Copito de Nieve*, Ñaque Editora, Ciudad Real.
— (2008): *La tortuga de Darwin*, Ñaque Editora, Ciudad Real.
Merino, José María (1982): *Cuentos del reino secreto*, Alfaguara, Madrid.
— (1990): *El viajero perdido*, Alfaguara, Madrid.
— (1994): *Cuentos del Barrio del Refugio*, Alfaguara, Madrid.
— (2002): *Días imaginarios*, Seix Barral, Barcelona.
— (2004): *Cuentos de los días raros*, Alfaguara, Madrid.
— (2005): *Cuentos del libro de la noche*, Alfaguara, Madrid.
— (2007): *La glorieta de los fugitivos*, Páginas de Espuma, Madrid.
— (2014): *La trama oculta*, Páginas de Espuma, Madrid.
Millás, Juan José (1989): *Primavera de luto*, Alfaguara, Madrid.
— (1994): *Ella imagina y otras observaciones de Vicente Holgado*, Alfaguara, Madrid.
— (1997): *Cuentos a la intemperie*, Acento, Madrid.

— (1998): *El orden alfabético*, Alfaguara, Madrid.

— (2001): *Articuentos*, Alba editorial, Barcelona.

— (2011): *Articuentos completos*, Seix Barral, Barcelona.

Miras, Domingo (1992): *Las brujas de Barahona*, ed. Virtudes Serrano, Espasa Calpe, Madrid.

Mora, Víctor, y Luis García (2005): *Las crónicas del Sin Nombre*, Glénat, Barcelona.

Moyano, Manuel (2003): *El oro celeste*, Xordica Editorial, Zaragoza.

— (2011): *Teatro de ceniza*, Menoscuarto, Palencia.

Muñoz Rengel, Juan Jacinto (2005): *88 Mill Lane*, Alhulia, Granada.

— (2009): *De mecánica y alquimia*, Salto de Página, Madrid.

— (2013): *El libro de los pequeños milagros*, Páginas de Espuma, Madrid.

Neuman, Andrés (2000): *El que espera*, Anagrama, Barcelona; reed. Páginas de Espuma, Madrid, 2015.

Neville, Edgar (1958): *Marramiau*, Alfil, Madrid.

Nieva, Francisco (2007a): *El espectro insaciable. Comedia dramática*, en Francisco Nieva, *Obra completa*, ed. Juan Francisco Peña, Espasa, Madrid, vol. I, pp. 1079-1099.

— (2007b): *No es verdad. Melodrama rápido*, en Francisco Nieva, *Obra completa*, ed. Juan Francisco Peña, Espasa, Madrid, vol. I, pp. 883-907.

Obligado, Clara (ed.) (2001): *Por favor, sea breve. Antología de relatos hiperbreves*, Páginas de Espuma, Madrid.

— (ed.) (2009): *Por favor, sea breve. Antología de microrrelatos 2*, Páginas de Espuma, Madrid.

Olgoso, Ángel (1999): *Cuentos de otro mundo*, Caja España, Valladolid; reed. Dauro Ediciones, Los Ogíjares, 2003; reed. Nazarí, Granada, 2013.

— (2007a): *Astrolabio*, Cuadernos del Vigía, Granada; reed. TransBooks, Granada, 2013.

— (2007b): *Los demonios del lugar*, Almuzara, Córdoba.

— (2009): *La máquina de languidecer*, Páginas de Espuma, Madrid.

— (2015): *Brevario negro*, Menoscuarto, Palencia.

Ory, Carlos Edmundo de (1952): *El bosque*, Colección Hordino, Santander.

— (1954): *Kikiriquí-Mangó*, Colección El Grifón, Madrid.

Oset, Sergi G. (2015): *El último vuelo del microraptor*, Nazarí, Granada.

Otxoa, Julia (1994): *Kískili-Káskala*, Vosa, Madrid.

— (1999): *Un león en la cocina*, Prames-Las Tres Sorores, Zaragoza.

— (2006): *Un extraño envío*, Menoscuarto, Palencia.

Palma, Félix J. (1998): *El vigilante de la salamandra*, Pre-Textos, Valencia.

Pascual, Itziar (1994): *Fuga*, en Itziar Pascual, Encarna de las Heras, Sara Molina y Liliana Costa, *Fuga / La orilla rica / El último gallo de Atlanta / El sello de la necesidad*, Nuevo Teatro Español, 15, Ministerio de Cultura, Madrid, pp. 11-26.

— (1996): *El domador de sombras*, en Candyce Leonard y John P. Gabriele (eds.), *Panorámica del teatro español actual*, Fundamentos, Madrid, pp. 167-194.

— (2003a): *La paz del crepúsculo*, en Itziar Pascual, Tomás Afán y Alberto Iglesias, *La paz del crepúsculo / Parejas / Me la maravillaría yo*, *III Premio de Teatro Serantes*, Ayuntamiento de Santurtzi, Santurtzi: pp. 7-81.

— (2003b): *Père Lachaise*, Alicante, Biblioteca Virtual Miguel de Cervantes, disponible en <http://www.cervantesvirtual.com/nd/ark:/59851/bmc222r8> (04-01-2016).

Pérez Estrada, Rafael (ed.) (1993): *La sombra del obelisco*, Libertarias-Prodhufi, Madrid; reed. Espasa-Calpe, Madrid, 2002.

Perucho, Joan (1956): *Amb la tècnica de Lovecraft*, Atzavara, Barcelona.

— (1957): *Llibre de cavalleries*, Àncora, Barcelona

Plans, Juan José (1968): *Crónicas fantásticas,* Editorial Azur, Madrid.

— (1976): *El juego de los niños,* Organización Sala Editorial S. A., Madrid.

Poe, Edgar Allan (1992): *Cuentos*, trad. Julio Cortázar, Alianza, Madrid, 2 vols.

Prado, Miguelanxo (2003): *Trazo de tiza*, Norma Editorial, Barcelona.

— (2012): *Ardalén*, Norma Editorial, Barcelona.

Rambal, Enrique, Manuel Soriano Torres, y José Javier Pérez Bultó (1994): *Drácula. Adaptación libre de la fantástica novela del mismo título, de Bram Stocker* [sic], *hecha en un prólogo y dos partes, dividida en veinticinco cuadros,* Talía-E. de Miguel, Madrid.

Ripoll, Laila (2005): *Que nos quiten lo bailao, ADE Teatro*, núm. 105, pp. 65-78.

— (2009): *El convoy de los 927,* Adaptación teatral de Boni Ortiz, *La Ratonera*, núm. 25, pp. 1-24.

— (2013): *Trilogía de la memoria. Atra bilis, Los niños perdidos, Santa Perpetua*, Artez blai, Bilbao.

Risco, Vicente (1919): *Do caso que lle aconteceu ao Dr. Alveiros*, ¡Terra a Nosa!, A Coruña.

— (1925): *O lobo de xente*, Lar, A Coruña.

— (1953): *La puerta de paja*, Planeta, Barcelona.

Roas, David (1996): *Los dichos de un necio*, Los Trabajos de Sísifo, Manresa.

— (2007): *Horrores cotidianos*, Menoscuarto, Palencia; reed. Borrador Editores, Lima, 2009.

— (2010): *Distorsiones*, Páginas de Espuma, Madrid.

— (2012): *Intuiciones y delirios*, Editorial Micrópolis, Lima.

— (2014): *Bienvenidos a Incaland®*, Páginas de Espuma, Madrid.

Roas, David, y Ana Casas (eds.) (2008): *La realidad oculta: Cuentos fantásticos españoles del siglo* xx, Menoscuarto, Palencia.

Roas, David, y José Donayre (eds.) (2013): *201. Antología de microrrelatos*, Altazor, Lima.

— (2014): *201. Lado B*, Altazor, Lima.

Roca, Paco (2004): *El faro*, Astiberri, Bilbao.

— (2009): *Las calles de arena*, Astiberri, Bilbao.

Romero, Luis (1957): *Las sombras del trasmundo*, Planeta, Barcelona.

Rotger, Neus, y Fernando Valls (eds.) (2005): *Ciempiés: Los microrrelatos de Quimera*, Montesinos, Barcelona.

Rueda, Salvador (1887): «El doctor Centurias», en *El cielo alegre. Escenas y tipos andaluces*, Administración de la Academia, Madrid, pp. 203-213.

— (1891): «La boda de espectros», en *Tanda de valses*, Gran Centro Editorial, Madrid, pp. 43-54.

— (1894): «En la mesa de disección», *La Ilustración Ibérica*, pp. 10-11.

Salinas, Pedro (1950): *La bomba increíble*, Sudamericana, Buenos Aires.

— (1951): «El desnudo impecable y otras narraciones», Tezontle, México.
— (1957): «El parecido», en Pedro Salinas, *Teatro completo*, prólogo de Juan Marichal, Aguilar, Madrid, pp. 143-162.
— (1992): *Los santos*, en Pedro Salinas, *Teatro completo*, edición e introducción de Pilar Moraleda García, Alfar, Sevilla, pp. 145-171.
Salisachs, Mercedes (1948): *Foehn* [*Adán-helicóptero*], José Janés, Barcelona.
— (1957): *Adán-helicóptero (estampas casi históricas)*, AHR, Barcelona.
— (1957): *Más allá de los raíles*, Luis de Caralt, Barcelona.
— (1958): *Pasos conocidos*, Pareja y Borrás, Barcelona.
Sánchez Ferlosio, Rafael (1951): *Industrias y andanzas de Alfanhuí*, Cíes, Madrid.
Sánchez-Silva, José María (1952): *Marcelino, pan y vino*, Cigüeña, Madrid.
Sanchís Sinisterra, José (1991): *Ñaque o de piojos y actores y ¡Ay, Carmela!*, Cátedra, Madrid.
Sastre, Alfonso (1960): *El cuervo*, Alfil, Madrid.
— (1990): *¿Dónde estás, Ulalume, dónde estás?*, Hiru, Hondarribia.
— (1994): *Lluvia de ángeles sobre París*, Hiru, Hondarribia.
— (1995): *Las cintas magnéticas*, en Alfonso Sastre, *Las cintas magnéticas y Teoría de la catástrofe*, Hiru, Hondarribia, pp. 5-41.
Sawa, Miguel (1910a): *Historias de locos*, E. Doménech, Barcelona.
— (1910b): «La muerte», en *Historias de locos*, E. Doménech, Barcelona, pp. 85-93.
— (1910c): «La sirena», en *Historias de locos*, E. Doménech, Barcelona, pp. 77-84.
— (2010): *Historias de locos*, Renacimiento, Sevilla.
Sender, Ramón J. (1940): *Mexicayotl*, Quetzal, México.
— (1961): *Novelas ejemplares de Cíbola*, Las Américas, New York.
— (1967): *La gallina de Cervantes y otras narraciones parabólicas*, Editores Mexicanos Unidos, México.
— (1968): *El extraño señor Photynos y otras novelas americanas*, Delos-Aymà, Barcelona.
Serrano Cueto, Antonio (ed.) (2015): *Después de Troya. Microrrelatos hispánicos de tradición clásica*, Menoscuarto, Palencia.
Serrano Poncela, Segundo (1954): *Seis relatos y uno más*, Gráfica Panamericana, México.
— (1968): *Los huéspedes*, Monte Ávila, Caracas.
Tomeo, Javier (1988a): *Historias mínimas*, Mondadori, Madrid; reed. Anagrama, Barcelona, 1996 y 2000.
— (1988b): *Bestiario*, Montena, Madrid.
— (1990): *Problemas oculares*, Anagrama, Barcelona.
— (1992): *Zoopatías y zoofilias*, Mondadori, Madrid.
— (1994): *El nuevo bestiario*, Planeta, Barcelona.
— (2002): *Cuentos perversos*, Anagrama, Barcelona.
— (2012): *Cuentos completos*, Páginas de Espuma, Madrid.
Torrente Ballester, Gonzalo (1979): *Esas sombras recobradas*, Planeta, Barcelona.
Ugarte, Pedro (2002): *Materiales para una expedición*, Lengua de Trapo, Toledo.
Unamuno, Miguel de (1908): «El que se enterró», *La Nación*, 1 de enero.
— (2008): «El que se enterró», en David Roas y Ana Casas (eds.), *Cuentos fantásticos españoles del siglo xx*, Menoscuarto, Palencia, pp. 69-77.

VALERA, Luis (1903a): *Visto y soñado*, s. n. [Est. Tip. de la Viuda e Hijos de Tello], Madrid.

— (1903b): «La esfera prodigiosa», en *Visto y soñado*, s. n. [Est. Tip. de la Viuda e Hijos de Tello], Madrid, pp. 61-126.

— (1905): *Del antaño quimérico*, s. n. [Ambrosio Pérez y C.ª, Impresores], Madrid.

VALLE-INCLÁN, Ramón del (1903): *Jardín umbrío*, Viuda de Rodríguez Serra, Madrid.

— (1905): *Jardín novelesco. Historias de santos: de almas en pena: de duendes y ladrones*, Tipografía de la Revista de Archivos, Bibliotecas y Museos, Madrid.

— (1908): *Jardín novelesco. Historias de santos: de almas en pena: de duendes y ladrones*, Maucci, Barcelona.

— (1914): *Jardín umbrío. Historias de santos: de almas en pena: de duendes y ladrones*, *Opera Omnia*, vol. XII, Perlado Páez y Compañía, Madrid.

— (1920): *Jardín umbrío. Historias de santos, de almas en pena, de duendes y ladrones*, *Opera Omnia*, vol. XII, Sociedad General de Librería Española, Madrid.

— (1995): *Romance de lobos. Comedia bárbara*, ed. Antón Risco, Espasa Calpe, Madrid.

— (1996): *Retablo de la avaricia, la lujuria y la muerte*, ed. Jesús Rubio Jiménez, Espasa Calpe, Madrid.

— (2002a): *Divinas palabras*, en Ramón del Valle-Inclán, *Obra completa*, Espasa Calpe, Madrid, vol. II.

— (2002b): *Las galas del difunto*, en Ramón del Valle-Inclán, *Obra completa*, Espasa Calpe, Madrid, vol. II.

— (2007): *Jardín umbrío. Historias de santos, de almas en pena, de duendes y ladrones*, ed. Miguel Díez R., Espasa-Calpe, Madrid.

VICENTE, Ángeles (1908): *Los buitres. Cuentos*, Librería de Pueyo, Madrid.

— (1911?): *Sombras. Cuentos psíquicos*, Librería de Fe, Madrid.

— (2005): *Zezé*, ed. Ángela Ena Bordonada, Lengua de Trapo, Madrid.

— (2006a): *Los buitres. Cuentos*, ed. Ángela Ena Bordonada, Editora Regional, Murcia.

— (2006b): «Los buitres», en *Los buitres. Cuentos*, ed. Ángela Ena Bordonada, Editora Regional, Murcia, pp. 47-54.

— (2006c): «Cuento absurdo», en *Los buitres. Cuentos*, ed. Ángela Ena Bordonada, Editora Regional, Murcia, pp. 133-146.

— (2007): *Sombras. Cuentos psíquicos*, ed. Ángela Ena Bordonada, Lengua de Trapo, Madrid.

VV. AA. (2002): *Unheimliche. Lo siniestro. Taller de escritura Ateneo de Madrid 2001*, Teatro del Astillero, Madrid.

ZAMACOIS, Eduardo (1900): *De carne y hueso*, Sopena, Barcelona.

ZAMORA VICENTE, Alonso (1957): *Smith y Ramírez, S. A.*, Castalia, Valencia.

ZAPATA CARREÑO, Miguel Ángel (2007): *Baúl de prodigios*, Traspiés, Granada.

— (2009): *Revelaciones y magias*, Traspiés, Granada.

ZÚÑIGA, Juan Eduardo (1958): «Jazz session», *Acento cultural*, núm. 2, pp. 29-30.

— (1958): «El festín y la lluvia», *Índice de Artes y Letras*, núm. 113, pp. 12 y 14.

— (1959): «Agonía bajo el manto de oro», *Índice de Artes y Letras*, núm. 122, p. 10.

— (1992): *Misterios de las noches y los días*, Alfaguara, Madrid; reed. Galaxia Gutenberg, 2013.

— (2010): *Brillan monedas oxidadas*, Galaxia Gutenberg/Círculo de Lectores, Barcelona.

Estudios

AA. VV. (2005): *Little Nemo. Un siglo de sueños*, Ediciones Sinsentido, Madrid.

Abello Verano, Ana (2013): «La irrupción de lo fantástico. Una aproximación a la narrativa de Muñoz Rengel», en Natalia Álvarez Méndez (coord.), *Lo fantástico en la cultura española del siglo XXI*, monográfico de *Brumal. Revista de Investigación sobre lo Fantástico/Brumal. Research Journal on the Fantastic*, vol. 1, núm. 2, pp. 223-244.

Abel, Guy (2002): «*Trazo de Tiza* de Miquelanxo Prado. El improbable relato entre novela y cuadro», en Viviane Alary (ed.), *Historietas, cómics y tebeos españoles*, Presses Universitaires du Mirail, Toulouse, pp. 196-209.

Aguaded Gómez, José Ignacio (2000): *Televisión y telespectadores*, Grupo Comunicar, Huelva.

Aguilar, Carlos (ed.) (1999a): *Cine fantástico y de terror español 1900-1983*, Donostia Kultura/Semana de Cine Fantástico y de Terror de San Sebastián, San Sebastián.

— (1999b): «Fantasía española: negra sangre caliente», en Carlos Aguilar (ed.), *Cine fantástico y de terror español 1900-1983*, Donostia Kultura/Semana de Cine Fantástico y de Terror de San Sebastián, San Sebastián.

— (2002): «*La cara del terror*», *Quatermass*, núm. 4-5 (otoño).

— (2011): *Jesús Franco*, Cátedra, Madrid.

Álamo Felices, Francisco (2009): «El microrrelato. Análisis, conformación y función de sus categorías narrativas», *Espéculo. Revista de estudios literarios* (Universidad Complutense de Madrid), núm. 42, disponible en <http://www.ucm.es/info/especulo/numero42/microrre.htm>; recogido en David Roas (ed.), *Poéticas del microrrelato*, Arco/Libros, Madrid, 2010, pp. 209-229.

Alarcón, Víctor (2013): «De la risa a la inquietud. El humor en la literatura fantástica», en David Roas y Patricia García (eds.), *Visiones de lo fantástico (aproximaciones teóricas)*, e. d. a., Málaga, pp. 73-87.

Alary, Viviane (ed.) (2002): *Historietas, cómics y tebeos españoles*, Presses Universitaires du Miral, Toulouse, 2002.

Alazraki, Jaime (1983): *En busca del unicornio: los cuentos de Julio Cortázar. Elementos para una poética de lo neofantástico*, Gredos, Madrid.

Alcázar, Javier (2012): «El descubrimiento del horror en los 60. De *Stell Claw* a *Dossier negro*», *Tebeosfera* 5. *La historieta del horror*, pp. 397-415.

Alonso Fernández, Ana (2004): *Gonzalo Suárez: entre la literature y el cine*, Universidad de Oviedo/Reichenberger, Oviedo/Kassel.

Alonso Romero, Fernando (2000): «Las almas y las abejas en el rito funerario gallego del *abellón*», *Anuario Brigantino*, núm. 23, pp. 57-84.

Altarriba, Antonio (2001): *La España del tebeo*, Espasa-Calpe, Madrid.

— (2008): *Los tebeos de la transición*, Cuadernos del Hocinoco, Fundación Antonio Pérez, Cuenca.

Álvarez, Paz (1996): «Garci estrena en La 2 la serie de misterio *Historias del otro lado*», *El País*, Madrid, 24 de enero de 1996; disponible en <http://elpais.com/diario/1996/01/24/radiotv/822438002_850215.html> (06-09-2015).

Álvarez Berciano, Rosa (2012): «Retos narrativos en el nuevo escenario audiovisual», en Miguel Francés Domènec y Germán Llorca Abad, *La ficción audiovisual en España*, Gedisa, Barcelona, pp. 17-41.

Álvarez Méndez, Natalia (2001): «Simbología espacial en *El viajero perdido*, de José María Merino», en José Romera Castillo y Francisco Gutiérrez Carbajo (eds.), *El cuento en la década de los 90*, Visor, Madrid, pp. 277-285.

— (coord.) (2013): *Lo fantástico en la cultura española del siglo* XXI, monográfico de *Brumal. Revista de Investigación sobre lo Fantástico/Brumal. Research Journal on the Fantastic*, vol. 1, núm. 2, pp. 195-371.

Andres-Suárez, Irene (2007): «El microrrelato: caracterización y limitación del género», en Teresa Gómez Trueba (ed.), *Mundos mínimos. El microrrelato en la literatura española contemporánea*, Libros del Pexe, Gijón; recogido en David Roas (ed.), *Poéticas del microrrelato*, Arco/Libros, Madrid, 2010, pp. 155-179.

— (2010): *El microrrelato español: una estética de la elipsis*, Menoscuarto, Palencia.

Andres-Suárez, Irene, y Antonio Rivas (eds.) (2008): *La era de la brevedad. El microrrelato hispánico. Actas del IV Congreso Internacional de Minificción*, Menoscuarto, Palencia.

Anónimo (1972): «Prólogo», en Gonzalo Suárez, *Trece veces trece*, Ediciones de Papeles de Son Armadans, Palma de Mallorca, pp. 7-14.

Ansón, Antonio *et al.* (ed.) (2010): *Televisión y literatura en la España de la Transición (1973-1982)*, Institución Fernando el Católico, Colección Actas Filología, Zaragoza, 2010.

Aranzubia Cob, Asier (2004): *Carlos Serrano de Osma. Historia de una obsesión*, ICAA/ Filmoteca Española, Madrid.

Aznar Soler, Manuel (1993): «Prólogo», en José Sanchis Sinisterra, *Ñaque o de piojos y actores y ¡Ay, Carmela!*, Cátedra, Madrid.

Bachelard, Gaston (1998): *La poética del espacio*, Fondo de Cultura Económica, México.

Balderston, Daniel (2004): «De la *Antología de la literatura fantástica* y sus alrededores», en Noe Jitrik (dir.), *Historia crítica de la literatura argentina*, Emecé, Buenos Aires, pp. 217-229.

Balló, Jordi, y Xavier Pérez (2007): «Introducción: El círculo infernal», en Concepción Cascajosa Virino, *La caja lista. Televisión norteamericana de culto*, Laertes, Barcelona, pp. 27-35.

Barjau, Eustaquio (1998): «Introducción», en Franz Kafka, *La metamorfosis y otros relatos*, Vicens Vives, Barcelona.

Barrenechea, Ana María (1972): «Ensayo de una tipología de la literatura fantástica», *Revista Iberoamericana*, núm. 80, pp. 391-403.

Barrero, Manuel (2009a): «Los vampiros del aire. El miedo a la tecnología», *Tebeosfera*, 2.ª época, disponible en <http://www.tebeosfera.com/documentos/textos/los_vampiros_del_aire_el_miedo_a_la_tecnologia.html> (13-02-2016).

— (2009b) «Dan y los espacios del horror», *Tebeosfera* 5, disponible en <http://www.tebeosfera.com/documentos/textos/dan_y_los_espacios_del_horror.html> [26-02-2016).

— (2009c): «Beà. Psiconauta de la historieta», *Tebeosfera*, 2.ª época, núm. 13, disponible en <http://www.tebeosfera.com/documentos/textos/bea_psiconauta_de_la_historieta.html> (15-12-2015).

— (2012) «Tebeos de terror españoles en los años 70. Temblar tarde, mal y en medio de la crisis», *Tebeosfera* 5. *La historieta del horror*, pp. 581-609, disponible en <http://www.tebeosfera.com/documentos/textos/tebeos_de_horror_espanoles_en_los_setenta.html> (20-02-2016).

Barthes, Roland (1987): *El susurro del lenguaje*, Paidós, Barcelona.

Bassa, Joan, y Ramón Freixas (1995): «Jesús Franco. Genio y figura», en Carlos Aguilar (ed.), *Cine fantástico y de terror español 1900-1983*, Donostia Kultura, San Sebastián.

Baudrillard, Jean (2006): *El complot del arte. Ilusión y desilusión estéticas*, Amorrortu, Buenos Aires.

Beck, Jay, y Vicente Rodríguez Ortega (eds.) (2008): *Contemporary Spanish Cinema and Genre*, Manchester University Press, Manchester.

Bello Cuevas, José Antonio (2010): *Cine mudo español 1896-1920. Ficción, documental y reportaje*, Laertes, Barcelona.

Benet, Juan (1976): *En ciernes*, Taurus, Madrid.

Benet, Vicente J. (2012): *El cine español. Una historia cultural*, Paidós, Barcelona.

Beneyto, Antonio (1971): «Introducción», en *Narraciones de lo real y fantástico. Primer volumen*, Bruguera, Barcelona, pp. 7-9.

Benson, Ken (2004a): *Fenomenología del enigma. Juan Benet y el pensamiento literario postestructuralista*, Rodopi, Amsterdam.

— (2004b): «Del mal ontológico a la frustración cotidiana. Variantes del fantástico en la narrativa española contemporánea», *Revista de Filología Hispánica*, núm. 20/1, pp. 17-50

Berenguer, Ángel, y Manuel Pérez (1998): *Tendencias del teatro español durante la Transición política (1975-1982)*, Biblioteca Nueva, Madrid.

Bergson, Henri (2008): *La risa: ensayo sobre la significación de lo cómico*, Alianza, Madrid.

Bessière, Irène (1974): *Le récit fantastique. La poétique de l'incertain*, Larousse Université, Paris.

Boix, Toni (2011): «Píldoras nacionales 53: Entrevista a Beroy», <http://www.zonanegativa.com/pildoras-nacionales-53-entrevista-a-beroy/> (17-12-2015).

Botti, Alfonso (2012): *España y la crisis modernista: cultura, sociedad civil y religiosa entre los siglos XIX y XX*, Universidad de Castilla-La Mancha, Cuenca.

Bouvet, Rachel (2008): *Étranges récits, étranges lectures. Essai sur l'effet fantastique*, Le Griot, Québec.

Brasca, Raúl (2000): «Los mecanismos de la brevedad: constantes, variables y tendencias en el microcuento», *El cuento en red*, núm. 1, disponible en <www.elcuentoenred.org> (15.05.2017).

Bustamante, Leticia (2013), «Microrrelato y antologías en España. La consolidación de un género», *Orillas*, núm. 2, pp. 1-26.

Caillois, Roger (1958): «Introducción», en Roger Caillois (ed.), *Antología del cuento fantástico*, Sudamericana, Buenos Aires, 1970, pp. 7-19.

CALVO CARILLA, José Luis (2005): *La mirada expresionista. Novela española del siglo XX*, Marenostrum, Madrid.

CAMP DE L'ARPA (1982): monográfico *Literatura Fantástica*, núms. 98-99 (abril-mayo), 100 (junio) y 101-102 (julio-agosto).

CAMPANELLA, Hebe Noemi (1966): «Aproximación estilística a un cuento de Valle-Inclán», *Cuadernos Hispanoamericanos*, núm. 199-200, pp. 373-399.

CAMPRA, Rosalba (1991): «Los silencios del texto en la literatura fantástica», en Enriqueta Morillas Ventura (ed.), *El relato fantástico en España e Hispanoamérica*, Sociedad Estatal Quinto Centenario/Editorial Siruela, Madrid, pp. 49-73.

— (2001): «Lo fantástico: una isotopía de la transgresión», en David Roas (ed.), *Teorías de lo fantástico*, Arco/Libros, Madrid, pp. 153-191.

— (2008): *Territorios de la ficción: lo fantástico*, Ediciones Renacimiento, Sevilla.

CAPARRÓS LERA, José María (2006): *La pantalla popular. El cine español durante el gobierno de la derecha*, Akal, Madrid.

CAPDEVILA, Jaume (2014): «*Pocholo*, la renovación como estrategia», en Manuel Barrero (ed.), *Tebeos. Las revistas infantiles*, Asociación Cultural Tebeosfera, Sevilla, pp. 101-160.

CARLSON, Marvin (2009): *El teatro como máquina de la memoria. Los fantasmas de la escena*, Artes del Sur, Buenos Aires.

CARMONA, Luis Miguel (2009): *Diccionario de series españolas de televisión. Los cien mejores títulos*, Cacitel, Madrid.

CARO OCA, Ana María, (2011): «Vampiros en la ficción televisiva del siglo XXI: el mito inmortal», en Miguel Ángel Pérez-Gómez (ed.), *Previously On. Estudios interdisciplinares sobre la ficción televisiva en la tercera Edad de Oro de la Televisión*, Monográficos de *FRAME, Revista de Cine de la Biblioteca de la Facultad de Comunicación*, Sevilla, Universidad de Sevilla, pp. 196-210.

CARRASCO CAMPOS, Ángel (2010): «Teleseries: géneros y formatos. Ensayo de definiciones», *Miguel Hernández Communication Journal*, núm. 1, artículo 9, pp. 174-200.

CARRERA GARRIDO, Miguel (2013): «Dimensiones del terror fantástico en *El escenario diabólico*, de Alfonso Sastre», *Anales de la Literatura Española Contemporánea*, vol. XXXVIII, núm. 3, pp. 35-57.

— (2014a): «Teatralidad y elementos fantásticos en las Casas de Terror», en Teresa López-Pellisa y Matteo De Beni (coords.), *Teatro fantástico (siglos XX y XXI)*, monográfico de *Brumal. Revista de Investigación sobre lo Fantástico/Brumal. Research Journal on the Fantastic*, vol. II, núm. 2, pp. 129-158.

— (2014b): «Rafael Llopis Paret y el reconocimiento crítico del género fantástico y terrorífico en las postrimerías del franquismo», en Josefa Badía *et alii* (eds.), *Más allá de las palabras: difusión, recepción y didáctica de la literatura hispánica*, PUV, Valencia, pp. 89-98.

CARRERA GARRIDO, Miguel, y Ken BENSON (2015): «"A la luz de la llama de una vela". Juan José Plans y el terror en las ondas», *Milli Mála. Journal of Language and Culture*, núm. 7, pp. 71-93, disponible en <http://millimala.hi.is/is/arg-7-2015/> (01/03/2016).

CARRILLO, Nuria (2002): «La fantasía en la última narrativa española (1980-2000)», en David Roas (coord.), *Lo fantástico: literatura y subversión*, monográfico de la revista *Quimera*, núm. 218-219, pp. 57-62.

Carrillo Pascual, Elena, (2012): «La representación de la familia en la ficción televisiva española», en Belén Puebla Martínez, Elena Carrillo Pascual y Ana Isabel Íñigo Jurado (eds.), *Ficcionando. Series de televisión a la española*, Fragua, Madrid, pp. 135-147.

Casas, Ana (2006): «El cuento fantástico durante la posguerra española: algunas calas a través de las revistas literarias de los años 50 y 60», en Marco Kunz, Ana María Morales y José Miguel Sardiñas (eds.), *Lo fantástico en el espejo. De aventuras, sueños y fantasmas en las literaturas de España*, Ediciones de los Coloquios Internacionales de Literatura Fantástica/Oro de la Noche, México, pp. 159-172.

— (2008a): «Lo fantástico en *Jardín umbrío*, de Valle-Inclán», en Fidel López Criado (ed.), *Valle-Inclán: ensayos críticos sobre su obra y su trascendencia literaria*, Hércules, A Coruña, pp. 135-146.

— (2008b): «Lo fantástico en el microrrelato actual (1980-2006)», en Irene Andres-Suárez y Antonio Rivas (eds.), *La era de la brevedad. El microrrelato hispánico*, Menoscuarto, Palencia, pp. 137-158.

— (2009a): «El cuento español modernista y lo fantástico», en Teresa López-Pellisa y Fernando Ángel Moreno (eds.), *Ensayos sobre literatura fantástica y ciencia ficción*, Universidad Carlos III/Asociación Cultural Xatafi, Madrid, pp. 358-376, disponible en <www.congresoliteraturafantastica.com/pdf/EnsayosCFyLF.pdf>.

— (2009b): «Una poética de lo fronterizo: "Ella imagina" de Juan José Millás», en Irene Andres-Suárez y Ana Casas (eds.), *Juan José Millás*, Arco/Libros, Madrid, pp. 203-215.

— (2009c): «Lo maravilloso y lo fantástico frente a la hegemonía realista: las formas no miméticas en los cuentistas del Medio Siglo», *Rilce*, núm. 25.2, pp. 220-235.

— (2010): «Transgresión lingüística y microrrelato fantástico», en David Roas y Ana Casas (coords.), *Lo fantástico en España (1980-2010), Ínsula*, núm. 765, pp. 10-13.

Cascajosa Virino, Concepción (2007): *La caja lista. Televisión norteamericana de culto*, Laertes, Barcelona.

— (2010): «Narciso Ibáñez Serrador, an early pioneer of transnational television», *Studies in Hispanic Cinemas*, vol. VII, núm. 2, pp. 133-145.

— (ed.) (2015): *Dentro del Ministerio del Tiempo*, Léeme Libros, Madrid.

Casquet, Sergio (2002): «Juan José Millás, un abismo de monstruos bajo la cama», disponible en <www.literateworld.com/spanish/2002/portada/apr/w02/juanjosemillasunabismodemonstruosbajolacama.html>.

Castelli, Alfredo (2007): «Dream Travellers 1900-1947. Precursors and Epigones of Winsor McCay», en Winsor McCay/Silas, *Dreams of the Rarebit Fiend*, ed. Ulrich Merkl, Edición del autor, pp. 106-120.

Castillo, José María (2004): *Televisión y lenguaje audiovisual*, Instituto Oficial de Radio y Televisión, Madrid.

Castresana, Luis de (1974): «Prólogo», en Juan José Plans, *Relatos fantásticos*, Editorial Prensa Española, Madrid, pp. 7-9.

Ceballos Viro, Álvaro (2010): «La revista que era todas las revistas: *¡Alegría!*», en Nathalie Ludec y Aránzazu Sarría Buil (eds.), *La morfología de la prensa y del impreso: la función expresiva de las formas: Homenaje a Jean-Michel Desvois*, Pilar, Paris, pp. 127-148.

Cercas, Javier (1993): *La obra literaria de Gonzalo Suárez*, Quaderns Crema, Barcelona.

Checa, Julio (2009): «Lo fantástico y el teatro español del siglo xx», en Teresa López-Pellisa y Fernando Ángel Moreno (eds.), *Ensayos sobre ciencia ficción y literatura fantástica*, Universidad Carlos III de Madrid, pp. 121-151.

— (2014): «Visiones de lo fantástico: personajes espectrales», en David Roas y Teresa López-Pellisa (eds.), *Visiones de lo fantástico en la cultura española (1970-2012)*, e. d. a., Málaga, pp. 229-250.

Coates, Paul (1988): *The Double and the Other*, McMillan, Basington.

Collins, Jim (1993): «Genericity in the Nineties: Eclectic Irony and the New Sincerity», en Jim Collins (ed.), *Film Theory Goes to the Movies*, Routledge, New York.

Conte, Rafael (1994): «Introducción», en Benjamín Jarnés, *Viviana y Merlín*, Cátedra, Madrid, pp. 9-89.

Cordero Domínguez, Aída (2015): *Aportaciones de Narciso Ibáñez Serrador al cine fantástico-terrorífico español*, Tesis doctoral, Universidad Complutense de Madrid.

Cortázar, Julio ([1978] 1996): «Los juegos secretos de Gonzalo Suárez», *Viridiana* (especial «Doble Dos. Gonzalo Suárez y Sam Peckinpah»), núm. 12, pp. 107-110.

Cortés, José Miguel G. (1997), *Orden y caos. Un estudio cultural sobre lo monstruoso en el arte*, Anagrama, Barcelona.

Cortés Lahera, José Ángel (2008): «La programación de las series familiares», en Mercedes Medina (coord.), *Series de televisión. El caso de Médico de familia, Cuéntame cómo pasó y Los Serrano*, Ediciones Internacionales Universitarias, Madrid, pp. 77-101.

Cruz Casado, Antonio (1994): «El cuento fantástico en España (1900-1936)», *Anthropos*, núm. 154/155, pp. 24-31

Cruz Tienda, Ada (2013a): «Monstruos infantiles. La poética de lo fantástico de Narciso Ibáñez Serrador y Juan José Plans», en Miguel Soler Gallo y María Teresa Navarrete (eds.), *El viento espira desencanto: estudios de literatura española contemporánea*, Aracne, Roma, pp. 281-290.

— (2013b): «Crónicas fantásticas: lo fantástico en la obra televisiva de Juan José Plans», en David Roas y Ana Casas (eds.), *Visiones de lo fantástico en la cultura española (1900-1970)*, e. d. a., Málaga, pp. 209-225

— (2015): *Los inicios de lo fantástico en la televisión española:* Historias para no dormir *y su herencia audiovisual (1966-1976)*, Tesis doctoral, Universidad Autónoma de Barcelona.

Cuenca, Luis Alberto de, y Paul Naschy (2000): *Las tres caras del terror: un siglo de cine fantaterrorífico español*, Alberto Santos Editor, Madrid.

D'Ambrosio, Leandro, y Gillespi (2010): *El artesano del miedo: Narciso Ibáñez Menta*, Corregidor, Buenos Aires.

D'Ambrosio Servodidio, Mirella (1971): *Azorín, escritor de cuentos*, Las Américas, New York.

Dällenbach, Lucien (1991): El *relato especular*, Visor, Madrid.

De Beni, Matteo (2008): «La teratologia fantastica del teatro di Francisco Nieva», en María Cecilia Graña (ed.), *Spiegare l'inspiegabile. Riflessioni sulla letteratura fantastica*, Fiorini, Verona, pp. 373-397.

— (2012a): «Avatares de lo fantástico en la obra dramática de Francisco Nieva», *Pygmalion*, núm. 4, pp. 107-126.

— (2012b): *Lo fantástico en escena. Formas de lo imposible en el teatro español contemporáneo*, Academia del Hispanismo, Vigo.

— (2013): «*Dracula*, da Bram Stoker a Enrique Rambal», en Nicola Pasqualicchio (ed.), *La meraviglia e la paura. Il fantastico nel teatro europeo (1750-1950)*, Bulzoni, Roma, pp. 353-371.

Díaz, Lorenzo (2006): *50 años de TVE*, Alianza, Madrid.

Díaz de Guereñu, Juan Manuel (2004): *Habebo Mik (1982-1991). Tentativas para un cómic vasco*, Universidad de Deusto, Bilbao.

Díez, Miguel R. (2007): «Introducción», en Ramón del Valle-Inclán, *Jardín umbrío. Historias de santos, de almas en pena, de duendes y ladrones*, Espasa Calpe, Madrid, pp. 9-55.

Doménech, Ricardo (1989): «Repertorio de los cuentos de Ricardo Doménech», *Lucanor*, núm. 4, pp. 140-142.

Elsaesser, Thomas, y Malte Hagener (2010): *Film Theory. An Introduction Through the Senses*, Routledge, London.

Ena Bordonada, Ángela (1994): «Cuentos de locos y literatura fantástica. Aproximación a su historia entre 1868 y 1910», *Anthropos*, núms. 154-155, pp. 77-82.

— (2006): «Introducción», en Ángeles Vicente, *Los buitres*, Editora Regional, Murcia, pp. 7-42.

— (2007): «Prólogo», en Ángeles Vicente, *Sombras. Cuentos psíquicos*, Lengua de Trapo, Madrid, pp. XI-LXIII.

Erdal Jordan, Mary (1998): *La narrativa fantástica. Evolución del género y su relación con las concepciones del lenguaje*, Vervuert/Iberoamericana, Madrid/Frankfurt.

Estables Heras, María José, y Diego Rivera Pinto (2015): «*Ministéricos* en Twitter y WhatsApp, o cómo el poder de los fans puede mover montañas», en Concepción Cascajosa Virino (ed.), *Dentro del Ministerio del Tiempo*, Léeme Libros, Madrid, pp. 211-219.

Ezama Gil, Ángeles (1992): *El cuento en la prensa y otros cuentos. Aproximación al estudio del relato breve entre 1880 y 1900*, Universidad de Zaragoza, Zaragoza.

Falska, Maria (2009): «Relación tiempo escénico-tiempo dramático en algunos ejemplos del teatro español del siglo xx», *Études romanes de Brno*, núm. 30, pp. 75-82.

Fegley, L. R. (2008): «Las novelas y los cuentos fantásticos de Mercedes Salisachs», *Espéculo. Revista de Estudios Literarios*, núm. 34, s/p., disponible en <http://pendientedemigracion.ucm.es/info/especulo/msalisac/l_fegley.html> (25-03-2016).

Felipe, Fernando de, e Iván Gómez (2010): «30 años de oscuridad: viajes por el cine fantástico español», en David Roas y Ana Casas (coords.), *Lo fantástico en España (1980-2010)*, *Ínsula*, núm. 765 (septiembre), pp. 20-23.

Fernández, Luis Miguel (2006): *Tecnología, espectáculo, literatura. Dispositivos ópticos en las letras españolas de los siglos xviii y xix*, Universidad de Santiago de Compostela, Santiago de Compostela.

— (2010): «Clásicos y modernos. La serie *Los libros* y la televisión de la transición», en Antonio Ansón (ed.), *Televisión y literatura en la España de la Transición (1973-1982)*, Institución Fernando el Católico, Colección Actas Filología, Zaragoza, pp. 119-138.

Fernández, Teodosio (1991): «Lo real maravilloso de América y la literatura fantástica», en Enriqueta Morillas (ed.), *El relato fantástico en España e Hispanoamérica*, Sociedad Estatal Quinto Centenario, Madrid, pp. 37-47.

Fernández Cuenca, Carlos (1972): *Segundo de Chomón: maestro de la fantasía y de la técnica*, Editora Nacional, Madrid.

Fernández Díez, Federico, y José Martínez Abadía (1999): *Manual básico del lenguaje y narrativa audiovisual*, Paidós, Barcelona.

Ferrer Gimeno, Francisca (2008): *Enrique Rambal y el melodrama de la primera mitad del siglo xx*, Tesis doctoral, Universitat de València, Valencia.

— (2012): «Drácula: una adaptación escénica de 1942», *Stichomythia*, núm. 13, pp. 34-53.

Floeck, Wilfried (1995): «El teatro español contemporáneo (1939-1993): una aproximación panorámica», en A. de Toro y W. Floeck (coords.), *Teatro español contemporáneo: autores y tendencias*, Kassel, Reichenberger, pp. 1-46.

Francisco, Itzíar de (2001): «Laila Ripoll estrena "Altra Bilis"», *El cultural* de *El Mundo*, 2 de febrero, disponible en <http://www.elcultural.com/revista/teatro/Laila-Ripoll-estrena-Atra-Bilis/13208> (03-01-2016).

Freud, Sigmund (1986): *Obras Completas, xvii: de la historia de una neurosis infantil (el «Hombre de los Lobos») y otras obras (1917-1919)*, trad. José Luis Etcheverry, Amorrortu, Buenos Aires, pp. 215-251.

— (1972): «Lo siniestro», en *Obras completas*, tomo 7, Editorial Biblioteca Nueva, Madrid, pp. 2483-2507.

— (2010): «Lo siniestro», en *Obras Completas*, disponible en <http://www.mediafire.com/?q3jg5 yztton> (02-12-2015).

García, Patricia (2013a): «The Fantastic Hole: Towards a Definition of the Fantastic Transgression as a Phenomenon of Space», *Brumal. Revista de Investigación sobre lo Fantástico/Brumal. Research Journal on the Fantastic*, vol. 1, núm. 1, pp. 15-35.

— (2013b): «La frase umbral: cruce posmoderno en el relato español contemporáneo», en David Roas y Patricia García (eds.), *Visiones de lo fantástico (aproximaciones teóricas)*, e. d. a., Málaga, pp. 27-38.

— (2013c): «El espacio como sujeto fantástico: el ejemplo de "Los palafitos" (Ángel Olgoso, 2007)», en David Roas (coord.), *El monstruo posmoderno: nuevas estrategias de la ficción fantástica* (dossier monográfico), *Pasavento. Revista de Estudios Hispánicos*, vol. I, núm. 1, pp. 113-124.

— (2015): *Space and the Postmodern Fantastic in Contemporary Literature: The Architectural Void*, Routledge, New York.

García Bilbao, Pedro A. (2004): «La Saga de los Aznar: una sociología de la utopía», en Pablo Herranz (ed.), *Memoria de la novela popular. Homenaje a la colección Luchadores del espacio*, Universitat de València, Valencia, pp. 75-102.

García Canclini, Néstor (1989): *Culturas híbridas. Estrategias para entrar y salir de la modernidad*, Grijalbo, México.

García de Castro, Mario (2002): *La ficción televisiva popular. Una evolución de las series de televisión en España*, Gedisa, Barcelona.

García de Juan, Miguel Ángel (1997): *Los cuentos de Pío Baroja: creación, recepción y discurso*, Pliegos, Madrid.

García-Manso, Luisa (2011): «Teatro, inmigración y género: la identidad del otro en *Víctor Bevch* de Laila Ripoll e *Y los peces salieron a combatir contra los hombres* de Angélica Lidell», *ALEC*, vol. 3, núm. 2, pp. 113-149.

— (2014): «Los fantasmas en el teatro de Itziar Pascual: memoria y construcción identitaria», en Teresa López-Pellisa y Matteo De Beni (coords.), *Teatro fantástico (siglos xx y xxi)*, monográfico de *Brumal. Revista de Investigación sobre lo Fantástico/Brumal. Research Journal on the Fantastic*, vol. II, núm. 2, pp. 87-107.

García May, Ignacio (2009): «El maravilloso teatro de lo maravilloso», en Teresa López-Pellisa y Fernando Ángel Moreno (eds.), *Ensayos sobre ciencia ficción y literatura fantástica*, Universidad Carlos III de Madrid, Madrid, pp. 121-151.

García Pavón, Francisco (1968): [Introducción], en Juan José Plans, *La gran coronación*, Richard Grandio, Oviedo, pp. 9-10.

Genette, Gerard (1989): *Palimpsestos. La literatura en segundo grado*, Taurus, Madrid.

Gómez, Iván, y Fernando de Felipe (2014): «Panorama crítico del cine fantástico español», en David Roas y Teresa López-Pellisa (eds.), *Visiones de lo fantástico en la cultura española (1970-2012)*, e. d. a. libros, Málaga, pp. 251-272.

Gómez Rivero, Ángel (2011): «Prólogo», en *El quinto jinete*, TVE, 39 Escalones Films, Madrid, DVD 3.

Gómez Trueba, Teresa (ed.) (2007): *Mundos mínimos: el microrrelato en la literatura española contemporánea*, Libros del Pexe, Gijón.

González Camaño, Óscar (2015): «Una mirada desde la historia: ¿cualquier tiempo pasado fue mejor?», en Concepción Cascajosa Virino (ed.), *Dentro del Ministerio del Tiempo*, Léeme Libros, Madrid, pp. 59-67.

González Castro, Francisco (1996): *Las relaciones insólitas: la literatura fantástica española del siglo xx*, Pliegos, Madrid.

González Laiz, Gonzalo (2013): «Lo fantástico en el último cine español: adopción, reinvención y fusión del género a través de *Memorias del ángel caído*, *Fuera del cuerpo* y *La hora fría*», *Brumal. Revista de Investigación sobre lo Fantástico/Brumal. Research Journal on the Fantastic*, vol. I, núm. 2, pp. 261-284.

González Somovilla, Miguel (2011): «Prólogo», en Álvaro Cunqueiro, *Obras literarias en castellano. I*, ed. Miguel González Somovilla y Xosé María Dobarro Paz, Fundación José Antonio de Castro, Madrid, pp. XXIII-LIV.

Gorostiza, Jorge (2015): «Fondas, tabernas, monasterios y ministerios», en Concepción Cascajosa Virino (ed.), *Dentro del Ministerio del Tiempo*, Léeme Libros, Madrid, pp. 189-199.

Grande, Félix (1975): «Narrativa, realidad y España actuales: historia de un amor difícil», *Cuadernos Hispanoamericanos*, núm. 299, pp. 359-360.

Gregori, Alfons (2013): «*Miedo* de Noel Clarasó: ¿más allá del terror, más allá de lo fantástico?», en David Roas y Ana Casas (eds.), *Visiones de lo fantástico en la cultura española (1900-1970)*, e .d. a., Málaga, pp. 69-86.

Guarinos, Virginia (2010): «El teatro en TVE durante la Transición (1975-1982). Un panorama con freno y marcha atrás», en Antonio Ansón (ed.), *Televisión y literatura en la España de la Transición (1973-1982)*, Institución Fernando el Católico, Colección Actas Filología, Zaragoza, pp. 97-118.

GUARNER, José Luis (1969): «Introducción», en José Luis Guarner (ed.), *Antología de la literatura fantástica española*, Bruguera, Barcelona, pp. 5-13.

GUBERN, Román (2003): *Del bisonte a la realidad virtual. La escena y el laberinto*, Anagrama, Barcelona.

— (2009a): «Precariedad y originalidad del modelo cinematográfico español», en Román Gubern *et al.* (coord.), *Historia del cine español*, Cátedra, Madrid, 6.ª edición ampliada.

— (2009b): «El cine sonoro», en Román Gubern *et al.* (coords.), *Historia del cine español*, Cátedra, Madrid, 6.ª edición ampliada.

GUBERN, Román, José Enrique MONTERDE *et al.* (coords.) (1995): *Historia del cine español*, Cátedra, Madrid.

GUIRAL, Antonio (2005): *Cuando los cómics se llamaban tebeos*, Ediciones El Jueves, Barcelona.

— (2011): «1970-1995: un reloj atrasado y otro perdido», *Arbor*, núm. 187, pp. 183-208.

GULLÓN, Ricardo (1990): «Espiritismo y teosofismo», en *Direcciones del Modernismo*, Alianza, Madrid, pp. 133-154.

— ([1983] 1994): «Sobre espectros y tumbas», en *La novela española contemporánea. Ensayos críticos*, Alianza Editorial, Madrid, pp. 195-229.

GUZMÁN, Alison (2012): «Los muertos vivientes de la Guerra Civil en cinco obras de Laila Ripoll: *La frontera*, *Que nos quiten lo bailao*, *Convoy de los 927*, *Los niños perdidos* y *Santa Perpetua*», *Don Galán. Revista de Investigación Teatral*, núm. 2, pp. 698-746.

GUZMÁN TINAJERO, Alfredo (2013): «¡Pero si estuve aquí! (Lo fantástico temporal en *Trazo de tiza*)», en Natalia Álvarez (coord.), *Lo fantástico en la cultura española del siglo XXI*, monográfico de *Brumal. Revista de Investigación sobre lo Fantástico/Brumal. Research Journal on the Fantastic*, vol. I, núm. 2, pp. 327-348.

HASSÓN, Moisés (2001): «Los múltiples rostros de *Narraciones Terroríficas*», en VV. AA., *La novela popular en España. Vol. 2*, Robel, Madrid, pp. 251-283.

HAWKINS, Joan (2000): *Cutting Edge: Art-Horror and the Horrorific Avant-Garde*, University of Minessota Press, Minneapolis.

HEREDERO, Carlos F., y Antonio SANTAMARINA (1996): *El cine negro. Maduración y crisis de la escritura clásica*, Paidós, Barcelona.

HERNÁNDEZ, Isaac, y Daniel MARÍA (eds.) (2012): *Narciso Ibáñez Serrador*, *La Página*, núm. 95/96, Madrid.

HERRERO, Miguel (2015): *Telepasión por los 90. Llega la competencia... y el zapping*, Diablo Ediciones, Madrid.

HERRERO CECILIA, Juan (2000): *Estética y pragmática del relato fantástico*, Universidad de Castilla-La Mancha, Cuenca.

HERZBERGER, David K. (1976): *The Novelistic World of Juan Benet*, The American Hispanist, Clear Creek.

HIGUERAS, Rubén (ed.) (2015): *Cine fantástico y de terror español. De los orígenes a la edad de oro (1912-1983)*, T&B Editores, Madrid.

— (ed.) (2016): *Cine fantástico y de terror español. Mutaciones y reformulaciones (1984-2015)*, T&B Editores, Madrid.

Hutcheon, Linda (1988): *A Poetics of Postmodernism: History, Theory and Fiction*, Routledge, London.

Ibáñez, Juan Carlos (2006): «La cabina», en Manuel Palacio (ed.), *Las cosas que hemos visto: 50 años y más de TVE*, Instituto Oficial de Radio y Televisión, Madrid, pp. 46-47.

Ibáñez, Juan Carlos, y Francesca Anania (coords.) (2010): *Memoria histórica e identidad en cine y televisión*, Comunicación Social Ediciones, Zamora.

Íñigo Jurado, Ana Isabel, Macarena Gómez Manteiga y Marina Recio Delgado (2012): «Las claves de la apuesta española por la ciencia ficción», en Belén Puebla Martínez, Elena Carrillo Pascual y Ana Isabel Íñigo Jurado (eds.), *Ficcionando. Series de televisión a la española*, Fragua, Madrid, pp. 39-55.

Izquierdo, José María (2005): «Carmen Martín Gaite + Tzvetan Todorov = *El cuarto de atrás* (1978)», en Inger Enkvist y José María Izquierdo (eds.), *Actas del Simposio Internacional sobre la obra de Tzvetan Todorov, Lund 23-25 septiembre de 2004*, Lunds Universitet, Lund, pp. 17-27, disponible en <http://folk.uio.no/jmaria/lund/2004/textos/pdf/06izquierdotorov.pdf> (01-03-2016).

Jiménez, Jesús (2012): «Entrevistamos a Luis Durán», disponible en <http://blog.rtve.es/comic/2012/06/entrevistamos-a-luis-dur%C3%A1n-una-colmena-en-construcci% C3%B3n.html> (16-12-2015).

Jones, Margaret E. W. (1970): *The literary World of Ana María Matute*, The University Press of Kentucky, Lexington.

Jones, Alan (2005): *The Rough Guide to Horror Movies*, The Rough Guides, London/New York.

King, Stephen (2006): *Danza Macabra*, Valdemar, Madrid.

Kunz, Marco (2009): «La caja, la grieta y la red: la psicopatología del espacio en la obra de Juan José Millás», en Irene Andres-Suárez y Ana Casas (eds.), *Juan José Millás*, Arco/Libros, Madrid, pp. 245-262.

Lagmanovich, David (2006): *El microrrelato. Teoría e historia*, Menoscuarto, Palencia.

Latorre, José María (1977): «El cine fantástico como género», *Dirigido por*, núms. 46, 47, 48 y 50.

— (1987): *El cine fantástico*, Ediciones Fabregat, Barcelona.

Lázaro Lafuente, Antonio (2009): «La recepción de la narrativa inglesa de terror en la España de Franco: antologías y colecciones», en Rubén Jarazo Álvarez y Lidia Montero Ameneiro (eds.), *Periphery and Centre IV*, AFI, Universidad de La Coruña, La Coruña, pp. 223-232

Lázaro-Reboll, Antonio (2008): «Now Playing Everywhere: Spanish Horror Film in the Marketplace», en Jay Beck y Vicente Rodríguez Ortega (eds.), *Contemporary Spanish Cinema and Genre*, Manchester University Press, Manchester, pp. 65-87.

— (2012): *Spanish Horror Film*, Edinburgh University Press, Edinburgh.

Litvak, Lily (1994): «Entre lo fantástico y la ciencia ficción. El cuento espiritista en el siglo xix», *Anthropos*, núms. 154-155, pp. 83-88.

Lladó, Francisca (2001): *Los cómics de la transición (El boom del cómic adulto 1975-1984)*, Glénat, Barcelona.

Llopis, Rafael (1974): *Historia natural de los cuentos de miedo*, Júcar, Madrid (reed. con la colaboración de José L. Fernández Arellano, Fuentetaja, Madrid, 2013).

LODGE, David (1987): *The Novelist at the Crossroads and Other Essays on Fiction and Criticism*, Ark Paperbacks, London.

LÓPEZ, Diego, y David PIZARRO (2013): *Silencios de pánico. Historia del cine fantástico y de terror español 1897-2010*, Tyrannosaurus Books, Barcelona.

LÓPEZ IBOR, Juan José (1958): «Prólogo», en Juan José López Ibor (ed.), *Antología de cuentos de misterio y terror*, Labor, Barcelona, pp. V-XXVII.

LÓPEZ-PELLISA, Teresa, y Matteo DE BENI (coords.) (2014): *Teatro fantástico (siglos XX y XXI)*, monográfico de *Brumal. Revista de Investigación sobre lo Fantástico/Brumal. Research Journal on the Fantastic*, vol. II, núm. 2, pp. 7-158.

LÓPEZ SANTOS, Miriam (2010): *La novela gótica en España (1788-1833)*, Academia del Hispanismo, Vigo.

LOSILLA, Carlos (1993): *El cine de terror. Una introducción*, Paidós, Barcelona.

LOUREIRO, Ángel G. (1990): *Mentira y seducción. La trilogía fantástica de Torrente Ballester*, Castalia, Madrid.

LUQUE CARRERAS, José A. (2015): *El cine negro español*, T&B, Madrid.

MADRID BRITO, Débora (2012): «El televisor: La culpa no la tiene el espejo, sino el rostro», en Isaac Hernández y Daniel María (eds.), *Narciso Ibáñez Serrador*, *La Página*, núm. 95/96, Madrid, pp. 177- 187.

MARANTE ARIAS, Antía (2009): «Intertextualidad y metaficción en *Trazo de tiza* de Miguelanxo Prado», *Extravío. Revista electrónica de literatura comparada*, núm. 4, pp. 86-103, disponible en <http://www.uv.es/extravio/pdf4/a_marante.pdf> (16-12-2015).

MARGENOT III, John B. (2005): «Gothic Machinery in the Region Novels», *Revista Canadiense de Estudios Hispánicos*, 29.3, pp. 491-506.

MARIMÓN, Carlos (1976): «El quinto jinete actual», *La Vanguardia*, 25 de febrero de 1976, p. 44.

MARIÑAS, J. (1974): «Ciencia ficción contemporánea: Crónicas Fantásticas», *Tele Radio*, núm. 880, 4-10 de noviembre de 1974.

MARQUÉS VIANA FERREIRA, Ana Sofía (2013): «Luciérnagas bajo calaveras: lo fantástico en *Los demonios del lugar*, de Ángel Olgoso», en Natalia Álvarez Méndez (coord.), *Lo fantástico en la cultura española del siglo XXI*, monográfico de *Brumal. Revista de Investigación sobre lo fantástico/Brumal. Research Journal on the Fantastic*, vol. 1, núm. 2, pp. 223-244.

MARTÍN, Antonio (1972): *50 años de historietas españolas de ciencia ficción*, *Bang*, suplemento al número 7/8.

— (1978): *Historia del cómic español: 1875-1939*, Gustavo Gili, Barcelona.

— (2010): «La historieta española de 1900 a 1951», *Arbor*, núm. 187, pp. 63-128.

MARTÍN, Mariano (2015): «Presentación», en Antonio de Hoyos y Vinent, *Los cascabeles de Madama Locura*, La Biblioteca del Laberinto, Madrid, pp. 7-33.

MARTÍN-MAESTRO, Abraham (1991): «La narrativa fantástica en la España de posguerra», en Enriqueta Morillas (ed.), *El relato fantástico en España e Hispanoamérica*, Sociedad Estatal Quinto Centenario, Madrid, pp. 197-209.

MARTÍN NOGALES, José Luis (1997): «Evolución del cuento fantástico español», *Lucanor*, núm. 14 (1997), pp. 11-21.

MARTÍN RODRÍGUEZ, Mariano (2012): «"El país donde la vergüenza no existe": el antiparaíso utópico-erótico de Alberto Insúa en *El barco embrujado*», en Ángel Clemente

Escobar y Javier Rivero (eds.), *El erotismo en la modernidad*, CERSA-Publicaya, Madrid, pp. 237-256.

Martínez-Gil, Víctor (2004): «Introducció. Els somnis de la literatura: un itinerari català», en Víctor Martínez-Gil (ed.), *Els altres mons de la literatura catalana. Antologia de narrativa fantàstica i especulativa*, Galàxia Gutenberg/Cercle de Lectors, Barcelona, pp. 9-40.

Martínez Martín, Alejo (1999): «Introducción», en Alejo Martínez Martín (ed.), *Antología española de la literatura fantástica*, Valdemar, Madrid, pp. 7-9.

Martínez Ortiz, José (1989): *Rambal, mago de la escena española, valenciano ilustre, hijo de Utiel*, Agrupación Escénica «Enrique Rambal»-Gráficas Llogodi, Utiel.

Martínez Rodríguez, Juan Carlos (2004): «El cine fantástico español de los noventa. Aportaciones para la recuperación de un género olvidado», *Imafronte*, núm. 16, pp. 241-253.

Martínez Torrón, Diego (1983): *Guía de la literatura fantástica en España*, Fundamentos, Madrid.

McHale, Brian (1987): *Postmodernist Fiction*, Routledge, London/New York.

Medina, Elena (2000): *Cine negro y policíaco español de los años cincuenta*, Laertes, Barcelona.

Medina, Mercedes (coord.) (2008): *Series de televisión. El caso de Médico de familia, Cuéntame cómo pasó y Los Serrano*, Ediciones Internacionales Universitarias, Madrid.

Mendíbil, Álex (2001): *Narciso Ibáñez Serrador presenta...*, Fundación Municipal de Cine/Mostra de Valencia, Valencia.

Mendoza, Gustavo Leonel (2009): *Nadie inquietó más. Narciso Ibáñez Menta*, Bizarreman Films, Buenos Aires.

Menéndez Muñiz, Rafael (2002): *Entre ilustración e historieta: las obras de LPO y OPS en la revista «Madriz»*, Tesis doctoral, Universidad Complutense de Madrid.

Menéndez Pidal, Ramón (1949-1969): «Caracteres primordiales de la literatura española», en *Historia general de las literaturas hispánicas. I. Desde los orígenes hasta 1900*, Vergara, Barcelona, pp. xxxvii-xl.

Merelo Solá, Alfonso (2003): «Un mundo sin luz», *Sitio de Ciencia-Ficción*, 1 de diciembre de 2003, disponible en <http://www.ciencia-ficcion.com/opinion/op00670.htm>.

— (2007): *Fantástica televisión. Las series que marcaron una época (1980-2007)*, AJEC, Granada.

— (2008): «La radionovela de ciencia ficción española», *Quaderns de Filologia. Estudis Literaris*, Vol. XIV, Valencia, pp. 139-154.

Merino, José María (2009): «Reflexiones sobre la literatura fantástica en España», en Teresa López-Pellisa y Fernando Ángel Moreno Serrano (eds.), *Ensayos sobre ciencia ficción y literatura fantástica*, Universidad Carlos III, Madrid, pp. 55-64.

Milner Garlitz, Virginia (1990): «Valle-Inclán y el ocultismo: la conexión gallega», en Tomás Albadalejo *et al.* (eds.), *El modernismo. Renovación de los lenguajes poéticos*, Universidad de Valladolid, Valladolid.

Minguet Batllori, Joan M. (2010): *Segundo de Chomón (1903-1912). El cine de la fantasía*, Filmoteca de Catalunya/Cameo Media, Barcelona.

Miranda, Julio E. (1967): [Reseña de *La guerra, el mar y otros excesos*], *Cuadernos Hispanoamericanos*, núm. 216, pp. 661-665.

MOLINA PORRAS, Juan (2001): *El cuento fantástico en la España del Realismo (1868-1900)*, Universidad de Sevilla (tesis doctoral).

— (ed.) (2006): *Cuentos fantásticos en la España del Realismo*, Cátedra, Madrid.

MONTERDE, José Enrique (1993): *Veinte años de cine español. Un cine bajo la paradoja. 1973-1992*, Paidós, Barcelona.

— (2009a): «El cine de la autarquía (1939-1950)», en Román Gubern *et al.* (coord.), *Historia del cine español*, Cátedra, Madrid, 6.ª edición ampliada.

— (2009b): «Continuismo y disidencia (1951-1962)», en Román Gubern *et al.* (coords.), *Historia del cine español*, Cátedra, Madrid, 6.ª edición ampliada.

MORA GASPAR, Víctor (2015): «Historia y memoria, huellas y signos. Imágenes temporales para la construcción de la identidad», en Concepción Cascajosa Virino (ed.), *Dentro del Ministerio del Tiempo*, Léeme Libros, Madrid, pp. 77-85.

MUÑOZ-ALONSO LÓPEZ, Agustín, y Jesús RUBIO JIMÉNEZ (1995): «Introducción», en Ramón Gómez de la Serna, *Teatro muerto*, Cátedra, Madrid, pp. 9-134.

MUÑOZ RENGEL, Juan Jacinto (ed.) (2009): *Perturbaciones. Antología del relato fantástico español actual*, Salto de Página, Madrid.

— (2010): «La narrativa fantástica en el siglo XXI», en David Roas y Ana Casas (coords.), *Lo fantástico en España (1980-2010)*, monográfico de *Ínsula*, núm. 765, pp. 6-10.

NAVARRO, Antonio José, y Ángel SALA (eds.) (2006): *Europa imaginaria. Cinco miradas sobre lo fantástico en el viejo continente*, Valdemar, Madrid.

NIEVA DE LA PAZ, Pilar (2004): *Narradoras españolas en la Transición política (textos y contextos)*, Fundamentos, Madrid.

NILSSON, Gunnar (2005): «Sobre la incertidumbre. Lo fantástico según Todorov en la obra de Juan Benet», en Inger Enkvist y José María Izquierdo (eds.), *Actas del Simposio Internacional sobre la obra de Tzvetan Todorov, Lund 23-25 septiembre de 2004*, Lunds Universitet, Lund, pp. 39-56.

NOLENS, Ludovico [1981] (1997): «Adiós a Región», en Mauricio Jalón (ed.), *Cartografía personal*, Cuatro, Valladolid, pp. 179-189.

O'CONNOR, Patricia W. (1993): «Julia Maura (1906-1971)», en Linda Gould Levine, Ellen Engelson Marson y Gloria Feiman Waldman (eds.), *Spanish Women Writers*, Greenwood Press, Westport, pp. 321-329.

OLGOSO, Ángel (2009): «Eran otros tiempos. ¿Eran otros tiempos?», *Literaturas.com*, 21 de diciembre de 2009, disponible en <http://www.literaturas.com/v010/sec0803/entrevistas/entrevistas-0.2.html>

OLMO, José (1992): «La TV argentina emite cuatro cuentos de Borges producidos por España», *ABC*, 24 de agosto, p. 99.

PALACIO, Manuel (2001): *Historia de la televisión en España*, Gedisa, Barcelona.

— (2008): *Historia de la televisión en España*, Gedisa, Barcelona.

— (2010): «Los intelectuales y la imagen de la televisión cultural», en Antonio Ansón (ed.), *Televisión y literatura en la España de la Transición (1973-1982)*, Institución Fernando el Católico, Colección Actas Filología, Zaragoza, pp. 11-24.

— (ed.) (2011): *El cine y la transición política en España (1975-1982)*, Biblioteca Nueva, Madrid.

— (2012): *La televisión durante la Transición española*, Cátedra, Madrid.

Palacios, Jesús (1999): «Simón el mago. Los mundos perdidos de Juan Piquer Simón», en Carlos Aguilar (ed.), *Cine fantástico y de terror español 1900-1983*, Donostia Kultura, San Sebastián.

— (2012): «Páginas para no dormir», en Isaac Hernández y Daniel María (eds.), *Narciso Ibáñez Serrador*, *La Página*, núm. 95/96, pp. 35-43.

— (2015): «Prólogo: el misterio de una novela de misterio», en Emilio Carrere, *La torre de los siete jorobados*, Valdemar, Madrid, pp. 9-39.

Panero, Leopoldo María (1977): «Prefacio», en Leopoldo María Panero (ed.), *Visión de la literatura de terror anglo-americana*, Felman, Madrid, pp. 11-34.

Paramio, Ludolfo (1974): «Introducción a la lectura del museo siniestro de *El inspector Dan*», *Fascículos de la imagen*, núm. 3, Martín Editor, Barcelona, disponible en <http://www.tebeosfera.com/documentos/textos/introduccion_a_la_lectura_del_museo_siniestro_-de_el_inspector_dan-.html> (24-02-2016).

Pascual, Itziar (2002): «Un esbozo de ideario salinasático», *La Ratonera. Revista Asturiana de Teatro*, 4 (enero), pp. 102-105, disponible en <http://www.la-ratonera.net/numero4/n4_autores.html#Un esbozo de ideario dramático>, (03-12-2015).

Pasqualicchio, Nicola (2012): «Prolegómenos a una investigación sobre teatro fantástico», *Pygmalion. Revista de Teatro General y Comparado*, núm. 4, pp. 13-36.

Paulino Ayuso, José (2005): «El teatro de fantasía de Francisco Nieva», en Jesús María Barrajón (ed.), *Francisco Nieva*, Editorial Complutense, Madrid, pp. 141-164.

Pavis, Patrice (2009): «Fantastique», en Patrice Pavis (ed.), *Dictionnaire du théâtre*, Armand Colin, Paris, p. 137.

Peregrina Castaños, Mikel (2014): *El cuento español de ciencia ficción (1968-1983): los años de* Nueva Dimensión, Tesis doctoral, Universidad Complutense de Madrid, Madrid.

Pérez del Solar, Pedro (2013): *Imágenes del desencanto. Nueva historieta española 1980-1986*, Iberoamericana/Vervuert, Madrid/Frankfurt am Main.

Pérez Iglesias, Jorge (2015): «"Chiquitete cantaría a Wagner con más solemnidad": referencialidad, cultura pop y el espectador ideal», en Concepción Cascajosa Virino (ed.), *Dentro del Ministerio del Tiempo*, Léeme Libros, Madrid, pp. 233-241.

Pérez Perucha, Julio (2009): «Narración de un aciago destino (1896-1930)», en Román Gubern *et al.* (coords.), *Historia del cine español*, Cátedra, Madrid, 6.ª edición ampliada.

Phillips-López, Dolores (2003): «Introducción», en *Cuentos fantásticos modernistas de Hispanoamérica*, Cátedra, Madrid, pp. 9-49.

Pinedo, Isabel (1996): «Recreational Terror: Postmodern Elements of the Contemporary Horror Films», *Journal of Film and Video*, vol. 48, núm. 1-2, pp. 17-31.

Piñero Otero, Teresa, y Carmen Costa Sánchez (2013): «De series españolas de éxito a producciones audiovisuales transmediáticas. Análisis de *Águila Roja*, *El Barco* y *Amar en tiempos revueltos*», *Estudios sobre el mensaje periodístico*, vol. 19, núm. especial abril, pp. 925-934.

Porcel, Pedro (2002): «*La torre de los siete jorobados*», *Quatermass*, núm. 4-5.

— (2011): «La historieta española de 1951 a 1970», *Arbor*, núm. 187, pp. 129-158.

Puebla Martínez, Belén, Elena Carrillo Pascual y Ana Isabel Íñigo Jurado (eds.) (2012): *Ficcionando. Series de televisión a la española*, Fragua, Madrid.

PUENTE SAMANIEGO, Pilar de la (1994): *La narrativa breve de Carmen Martín Gaite*, Plaza Universitaria, Salamanca.

PUEYO, Víctor (2013): «Después del fin de la historia: estados de excepción y escenarios de emergencia en el cine de terror español contemporáneo (2002-2013)», *Arizona Journal of Hispanic Cultural Studies*, vol. 17, pp. 29-46.

PULIDO, Javier (2012): *La década de oro del cine de terror español (1967-1976)*, T&B Editores, Madrid.

QUINN, Paul (2013): «El parpadeo del miedo: *Hay alguien ahí*», en Natalia Álvarez (coord.), *Lo fantástico en la cultura española del siglo XXI*, monográfico de *Brumal. Revista de Investigación sobre lo Fantástico/Brumal. Research Journal on the Fantastic*, vol. I, núm. 2, pp. 309-326.

QUINTANA, Ángel (2011): *Después del cine. Imagen y realidad en la era digital*, Acantilado, Barcelona.

QUIÑONES, Fernando (1966): «Balance», en *La guerra, el mar y otros excesos*, Emecé, Buenos Aires, pp. 137-143.

QUIROGA, Elena (1984): *Presencia y ausencia de Álvaro Cunqueiro: discurso leído el día 8 de abril de 1984, en su recepción pública, por la Excma. Sra. Doña Elena Quiroga y de Abarca, y contestación del Excmo. Sr. Don Rafael Lapesa Melgar*, Real Academia Española, Madrid.

RAMOS, Rosa Alicia (1991): *Las narraciones breves de Ramón del Valle-Inclán*, Pliegos, Madrid.

RECK, Isabelle (2012): «El teatro grotesco de Laila Ripoll», *Signa. Revista de la Asociación Española de Semiótica*, núm. 21, Madrid, pp. 55-84.

REDONDO GOICOECHEA, Alicia (2000): *Ana María Matute*, Ediciones del Orto, Madrid.

REISZ, Susana (2001): «Las ficciones fantásticas y sus relaciones con otros tipos ficcionales», en David Roas (ed.), *Teorías de lo fantástico*, Arco/Libros, Madrid, pp. 193-221.

REMESAR, Antonio, y Antonio ALTARRIBA (1987): *Comicsarias*, PPU, Barcelona.

REQUEIJO REY, Paula (2012): «La exportación de series de televisión de España», en Belén Puebla Martínez, Elena Carrillo Pascual y Ana Isabel Íñigo Jurado (eds.), *Ficcionando. Series de televisión a la española*, Fragua, Madrid, pp. 203-217.

REY, Alberto, (2015): «La puerta de los seriéfilos», en Concepción Cascajosa Virino (ed.), *Dentro del Ministerio del Tiempo*, Léeme Libros, Madrid.

RIAMBAU, Esteve (1995): «La década socialista», en R. Gubern, J. E. Monterde *et al.*, *Historia del cine español*, Cátedra, Madrid.

RICHARDS, Michael (2015): *Historias para después de una guerra*, Pasado y Presente, Barcelona.

RIMMON-KENAN, Shlomith (1999): *Narrative Fiction. Contemporary Poetics*, Routledge, London.

RISCO, Antonio (1982): *Literatura y fantasía*, Taurus, Madrid.

— (1987): *Literatura fantástica de lengua española*, Taurus, Madrid.

— (1988): «El elemento fantástico en la obra de Valle-Inclán», en José M. García de la Torre (ed.), *Diálogos hispánicos de Ámsterdam, n. 7. Valle Inclán (1866-1936): creación y lenguaje*, Rodopi, Amsterdam, pp. 49-63.

RISCO, Antón, Ignacio SOLDEVILA y Arcadio LÓPEZ-CASANOVA (eds.) (1998): *El relato fantástico. Historia y sistema*, Ediciones Colegio de España, Salamanca.

Risley, William R. (1979): «Hacia el simbolismo en la prosa de Valle-Inclán», *Anales de la Narrativa Española Contemporánea*, vol. 4, pp. 45-90.

Rivas, Antonio (2013): «El dilatado misterio: Rafael Dieste y lo fantástico», en David Roas y Ana Casas (eds.), *Visiones de lo fantástico en la cultura española (1900-1970)*, e. d. a., Málaga, pp. 43-58.

Roas, David (1999): «Voces del otro lado: el fantasma en la narrativa fantástica», en Jaume Pont (ed.), *Brujas, demonios y fantasmas en la literatura fantástica hispánica*, Universitat de Lleida, Lleida, pp. 93-107.

— (ed.) (2001a): *Teorías de lo fantástico*, Arco/Libros, Madrid.

— (2001b): «La amenaza de lo fantástico», en David Roas (ed.), *Teorías de lo fantástico*, Arco/Libros, Madrid, pp. 7-44.

— (2001c): *La recepción de la literatura fantástica en la España del siglo xix*, Universitat Autònoma de Barcelona, Bellaterra (tesis doctoral).

— (2002a): *Hoffmann en España. Recepción e influencias*, Biblioteca Nueva, Madrid.

— (coord.) (2002b): *Lo fantástico: literatura y subversión*, monográfico de *Quimera*, núm. 218-219, pp. 14-85.

— (2002c): «El género fantástico y el miedo», en David Roas (coord.), *Lo fantástico: literatura y subversión*, monográfico de *Quimera*, núm. 218-219, pp. 41-45.

— (2003): «Introducción», en *Cuentos fantásticos del siglo xix (España e Hispanoamérica)*, Marenostrum, Madrid, pp. 7-40.

— (2005a): «La persistencia de lo cotidiano. Verosimilitud e incertidumbre fantástica en la narrativa breve de José María Merino», en Irene Andres-Suárez y Ana Casas (eds.), *José María Merino*, Arco/Libros, Madrid, pp. 151-167.

— (2005b): «Velocidad e impacto», en Neus Rotger y Fernando Valls (eds.), *Ciempiés. Los microrrelatos de Quimera*, Montesinos, Barcelona, pp. 267-268.

— (2006a): *De la maravilla al horror. Los inicios de lo fantástico en la cultura española (1750-1860)*, Mirabel, Vilagarcía de Arosa.

— (2006b): «Hacia una teoría sobre el miedo y lo fantástico», *Semiosis* (México), vol. II, núm. 3, pp. 95-116.

— (2007): «El ángulo insólito: Cristina Fernández Cubas y lo fantástico», en Irene Andres-Suárez y Ana Casas (eds.), *Cristina Fernández Cubas*, Arco/Libros, Madrid, pp. 41-60.

— (2008): «De camino a lo real. Las mentiras verdaderas de Rafael Sánchez ferlosio», en Rafael Sánchez Ferlosio, *Industrias y andanzas de Alfanhuí*, ed. David Roas, Crítica, Barcelona.

— (2009): «El hombre que (casi) controlaba el mundo. Juan José Millás y lo fantástico», en Irene Andres-Suárez y Ana Casas (eds.), *Juan José Millás*, Arco/Libros, Madrid, pp. 217-225.

— (ed.) (2010a): *Poéticas del microrrelato*, Arco/Libros, Madrid.

— (2010b): «Sobre la esquiva naturaleza del microrrelato», en David Roas (ed.), *Poéticas del microrrelato*, Arco/Libros, Madrid, pp. 9-40.

— (2010c): «La narrativa fantástica en los años 80 y 90. Auge y normalización», en David Roas y Ana Casas (coords.), *Lo fantástico en España (1980-2010)*, monográfico de *Ínsula*, núm. 765, pp. 3-6.

— (2010d): «Souto o la búsqueda imposible», *El Otro Lunes. Revista de Cultura Hispanoamericana*, núm. 11.

— (2010e): «La risa grotesca y lo fantástico», en Pilar Andrade, Arno Gimber y María Goicoechea (eds.), *Espacios y tiempos de lo fantástico. Una mirada desde el siglo XXI*, Peter Lang, Bern, pp. 17-30.

— (2011a): *Tras los límites de lo real. Una definición de lo fantástico*, Páginas de Espuma, Madrid.

— (2011b): *La sombra del cuervo. Edgar Allan Poe y la literatura fantástica española del siglo XIX*, Devenir, Madrid.

— (2011c): «Exploradores de lo (ir)real. Nuevas voces de lo fantástico en la narrativa española actual», *Boletín de la Biblioteca de Menéndez Pelayo*, LXXXVII (enero-diciembre), pp. 293-313.

— (2011d): «Ricardo Doménech, o la cotidianidad enajenada», prólogo a Ricardo Doménech, *La pirámide de Khéops*, Salto de Página, Madrid, pp. 5-15.

— (2012a): «Cronologías alteradas. La perversión fantástica del tiempo», en Flavio García y Maria Cristina Batalha (eds.), *Vertentes teóricas e ficcionais do insolito*, Caetés, Rio de Janeiro, pp. 106-113.

— (2012b): «Mutaciones posmodernas: del vampiro depredador a la naturalización del monstruo», *Letras & Letras*, núm. 28, vol. 2 (julio-diciembre), pp. 441-455.

— (2014): «Mutaciones del cuento fantástico: la ironía y la parodia como subversión de lo real», en Eduarda Keating *et al.* (coords.), *Mutações do Conto nas Sociedades Contemporâneas*, Húmus/Universidade do Minho, Braga, pp. 23-36.

— (2016): «Le jour où Cthulhu a traversé les Pyrénées. Les débuts de la réception de Lovecraft en Espagne» (trad. Jean-Baptiste Para), *Europe*, núm. 1044, pp. 80-88.

ROAS, David, y Ana CASAS (2008): «Prólogo», en David Roas y Ana Casas (eds.), *La realidad oculta. Cuentos fantásticos españoles del siglo XX*, Menoscuarto, Palencia, pp. 9-54.

— (coords.) (2010a): *Lo fantástico en España (1980-2010)*, monográfico de *Ínsula*, núm. 765.

— (2010b): «Introducción. Lo fantástico en España (1980-2010)», *Lo fantástico en España (1980-2010)*, monográfico de *Ínsula*, núm. 765, p. 2.

— (2013): «La guerra de los dos mil años: crónica satírica de un mundo feroz», prólogo a Francisco García Pavón, *La guerra de los dos mil años*, Salto de Página, Madrid, pp. 5-16.

— (eds.) (2014): *Visiones de lo fantástico en la cultura española (1900-1970)*, e. d. a., Málaga.

ROAS, David, y Teresa LÓPEZ-PELLISA (eds.) (2014): *Visiones de lo fantástico en la cultura española (1970-2012)*, e. d. a., Málaga.

RODRÍGUEZ HERNÁNDEZ, Tahiche (2010): «La conspiración fantástica: una aproximación lingüístico-cognitiva a la evolución del género», *Espéculo. Revista de Estudios Literarios*, núm. 43, disponible en <http://www.ucm.es/info/especulo/numero43/consfan.html>.

RODRÍGUEZ PASTORIZA, Francisco (2010): «La literatura en los programas culturales de la transición: una cierta edad de plata», en Antonio Ansón (ed.), *Televisión y literatura en la España de la Transición (1973-1982)*, Institución Fernando el Católico, Colección Actas Filología, Zaragoza, pp. 25-51.

RODRÍGUEZ SÁNCHEZ, Daniel, e Iván SUÁREZ MARTÍNEZ (2013): «Entrevista al escritor Juan José Plans acerca de su novela *El juego de los niños*», *Ultramundo. Revista pulp*, 20 de octubre, disponible en <http://cineultramundo.blogspot.com/2013/10/entrevista-al-escritor-juan-jose-plans.html> (01-03-2016).

Roig, Sebastià (2006): *Els malsons dels nostres avis*, Editorial Dux, Barcelona.

Rojo, Violeta (2014): «Atrapados en la red: la banalización de la escritura mínima», *Voz y Escritura. Revista de Estudios Literarios*, núm. 22, pp. 13-26.

Rom Rodríguez, Josep A. (2010), «Las viñetas de la fantasía. Cómic fantástico de autor en las últimas décadas», en David Roas y Ana Casas (coords.), *Lo fantástico en España (1980-2010)*, monográfico de *Ínsula*, núm. 765, pp. 24-27.

Romero Santos, Rubén (2015): «Misión al otro lado del Ebro: Cataluña y el Ministerio», en Concepción Cascajosa Virino (ed.), *Dentro del Ministerio del Tiempo*, Léeme Libros, Madrid, pp. 69-79.

Rovecchio Antón, Laeticia (2014): «Reescribir la fantasía: *Frankenstein* de Angélica Liddell», en Teresa López-Pellisa y Matteo De Beni (coords.), *Teatro fantástico (siglos xx y xxi)*, monográfico de *Brumal. Revista de Investigación sobre lo Fantástico/Brumal. Research Journal on the Fantastic*, vol. II, núm. 2, pp. 109-128.

Ruano, Soledad (2009): *Contenidos culturales en las televisiones generalistas. Análisis de los formatos televisivos de las cadenas públicas y privadas*, Fragua, Madrid.

Rubio Jiménez, Jesús (2003): «La lógica de la superstición en *El embrujado* de Valle-Inclán», *Anales de la Literatura Española Contemporánea*, 28, 3, pp. 123-154.

— (2005): «La versión de Ángel Facio», en Jesús Rubio Jiménez, Ángel Facio *et al.*, *Romance de lobos. Cuaderno de dirección*, Teatro Español, Madrid, pp. 83-108.

Rubio Jiménez, Jesús, Ángel Facio *et al.* (2005): *Romance de lobos. Cuaderno de dirección*, Teatro Español, Madrid.

Ruiz, Luis Enrique (2004): *El cine mudo español en sus películas*, Ediciones Mensajero, Bilbao.

Sáez de Adana, Francisco (2015): «La física en las puertas del tiempo», en Concepción Cascajosa Virino (ed.), *Dentro del Ministerio del Tiempo*, Léeme Libros, Madrid, pp. 241-249.

Sainz, Salvador (1989): *Historia del cine fantástico español (de Segundo de Chomón a Bigas Luna)*, Festival de Cine de Ibiza, Ibiza.

Sáiz Cidoncha, Carlos, y Pedro A. García Bilbao (1999): *Viajes de los Aznar*, Editorial Silente, Guadalajara.

Sala, Ángel (2010): *Profanando el sueño de los muertos. La historia jamás contada del cine español*, Scifiworld, Pontevedra.

Sánchez, Sergi (2002): «Pánico en la escena. Miedo real y miedo representado», en Vicente Domínguez (ed.), *Los dominios del miedo*, Biblioteca Nueva, Madrid, pp. 303-318.

Sánchez Aparicio, Vega (2013): «Horrores generacionales en los relatos de Patricia Esteban Erlés y David Roas», en Natalia Álvarez (coord.), *Lo fantástico en la cultura española del siglo xxi*, monográfico de *Brumal. Revista de investigación sobre lo fantástico/Brumal. Research Journal on the Fantastic*, vol. I, núm. 2, pp. 201-221.

Sánchez Barba, Francesc (2007): *Brumas del franquismo: el auge del cine negro español (1950-1965)*, Universitat de Barcelona, Barcelona.

Sánchez Trigos, Rubén (2013a): *Una aproximación al zombie en el cine. Rasgos característicos de la producción española*, Tesis doctoral, Universidad Rey Juan Carlos, Madrid.

— (2013b): «Muertos, infectados y poseídos: el zombie en el cine español contemporáneo», en David Roas (coord.), *El monstruo posmoderno: nuevas estrategias de la ficción fantástica* (dossier monográfico), *Pasavento. Revista de Estudios Hispánicos*, vol 1, núm. 1, pp. 11-34.

— (2013c): «Tradición y transnacionalidad en el tratamiento de lo fantástico en la saga *Rec* de Jaume Balagueró y Paco Plaza», en Natalia Álvarez (coord.), *Lo fantástico en la cultura española del siglo XXI*, monográfico de *Brumal. Revista de Investigación sobre lo Fantástico/Brumal. Research Journal on the Fantastic*, vol. I, núm. 2, pp. 285-307.

Sánchez Vidal, Agustín (1992): *El cine de Segundo de Chomón*, Caja de Ahorros de la Inmaculada de Aragón, Zaragoza.

Sánchez Villadangos, Nuria (2013): «Bordeando los límites de lo fantástico: *Distorsiones*, de David Roas», en David Roas y Teresa López-Pellisa (eds.), *Visiones de lo fantástico en la cultura española (1970-2012)*, e. d. a., Málaga, pp. 183-212.

Santiáñez, Nil (ed.) (1995): *De la Luna a Mecanópolis. Antología de la ciencia ficción española (1832-1916)*, Quaderns Crema, Barcelona.

Sastre, Alfonso (1958): «Espacio-tiempo y drama», *Primer Acto*, núm. 6, pp. 13-16.

— (1965): *Anatomía del realismo*, Seix Barral, Barcelona.

— (1992): *Prolegómenos a un teatro del porvenir (Teoría del drama)*, Hiru, Hondarribia.

— (1998a): «Las fantasías del terror (notas para esta edición)», en Alfonso Sastre, *Las noches lúgubres*, Hiru, Hondarribia, pp. 7-16.

— (1998b): «Prefacio a la primera edición», en *Las noches lúgubres*, Hiru, Hondarribia, pp. 17-20.

Serrano, Virtudes (1992): «Introducción», en Domingo Miras, *Las brujas de Barahona*, ed. Virtudes Serrano, Espasa Calpe, Madrid, pp. 9-54.

Serrano Alonso, Javier (1996): *Los cuentos de Valle-Inclán: estrategia de la escritura y genética textual*, Universidad de Santiago de Compostela, Santiago de Compostela.

Serrats Ollé, Jaime (1971): *Narciso Ibáñez Serrador*, Dopesa, Barcelona.

Siebers, Tobin (1985): *El espejo de Medusa*, Fondo de Cultura Económica, México.

Siruela, Jacobo (ed.) (1985): *Literatura Fantástica*, Siruela, Madrid.

Skal, David J. (2008): *Monster Show. Una historia cultural del horror*, Valdemar, Madrid.

— (2015): *Hollywood Gótico. La enmarañada historia de Drácula*, Es Pop, Madrid.

Soldevila Durante, Ignacio, y Franklin B. García Sánchez (1997): «Prólogo», en Max Aub, *Escribir lo que imagino: cuentos fantásticos y maravillosos*, Alba, Barcelona, pp. 9-33.

Sollers, Philippe (1975): «The Novel and the Experience of Limits», en Raymond Federman (ed.), *Surfiction. Fiction Now and Tomorrow*, Swalow Press, Chicago, pp. 59-75.

Stonehill, Brian (1988): *The Self-conscious Novel: Artifice in Fiction from Joyce to Pynchon*, University of Pennsylvania Press, Philadelphia.

Suárez Miramón, Ana (2006): *El modernismo: compromiso y estética de fin de siglo*, Ediciones del Laberinto, Madrid.

Tarancón Gimeno, Jorge (2000a): «Catálogo de la novela popular española», en VV. AA., *La novela popular en España. Vol. 1*, Robel, Madrid, pp. 291-294.

— (2000b): «Relación de editoriales y colecciones», en VV. AA., *La novela popular en España. Vol. 1*, Robel, Madrid, pp. 295-306.

— (2000c): «Selección de colecciones», en VV. AA., *La novela popular en España. Vol. 1*, Robel, Madrid, pp. 306-438

— (2001): «Catálogo de la novela popular española», en VV. AA., *La novela popular en España. Vol. 2*, Robel, Madrid, pp. 307-359.

Tébar, Juan (2014): «Historias para sí dormir», *Fuera de Series*, núm. 1, disponible en <http://www.fueradeseries.com/historia-para-si-dormir/> (27-08- 2015).

Tharrats, Juan Gabriel (1988): *Los 500 films de Segundo de Chomón*, Universidad de Zaragoza, Zaragoza.

Todorov, Tzvetan (1970): *Introduction à la littérature fantastique*, Seuil, Paris.

— (2001): «Definición de lo fantástico», en David Roas (ed.), *Teorías de lo fantástico*, Arco/Libros, Madrid, pp. 47-65.

Tohill, Cathill, y Peter Tombs (1995): *Immoral Tales: European Sex and Horror Movies 1956-1984*, Primitive Press, London.

Torreiro, Casimiro (1995): «El estado asistencial», en J. E. Monterde y E. Riambau (coords.), *Historia General del Cine. Volumen XI. Nuevos Cines (Años 60)*, Cátedra, Madrid.

— (2009): «¿Una dictadura liberal? (1962-1969)», en Román Gubern *et al.* (coords.), *Historia del cine español*, Cátedra, Madrid, 6.ª edición ampliada.

Torrente Ballester, Gonzalo (2008): «Prólogo», en *Don Juan*, Punto de Lectura, Madrid, pp. 11-17.

Torres, Sara (1999): «Entrevista [a Narciso Ibáñez Serrador]», en Carlos Aguilar (coord.), *Cine fantástico y de terror español, 1900-1983*, Donostia Kultura, San Sebastián, pp. 223-256.

Torres Rabasa, Gerard (2015): «"Otra manera de mirar". Género fantástico y literatura del absurdo: hacia una impugnación del orden de lo real», *Brumal. Revista de Investigación sobre lo Fantástico/Brumal. Research Journal on the Fantastic*, vol. III, núm. 1, pp. 185-205.

Tous, Anna (2012): «La representación de los nuevos modelos de familia en las series televisivas estadounidenses», en Iñaki Martínez de Albéniz y Carmelo Moreno del Río (eds.), *De* Anatomía de Grey *a* The Wire. *La realidad de la ficción televisiva*, Libros de la Catarata, Madrid.

Tovar, Paco (2001): «Las figuras de Granell: trazos, colores y sugerencias», en Eugenio Fernández Granell, *La novela del indio Tupinamba*, Ediciós do Castro, Sada, pp. 7-50.

Trabado Cabado, José Manuel (2008): «Tangencias en el tiempo. Sobre *Trazo de tiza* de Miguelanxo Prado», *Dolmen Europa*, núm. 1, pp. 33-38.

— (2013): «Extravíos en el laberinto. Poética de lo fantástico en la novela gráfica de Paco Roca», en Natalia Álvarez (coord.), *Lo fantástico en la cultura española del siglo xxi*, monográfico de *Brumal. Revista de Investigación sobre lo Fantástico/Brumal. Research Journal on the Fantastic*, vol. I, núm. 2, pp. 349-371.

— (2015): «La autoficción cómica en Paco Roca: el humor como punto de fuga al modelo traumático de novela gráfica», *Pasavento. Revista de Estudios Hispánicos*, vol. III, núm. 2, pp. 195-323.

Trancón, Montserrat (2000): *La literatura fantástica en la prensa del Romanticismo*, Institució Alfons el Magnànim, Valencia.

Valls, Fernando (coord.) (2008a): *El microrrelato en España: tradición y presente*, monográfico de *Ínsula*, núm. 741.

— (2008b): *Soplando vidrio y otros estudios sobre el microrrelato español*, Páginas de Espuma, Madrid.

— (ed.) (2010): *Velas al viento. Los microrrelatos de La nave de los locos*, Cuadernos del Vigía, Granada.

VALLS, Fernando, y Rebeca MARTÍN (coords.) (2002): *El microrrelato en España*, monográfico de *Quimera*, núm. 222, pp. 10-44.

VALLS, Fernando, y David ROAS (2001): *Enrique Jardiel Poncela*, Eneida, Madrid.

VAX, Louis, (1965): *Arte y literaturas fantásticas*, Editorial Universitaria de Buenos Aires, Buenos Aires.

VÁZQUEZ DE PRADA Y GRANDE, Rodrigo (2013): «Enrique Cerdán Tato, un periodista de vanguardia», *Crónica Popular. Semanario digital de los lunes*, núm. 26, disponible en <http://www.cronicapopular.es/2013/11/enrique-cerdan-tato-un-periodista-de-vanguardia/> (01-03-2016).

VELÁZQUEZ VELÁZQUEZ, Raquel (2012): «Procedimientos e irrupción de lo fantástico en *Ajuar funerario* de Fernando Iwasaki», *Cartaphilus*, núm. 10, pp. 178-194.

— (2016): «La monstruosidad cotidiana en los baúles de Miguel Ángel Zapata: tradición y experimentación», en David Roas (ed.), *El monstruo fantástico. Visiones y perspectivas*, Aluvión, Madrid, 2016, pp. 307-319.

VIDAL ORTUÑO, José Manuel (2007): *Los cuentos de José Martínez Ruiz (Azorín)*, Universidad de Murcia, Murcia.

VILAR, Rut, y Salva ARTESERO (2010): «Conversación con Juan Mayorga», *Pausa*, 3.ª época, núm. 32, disponible en <http://www.salabeckett.cat/fitxers/pauses/pausa-32/conver.-con-juan-mayorga.-ruth-vilar-i-salva-artesero>, (06-11-2012).

VILCHES DE FRUTOS, Francisca (dir.) (2005): *Mitos e identidades en el teatro español contemporáneo*, Rodopi, Amsterdam/New York.

VILELLA, Eduard (2007): *Doble contra senzill. La incògnita del jo i l'enigma de l'altre en la literatura*, Pagès Editors, Lleida.

VILLANUEVA, Darío (2006): «La integridad creadora de Rafael Dieste», en Rafael Dieste, *Obras literarias*, Fundación Santander Central Hispano, Madrid, pp. IX-LV.

VV. AA. (2002): *La ciencia ficción española*, Robel, Madrid.

WALTERS, James (2011): *Fantasy Film. A Critical Introduction*, Berg, Oxford.

WAUGH, Patricia (1985): *Metafiction. The Theory and Practice of Self-Conscious Fiction*, Methuen, London.

WILLIS, Andrew (2004): «From the Margins to the Mainstream: Trends in Recent Spanish Horror Cinema», en Andrew Willis y Antonio Lázaro-Reboll (eds.), *Spanish Popular Cinema*, Manchester University Press, Manchester, pp. 237-249.

— (2008): «The Fantastic Factory: the Horror Genre and Contemporary Spanish Cinema», en Jay Beck y Vicente Rodríguez Ortega (eds.), *Contemporary Spanish Cinema and Genre*, Manchester University Press, Manchester, pp. 27-43.

ZAMORA VICENTE, Alonso (1987): «Prólogo», en *Smith y Ramírez, S. A.*, Círculo de Lectores, Barcelona.

ZAVALA, Lauro (2005): *La minificción bajo el microscopio*, Universidad Pedagógica Nacional, Bogotá.

— (s. f.): *El cuento en red*, disponible en <http://cuentoenred.org>.

NOTA SOBRE LOS AUTORES

Natalia Álvarez Méndez es profesora titular de Teoría de la Literatura y Literatura Comparada en la Universidad de León. Ha publicado los ensayos *Espacios narrativos* (2002) y *Palabras desencadenadas. Aproximación a la teoría literaria postcolonial y a la escritura hispano-negroafricana* (2010), así como el monográfico *Lo fantástico en la cultura española del siglo XXI* (en *Brumal. Revista de Investigación sobre lo Fantástico*, 2013); ha coordinado, con Abello Verano, el volumen de estudios colectivos *Espejismos de la realidad. Percepciones de lo insólito en la literatura española (siglos XIX-XXI)* (2015) y la edicion —con Abello Verano y Fernández Martínez— de *Territorios de la imaginación. Poéticas ficcionales de lo insólito en España y México* (2016). Ha organizado y dirigido desde 2012 hasta la actualidad diversos eventos científicos relacionados con lo fantástico y lo insólito. Es miembro del Grupo de Estudios sobre lo Fantástico (GEF) de la Universidad Autónoma de Barcelona y es directora del grupo de investigación EMIPG (Estudios Multitextuales de lo Insólito y Perspectivas de Género) de la Universidad de León. Actualmente forma parte del equipo investigador del Proyecto I+D+I «Lo fantástico en la literatura, el cine y la televisión españoles (1955-2013). Teoría e historia» (dirigido por David Roas en la UAB).

Miguel Carrera Garrido es doctor en Filología Hispánica por la Universidad Complutense de Madrid. Formado en el Centro de Ciencias Humanas y Sociales del CSIC, actualmente trabaja como profesor adjunto en la Universidad Marie Curie-Skłodowska de Lublin (Polonia). Entre sus intereses científicos están la literatura, el teatro y el cine españoles de los siglos XX y XXI. Es autor del estudio monográfico *El enigma sobre las tablas. Análisis de la dramaturgia completa de Juan Benet* (2015) y coeditor de los volúmenes *En los márgenes del canon. Aproximaciones a la literatura popular y de masas escrita en español (siglos XX y XXI)* (2011), *Narrativas de la violencia en el ámbito hispánico. Guerra, sociedad y familia* (2015) y *Violencia y discurso en el mundo hispánico. Género, cotidianidad y poder* (2015). Es miembro del Grupo de Estudios sobre lo Fantástico y del comité editorial de *Brumal. Revista de Investigación sobre lo Fantástico*, además de colaborar con el proyecto «Análisis de la dramaturgia actual en español».

Ana Casas es investigadora Ramón y Cajal de Literatura Española en la Universidad de Alcalá. También ha sido profesora en las universidades de Neuchâtel (Suiza), Autònoma de Barcelona y Pompeu Fabra. Especialista en narrativa española contemporánea, es autora, entre otros, de *El cuento español en la posguerra. Presencia del relato breve en las revistas literarias* (2007), *La autoficción. Reflexiones teóricas* (ed., 2012), *El yo fabulado. Nuevas aproximaciones críticas a la autoficción* (ed., 2014) y *El autor a escena. Intermedialidad y autoficción* (ed., 2017). Dirige *Pasavento. Revista de Estudios Hispánicos* (www.pasavento.com) y es IP del Proyecto de investigación «La autoficción hispánica (1980-2013). Perspectivas interdisciplinarias y transmediales». Entre sus trabajos sobre lo fantástico cabe destacar los tres volúmenes realizados en colaboración con David Roas: *La realidad oculta. Cuentos fantásticos españoles del siglo XX* (2008), *Visiones de lo fantástico en la cultura española (1900-1970)* (2014) y *Voces de lo fantástico en la narrativa española contemporánea* (2016). Asimismo, es autora de la antología de relatos *Las mil caras del monstruo* (2012).

Ada Cruz Tienda es doctora en Teoría de la Literatura y Literatura Comparada, máster en Literatura Comparada: Estudios Literarios y Culturales y licenciada en Periodismo por la Universidad Autónoma de Barcelona. Sus principales líneas de investigación giran en torno a la presencia, formas y sentidos de lo fantástico en la televisión española y su relación con la literatura y con el desarrollo del género en otros soportes mediáticos. Es autora de la tesis doctoral *Los inicios de lo fantástico en la televisión española:* Historias para no dormir *y su herencia audiovisual (1966-1976)*. Es miembro del Grupo de Estudios sobre lo Fantástico (GEF) y colaboradora del grupo de investigación Semiosferas (Universidad de Alcalá).

Matteo De Beni es doctor por la Universidad de Verona y por la Universidad de Zaragoza, con Premio Extraordinario de Doctorado 2009/2010. Su tesis doctoral, dedicada a lo fantástico en el teatro español contemporáneo, ha sido galardonada con el Premio Internacional de Investigación Científica y Crítica sobre Literatura Española de la Editorial Academia del Hispanismo. Desde 2014 es profesor titular de Lengua Española y Traducción en la Universidad de Verona. Ha dedicado numerosos trabajos a lo fantástico en la cultura española, con particular referencia a la dramaturgia, como *Lo fantástico en escena. Formas de lo imposible en el teatro español contemporáneo* (2012) y el monográfico de *Brumal* coordinado en colaboración con Teresa López-Pellisa *Teatro fantástico (siglos XX y XXI)* (2014). Asimismo, ha publicado contribuciones relacionadas con el ámbito de la traducción, la lexicología, la lexicografía y la historia de la lengua española. Es director de la colección «Pliegos Hispánicos» (editorial Universitas Studiorum, Mantua).

Patricia García es doctora en Literatura Comparada (Dublin City University) y profesora titular en la School of Cultures, Languages and Area Studies (Áreas de Literatura Hispánica, Comparada y Traducción) en la University of Nottingham. Sus campos de investigación se centran en la geocrítica, el relato corto contemporáneo y la historia comparada de lo fantástico. Forma parte del Grupo de Estudios sobre lo Fantástico (Universidad Autónoma de Barcelona), es editora de la revista académica *Brumal* y colabora con *Literature Ireland*. Entre sus publicaciones, destacan *Space and the Postmodern Fantastic in Contemporary Literature* (2015) y *Visiones de lo fantástico: aproximaciones teóricas*, volumen coeditado con David Roas (2013). Ha colaborado con varias universidades (Trinity College Dublin, Dublin City University, Lebanese American University, Indian Institute of Technology Madras, National University of Ireland Galway, Universidad de León, Université de Limoges) y ha sido investigadora residente en el Centre Culturel Irlandais (París) y en el International Writers and Translators Centre of Rhodes. Entre otros reconocimientos ha obtenido la Dublin City University SALIS Doctoral Scholarship, las Irish Research Council Postgraduate y Postdoctoral Fellowship, y la Liam Swords Foundation Research Bursary.

Iván Gómez es profesor de Comunicación Audiovisual en la Universidad Ramon Llull, donde también coordina el Máster Universitario en Ficción en Cine y Televisión. Es doctor en Teoría de la Literatura por la Universidad Autónoma de Barcelona, licenciado en Derecho (ESADE), en Teoría de la Literatura y Literatura Comparada (UAB) y en Comunicación Audiovisual (URL). Es coautor, junto al Dr. Fernando de Felipe, de los ensayos *Adaptación* (2008), *Ficciones Colaterales: Las huellas del 11-S en las series "made in USA"* (2011) y *El sueño de la visión produce Cronoendoscopias* (Laertes, 2014). Ha dedicado diversos artículos a la ficción serial norteamericana, al cine fantástico español y a las autoficciones audiovisuales, entre otros temas. Es miembro del consejo de redacción de la revista de estudios hispánicos *Pasavento*. Ha sido profesor visitante en la Universidad Católica Portuguesa. Recientemente ha publicado junto a Luis Aragón el ensayo *Bullitt. Un policía llamado Steve McQueen* (2016).

Alfons Gregori es doctor en Literatura Comparada por la Universidad Adam Mickiewicz de Poznan (Polonia), donde trabaja desde 1999. Ha publicado el estudio *La dimensión política de lo irreal: el componente ideológico en la narrativa fantástica española y catalana* (2015) y ha coeditado diversos volúmenes, entre los que destacan *Discurso sobre fronteras – fronteras del discurso* (2009) y dos volúmenes de la serie *«Literatury mniejsze» Europy romańskiej* [«Literaturas menores» de la Europa románica] (2012 y 2015). Además, es autor de más de medio centenar de artículos académicos en torno a la literatura fantástica, los estudios de género, la música popular contemporánea y el análisis de traducciones literarias.

También se ha dedicado a la difusión de la cultura catalana en Polonia con el apoyo del Institut Ramon Llull.

Teresa López-Pellisa es profesora de Teoría de la Literatura y Literatura Comparada en la UAB, donde desarrolla su investigación en el Grupo de Estudios sobre lo Fantástico (GEF) y en el grupo de investigación Cuerpo y Textualidad. Doctora por la Universidad Carlos III de Madrid, licenciada en Teoría de la Literatura y Literatura Comparada por la Universidad Autónoma de Barcelona y licenciada en Humanidades por la Universidad Carlos III de Madrid. Es jefa de redacción de *Brumal. Revista de Investigación sobre lo Fantástico*, miembro del Consejo de Redacción de *Pasavento. Revista de Estudios Hispánicos*, miembro de la Asociación GENET (Red de Estudios de Género del CSIC) y del Instituto de Cultura y Tecnología de la UC3M. Sus líneas de investigación se centran en la literatura y la cibercultura, teatro y nuevas tecnologías y estudios de género. Entre sus publicaciones cabe destacar *Patologías de la realidad virtual. Ciencia Ficción y Cibercultura* (Fondo de Cultura Económica, 2015), la coedición de *Visiones de lo fantástico en la cultura española (1970-2012)* (2014) *y Ensayos sobre ciencia ficción y literatura fantástica* (2009).

Mariano Martín Rodríguez es doctor en Filología por la Universidad Complutense de Madrid, especializado en las literaturas en lenguas románicas. Hoy trabaja como traductor en la Comisión Europea en Bruselas, aunque sigue ligado a los estudios literarios como investigador independiente. Ha publicado libros y numerosos artículos en revistas científicas en humanidades, en España y en otros países, sobre distintos aspectos de la literatura moderna de la primera mitad del siglo xx y sobre literatura especulativa, entre las que se cuentan ediciones críticas de *El archipiélago maravilloso*, de Luis Araquistáin y *El barco embrujado*, de Alberto Insúa, y de textos fantásticos y especulativos de Agustín de Foxá, Antonio Hoyos y Vinent y José María Salaverría. También ha traducido distintos textos de ciencia ficción y ficción especulativa, como la colección de ciudades fantásticas *La cuadratura del círculo*, de Gheorghe Săsărman, que Ursula K. Le Guin tradujo en parte al inglés a través de la mencionada versión española.

Paul Patrick Quinn es profesor de Literatura y Cine en la Universidad de Alcalá y miembro del grupo de investigación *Semiosferas*. Doctor en Filología Hispánica de la Universidad Complutense, es autor de *La metaficción en México y los Estados Unidos* (2000), *El viaje inmóvil. Técnicas narrativas en Buñuel* (2016) junto con varios artículos sobre Borges, Buñuel y la teoría literaria, o lo fantástico en la TV española. Ha sido conferenciante en la Universidad de Cádiz y en el Círculo de Bellas Artes y ha impartido cursos en la Universidad de Leipzig y la Universidad Rey Juan Carlos.

David Roas es escritor y profesor de Teoría de la Literatura y Literatura Comparada en la Universidad Autónoma de Barcelona, donde también dirige el Grupo de Estudios sobre lo Fantástico (GEF) y *Brumal. Revista de Investigación sobre lo Fantástico/Brumal. Research Journal on the Fantastic*. Entre sus ensayos cabe destacar: *Teorías de lo fantástico* (2001), *Hoffmann en España. Recepción e influencias* (2002), *De la maravilla al horror. Los orígenes de lo fantástico en la cultura española* (2006), *La sombra del cuervo. Edgar Allan Poe y la literatura fantástica española del siglo XIX* (2011), *Tras los límites de lo real. Una definición de lo fantástico* (2011; IV Premio Málaga de Ensayo), y *A ameaça do fantástico. Aproximações teóricas* (trad. Julián Fuks, 2014). Asimismo, es autor de los volúmenes de cuentos *Los dichos de un necio* (1996), *Horrores cotidianos* (2007), *Distorsiones* (2010; ganador del VIII Premio Setenil al mejor libro español de cuentos del año), *Intuiciones y delirios* (2012) y *Bienvenidos a Incaland®* (2014). También ha publicado las novelas *Celuloide sangriento* (1996) y *La estrategia del koala* (2013).

Pau Roig es licenciado en Comunicación Audiovisual por la Universitat Autònoma de Barcelona en el año 2000, y desde entonces ha colaborado en fanzines y publicaciones como *DATA*, *Daikaiju*, *Stalker* o *Judex*. Es autor, junto a Lluís Rueda, de los ensayos *Monstruos eléctricos. El cine de terror y ciencia ficción en la Universal* (Arkadin Ediciones, 2011) y de *Crimen en la noche + Muertos y enterrados* (Tyrannosaurus Books, 2013), y en solitario de la novela *Luna negra* y del diccionario *Pesadillas. 3500 películas de terror*, de próxima publicación. Actualmente es jefe de redacción de las publicaciones comarcales *Baix Empordà Digital* y *Revista del Baix Empordà*.

Rubén Sánchez Trigos es doctor en Comunicación Audiovisual con una tesis sobre el cine de zombis español. Imparte clases de cine y literatura en U-tad (Universidad Camilo José Cela). Especializado en fantástico, terror y ciencia ficción, ha publicado diversos artículos sobre estos temas en revistas especializadas como *Brumal* o *Pasavento*, y en libros colectivos como *Mad Doctors. El sueño de la razón* (T&B), entre otros. Ha publicado la novela *Los huéspedes* (Finalista del Premio Drakul de Novela), y sus cuentos han sido recogidos en distintas antologías. Trabaja también en el desarrollo de guiones, campo en el que ha colaborado en películas como *El expediente* (Paco Plaza, 2017). Entre otros proyectos audiovisuales, es coguionista de *El intruso* (David Cánovas, 2005), nominado al Goya al Mejor Cortometraje de Ficción, y del videojuego *Place for the Unwilling* (AlPixel Games).

José Manuel Trabado Cabado es licenciado en Filología Hispánica en la Universidad de León, donde se doctoró con una tesis sobre la poesía de Cervantes que ha sido publicada con el título de *Poética y pragmática del discurso lírico. El cancionero pastoril de la Galatea* (Madrid, 2000). En la actualidad es profesor de Teoría de la Literatura en la Universidad de León. Sus estudios se han centrado en diversas épocas y han abordado la obra de autores como Herrera, Calderón de la Barca, Lope de Vega, Cervantes, Antonio de Torquemada, Luis Cernuda, Federico García Lorca, José María Merino, Pablo García Baena, Jenaro Talens, Tomás Sánchez Santiago. Es autor, además, de libros como *La escritura nómada. Los límites del cuento contemporáneo* (2006), *Antes de la novela gráfica. Clásicos del cómic en la prensa norteamericana* (2012) y *La novela gráfica. Poéticas y modelos narrativos* (Madrid, 2013).

RAQUEL VELÁZQUEZ VELÁZQUEZ es doctora en Filología Hispánica por la Universidad de Barcelona, y máster en Literatura Comparada y Estudios Culturales por la Universidad Autónoma de Barcelona. Entre sus ámbitos de estudio se encuentran las relaciones entre literatura y prensa durante el período franquista; el articulismo de César González-Ruano; la reescritura bíblica y mitológica; la literatura sanatorial, y el microrrelato fantástico hispánico del siglo XXI. Es miembro del Grupo de Estudios sobre lo Fantástico (GEF) y del proyecto de investigación «Lo fantástico en la literatura, el cine y la televisión españoles (1955-2013). Teoría e historia», ambos dirigidos por el Dr. David Roas. Entre sus trabajos relacionados con el microrrelato cabe citar: «Procedimientos de irrupción de lo fantástico en *Ajuar funerario*, de Fernando Iwasaki» (2012); «La monstruosidad cotidiana de los baúles de Miguel Ángel Zapata: tradición y experimentación» (2015); o «La reescritura de los mitos clásicos en el microrrelato hispánico del siglo XXI» (2016). En la actualidad, es profesora lectora en el Departamento de Filología Hispánica de la Universidad de Barcelona.